LE ROMAN DE PÉKIN

DU MÊME AUTEUR
Aux Éditions du Rocher

Le Sac du palais d'Été, Troisième Guerre de l'Opium 2003. Traduit et publié en Chine par les Éditions classiques de Zhejiang (Zhejiang Gu Ji Chu Ban She) dans le cadre des Années croisées France-Chine, grâce au programme de traduction Fu Lei. Ce livre a obtenu en 2007 le prix Wenjin (Le Pont de la Culture), décerné par la Bibliothèque nationale de Chine, parmi quarante livres sélectionnés par cent vingt millions d'internautes.

Les Trois Sœurs Soong. Une dynastie chinoise du XX*e siècle*, 2007.

BERNARD BRIZAY

LE ROMAN DE PÉKIN

éditions du
ROCHER

Collection « Le roman des lieux et destins magiques »
dirigée par Vladimir Fédorovski

ISBN : 978 2 268 06538 0

Nous avons utilisé le système *pinyin*, officiellement reconnu par la République populaire de Chine. En préférant toutefois conserver la translittération usuelle de noms géographiques devenus familiers au public (Pékin, au lieu de Beijing, Nankin, au lieu de Nanjing, T'ien-tsin au lieu de Tianjin, Canton au lieu de Guangzhou et Whampoa au lieu de Huangpu).

Nous avons préféré Cixi à T'seu-hi, Mao Zedong à Mao Tse-toung, ainsi que Taiwan à Formose, cette dernière dénomination n'étant plus utilisée depuis les années 1970 en Europe et aux États-Unis.

Lorsqu'on entend parler de choses lointaines, elles semblent toujours plus extraordinaires qu'elles ne le sont en réalité. Or ici c'est tout l'opposé : la Chine est plus extraordinaire encore que ce que l'on peut en dire.

Gaspar da Cruz (1556)

Je ne pensais y rester qu'un an et une décennie s'est écoulée. Pékin m'a ébloui, envoûté. J'ai découvert ce qu'aucun livre ni reportage écrit ou télévisé ne m'avait montré auparavant, en Europe. Malgré les vicissitudes de son histoire récente, cette capitale avait gardé un cachet très particulier. Elle possédait tout à la fois un urbanisme spécifique, un style architectural exceptionnel par l'ampleur de son étendue et, de plus, un mode de vie qui lui était propre, enrichis de coutumes façonnées par son histoire. L'ensemble en faisait certainement un exemplaire unique au monde.

Charles Chauderlot (2006)

Avant-propos

Dans l'avant-propos de sa biographie *Puyi, Le Dernier Empereur*, Edward Behr écrit qu'il est facile de « romancer » l'histoire. Il suffit alors de décrire des événements fictifs, mais vraisemblables, comme s'ils s'étaient produits effectivement. Le journaliste américain estime qu'il s'agit d'une technique qui l'a toujours irrité, et que « même superbement réalisée, ce n'est jamais qu'un subterfuge ». Il avoue n'avoir aucun mal à résister à cette tentation de la fiction. Disons-le tout de suite, l'auteur de ce livre, pas davantage...

Ce roman de Pékin n'est pas non plus *une* histoire classique de Pékin, il se contente de raconter *des* histoires de Pékin, qui sont autant de coups de projecteurs destinés à éclairer divers épisodes de son histoire. Il s'agit sans doute d'un choix arbitraire et réducteur, tant l'histoire de Pékin regorge de faits publics ou privés, à l'instar des grandes capitales que sont Paris, Rome, Saint-Pétersbourg, Vienne ou Constantinople. Avec cette particularité, pour nous Occidentaux : il y aurait en fait deux histoires de Pékin. L'une, proprement chinoise et pékinoise, avec les empereurs des dynasties Ming et Qing, les eunuques et les concubines, les favoris de la cour, et, *in fine*, ce personnage incontournable qu'est l'impératrice douairière Cixi (T'seu-hi). Et l'autre, mettant en scène des étrangers, des missionnaires jésuites, des ambassadeurs britanniques, des militaires anglais et français, un précepteur écossais et un écrivain breton, une artiste américaine et un certain Marco Polo pour commencer. Des étrangers qui ont en commun d'avoir été fascinés par la capitale de la Chine et qui ont trouvé leur place – pour le meilleur ou pour le pire – dans son histoire.

Le roman de Pékin est aussi le roman de la Cité interdite, le plus grand complexe palatial au monde, avec ses neuf mille neuf cent quatre-vingt-dix-neuf pièces et ses multiples palais. Une ville fortifiée où l'on pourrait dresser l'équivalent de onze châteaux de Versailles. La Cité interdite figure parmi les grands héritages historiques et culturels de l'humanité, elle qui a abrité vingt-quatre empereurs et été le siège du pouvoir du pays le plus peuplé de la planète. La Cité interdite est certes le plus grand trésor de la Chine impériale, mais elle ne saurait suffire à résumer Pékin.

J'ai découvert Pékin pour la première fois en 1979, lors d'un voyage organisé par Les Amis de l'Orient (l'organisme de voyages dépendant du musée Guimet). C'était quasiment le premier voyage proprement touristique autorisé à se rendre en Chine communiste. Jusqu'alors, le pays n'accueillait que des voyages officiels ou semi-officiels, réservés à des « invités de marque ». Un long voyage d'un mois qui, après Pékin, nous a menés à Datong (grottes de Yungang), Taiyuan, Xi'an avec l'armée enterrée du « Premier Empereur » – celui de la dynastie Qin, Qinshi-huang – et Luoyang (grottes de Longmen) et Shijiazhuang. À propos de Shi-huang et de l'armée des guerriers et chevaux en terre cuite, notre petit groupe de touristes étrangers fut parmi les premiers, sinon le premier, à contempler cette extraordinaire découverte archéologique – peut-être la plus importante du XXe siècle. À l'époque, aucun d'entre nous n'en avait entendu parler !

Ce fut un drôle de voyage en vérité ! C'était trois ans après la mort de Zhou Enlai et de Mao Zedong, peu de temps après l'arrivée des « rénovateurs » et du retour de Deng Xiaoping au pouvoir. Et le tout début de la démaoïsation. C'était la pleine époque du Mouvement pour la démocratie, dit « Le Printemps de Pékin » (novembre 1978-mars 1980). Mais nous n'en savions pas grand-chose. Le procès de la Bande des Quatre n'avait pas encore eu lieu. Des dazibaos, ces affichettes écrites à la main, de tous formats et de toutes couleurs – qui nous intriguaient, mais restaient pour nous indéchiffrables – étaient encore présents partout, et pas seulement sur les deux cents mètres du Mur de la démocratie de Xidan. Ces dazibaos exprimaient les vœux et les craintes de leurs courageux auteurs, et aussi des poèmes, des chansons, des nouvelles. À moins qu'il ne s'agisse de dénonciations...

Notre groupe était logé à l'hôtel de l'Amitié (You Yi Ping Wang), un immense complexe d'architecture stalinienne, construit en 1952 pour abriter les techniciens soviétiques, et ceci jusqu'à leur départ en 1960. Une structure située dans un endroit excentré, au nord-ouest de Pékin (bien au-delà du Zoo). Un logement plus que sommaire qui nous faisait regretter de ne pas résider à l'hôtel de Pékin, réservé à des hôtes de marque que nous n'étions pas. Les organisateurs chinois étaient bien conscients des modestes conditions d'hébergement qu'ils nous offraient. Pour se faire pardonner, ils nous réservaient de temps à autre un véritable festin, un banquet dans une cantine d'usine ou un réfectoire d'école. Jamais par la suite, un voyage organisé en Chine ne nous a réservé un tel privilège...

En ce mois d'août 1979, l'atmosphère était chaude et moite, il pleuvait fréquemment. On peut craindre que cette humidité excessive ne perturbe les jeux Olympiques de 2008. On ne voit pas beaucoup le soleil au mois d'août à Pékin. On a du mal à croire que cette ville se situe à la latitude de Naples, Madrid et Philadelphie.

Un drôle de voyage donc, mi-touristique, mi-culturel et mi-politique. Nous avons passé des journées à visiter des centres artisanaux, des usines, des ateliers, des chantiers, des hôpitaux (avec initiation à l'acupuncture), des communes populaires, des brigades de production, des entreprises, des coopératives et associations, dont les responsables nous vantaient les bienfaits et les mérites du régime. Comme nous étions bien disposés, polis et disciplinés, nous nous efforcions de poser des questions censées être « intelligentes ».

Nous avions, pour notre part, bien préparé ce voyage, lisant les livres qu'il fallait avoir lus, ceux de Jules Roy, *Le Voyage en Chine* (en espérant que le nôtre se passerait mieux !), de Claude Roy (*Clefs pour la Chine*, *La Chine dans un miroir*) et, bien entendu, celui d'Alain Peyrefitte (*Quand la Chine s'éveillera, le monde tremblera,* paru en 1973). Je me souviens avoir offert cet ouvrage à notre gentille guide, qui se montrait très avide de livres et de magazines français. Les publicités concernant les articles électroménagers produits en Occident (télévisions, machines à laver le linge et la vaisselle, réfrigérateurs, etc.) l'intéressaient particulièrement. Un des participants lui a un jour offert un roman de gare, qu'elle lut pendant la nuit. Sa première question le lendemain, elle qui était engoncée dans sa vareuse gris-bleu à col Mao, fut de demander ce que pouvait bien être « un décolleté vertigineux » !

Cela faisait plusieurs années que je m'intéressais à l'art chinois, lisant de multiples livres d'art et fréquentant les musées d'art extrême-oriental à Paris (Guimet, Cernuschi), Londres (British Museum, Victoria & Albert Museum), ou aux États-Unis (New York, Boston,

Denver, Saint Louis, Los Angeles et San Francisco). Mais je me retrouvai lors de ce voyage en compagnie de spécialistes qui en savaient dix, vingt fois plus que moi. Une belle leçon d'humilité ! Et aussi un enseignement de base : la Chine est si grande et la civilisation chinoise si riche qu'avant de prétendre les connaître un tant soit peu, il faut beaucoup de temps, beaucoup d'études, beaucoup de persévérance et surtout effectuer de nombreux séjours sur le sol chinois.

À Pékin, nous avons, bien entendu, été surpris par les milliers, les centaines de milliers de vélos (aujourd'hui remplacés par autant d'automobiles), ainsi que par les crachoirs dans les lieux publics. Pour être francs, nous avons alors gardé le souvenir d'une ville assez morne, peuplée de gens plutôt tristes. Des gens gentils, qui regardaient les *faguo* (Français) un peu comme des bêtes curieuses, avec lesquelles – par timidité ou pour obéir à une consigne – ils se gardaient de communiquer.

Comme guides, nous ne disposions que de l'épais Guide Nagel (publié en 1974) et de l'intéressant *Guide de Pékin*, d'Odile Cail (paru en 1973). Ces ouvrages nous ont aidés à prendre une première mesure de ce qui avait disparu récemment à Pékin, des temples en particulier, victimes de la folie de la révolution culturelle. Des destructions qui ne se sont pas arrêtées avec la fin de ce tragique événement. Depuis plusieurs années, la capitale de la Chine est un chantier perpétuel. Et c'est avec une nostalgie mêlée d'effroi – comme tout le monde – que nous voyons disparaître le vieux Pékin et surgir le Pékin d'aujourd'hui.

Je suis depuis retourné une bonne dizaine de fois à Pékin, attiré, aimanté par le mystère de la capitale chinoise. Et aussi par son peuple, ses habitants. Mais finies les visites en solitaire de la Cité interdite et du temple du Ciel, terminées les excursions au palais d'Été et à la Grande Muraille, où notre petit groupe d'une trentaine de personnes se déployait librement, seul à occuper ces lieux aujourd'hui envahis par les touristes, Chinois pour la plupart.

Mais pour notre part, le charme de Pékin et de ses habitants opère toujours. À Pékin, on ne peut qu'être possédé par le sentiment de la grandeur de la Chine. On y devient même un peu chinois ! L'histoire de Pékin est l'histoire de la Chine en miniature. C'est aussi pour cela que l'on est toujours tenté de retourner dans la ville qui fut la capitale de l'empire du Milieu.

CHAPITRE 1

Et si Pékin avait disparu...

Avec des « si », on mettrait Paris en bouteille, selon le proverbe... Si l'on considère les vicissitudes dramatiques qu'a connues l'histoire mouvementée de la capitale de la Chine, on peut se demander si Pékin n'aurait pas pu disparaître, au cours de ses six cents années d'existence. C'est par chance en effet que Pékin existe encore aujourd'hui. Et l'on peut se féliciter que Pékin soit toujours Pékin...

Pékin ne peut prétendre au rang de vieille capitale, au même titre que Rome ou même Paris. Pékin, en tant que capitale, n'a que sept siècles et n'a pas toujours été la capitale de la Chine. Bien avant elle, Xi'an (la Chang'an des Tang) et Luoyang ont été les premières capitales de l'empire du Milieu. Nanjing (Nankin) a également eu rang de capitale au cours de son histoire, celle de plusieurs royaumes et de quelques dynasties, avant de devenir celle d'une République.

Pékin a pourtant une longue histoire. Située aux confins des mondes chinois et « barbares », elle est dès le IXe siècle av. J.-C. une importante place commerciale, le siège de la principauté de Yan au Ve siècle av. J.-C., la capitale des Liao (916-125) et des Jin (1115-1234).

Elle est même mongole avant d'être chinoise. Le premier à en faire une vraie capitale est le conquérant mongol Qubilai khan, au XIIIe siècle. Le petit-fils de Gengis khan – tout en fondant en Chine une nouvelle dynastie, celle des Yuan en 1271 – fait de Dadu (« Grande Capitale »), la Cambaluc de Marco Polo, la capitale de son empire. La dynastie mongole des Yuan est bientôt affaiblie par des querelles de succession, la désorganisation administrative, une inflation galopante et la corruption. Le patriotisme chinois se réveille, poussé par la société secrète bouddhique des Turbans rouges. Des révoltes paysannes éclatent un peu partout. Le fils d'un ouvrier agricole de l'Anhui – une province pauvre, entre fleuve Jaune et

Yangzi – Zhu Yuanzhang, doué d'un fort charisme et d'un sens politique aigu, finit par s'imposer à tous les chefs rebelles. Après de durs combats, il prend Pékin et réussit à chasser les envahisseurs mongols hors des frontières de la Chine. Il fonde à Nankin, la vieille « capitale du Sud », une nouvelle dynastie. Zhu prend le nom dynastique de Hongwu (1368-1399).

C'est ainsi que la dynastie nationale des Ming succède à la dynastie étrangère des Yuan.

Le successeur de Hongwu, un de ses petits-fils, Jianwen (1399-1402), ne règne que trois ans. Mais il a le temps d'envisager un changement de taille : donner un nouvel axe à l'Empire. L'ancien suivait le cours du fleuve Jaune, avec les deux capitales. Chang'an dans le Shaanxi, la capitale des Han et des Tang, l'actuelle Xi'an, à l'Ouest. Et Luoyang, sa sœur jumelle du Henan, à quatre cents kilomètres à l'Est. Il suggère un autre axe, Nord-Sud, comme les deux pointes de l'aiguille d'une boussole, situé entre Pékin et Nankin. L'idée mettra un quart de siècle avant de se concrétiser. Il s'agit de fonder une grande capitale qui soit plus proche du danger qu'il s'agit de conjurer, celui des Mongols. Comme Chang'an l'avait été autrefois contre d'autres envahisseurs potentiels, au carrefour des routes qui mènent vers l'Asie centrale, le Tibet, le Sichuan, le Yunnan et la Birmanie.

L'empereur Jianwen entend par ailleurs réduire la puissance des princes du sang, ses trois oncles, écartés de la voie dynastique. Mal lui en prend ! À la faveur d'une révolte populaire, l'un d'eux, Zhu Di, gouverneur militaire de la région de Pékin, la principauté de Yan, marche contre son neveu. Après une bataille sanglante, où périssent trois cent mille hommes, il s'empare de Nankin, la capitale. Jianwen se suicide en mettant le feu à son palais. Zhu Di monte sur le trône en 1403, sous le nom de Yongle.

La loyauté d'un grand chambellan

Yongle a pris le pouvoir. Mais la manière dont il l'a gagné suscite des réticences. Pour s'imposer, il commence par massacrer la majeure partie du personnel de la cour de son neveu, eunuques, suivantes, dames d'honneur. Puis il rassemble les membres du gouvernement et leur demande de faire allégeance à sa personne, s'ils veulent avoir la vie

sauve. Il prie l'ex-premier ministre, le grand chambellan Fang Xiao Ru, de rédiger sur-le-champ l'édit officialisant son accession au trône impérial. N'écoutant que sa conscience, pénétré de principes confucéens, légaliste dans l'âme et fidèle à l'héritier légal désigné par le précédent empereur et intronisé selon les rites, le chambellan ne bouge pas.
« Écris l'édit impérial », ordonne le futur Yongle.
Le chambellan saisit calmement le pinceau et au lieu d'appliquer sur le papier le sceau officiel, il le jette à terre. Puis il s'adresse à l'usurpateur :
« Général Zhu.... », commence le dignitaire. Le prétendant à l'empire blêmit sous l'insolence du titre. Fang poursuit : « ... Je ne rédigerai pas cet édit, car ce serait illégal. »
« Chambellan Fang, reprend Zhu Di d'une voix assourdie par la colère, nul n'ignore ici la force de votre vertu. L'assurance et le courage dont vous faites preuve face à la mort certaine à laquelle votre position intransigeante vous entraîne en témoignent. Cependant, un homme d'une droiture comme la vôtre peut-il rester indifférent au fait que son attitude risque d'entraîner dans le malheur sa famille entière ? » Et le général de proférer cette terrible menace : « Si cet édit n'est pas immédiatement rédigé, j'ordonnerai que soient exécutés tous les membres de la famille Fang, jusqu'au neuvième degré de parenté. »
Le chambellan reste imperturbable. Au bout d'un moment, il laisse échapper un soupir. Il se baisse, ramasse le pinceau, le trempe dans l'encrier et se met à écrire. Puis il tend le papier à Zhu Di, qui peut y lire cette simple phrase : « Le traître de Yan a usurpé le pouvoir. »
Le lendemain, huit cent soixante-treize membres de la famille Fang, jusqu'au neuvième échelon de parenté, sont arrêtés et décapités, sous les yeux du grand chambellan. Après avoir assisté au massacre de toute sa famille, Fang Xiao Ru sera le dernier à être exécuté.

En 1407, la quatrième année de son règne, Yongle, le troisième empereur des Ming, cet autre petit-fils de Hongwu (et contemporain de Jeanne d'Arc), décide de transférer le siège du gouvernement de Nankin à Pékin. Définitivement. Pour asseoir son pouvoir, il décide de construire au cœur de sa nouvelle capitale un palais monumental, le plus vaste qui ait jamais existé. Ce sera la Cité pourpre interdite. Celle-ci restera pendant cinq siècles le centre sacré de l'Empire, abritant successivement vingt-quatre souverains. À ce titre et à d'autres, Yongle, le premier d'entre eux, malgré les crimes de ses débuts, figure parmi les plus grands empereurs de la Chine.

La capitale qu'il se choisit est excentrée, au nord-est de cet immense empire, loin de son centre géographique. Elle est en effet éloignée des régions méridionales du pays, les plus riches et les plus actives. Cette capitale impériale n'est en rien une capitale économique. Il s'agit d'une capitale politique, d'une capitale fédérale en quelque sorte, où habitent l'empereur, les princes et les courtisans, mais qui est aussi le siège des six ministères et de la bureaucratie d'État, dotée de greniers impériaux et protégée par sa garnison. Pour faciliter son approvisionnement en grains et denrées et aussi pour acheminer les matériaux de construction nécessaires à l'édification de sa nouvelle capitale, Yongle fait restaurer le Grand Canal impérial, lequel relie Pékin au bassin rizicole du Bas-Yangzi, jusqu'à Hangzhou, dans la province du Zhejiang.

Yongle installe la nouvelle ville un peu au sud de l'ancienne capitale mongole des Yuan. Deux cent mille paysans sont réquisitionnés. Devenus ouvriers, ils travaillent à cet immense chantier de près de quinze ans. Une grandiose entreprise ! La Cité interdite s'inscrit dans un grand quadrilatère de 960 × 750 mètres (soit sept cent vingt-trois mètres carrés, soixante-douze hectares de surface, presque le double de l'État du Vatican). C'est une véritable ville dans la ville, entourée par la ville intérieure au Nord, à l'Est et à l'Ouest, et la ville extérieure, au Sud. Plus tard, les Mandchous de la dynastie des Qing s'installeront autour du palais impérial sur trois côtés (ce qui deviendra alors la ville tartare), reléguant la population chinoise au Sud.

Yongle demande à ses architectes de concevoir la forme, la structure et l'agencement des bâtiments en respectant scrupuleusement les prescriptions architecturales contenues depuis vingt siècles dans le *Li Ji*, le *Livre des Rites*, et aussi le *Livre des Mutations*. Le palais doit être le reflet du ciel et de l'ordre céleste sur terre, symbole incontestable de la toute-puissance de l'empereur. Grâce à cette grandiose réalisation architecturale, Yongle entend dissiper à tout jamais les doutes concernant la légitimité de son règne.

C'est ainsi que la Cité interdite est le fruit d'une idée, une construction de l'esprit, un condensé symbolique de culture millénaire. Dans les palais et les cours, par exemple, le chiffre neuf (ou l'un de ses multiples) est partout présent. Chiffre impair le plus élevé, il est l'emblème de la souveraineté suprême de l'empereur. Sur les toits, neuf créatures fabuleuses écartent les mauvais esprits, neuf rangées de neuf clous ornent les portes du palais, neuf dragons décorent le mur qui sépare la cour extérieure des appartements de la famille impériale. Symbole céleste, le dragon est aussi le symbole de l'empereur, la manifestation exclusive de la toute-puissance impériale. Le multiple de trois × trois est par ailleurs l'expression du yang, dont cet animal est l'incarnation. La toiture de la salle du trône, le palais de l'Harmonie suprême, est soutenue dans sa longueur par neuf imposantes colonnes. Le trône du Fils du Ciel, centre du monde, est gardé par neuf dragons. La Cité interdite compterait, dit-on, neuf mille neuf cent quatre-vingt-dix-neuf pièces, car seul le palais céleste peut en avoir dix mille. C'est ainsi que le palais impérial est une symbolique devenue pierre, tuiles (il y en aurait cent cinquante mille), briques (douze millions) et bois de cèdre.

Si l'on regarde l'axe Nord-Sud sur lequel sont alignés les principaux édifices, on constate qu'ils sont disposés selon une hiérarchie précise. Plus les édifices sont au centre, plus ils sont proches du ciel. Tout au Sud, se dresse la porte de la Paix céleste, l'entrée de la Cité impériale. Au plus proche du ciel, se trouve le palais de l'Harmonie parfaite ou palais de l'Harmonie du Milieu, situé entre les deux autres palais majeurs, le palais de l'Harmonie suprême et le palais de l'Harmonie préservée. Le palais de l'Harmonie parfaite est le centre du monde, le lieu où se touchent le ciel et la terre.

L'architecture de la Cité interdite est donc éminemment symbolique. Les formes, les proportions, les couleurs, tout y est codifié et possède un sens spirituel, voire secret. L'ensemble architectural de la Cité obéit, comme il se doit, aux lois du *feng shui*, et aux principes du yin et du yang. Le yang représente le Sud, le clair, le chaud. Le yin, c'est le Nord, le sombre, le froid. La Cité interdite est donc agencée selon un axe principal Sud-Nord dans un but bien précis : que ces deux forces se retrouvent en parfaite harmonie au sein du palais impérial.

Selon les principes du *feng shui*, il doit toujours y avoir de l'eau au sud et une montagne au nord d'une construction. Comme il n'y avait ni l'une ni l'autre à l'origine, les maîtres d'œuvre ont eu recours à des artifices. Au Sud, ils ont creusé la rivière aux Eaux d'or (également appelée rivière de Jade) et ils ont élevé au Nord ce qu'on appelle la colline du Charbon. Cette petite montagne devait protéger la Cité interdite des mauvais esprits, mais aussi arrêter les vents froids de l'hiver. La rivière contrebalançait la montagne, mais elle servait aussi à apporter la fraîcheur en été. Si bien que la traditionnelle et nécessaire harmonie s'accompagnait d'avantages très pratiques.

Les deux faces du yin et du yang sont à la fois opposées et complémentaires. Le principe suprême est l'harmonie parfaite entre ces deux pôles, afin de préserver l'ordre du monde. Cette philosophie est omniprésente dans la Cité interdite. Son agencement repose donc sur ce principe fondamental qu'est l'harmonie du yin et du yang. Le palais résidentiel de l'empereur se situe exactement au sud de la cour intérieure, car le Sud symbolise le yang. Il s'agit du palais de la Pureté céleste, le ciel relevant également du yang masculin. Le palais de l'impératrice, le palais de la Tranquillité terrestre, se trouve au nord, le Nord et la terre représentant le principe féminin, le yin. Entre ces deux résidences, le palais de l'Union, où l'empereur et l'impératrice passent leur nuit de noces. Ce palais symbolise le lieu où le ciel et la terre se touchent. En cet endroit, le yin et le yang sont en parfaite harmonie.

C'est ainsi que la philosophie du yin et du yang, si profondément ancrée dans la culture chinoise, se retrouve dans la conception de la Cité interdite. Tout ce qui nous entoure peut être classé selon la dualité du yin et du yang, intérieur et extérieur, féminin et masculin, terre et ciel, eau et feu, et ainsi de suite. À la Cité pourpre impériale autant et même plus qu'ailleurs.

Le savant sinologue jésuite, Claude Larre, voit par ailleurs, « tout au long de la Cité interdite, un parti pris de noble simplicité, de puissance [qui] se dégage spontanément de la disposition minutieusement ordonnée d'éléments philosophiques admis depuis toujours ». Charles Chauderlot, précise que la Cité interdite est unique dans l'histoire chinoise, qu'elle est « une exception surprenante ». (Un passionnant documentaire allemand sur Yongle et la construction de la Cité interdite a été diffusé le 29 décembre 2007 par la chaîne Arte.)

Le génie de Pékin, selon Pierre Loti

Le capitaine de vaisseau Julien Viaud, alias Pierre Loti, a demandé à participer à l'expédition contre les Boxers (Boxeurs, en français), en 1900. Écrivain de renom et membre de l'Académie française depuis 1891, Julien Viaud occupe une place un peu à part dans la Marine. Il est alors aide de camp de l'amiral Pottier, commandant en chef l'escadre d'Extrême-Orient. Il débarque du *Redoutable* et prend le chemin de Pékin. Loti est fasciné par la Chine, l'ampleur de ses paysages, le raffinement de sa civilisation, son art et la lumière de ses matins d'hiver. Ce « mandarin des lettres » a bien compris ce qui fait la particularité et l'essence impériale de Pékin :

« Aucune de nos capitales d'Occident n'a été conçue, tracée avec tant d'unité et d'audace, dans la pensée dominante d'exalter la magnificence des cortèges, surtout de préparer l'effet terrible d'une apparition d'empereur. Le trône, ici, c'était le centre de tout; cette ville, régulière comme une figure de géométrie, n'avait été créée, dirait-on, que pour enfermer, pour glorifier le trône de ce Fils du Ciel, maître de quatre cents millions d'âmes; pour en être le péristyle, pour y donner accès par des voies colossales, rappelant Thèbes et Babylone. Et comme on comprend que ces ambassades chinoises, qui, au temps où florissait leur immense patrie, venaient chez nos rois ne fussent pas éblouies outre mesure à la vue de notre Paris d'alors, du Louvre ou de Versailles !

« Et vraiment on se sent confondu devant ce factice gigantesque. Combien le génie de ce peuple chinois a été jadis admirable ! Au milieu d'une plaine aride, d'une steppe sans vie, avoir créé de toutes pièces et d'un seul coup cette ville de vingt lieues de tour, avec ses aqueducs, ses bois, ses rivières, ses montagnes et ses grands lacs ! Avoir créé des lointains de forêts, des horizons d'eau pour donner au souverain des illusions de fraîcheur ! Et avoir enfermé tout cela – qui est cependant si grand qu'on ne le voit pas finir – l'avoir séparé du reste du monde, l'avoir séquestré, si l'on peut dire ainsi, derrière de formidables murailles. »

La Cité pourpre interdite est de couleur pourpre, comme son nom l'indique, symbole de joie et de bonheur. Elle est aussi le symbole de l'étoile Polaire, centre de l'univers, selon la cosmologie chinoise. Tandis que sur terre, le point fixe en est la personne de l'empereur, le Fils du Ciel, qui a reçu du Ciel le mandat de préserver l'harmonie entre les deux mondes. Comme tous les bâtiments chinois, le complexe palatial est orienté Sud-Nord. Les bâtiments regardent vers le Midi, pour se protéger des effets néfastes yin venus du Nord (les vents froids, les mauvais génies... et les cavaliers surgis de la steppe).

En Chine, il n'est pas de ville sans muraille. C'est le rempart qui confère le statut de cité. Il ne s'agit pas seulement de délimiter un territoire défensif. Le mur est destiné à séparer l'empereur de ses sujets, mais il manifeste également « un idéal de culture et de civilisation » (Javary). Tout comme la Cité pourpre interdite, les murailles de Pékin ont quelque chose de sacré. Pour mieux protéger sa nouvelle capitale, Yongle fait par ailleurs restaurer la Grande Muraille.

En 1406, l'empereur s'installe personnellement à Pékin pour surveiller les travaux. Il déplace des populations entières depuis les provinces du Sud et de l'Ouest pour peupler sa nouvelle capitale. Mais à peine ces travaux sont-ils achevés qu'un terrible incendie, puis un tremblement de terre, détruisent tout ce qui avait été construit. Insensible à ce défi du sort, Yongle fait tout recommencer. En 1421, il s'installe dans la Cité pourpre Interdite, au cœur de sa capitale septentrionale.

Dès le début du XVe siècle, les Ming refont donc de Pékin (Beijing, *jing* = capitale, et *bei* = Nord) une capitale, après l'avoir reconstruit presque entièrement. Tous les principaux monuments, le palais impérial, l'enceinte, les pagodes, datent en effet du temps de Yongle. Et ceci pour des raisons essentiellement stratégiques : il s'agit de protéger les frontières Nord et Nord-Est de l'empire contre les invasions mongoles.

Cette précaution de faire de Pékin une capitale proche du danger qu'il s'agit de conjurer ne suffira pas à préserver la dynastie des Ming du péril barbare. Les Mandchous s'emparent en effet de Pékin en 1644. Ceux-ci auraient pu fonder une nouvelle capitale, comme cela eût été normal, compte tenu des précédents fondés sur la coutume. La chute d'une dynastie entraîne d'ordinaire l'abandon du siège du pouvoir, après l'avoir livré au pillage. L'idéologie impériale chinoise veut en effet qu'une dynastie vaincue soit une dynastie déchue. Cela veut dire qu'avec du vieux, on ne peut pas faire du neuf. Et que la capitale et le palais d'une dynastie qui ont perdu le mandat du Ciel doivent disparaître, ou dépérir. Ce fait explique que le sol chinois, qui fut si riche en monuments historiques, ne conserve aucun autre palais impérial que celui de Pékin, la dernière capitale impériale. « Unique dans l'histoire chinoise, la Cité interdite est une exception surprenante », constate Cyrille Javary.

À noter donc que les Ming n'ont pas été détrônés par des Chinois. Pour des raisons dynastiques, soucieuse de s'inscrire dans la continuité de la dynastie précédente, et par là gagner en légitimité, la nouvelle dynastie mandchoue des Qing (« Pure ») choisit de demeurer dans l'ancienne capitale. Il s'agit aussi pour elle de ne pas s'éloigner de la Mandchourie, berceau de la maison impériale. Désireux de se siniser, les Mandchous apprennent à parler et écrire le chinois. Au lieu de détruire ou de laisser à l'abandon le palais de leurs prédécesseurs, « ils s'y installèrent avec une jubilation de parvenus », (Javary). Sans eux, la Cité interdite ne serait pas inscrite aujourd'hui au Patrimoine mondial de l'humanité, mais au catalogue des chefs-d'œuvre disparus.

C'est ainsi que les souverains Qing vont entretenir, embellir et agrandir à grands frais l'immense palais dont ils ont hérité. S'ils ne l'avaient pas fait, la plus grande partie des bâtiments, ceux que l'on peut visiter et ceux qui restent inaccessibles au public seraient aujourd'hui ruinés ou auraient disparu. Les nouveaux maîtres de Pékin prennent cependant une première mesure de ségrégation raciale. Ils forcent les Chinois de souche à quitter le périmètre de l'ancienne capitale impériale pour les parquer au Sud, dans ce qui deviendra la « ville chinoise », par opposition à la « ville tartare », au Nord, qui enserre la ville impériale avec la Cité interdite.

Autre cadeau de l'histoire pour la Cité interdite, la jeune République, établie en 1912, devait pareillement respecter le Palais impérial et même autoriser Puyi, le dernier empereur, à demeurer dans ses murs jusqu'en 1924. Elle sera ensuite transformée en musée. Un musée dont les trésors seront bientôt déménagés par Chiang Kai-shek pour qu'ils ne tombent pas aux mains des envahisseurs japonais. Deux trains spéciaux d'une cinquantaine de wagons quitteront Pékin en 1937, chargés de quarante mille caisses en bois, étiquetées et numérotées, pour une errance d'une douzaine d'années à travers la Chine, avant de se retrouver à Taiwan, en 1949.

C'est ainsi que la Cité interdite a gardé ses murs et ses palais, mais perdu ses trésors. On peut regretter qu'elle soit devenue une coquille vide, en quelque sorte. S'il est permis de formuler un souhait, ce serait celui de voir revenir à Pékin les trésors qu'il faut aller contempler à Taipeh, où ils sont exposés par roulement, tellement ils sont riches et nombreux. Aura-t-on la chance de voir cela un jour ?

Mao Zedong, « l'empereur de bronze », comme l'a baptisé André Malraux, a redonné à Pékin son rang de capitale de la Chine et fait restaurer le palais impérial dans toute sa splendeur. Il en a cependant annexé de vastes et nombreuses dépendances pour y installer les instances centrales du pouvoir. C'est ainsi que tout le côté ouest de la Cité interdite, le Zhong Nan Hai, est aujourd'hui occupé par les hauts dignitaires du régime.

Pékin a d'autre part transformé Mao, si l'on en croit l'académicien François Cheng : « Après la prise du pouvoir, lors de la proclamation de la nouvelle république, ce chef incontesté, contrairement à l'image qu'on connaissait de lui – un personnage à l'allure volontairement désinvolte, quelquefois débraillée – apparut sanglé dans un costume strict, boutonné jusqu'au cou, dans une attitude grave, hiératique, quasi "impériale". Comme s'il n'était pas si facile de se débarrasser du modèle déjà éprouvé de l'ancien système, avec son rituel, son langage, son imagerie archétypale – on s'y glissait pour ainsi dire inconsciemment, comme dans un moule. »

Pékin sera donc resté la capitale de la Chine, et ceci d'une manière presque continue, pendant les trois dernières dynasties, du XIIIe au XXe siècle, des Yuan aux Ming et des Ming aux Qing. Ce qui lui a valu de ne pas disparaître.

CHAPITRE 2

Marco Polo est-il allé en Chine ?

« Seigneurs, Empereurs et Rois, Ducs et Marquis, Comtes qui voulez connaître les différentes races d'hommes, et la variété des diverses régions du monde, et être informés de leurs us et coutumes, prenez donc ce livre et le faites lire ; car vous y trouverez toutes les grandissimes merveilles de la Grande et de la Petite Arménie, de la Perse, de la Turquie, des Tartares et de l'Inde et de maintes autres provinces de l'Asie moyenne et d'une partie de l'Europe quand on marche à la rencontre du Vent-Grec [Nord-Est], *du Levant et de la Tramontane* [Nord] ; *c'est ainsi que notre livre vous les contera en clair et en bon ordre, tout comme Messire Marco Polo, sage et noble citoyen de Venise, les décrit parce qu'il les a vues de ses propres yeux.*

« Sans doute il y a ici certaines choses qu'il ne vit pas : mais il les tient d'hommes dignes d'être crus et cités. C'est pourquoi nous présentons les choses vues pour vues et les choses entendues pour entendues, en sorte que notre livre soit sincère et véritable sans nul mensonge, et que ses propos ne puissent être taxés de fables...

« Je peux bien vous le dire : depuis que Notre Sire Dieu a façonné Adam, notre premier père, et Ève avec ses mains et jusqu'aujourd'hui, oncques ne fut Chrétien, Sarrazin, Païen, Tartare, Indien, ou autre homme de quelque sorte, qui ait vu, connu ou étudié autant de choses dans les diverses parties du monde, ni de si grandes merveilles, que ledit Messire Marco Polo ; nul autre n'y fit autant de voyages qui n'eut autant d'occasions de voir et de comprendre ; par le cours de sa vie, on peut comprendre et juger que ce noble citoyen est d'un esprit juste et excellent, puisqu'il fut toujours apprécié des seigneurs et des princes. C'est pourquoi il s'est dit que ce serait grand malheur s'il ne faisait pas coucher par écrit toutes les grandes merveilles qu'il vit ou reçues pour vrai, de sorte que les

autres gens, qui ne les ont ni vues ni connues, les sachent grâce à ce livre. En outre, je vous apprendrai qu'il demeura dans ces différentes régions et provinces bien vingt-six années entières, depuis le début de sa jeunesse jusqu'à l'âge de quarante ans. »

Introduction du livre *Le Devisement du Monde.*
Rusticien de Pise, 1298

Le XIIIe est un grand siècle d'internationalisme. Les armées mongoles, parties de Karakorum (en Mongolie, à l'ouest d'Oulan-Bator), fondent sur la Chine, à l'Est, et déferlent sur l'Asie centrale et l'Asie Mineure, à l'Ouest, jusqu'à atteindre la partie orientale du monde chrétien. Les conquérants des steppes réunissent ainsi sous leur sceptre des étendues immenses appartenant à des aires de civilisation différentes. Il s'agit d'une période exceptionnelle dans l'histoire du monde, où les frontières sont abolies d'un bout à l'autre de l'Asie. L'antique Route de la Soie, fermée depuis le XIe siècle par les progrès de l'Islam, est de nouveau ouverte aux marchands. La *pax mongolica* régnant, la sécurité des routes assurée, un intense courant d'échange de biens et de personnes s'organise, comme sous la dynastie des Tang quelques siècles auparavant. Grâce à Gengis Khan, le fondateur du premier empire mongol, Marco Polo peut prendre la route.

Voici donc sept siècles, à la fin du Moyen Âge, un Vénitien de qualité, commandant d'une galère de combat, est fait prisonnier par les Génois lors d'une bataille navale entre les deux cités, rivales sur le plan commercial. Il subit tranquillement sa captivité, tout en se plaisant à conter ses voyages à travers des contrées inconnues, à en décrire les villes et paysages, et aussi les fabuleuses richesses. Pendant vingt-trois ans en effet, cet étonnant voyageur a parcouru des régions dont on ne savait presque rien, après avoir traversé toute l'Asie par la Mongolie. Sa fabuleuse mémoire aidant, ce conteur-né est capable de narrer avec un incroyable luxe de détails ses aventures prodigieuses et ses périples insensés au Cathay (la Chine du Nord), le pays du Grand khan. (Qubilai Khan est le fondateur en Chine de la dynastie des Yuan et empereur de 1260 à 1294. Il est le petit-fils de Gengis Khan, fondateur de l'empire mongol, lequel s'est emparé au début du XIIIe siècle de la Chine du Nord.) Ce voyage le mène jusqu'à la « grande capitale », Dadu (le nom chinois de la ville) , « la ville du khan », Cambaluc selon Marco Polo, c'est-à-dire Pékin.

Les récits de Marco Polo – ou plutôt de Messer Marco Polo, puisqu'il tient à ce titre – ne tombent pas dans l'oreille d'un sourd en la personne de son compagnon de cellule, un Pisan, Rusticien de Pise, un éminent lettré qui écrit en français, la langue noble de l'époque, comme c'est alors l'usage. Cet écrivain de cour est connu pour ses romans de chevalerie et ses compilations de récits du *Cycle de la Table ronde* et du *Roi Arthur*. C'est à Rusticien de Pise que l'on doit la rédaction du Livre de Marco Polo, *Le Devisement du Monde* (écrit donc en français médiéval*),* ou *Le Livre des Merveilles* ou encore, par dérision et incrédulité, *Il Milione*. Best-seller de son temps, ce texte stupéfie, fascine et émerveille. Il comporte d'innombrables descriptions de régions inconnues et des fabuleuses richesses qu'elles renferment. Il contient de nombreuses informations sur les rites, les croyances et les mœurs dans une foule de provinces reculées. Il regorge de notations sur la faune et la flore, sur les lieux et les modes de production des différentes ressources de chaque pays, les épices, les matières précieuses et celles qui étaient alors inconnues.

Le livre figurera dans les bibliothèques du monde d'alors, dignitaires de l'Église et membres de la haute noblesse. Sept ans plus tard, le Vénitien fit établir pour Charles de Valois, prétendant au trône de Constantinople et frère du roi Philippe le Bel, une seconde version de ses souvenirs, toujours en français. À la fin du Moyen Âge, il est le livre le plus connu après la Bible. L'original en est perdu, mais on en conserve encore cent quarante-trois manuscrits, dont celui du duc de Berry, illustré de quatre-vingt-quatre délicates enluminures, aux couleurs pures finement rehaussées d'or et bordées de rinceaux de feuilles de vigne. En 1477 paraîtra la première édition imprimée à Nuremberg.

Le Livre des Merveilles conservera intact son pouvoir de fascination à travers les siècles. Le Génois Christophe Colomb, qui annotera de sa main l'édition latine du *Livre des Merveilles*, aura à l'esprit le périple de Marco Polo lorsqu'il partira lors de différents voyages à la recherche de la route maritime de l'Asie, à la fin du XVe siècle. *Le Livre des Merveilles* fera rêver les matelots sur le pont des caravelles.

Au début des années 1260, les frères Mafeo et Niccolo Polo, des marchands vénitiens qui ont établi un comptoir à Constantinople, quittent la cité des Doges « sur une de leurs nefs chargées de marchandises variées et précieuses ». De Constantinople, ils gagnent la Volga, redescendent vers le Sud et arrivent à Boukhara, où ils demeurent trois ans, bloqués par des combats entre Tartares. Des envoyés de Qubilai khan, le « Sire de tous les Tartares », les emmènent alors à Karakorum, la capitale de l'empire mongol, où réside le Grand khan. Ils entretiennent le souverain, dont la mère est chrétienne nestorienne, des affaires de la chrétienté et de la religion. Ils restent trois ans auprès de l'empereur, qui, en 1266, leur demande de retourner en Europe, les chargeant d'une mission : demander au pape de lui envoyer cent docteurs en théologie, susceptibles de lui prouver la supériorité de la religion catholique. S'ils y parviennent, il s'engage à se convertir. Qubilai leur remet des lettres pour le pape et leur demande également de lui rapporter de l'huile de la lampe du Saint-Sépulcre. Voici donc nos marchands devenus ambassadeurs et chargés d'une sainte mission !

De retour à Venise, ils apprennent que le pape vient de mourir et que son successeur n'est pas encore élu. En 1271, les deux frères retournent vers l'empereur, porteurs de la réponse papale et de l'huile sainte demandée. Ils sont accompagnés de leur fils et neveu, Marco, alors âgé de dix-sept ans, et de deux moines qui décideront bientôt de rebrousser chemin. Après un voyage de trois ans et demi, après avoir bravé des températures extrêmes et traversé montagnes et déserts, à travers la Bactriane et la Sogdiane, ils arrivent en 1275 à Cambaluc. L'empereur les retient à sa cour et les engage à son service. Ils y demeureront dix-sept ans.

L'empereur est séduit par le jeune Marco, dont l'aspect est avenant et qui est vif et intelligent. Marco dit parler plusieurs langues, le persan et le mongol, et sans doute le turc et l'arabe. Marco Polo intéresse fort le souverain mongol en lui racontant quantité de choses concernant les palais étrangers. Il raconte que « le Grand khan, le voyant si pondéré et si beau et de si bonne façon, le chargea de missions dont il s'acquitta si parfaitement et avec tant de sagesse, c'en était merveille ». Il dit apporter « un grand zèle à savoir épier et s'enquérir de tout afin d'en faire un rapport complet au grand seigneur ». Et il ne se prive pas d'ajouter que « le Grand khan l'aimait fort et le tenait en grande estime ».

Celui-ci charge en effet Marco Polo de plusieurs missions. Il lui demande de contrôler, d'inspecter et de surveiller les fonctionnaires chinois. Il en fait aussi un agent de renseignement. Il l'envoie à Dali (province du Yunnan), un royaume récemment conquis, au Sichuan, et même au Tibet. Il le nomme pour contrôler la perception des taxes à Quinsai (Hangzhou), dont il dit que « c'est la plus grande ville au monde », et où l'on « peut y goûter tant de plaisirs que l'homme s'imagine être au paradis ». Il devient même gouverneur de la région de Yangzhou. Cette promotion d'un étranger, qui plus est occidental, ne doit pas trop surprendre. Les empereurs mongols utilisaient souvent des étrangers pour surveiller l'administration des territoires nouvellement conquis, des Tibétains, des Turcs, des Iraniens, des Arabes, des Hongrois, des Russes et des Arméniens, et pourquoi pas un Vénitien ! Marco Polo raconte qu'il est devenu un personnage important, familier de la cour du Grand khan qui « lui faisait de si grands honneurs et le tenait si près de sa personne que les autres barons en avaient grande envie. »

Qubilai, le Grand khan, reste dans l'histoire de la Chine comme un des meilleurs souverains qu'elle ait connu à travers de nombreux siècles. Il a reconstruit en un règne réparateur tout ce qu'a pu détruire son terrible aïeul. Qubilai khan a transféré la capitale de l'empire mongol de Karakorum à Cambaluc. De 1264 à 1267, il a fait construire une ville nouvelle ayant la forme d'un rectangle plus haut que large. Un architecte musulman a été chargé d'édifier un nouveau palais impérial, commencé en 1274, peu de temps avant que le voyageur vénitien rencontre le Grand khan.

Sur l'emplacement de la nouvelle ville existait « une très ancienne, très grande et noble cité », nous dit Marco Polo. Mais les astrologues du Grand khan l'avertissent que celle-ci allait bientôt se rebeller. Il la fait donc détruire et reconstruire à côté ; et il en profite pour procéder au transfert d'une partie de la population.

Messer Marco Polo arrive à Cambaluc avant le missionnaire italien Jean de Mont-Corvin (1289-1328, qui deviendra le premier évêque de Pékin) et le franciscain Odoric de Pordenone (1318-1330), lequel y écrivit quatre lettres fameuses. Polo est donc le premier à décrire le Cathay et l'immense capitale que le khan s'est fait construire, Cambaluc, « la ville du khan ». Avec cette description du Cathay et des fastes de la cour, son récit commence véritablement. Il parle du fameux plan carré de la nouvelle capitale et de sa disposition en damier, demeurée inchangée à Pékin.

Suit une description de Cambaluc (ville fondée par le khan entre 1267 et 1281), encore valable aujourd'hui pour Pékin. La disposition des rues a frappé Marco Polo :

« Et vous dis encore que toute la ville est tracée au cordeau ; les rues principales sont droites comme un I d'un bout à l'autre de la ville, et si larges et si droites que celui qui monte sur le mur à une porte, il voit à l'autre bout la porte de l'autre côté, et elles sont ainsi faites que chaque porte se voit de l'autre. Partout, le long des principales rues, il y a échoppes et étalages de toute nature, maints beaux palais et belles auberges, et maintes belles maisons. Tous les terrains où ils sont bâtis sont carrés et tracés au cordeau dans toute la ville, et sur chaque terrain sont de spacieux palais avec cours et jardins. De telles pièces de terre sont données à chaque chef de famille... Chaque lot carré est bordé de bonnes rues. Ce qui donne au total un plan si beau et magistral qu'il n'est nul besoin de le dire. »

Marco Polo est émerveillé par les marchés de Pékin :

« Sur chacune de ces places, trois fois la semaine, se réunissent quarante à cinquante mille personnes qui viennent au marché et apportent tout ce que vous pouvez désirer en fait de victuailles parce qu'il y en a toujours en grande abondance ; du gibier : chevreuil, cerf, daim, lièvre, lapin ; et des oiseaux : perdrix, faisans, francolins, cailles, volailles, chapons, et tant d'oies et tant de canards, qu'on ne saurait dire davantage. » Il n'omet surtout pas de mentionner les soieries : « Il n'est pas de jour où il n'y entre mille charretées de soie avec lesquelles se fabriquent quantité de draps d'or. »

Il dit l'importance de sa population et son intense activité :

« Cette cité de Cambaluc est bien grande multitude de maisons et de gens, tant au-dedans qu'au-dehors. Et sachez qu'il y a autant de faubourgs que de portes, et elles sont douze ; ils sont si grands que celui de chaque porte s'étend jusqu'à celui de l'autre, et leur longueur a trois ou quatre milles, de sorte que nul homme ne pourrait les dénombrer. Il y a bien plus de gens dans les faubourgs que dans la ville. » (Celle-ci compterait un million deux cent mille habitants, selon un recensement de 1270.) « C'est en ces faubourgs que logent et demeurent les marchands et tous autres hommes qui y viennent pour leurs affaires ; et il en vient une grande quantité, ceux qui viennent à cause de la Cour du Seigneur – et partout où il tient sa Cour, les gens arrivent de partout pour diverses raisons –, et ceux pour qui la ville est un excellent marché. À chaque sorte de gens un caravansérail est réservé, comme qui dirait un pour les Lombards, un pour les Germains, un pour les Français.

« Et vous dis encore qu'en ces faubourgs sont aussi belles maisons et palais qu'en ville, hors celui du Grand Sire. Et sachez qu'on ne permet à aucun homme qui meurt d'être sépulturé en ville... »

Polo fait bien entendu le portrait du Grand khan, « le Grand Seigneur des seigneurs » : « Il est de belle taille, ni petit, ni grand, mais de taille moyenne. Sa charnure est bien répartie, ni trop grasse, ni trop maigre ; il est bien constitué de tous ses membres. Il a son visage blanc et vermeil comme rose, ce qui lui donne un aspect très plaisant ; les yeux noirs et beaux, le nez bien fait et bien séant. » Il fait un éloge dithyrambique du Grand khan, en qui il voit « l'homme le plus sage et le mieux pourvu de toutes choses, le meilleur capitaine d'armées et le plus grand gouverneur de gens et d'empires, et un homme de plus grande valeur qu'il en fut jamais dans toutes les tribus tartares ».

Il décrit ensuite longuement – et avec admiration – le palais d'Hiver de l'empereur qui, même s'il n'existe plus aujourd'hui, possède déjà bien des caractéristiques de la future Cité interdite. Une description qui fait figure de document et que l'on préfère citer dans sa quasi-intégralité :

« Sachez très véritablement que dans la maîtresse ville du Cathay, qui est appelée Cambaluc, le Grand khan demeure trois mois de l'année, décembre, janvier et février. En cette ville, il a, près de la partie nouvelle, du côté du Midi, son grand palais.

« Ce palais est carré de toutes les manières. Il y a d'abord un carré de murs dont chaque côté a huit milles de long, et autour duquel est un fossé profond. Au milieu de chaque côté est une porte par laquelle entrent tous les gens qui se rassemblent de tous côtés. Puis on trouve tout autour en dedans un espace vide d'un mille de large, où sont stationnés des soldats. Après cet espace, on trouve un autre mur carré dont chaque côté a six milles ; la face qui regarde le Midi a trois portes, et de même celle qui regarde vers la Tramontane [le Nord] ; celle du centre est la plus large ; on la tient toujours fermée, et ne l'ouvre que si le Grand khan veut entrer ou sortir ; les deux autres, plus petites, qui sont chacune d'un côté de la grande, restent toujours ouvertes, et c'est par elles qu'entrent les gens. À chaque angle de cette muraille, ainsi qu'au centre de chaque face, est un vaste et superbe palais, de sorte qu'ils sont huit autour de la muraille ; on y conserve les équipements du Grand khan, à raison d'une seule sorte de harnois par bâtiment, brides, selles, étriers, et autres choses qui appartiennent à l'équipement des chevaux. En un autre sont arcs, cordes, carquois, flèches et autres choses relatives au tir ; en un autre, cuirasses, corselets, et autres objets semblables en cuir bouilli. Et ainsi du reste.

« Dans ce circuit de murs est contenue une nouvelle muraille carrée dont chaque côté a un mille de long : c'est-à-dire qu'elle a environ quatre milles de tour. Elle est très épaisse et de hauteur a bien dix pas ; la face extérieure est toute revêtue d'un enduit rouge et blanc, et crénelée comme un château. À chaque angle de cette muraille se trouve un grand palais très beau et très riche... »

Marco Polo s'attache surtout à décrire le luxe inouï du nouveau palais du Grand Sire :

« C'est le plus vaste et le plus merveilleux qui fût jamais vu au Midi et à la tramontane. Il se joint à la muraille, et il y a une surface libre où les barons et les soldats vont et viennent. Il n'a point d'étage, mais le carrelage est à peu près à dix pieds au-dessus du sol ; le toit est extrêmement élevé ; tout autour est un mur de marbre qui soutient une terrasse au niveau du carrelage ; il est large de deux pas, et le palais est disposé de telle sorte que cette terrasse autour fait comme une promenade où l'on peut aller et venir, et où les hommes peuvent voir de l'extérieur. Et sur les bords est une très belle balustrade à colonnes sur laquelle on peut s'appuyer.

« Les murs des salles des chambres sont tout couverts, à l'intérieur, d'argent et d'or et sont représentés en ciselure très fine des lions et des dragons, des bêtes et des oiseaux, de jolies histoires de dames et de chevaliers et bien d'autres sortes de belles choses et d'histoires de guerre. Le toit, lui aussi, est fait de telle sorte qu'on n'y voit rien qu'argent et or et que peintures. Sur chaque face du palais est un grand escalier de marbre, qui va du sol au haut de ce mur de marbre qui entoure le palais, et c'est par ces marches qu'on y monte.

« La grand-salle est si large et si vaste que plus de six mille hommes y pourraient bien en même temps manger ; il y a quatre cents chambres, et c'est un tel nombre qu'on s'émerveille de voir. Ce palais est si grand, si beau, si riche, et si bien disposé qu'il ne doit point y avoir au monde un homme capable de mieux imaginer ou faire. Les toits, en haut, vus du dehors, sont tout vermeil, vert, azur, bleu paon, et jaune, enfin de toutes les couleurs, et si bien vernissés qu'ils resplendissent comme cristal et qu'on les voit luire de bien loin à la ronde. Et sachez que ce toit est si fort et si solidement assemblé qu'il durera maintes années.

« Derrière le palais sont de grandes maisons, chambres, et salles où sont les affaires personnelles du Seigneur, tout son trésor, son or, son argent, ses pierreries, ses perles et sa vaisselle d'or et d'argent. Là demeurent ses dames et amies et a ses affaires bien arrangées et à sa guise ; en ce lieu n'entrent pas d'autres gens. »

Messer Polo parle ensuite du parc qui entoure le palais, de « belles et vastes prairies » et de « jardins avec de très beaux arbres fruitiers de diverses espèces », qui abritent également des « bêtes étranges », cerfs blancs, chevreuils, daims, écureuils, hermines, etc. Il évoque un vaste lac plein de poissons, destinés à la consommation. Il décrit une colline « faite de main d'homme » et « couverte des plus beaux arbres du monde » toujours verts, venus de partout et apportés là par des éléphants, selon le désir du Grand Sire. Au sommet trône un vaste et joli palais, dont la vue « lui donne réconfort et plaisir en son cœur ». (Il s'agit, bien entendu, de la colline dite du Charbon.)

Les Mongols ont en effet gardé le goût de la nature. Même s'ils habitent des villes, ils ne renoncent pas aux charmes de la campagne. Ils ont besoin de verdure, d'arbres et aussi d'animaux.

Marco Polo évoque également le faste de la vie quotidienne à la cour, les grandes fêtes qui jalonnent l'année et donnent lieu à des festins grandioses, où les vassaux reçoivent profusion de cadeaux somptueux, robes de brocart, bijoux, fourrures et soieries.

Un passage célèbre du *Devisement du Monde* raconte que le Grand khan a « quatre femmes, qu'il tient toujours pour ses véritables épouses ». Chacune de ces « impératrices » possède son palais et entretient « une très belle cour royale », composée d'au moins trois cents demoiselles, choisies pour leur gentillesse et leur beauté. Elles ont de nombreux valets eunuques et maints hommes et femmes, si bien que chacune de ces dames a dans sa cour au moins dix mille personnes. Et chaque fois qu'il veut coucher avec l'une de ces quatre femmes, il la fait venir dans sa chambre, mais quelquefois il va dans la chambre de sa femme.

Le harem de l'empereur

Marco Polo parle avec délectation du fameux harem de l'empereur, un passage qui a fait fantasmer bien des lecteurs au cours des siècles. Le maître de l'empire aime la variété et ses appétits sexuels sont à la mesure de son pouvoir. Le Grand khan a en effet « maintes amies », issues d'une tribu tartare réputée pour ses « gens fort bien conformés » et leur jolie peau :
« Les femmes y sont très belles et rehaussées d'excellentes manières. Tous les deux ans, sont choisies cent pucelles, les plus belles qui soient de cette tribu et lui sont amenées. »
Ses envoyés ont pour mission de trouver les filles les plus belles, correspondant à son type de beauté. Ces recruteurs « font venir devant eux toutes les damoiselles de la province. Et il y a des juges députés pour cela, qui, voyant et considérant toutes les parties du corps de chacune, cheveux, visage, sourcils, bouche, lèvres et membres, pour qu'ils soient harmonieux et proportionnés au corps, évaluent les belles à seize carats, d'autres à dix-sept, ou dix-huit, vingt, et plus ou moins selon qu'elles sont plus ou moins belles. Si le Grand khan les a chargés d'amener celles qui valent vingt carats ou vingt et un, ils les lui conduisent selon le chiffre fixé. Et quand elles sont arrivées en sa présence, il les fait de nouveau apprécier par d'autres juges, et dans l'ensemble il choisit pour sa chambre les trente ou quarante qui ont obtenu le plus de carats.
« Ensuite, les fait garder par les vieilles dames du palais, une par épouse de baron, lesquelles prennent beaucoup de soins pour les surveiller ; et les fait coucher avec elles en un lit pour savoir si elle a bonne haleine, est propre, et dort quiètement sans ronfler, et n'a de mauvaise senteur nulle part, et pour savoir si elle est pucelle et bien saine en toute chose. Quand elles ont été bien examinées, celles qui sont bonnes, belles et saines en toute partie sont mises à servir le Seigneur. Vrai est que tous les trois jours et trois nuits, six de ces demoiselles sont envoyées rendre leurs devoirs au Seigneur quand il va se reposer et quand il se lève, tant dans sa chambre que dans son lit et pour tout ce qu'il désire, et le Grand khan fait d'elles ce qu'il veut. Au bout de ces trois jours et trois nuits viennent six autres demoiselles en place des premières, qui s'en vont. Ainsi va-t-il

toute l'année, les six damoiselles étant changées tous les trois jours et trois nuits jusqu'à ce que le nombre de cent soit rempli, et alors elles reprennent leur tour.

« Vrai aussi que tandis qu'en demeure une partie dans la chambre du Seigneur, les autres se tiennent en une autre chambre proche, de sorte que si le Seigneur a quelque besoin particulier, comme boire, manger ou autre chose, les damoiselles qui sont en la chambre du Seigneur commandent à celles de l'autre chambre ce qu'elles doivent apprêter, et elles le préparent incontinent. Ainsi, le Seigneur n'est point servi par personne autre que ces damoiselles. Quant aux autres, qui ont obtenu un moindre chiffre de carats, elles demeurent avec les autres femmes du Seigneur dans le palais, qui leur enseignent à coudre, à couper des gants et à faire autres nobles travaux. Et quand un gentilhomme cherche une épouse, le Grand khan lui en donne une avec un très gros douaire, et ainsi leur trouve à toutes un mari bien établi. »

Le harem est donc un monde soigneusement ordonné. L'empereur ne connaît pas le désordre de rencontres fortuites avec des inconnues.

Marco Polo se pose cette question :

« Les hommes de cette province ne sont-ils pas chagrins que le Grand khan leur prenne leurs filles ? » Bien au contraire, se hâte-t-il de répondre. Ils y voient la marque d'une grande faveur et d'un grand honneur, et sont très heureux d'avoir de jolies filles susceptibles de plaire au monarque. Ils se disent : « Si ma fille est née sous une bonne planète et douée de bonne fortune, le Seigneur pourra la combler davantage et la marier noblement, ce que je n'eusse pu faire. »

Il précise que le Grand khan a eu vingt-deux enfants mâles de ses quatre épouses. (L'histoire officielle lui en attribue dix, et l'historien Paul Pelliot douze) Le fils aîné trépassa avant son père, mais son fils, Temur, devait succéder à Qubilai khan. Celui-ci eut également vingt-cinq autres fils de ses « amies ».

Notre voyageur est surpris par le nombre des habitants de la ville et de ses faubourgs, où sont logés les marchands et les étrangers. Il fait état par ailleurs d'une prostitution à grande échelle et bien organisée :

« Et encore vous dis autre chose : dedans la ville n'oserait demeurer aucune pécheresse, c'est-à-dire les femmes du monde qui font service aux hommes pour argent; mais vous dis qu'elles demeurent toutes ès faubourgs. Et sachez qu'il y en a si grande multitude que nul homme ne le pourrait croire, et je vous dis qu'elles sont bien vingt mille, qui toutes servent les hommes pour argent, et qui toutes en tirent subsistance. Et vous dis même qu'elles sont toutes en mains en raison du grand nombre d'étrangers et de marchands qui là vont et viennent chaque jour. Elles ont un capitaine général, et il y a un chef pour chaque centaine et pour chaque millier, qui sont responsables devant le général. Et la raison pourquoi ces femmes ont un capitaine est ceci : chaque fois que des ambassadeurs (c'est-à-dire des porteurs de tributs) viennent trouver le Grand khan pour affaires, et logent à ses frais – ce qu'on leur assure de la manière la plus satisfaisante – ce capitaine est tenu de fournir aux dits ambassadeurs et à chacun de ceux de sa suite une catin chaque nuit, qui change de nuit en nuit, et qui n'est pas payée, car tel est l'impôt qu'elles payent au Grand khan. Alors, pouvez voir s'il y a grande abondance de gens à Cambaluc, puisque les femmes mondaines y sont aussi nombreuses que je vous ai conté. »

Les Polo resteront près de dix-huit ans dans l'empire mongol, où le jeune Marco, si on l'en croit, effectue diverses missions au service du Grand khan dans le Cathay (la Chine du Nord) et le Mangi (la Chine du Sud). Le khan aimerait bien les retenir à son service. Tous trois finiront cependant par regagner Venise, par voie de mer. En 1295, ils accompagneront une ambassade officielle chargée d'escorter jusqu'en Perse une princesse mongole destinée à devenir la femme du khan Argub. Un long et plaisant voyage de retour qui les fait s'arrêter, d'escale en escale, à Java, Sumatra, Ceylan, Zanzibar et Ormuz, où ils mèneront la princesse à bon port. À ceci près que le khan de Perse est mort entre-temps. Qu'importe, elle épousera son fils !

Marco Polo est alors âgé de quarante-deux ans. À leur retour à Venise, chargés de cadeaux, les Polo découvrent qu'on les a bien oubliés et que leurs compatriotes demeurent incrédules en ce qui concerne leur aventure. Ils offrent alors un banquet à tous leurs parents et amis et y paraissent vêtus de somptueux vêtements. De la doublure qu'ils décousent à la fin du banquet, ils sortent des joyaux et des pierres précieuses, qui ravissent leurs invités. Le père Roi, grand ami de Teilhard de Chardin à Pékin, qui nourrissait une profonde admiration pour Marco Polo, se plaît à imaginer cette scène : les trois voyageurs de retour à Venise, vêtus à la chinoise et qui se disent vénitiens, organisent un banquet à l'issue duquel ils se lèvent en silence, dégrafent leurs longues robes de soie et laissent rouler sur le sol des poignées de perles, de rubis, de saphirs et d'émeraudes. Les invités se rendent alors à l'évidence : ils se trouvent bien devant la famille Polo, oubliée après vingt-quatre ans d'absence.

Trois ans plus tard Marco Polo sera emprisonné à Gênes.

Peu avant sa mort, en 1324, Marco Polo a confié qu'il n'avait pas dit la moitié de ce qu'il avait vu. Il répondait ainsi à des amis qui le soupçonnaient d'avoir sérieusement exagéré la relation qu'il avait faite de son long séjour en Chine. Dans l'Europe médiévale, en effet, on a longtemps cru que Marco Polo était un affabulateur. Dans un livre paru en 1970, *Barbarians & Mandarins*, le journaliste britannique Nigel Cameron émet pareillement quelques doutes sur la véracité et le bien fondé du récit du voyageur vénitien. Polo assure en effet avoir assumé d'importantes charges (dont le poste de gouverneur de Yangzhou) et effectué diverses missions de confiance au service des conquérants mongols et de Qubilai khan. Ceci est fort possible, car les Mongols se méfiaient des Chinois pour administrer les immenses territoires qu'ils avaient conquis, et ils leur préféraient souvent des fonctionnaires d'origine étrangère. Mais les archives chinoises et mongoles restent muettes sur les Polo.

Occupant par ailleurs des postes élevés, Marco Polo n'aurait pas bien perçu la réalité complexe du pays et de sa population, en particulier sa pauvreté. Nigel Cameron s'étonne qu'il ne parle pas de la Grande Muraille, qu'il a certainement dû franchir. Voyageant dans le sud du pays, il ne mentionne pas davantage l'usage si répandu du thé, un breuvage alors inconnu en Europe. De la même manière, il fait silence sur une des coutumes les plus extravagantes de la Chine, le petit pied bandé des femmes (alors qu'Odoric de Pordenone mentionne cet usage), qui les fait claudiquer, les dotant ainsi d'une séduction sans pareille auprès des éléments mâles. Il ne parle pas non plus de l'usage de la boussole, une invention chinoise, alors qu'il est revenu en bateau de Chine en Europe, en passant par le golfe Persique. Il ne signale pas enfin l'emploi des allumettes sulfurées utilisées pour allumer le feu (un usage réinventé en Europe en 1781).

En 1995, le livre d'une sinologue anglaise, Frances Wood, titulaire d'un poste à la British Library, a fait un certain bruit. Son titre ? *Did Marco Polo go to China ?* (Marco Polo est-il allé en Chine ?) L'auteur soutient que le Vénitien n'a jamais dépassé Constantinople et la Perse. Elle avance que Polo aurait très bien pu utiliser les informations recueillies par de nombreux voyageurs anonymes, soldats, religieux, marchands, qui auraient sillonné le continent asiatique, les reprenant à son propre compte, et qu'il n'aurait jamais vécu l'aventure en personne. Il ne serait ainsi qu'un vil compilateur. À ses yeux, cela expliquerait les erreurs et les lacunes du récit, ses bizarreries, ses incohérences, l'imprécision de ses itinéraires avec ses approximations concernant les distances, la durée des étapes, etc.

Reprenant les réserves de Nigel Cameron Mrs Wood s'étonne en outre que Marco Polo n'ait pas su retenir trois mots de chinois (même s'il maîtrise parfaitement le persan et le mongol) et qu'il ne fasse pas état d'une invention chinoise de taille, c'est-à-dire l'imprimerie. Marco Polo confondrait d'autre part allégrement légendes et faits présentés comme réels, tels les hommes à tête de chien et le griffon, un oiseau aux ailes gigantesques, capable d'entraîner un éléphant dans les airs, etc.

Un professeur de Sorbonne (Paris IV), Philippe Ménard, auteur de *Marco Polo, À la découverte du monde*, trouve le livre de Frances Wood peu convaincant. Il estime que les arguments avancés par Mrs Wood pour contester la présence de Marco Polo sur la terre chinoise peuvent tous être retournés et que ses hypothèses sont incertaines. Il explique que *Le Devisement du Monde* est truffé de mots chinois et surtout mongols, qui témoignent de la véracité du texte sur la Chine occupée par les Mongols.

M. Ménard rappelle que les plus éminents spécialistes de l'Extrême-Orient depuis un siècle et demi, M. G. Pauthier, Henri Cordier, le colonel anglais Henry Yule (spécialiste du mongol et du chinois), Paul Pelliot, n'ont en ce qui les concerne jamais douté que le célèbre voyageur se soit rendu dans le Céleste Empire. Le fait que Marco Polo n'ait pas remarqué la Grande Muraille ne prouverait rien, celle-ci ayant perdu tout intérêt pour les Mongols qui occupaient alors la Chine. M. Ménard réplique aux sceptiques : « *Le Devisement du Monde* est un des grands récits de voyage du Moyen Âge. Il est le premier à révéler à l'Occident le monde immense de la Chine et de l'Asie. »

Nigel Cameron reproche surtout au *Devisement du Monde* de manquer d'intérêt pour l'histoire et la culture. En vérité, Marco Polo est un marchand sans grande culture générale, qui ne s'embarrasse pas de considérations culturelles. Pour notre Écossais, Polo serait passé à moitié à côté de la Chine. Son absence de sentiments humanitaires, son manque de compassion et d'humilité, son défaut d'empathie envers les gens en général font que son ouvrage, selon lui, pèche par sécheresse. Son manque de sensibilité et d'humour en ferait un document impersonnel qui ne tient pas compte du côté extraordinaire de la civilisation de la Chine, où le peuple chinois, si dynamique dans son essence, n'apparaît pas dans sa vitalité.

Ce que reproche en définitive Nigel Cameron à Marco Polo, c'est de ne pas être un humaniste, un ethnologue et un poète. Bref, de n'être qu'un marchand, surtout concerné par ce qui peut lui être utile sur un plan professionnel, intéressé en premier lieu par des détails pratiques ayant trait à son métier de commerçant.

On peut au contraire être sensible à l'étrange poésie de l'œuvre, qui contient sa part de légendes, de traits fantastiques et d'éléments extraordinaires. L'attrait du *Devisement du Monde*, depuis le Moyen Âge, vient justement de ce qu'il est *Le Livre des Merveilles*. Il fait rêver. Ainsi s'explique l'étrange séduction de ce récit qui a passionné depuis des siècles les explorateurs de la planète et les amoureux de l'Asie.

En un mot, il s'agit d'un récit passionnant.

Chapitre 3

L'homme qui voulait convertir la Chine

Le premier jésuite à avoir gagné Pékin est une personnalité exceptionnelle, un des plus grands hommes de son temps. On manque de superlatifs pour décrire cet homme hors du commun, comme la Renaissance italienne en a produit (on songe à Pic de La Mirandole, célèbre pour son savoir encyclopédique, mais aussi à Michel-Ange, Raphaël et Léonard de Vinci). L'historien Pierre Chaunu ne craint pas de dire qu'il « compte parmi les plus grands esprits des temps modernes ».

Matteo Ricci (1552-1610) est né à Macerata (une petite cité près d'Ancône, dans les États pontificaux). Contre l'avis de son père, pharmacien de son état, il choisit d'embrasser la religion. Il entre au noviciat à Rome en 1578, puis est ordonné prêtre à Cochin (au sud de l'Inde), en 1580.

Sa vocation est d'être missionnaire. Son modèle c'est François Xavier, mort alors que Ricci n'avait que quelques semaines. François Xavier qui écrivait à son maître, Ignace de Loyola, fondateur en 1534 de la Compagnie de Jésus : « La Chine est un pays immensément grand, peuplé de gens très intelligents et par de nombreux savants... Ils sont si adonnés au savoir que le plus instruit est le plus noble... Si Dieu le veut, nous écrirons en détail les affaires de la Chine, comment nous avons été reçus, quelles sont les prédispositions offertes par ce pays pour que s'y accroisse notre sainte foi. » C'est ainsi que François Xavier établit le programme d'une expédition scientifique, doublée d'une enquête ethnologique et d'un grand reportage, s'appuyant sur le savoir, la connaissance et aussi l'intelligence, nécessaires au progrès de la foi chrétienne.

Au Japon, François Xavier a été frappé par la révérence que les Japonais manifestent envers la culture chinoise, à laquelle ils doivent tant, ne serait-ce que sur le plan religieux, avec le bouddhisme. « Si vos enseignements ne sont pas corroborés par les Sages chinois, comment pourraient-ils donc être vrais ? », expliquent-ils à Xavier. Celui-ci comprend que la conversion du Japon, et de tout l'Extrême-Orient, dépend de celle de la Chine. Mais il meurt de fièvre dans un îlot proche de Canton, sans avoir pu pénétrer en Chine.

Ricci veut aller en Chine, cette Chine dont il dira bientôt qu'elle « est la chose la plus importante et la plus riche de tout l'Orient, dont elle surpasse tous les autres royaumes. Elle ressemble beaucoup en certains points à la richesse et la perfection de notre Europe, et en beaucoup elle l'emporte sur elle... ». Même si en cette fin du XVIe siècle, il connaît l'avertissement proféré par un franciscain : « Avec ou sans soldats, vouloir aller en Chine, c'est essayer de saisir la lune. » Parti de Goa, en Inde, qui est la base de départ pour les expéditions lointaines, il entre en Chine en 1583. Il y restera jusqu'à sa mort, après vingt-sept années passées dans l'empire du Milieu.

En compagnie d'un autre père jésuite, le père Ruggieri, Matteo Ricci s'installe d'abord dans la presqu'île de Macao, où sont installés les commerçants portugais. Tous deux entreprennent l'étude du chinois. Ricci est en effet persuadé qu'il leur faut absolument maîtriser non seulement le dialecte cantonais, mais aussi le mandarin – la langue du pouvoir – s'ils veulent connaître profondément la civilisation du pays, préalable à ses yeux à l'évangélisation des Chinois. Un autre jésuite, Alessandro Valignano, a en effet théorisé une méthode missionnaire fondée sur l'adaptation aux coutumes locales.

Le vice-roi du Guangdong (la province de Canton), apprenant que Ricci a avec lui une horloge, lui demande de la lui amener à Zhaoqing (près de Canton). Les deux jésuites vont fonder leur premier établissement en Chine dans cette localité. Ils parviennent à entrer en contact avec des mandarins, impressionnés par les connaissances en mathématiques et en astronomie de Ricci. Mais le vice-roi est bientôt démis de ses fonctions pour avoir introduit sur son territoire des bonzes étrangers. À peine installés, ils sont expulsés et doivent regagner Macao, piteusement.

Les jésuites croient alors bon de revêtir l'habit des bonzes bouddhistes, comme ils l'ont fait au Japon, afin d'acquérir, pensent-ils, un certain statut social. Ils se font raser la tête et le visage comme les bonzes et adoptent la robe brune « longue jusqu'aux talons et à manches fort larges ».

C'est alors que « la dextre du tout-puissant » intervient. Peu après, ce même vice-roi qui les avait chassés les autorise à s'installer à Shaozhou (un peu au nord de Canton). La grande « expédition chrétienne au royaume de la Chine » (pour reprendre le titre du livre écrit en latin par son confrère Nicolas Trigault, à partir de ses Mémoires) peut commencer. Ricci et Ruggieri sont bientôt reçus par le gouverneur. À genoux dans leur robe de bonze, ils le supplient de leur accorder, à eux « hommes religieux venus des dernières parties de l'Occident par un chemin de trois ou quatre années, attirés par la renommée de l'Empire, l'autorisation d'y bâtir deux petites maisons, dont l'une pour prier Dieu jusqu'à leur mort ». Un champ est mis à leur disposition, au bord de la rivière.

Ricci décrit l'accueil qui leur est réservé : « Les gens n'ayant jamais vu d'étrangers, nous provoquons dérision et émerveillement... Quand nous passons par les rues, il faut le faire en hâte pour éviter que la route ne soit obstruée par la multitude de curieux. On nous donne mille surnoms, dont le plus ordinaire est celui de "diables étrangers". Mais les personnes distinguées nous honorent beaucoup et viennent avec une grande politesse à notre maison et à notre chapelle. »

Matteo Ricci a alors trente ans. Grand, maigre, de constitution robuste, c'est un bourreau de travail, motivé par une immense boulimie de savoir. Il est surtout doté d'une mémoire phénoménale, qu'il développe encore par des procédés bien à lui. Il émane de sa personne une immense dignité, une aura de grandeur, une autorité naturelle. Pour tout dire, Matteo Ricci est une sorte de génie polymorphe. C'est un homme de culture, versé en toutes matières, mathématiques (à Rome, il a été l'élève de Clavius, l'« Euclide moderne », ami de Galilée), mécanique, astronomie, littérature, philosophie, poésie. Il est aussi théologien, même s'il s'en défend.

Ricci noue des relations personnelles avec le gouverneur, Wang P'an. Un amour commun des livres les réunit. Pour lui, « les Chinois sont de vrais dévoreurs de livres ». Le jésuite commence d'ailleurs à traduire en langue mandarine des textes chrétiens, dont le *Décalogue*. Mais ce qui impressionne le plus ses amis chinois, c'est une grande carte du monde, pendue au mur. Les Chinois croient que le ciel est rond et la terre carrée, au milieu de laquelle se situe leur empire. Ils s'étonnent de voir la Chine rejetée dans un coin de l'extrémité de l'Orient. Le gouverneur demande à Ricci de bien vouloir confectionner une carte du monde – ce sera la célèbre

« mappemonde » – avec des noms en caractères chinois. Son prestige ne fait que grandir. Il s'amuse en outre à fabriquer des sphères métalliques, des cadrans solaires, des prismes et surtout des horloges. Rien ne fait davantage pour sa légende. Il passe bientôt pour un magicien de l'horlogerie et pour un prince de l'astronomie.

En ce qui concerne l'évangélisation, en revanche, le résultat est plutôt maigre : une quarantaine de conversions seulement en trois ans, dont un seul notable, le père du gouverneur. La faute en incombe en partie au statut de bonze bouddhiste que Ruggieri et lui ont adopté. En Chine, en effet, les bonzes sont mal considérés, voire méprisés, compte tenu de leur mode de vie qui n'a souvent rien de vertueux. Ce sont souvent des vagabonds, vivant de petits larcins, et parfois des moines paillards. Les jésuites sont bientôt victimes de médisances et de calomnies, orchestrées par la jalousie des bonzes et des lettrés. On les accuse d'être des espions à la solde des Portugais et des fauteurs de troubles. Le vice-roi de la province les prie de déguerpir. Entretemps, Ricci a gagné un nom chinois, Li Madou (la simple sinisation de Ricci Matteo, le « r » n'existant pas en chinois).

Face à la xénophobie ambiante, Ricci cherche le moyen de se faire accepter et respecter des élites chinoises et des mandarins. Il décide de changer d'apparence. Il jette aux orties la robe des bonzes et revêt le costume de soie rouge foncé des lettrés, aux revers brodés de bleu pâle. Il se présente en qualité de « docteur occidental ». Il se laisse pousser les cheveux, afin de pouvoir les natter. Au bout d'un an, sa barbe atteint sa ceinture, « ce qui est une grande merveille pour les Chinois qui n'ont jamais plus de quatre, huit ou dix malheureux poils au menton » (Henri Bernard-Maître). Il se déplace en palanquin. Pour les besoins de la cause, Li Madou interprète largement son vœu de pauvreté et les conseils d'humilité prodigués par Ignace de Loyola. L'habit faisant le moine, désormais il se vêt et vit en lettré confucéen. Il se fait « Chinois avec les Chinois » et décide de vivre parmi les détenteurs du pouvoir. Il entend convertir la Chine en convertissant en premier lieu les lettrés et les élites, locales et nationales, plutôt que des milliers de paysans. En espérant que le peuple suivra...

Pour mieux séduire les élites, Matteo Ricci étudie les Classiques, qui sont à la base des examens impériaux. De la même manière, il n'hésite pas à s'ouvrir aux valeurs chinoises. Il s'imprègne de la vision du monde des confucéens pour mieux faire passer son message dans la langue et la culture de son pays d'adoption. Il a recours à ce que le père jésuite Benoît Vermander appelle la méthode de « l'évangélisation indirecte », en introduisant en Chine les sciences et techniques occidentales (astronomie, horlogerie, art de l'harmonie et art de la perspective, géométrie, cartographie), destinées à persuader les Chinois d'une certaine supériorité de l'Occident, et par là de la religion chrétienne. C'est ainsi qu'en Chine, le terme de « sciences occidentales » désignera les sciences et techniques aussi bien que le christianisme. Les historiens chinois d'aujourd'hui considèrent que le choc culturel en Chine fut équivalent aux débuts de la Renaissance en Europe...

Mais surtout, Matteo Ricci a compris que le meilleur moyen d'évangéliser la Chine est de se démarquer du bouddhisme – une doctrine importée, qui n'a jamais pu s'imposer en tant que religion officielle – et de se rapprocher du confucianisme, sur lequel repose l'administration de l'empire. Il tente donc « d'accommoder » christianisme et confucianisme, en assimilant le Ciel et le Souverain d'En Haut des Chinois avec le Dieu de la Bible. Une entreprise hardie, lourde de conséquences, qui lui sera beaucoup reprochée plus tard...

Le ciel lui sourit à nouveau. Un illustre mandarin, impressionné par la réputation de Ricci, l'invite à l'accompagner vers le Nord pour lui confier son fils, rendu fou par son échec aux examens. Ricci entend profiter de cette opportunité pour se rapprocher de Pékin, son objectif suprême, son désir ultime. Sa longue marche vers Pékin commence, avec un premier bond en avant. Il s'avance jusqu'à Nankin, la capitale du Sud, mais il est refoulé à Nanchang, au Jiangxi. À Nanchang, ville de lettrés, sa renommée de Sage l'a précédé. Le « lettré d'Occident » est apprécié en tant que moraliste, professant l'humanisme chrétien. Des mandarins de Pékin souhaitent l'inviter dans la capitale de la Chine. En prévision de cet événement, il se fait envoyer de Macao une caisse de présents destinés à l'empereur : une madone et un Christ venus d'Espagne, deux horloges en bronze, une grande mappemonde, etc. Un haut mandarin s'offre de l'emmener à Pékin. Le voyage dure sept semaines, à bord d'une jonque confortable, sur le Yangzi et le Grand Canal.

Pékin. Pékin, enfin ! Le jésuite voyageur fait d'abord des murailles de la capitale et de la « cité royale » une description à la Marco Polo :

« Cette ville royale est située à l'extrémité du royaume vers le septentrion et n'est éloignée de ces grands murs renommés, élevés contre les Tartares, que de cent milles. En grandeur, disposition des rues, masses de bâtiments et munitions, elle est à la vérité inférieure à Nankin, mais elle la surpasse réciproquement en multitude d'habitants et nombre de magistrats et soldats.

« Vers le midi, elle est ceinte de deux murailles hautes et fortes dont la largeur est telle que douze chevaux y peuvent aisément courir de front ensemble, sans que l'un empêche l'autre... En hauteur, elles surpassent de beaucoup celles de nos villes d'Europe. Vers le septentrion, elle n'est environnée que d'une muraille. Il y a des troupes de soldats qui de nuit font aussi bonne garde sur ces remparts que si tout était enflammé de guerre. De jour, il y a des eunuques qui font garde à la porte ou disent la faire ; car ils exigent les impôts, ce qu'il n'est pas accoutumé de faire en autres villes. »

Après avoir évoqué « la splendeur et les délices » du palais du roi, qui occupe « quasi toute la ville », Ricci note la particularité des masques portés par les passants :

« Il y a en la ville de Pékin peu de rues pavées de briques ou de cailloux, d'où l'on peut douter en quel temps le marcher est plus fâcheux. Car en hiver la boue, en été la poussière, l'un et l'autre très importuns, lassent également ceux qui marchent par la ville. Et d'autant qu'il ne pleut pas souvent en cette province, toute la terre se résout en poussière, laquelle venant à être enlevée du moindre vent, il n'y a aucun lieu dans les maisons où elle ne passe et gâte tout. Recherchant quelque remède à cette incommodité, ils ont introduit une coutume, à mon avis non usitée autre part. Car il n'y a personne, de quelque qualité que ce soit, qui marche à pied ou à cheval sans voile, qui va pendant du bonnet à la poitrine et couvrant la face, lequel est fait de telle sorte qu'on peut aisément voir, sans que la poussière puisse passer à travers. Ce voile apporte aussi une autre commodité en cette ville que vous n'êtes connu que tant qu'il vous plaît. D'où provient qu'étant exempt d'une infinité de salutations, chacun marchant avec une telle suite et parade qu'il veut, reçoit moins de fâcheries et de dépens... »

Ricci résume clairement la situation économique de la région de Pékin : « Rien n'y croît, mais tout y pousse. » Il ajoute : « La ville a abondance de toutes choses, mais la plupart portées du dehors, et on ne vit pas si aisément en cette ville, si ce n'est ceux qui, pour l'abondance des richesses, ne sont contraints de vivre si ménagèrement. » Quant à la population, il estime que « les Chinois septentrionaux sont plus grossiers et moins judicieux que ceux du midi, mais ils sont plus guerriers et plus courageux ».

Malheureusement, l'arrivée de Ricci à Pékin tombe à un mauvais moment. C'est l'époque où les Japonais du shogun Tokugawa Ieyasu envahissent la Corée voisine et menacent Pékin. Dans un étonnant amalgame, les Chinois assimilent tout étranger à un Japonais ! On lui conseille de reprendre la route du Sud. C'est ainsi qu'il se retrouve à Nankin. L'ancienne capitale est restée une belle cité où la vie intellectuelle et la vie culturelle sont intenses. On s'arrache le jésuite italien, cet « homme tout à fait remarquable », cet « homme extraordinaire », avec sa haute taille, son visage long et maigre, son regard perçant. Un homme raffiné et courtois, qui parle et écrit le chinois avec une aisance étonnante, qui connaît parfaitement les « Quatre Livres », fondements du confucianisme, et qui apporte avec lui la nouveauté des sciences d'Europe, celle des mathématiques en particulier.

Mais il lui faut à tout prix retourner à Pékin, là où se trouve le siège du pouvoir et but de sa mission. Il se fait envoyer de Macao de nouveaux cadeaux destinés au souverain : horloges, tableaux, miroirs, sabliers, un atlas de soixante-dix cartes. Un bric-à-brac, qu'il qualifie d'« huile pour frotter les roues des affaires ». Arrive aussi de Macao un jeune jésuite espagnol qui lui servira d'adjoint, Diego de Pantoja. Celui-ci amène avec lui une épinette, dont il apprend à jouer. Un eunuque impérial se présente. Il met une jonque à leur disposition pour regagner la capitale. Ricci installe à bord une gigantesque horloge de bronze. Mais il est dit que « l'expédition chrétienne au royaume de la Chine » connaîtrait un nouvel avatar. Sur la route de Pékin il y a T'ien-tsin (Tianjin), et à T'ien-tsin se trouve un eunuque exécrable, nommé Ma-tang, qui taxe et rançonne sans vergogne tout ce qui passe à sa portée. Ce dernier exige de voir les cadeaux que le célèbre Li Madou apporte avec lui et les fait transporter dans son palais. Il ouvre les caisses et les coffres et s'approprie tout ce qui l'intéresse.

Découvrant un Christ en croix, il accuse Ricci de vouloir, par ce spectre, « faire mourir le roi par enchantements ». Pour faire bonne mesure, il emprisonne les « sorciers » étrangers dans un temple où ils resteront enfermés pendant des mois. La situation est désespérée.

Ricci s'en remet à Dieu. Mais voilà que l'empereur Wanli, qui a entendu parler du jésuite et des présents qu'il transportait, s'inquiète de ce qui est advenu de la « cloche » qui sonne toute seule, à lui destinée. Ma-tang est obligé de relâcher ses prisonniers et de restituer les cadeaux et les bagages confisqués par ses soins.

Mais qui est Wanli, treizième empereur (1573-1620) de la dynastie des Ming ? Son règne – un des plus longs de l'histoire de la monarchie chinoise – a bien commencé, mais il se terminera mal. Pendant les dix années de sa minorité, l'empire est sagement gouverné par un homme d'État remarquable, le grand secrétaire Zhang Juzheng. Mais après sa mort, en 1582, le jeune empereur, qui a sans doute mal supporté la tutelle des grands secrétaires, va s'acharner à ruiner leur œuvre. Il n'apparaît plus aux réunions du gouvernement et s'en remet aux eunuques pour toutes les affaires de l'État. Il vit en reclus dans son immense palais, entouré d'une centaine de femmes et de milliers d'eunuques. Un censeur en viendra à lui reprocher ses excès, ivrognerie, luxure, rapacité, colère. Oisif, il ne fait que s'empiffrer, jusqu'à devenir obèse, à tel point que sa voix en est étouffée.

Uniquement intéressé par les intrigues de palais et par les problèmes de succession entre ses fils légitimes et naturels, il collectionne les céramiques et se passionne pour les objets rares et curieux. Les historiens s'accordent pour faire débuter la décadence de la dynastie Ming sous le règne de l'empereur Wanli, avec la paralysie de l'État, la déréliction de la bureaucratie, l'appauvrissement des masses paysannes, écrasées par des impôts toujours plus lourds, et l'omnipotence catastrophique des eunuques. À la fin de son règne, Wanli ne rencontrera qu'une fois en trois ans ses grands secrétaires. Les prisonniers mouraient en prison, faute de magistrats pour les juger. Rares en effet étaient les candidats aux postes administratifs. En 1644, la dynastie des Ming sera renversée.

Tel est le personnage auquel le père Ricci s'adresse avec déférence afin d'obtenir ses faveurs. Un empereur que jamais, en dix ans, il ne verra. Sa requête d'audience à la cour est ainsi formulée : « Votre humble sujet connaît parfaitement la sphère céleste, la géographie, la géométrie et le calcul. À l'aide d'instruments, il observe les astres et fait usage du gnomon (cadran solaire). Ses méthodes sont entièrement conformes à celles des anciens Chinois. » Le souverain se montre réservé face aux images pieuses. En revanche, il est fasciné par la grande horloge apportée par Ricci. Aucune salle du palais n'étant assez haute pour l'accueillir, Wanli fait construire une petite tour en bois dans le jardin attenant à ses appartements. Il passe des heures à écouter les « cloches qui sonnent d'elles-mêmes ». Grâce à ce présent, la position de Li Madou se trouve confortée à Pékin, d'autant que seul le donateur est capable d'en assurer l'entretien et le fonctionnement régulier.

S'il se refuse à rencontrer les missionnaires, l'étiquette s'y opposant, Wanli s'intéresse à eux. Il envoie son meilleur peintre pour faire leur portrait. En découvrant leur aspect, il prend les missionnaires pour des musulmans. Un eunuque lui explique alors qu'ils mangent du porc. Par le truchement des eunuques, il leur demande de décrire le mode de vie des souverains européens. Il éclate de rire lorsqu'il apprend qu'ils habitent des maisons à étages, comme au Louvre ou à l'Escurial. Comme cela doit être incommode et dangereux !

Malgré les conseils des mandarins – hostiles aux eunuques – l'empereur décide de garder les jésuites auprès de lui. Il craint qu'en les chassant, ils ne dévoilent les secrets de la Chine aux Barbares. Et puis, qui ferait fonctionner « les cloches qui sonnent toutes seules » ? Il leur octroie un terrain sur lequel sera bâtie la première église de la capitale. Dès lors, Li Madou est considéré, fêté, reçu par les sommités de Pékin. Pour réaliser son grand dessein de « prêcher la loi de Dieu », il a choisi la voie qualitative, c'est-à-dire d'entreprendre les grands du monde chinois, plutôt que les masses. Et de les amener à la conversion au moyen de la conversation, en entretenant avec eux des rapports amicaux. Ignace de Loyola ne conseillait-il pas d'approcher les gens « en entrant par leur porte pour sortir par la nôtre » ? C'est-à-dire de s'adapter à eux pour les amener au fil de la conversation à des dispositions plus favorables.

Ricci est avant tout un homme d'amitié (son écrit le plus célèbre est peut-être son *Traité de l'amitié*). Mais surtout, il compte exploiter les richesses et les secrets de la science occidentale et de ses techniques pour impressionner ses visiteurs, et ensuite tenter de les convertir, si Dieu le veut. Comme l'écrit Jonathan Spence : « Le but recherché par Ricci était d'entraîner les Chinois dans ses travaux scientifiques afin qu'ils deviennent plus réceptifs à la foi chrétienne. On peut dire assurément que ses espoirs d'amener d'importants lettrés chinois à la foi chrétienne par le biais de discussions scientifiques élevées se montrèrent justifiés. » Il est vrai que ses connaissances en mathématiques, aussi bien qu'en géographie et astronomie, sont étonnantes. Pour impressionner les Chinois, rien ne vaut la science astronomique. Il demande à ses supérieurs d'Europe de lui envoyer un « bon astronome », susceptible d'entreprendre la correction du calendrier chinois. Cette tâche considérable sera réalisée par ses successeurs, les pères Schall et Verbiest.

Il est donc une faculté qui fera beaucoup pour le prestige de Li Madou : la mémoire. La mémoire de Ricci était, disons-le, phénoménale. Après avoir parcouru quatre ou cinq cents idéogrammes chinois choisis au hasard, il est capable d'en redire la liste à l'envers. Il peut réciter des livres entiers après les avoir lus une seule fois. Mais il entend encore perfectionner ce don inné en construisant son « Palais de mémoire », une technique de mémorisation infiniment sophistiquée, en utilisant des moyens mnémotechniques (voir le livre de Jonathan Spence). Sa méthode de mémorisation lui vaut à la fois prestige et audience. Elle fait de lui en tout cas une bibliothèque ambulante.

Tout cela est bien beau sans doute, mais pour quelles retombées en matière d'évangélisation ? On s'inquiète à Rome des faibles résultats de la mission. Matteo Ricci plaide sa cause :

« Nous ne songeons qu'à cela et de jour et de nuit. C'est dans cette intention que nous sommes ici, ayant quitté notre patrie et nos amis très chers, habillés et chaussés à la chinoise, ne parlant, ne mangeant, ne buvant qu'à la chinoise, mais Dieu ne veut pas que l'on voie encore d'aussi grands fruits de nos travaux. Et pourtant, je crois que le résultat de nos œuvres supporte la comparaison avec celui d'autres missions qui, apparemment, opèrent des merveilles, et même il peut leur être préféré : car, en ce moment, nous ne sommes pas en Chine pour récolter ni même pour semer, mais seulement pour en défricher la forêt... La tactique la plus suspecte qui puisse se pratiquer en Chine, ce serait de grouper autour de nous un grand nombre de chrétiens. Depuis que la Chine est la Chine, on n'a point souvenir qu'un étranger y ait acquis une situation comparable à la nôtre... Nous résidons ici avec notre religion tenue en grande estime par tous, et quelques-uns nous tiennent pour les plus grands saints qui vécurent jamais en Chine, venus par miracle des extrémités du monde. Et les Chinois ne sont pas si dépourvus d'intelligence que personne d'entre eux ne comprenne fort bien notre intention dernière... »

Le plus important des quelque deux mille convertis chinois sera Xu Guangqi (devenu Paul, de son nom de baptême), qui aidera Ricci à traduire les *Éléments de géométrie* d'Euclide en chinois. Xu accédera au plus haut grade de l'État (celui de *colao*, Premier ministre d'État). Après sa conversion, il soutiendra à bout de bras la chrétienté chinoise pendant plus de trente ans. (Pour l'histoire, Xu Guangqi sera le prestigieux ancêtre de la mère des trois sœurs Soong, au XXe siècle.) Autre converti d'importance, le grand mandarin Li Zhizao (baptisé Léon), qui collaborera avec Ricci à la rédaction d'un ouvrage de mathématiques. Mais pour obtenir le baptême, le préalable imposé était le renvoi des concubines. Une condition qui devait dissuader certains prétendants...

À Pékin, en 1610, Matteo Ricci, alias Li Madou, le grand sage d'Occident est au faîte de sa réputation. Il se retrouve comblé d'honneurs et il déborde d'activités. Mais il commence à se faire vieux, il est sujet à de fréquentes et douloureuses migraines. Il subit les séquelles d'une blessure à la jambe gauche, reçue lors de l'attaque d'une de ses résidences au Guangdong, vingt ans plus tôt. Sa longue barbe a blanchi, mais sa prestance demeure majestueuse. Début mai, il doit s'aliter. Les plus grands médecins de la capitale viennent à son chevet. Ils diagnostiquent une congestion pulmonaire, mais ils ne savent pas comment la traiter, divergeant sur les moyens. Il trouve la force de murmurer : « Je vous laisse une porte ouverte à de grands mérites, mais non sans beaucoup de périls et de travaux. » Il « s'endormit très doucement au Seigneur, en sa cinquante-huitième année », rapporte Nicolas Trigault (qui traduisit en latin son *Commentaire*, ce précieux document qui deviendra l'*Histoire de l'expédition chrétienne au royaume de Chine, 1582-1610*).

Selon la tradition chinoise, son corps reste exposé pendant deux jours. Son adjoint, Diego de Pantoja, dépose une requête auprès de l'empereur lui demandant d'accorder « un peu de terre pour couvrir en ce grand royaume celui qui s'y était adonné aux vertus que vos livres enseignent ». Jamais un tel honneur n'a été accordé à un étranger. La supplique passe de main en main et de bureau en bureau. Le tribunal des Rites s'y montre favorable. L'empereur l'annote d'un seul mot *XI* (qu'il en soit fait ainsi). Cet acte de considération impériale équivaut à une reconnaissance officielle du christianisme.

Ricci sera inhumé au « cimetière » de Zhala, au cœur de la grande capitale, non loin de la Cité interdite, « avec la pompe ordinaire des Chinois, qui par sa parade ressemble plutôt à un triomphe qu'à un deuil ». La stèle funéraire érigée au-dessus de sa tombe est surmontée de cette inscription : *Mo y lien wén* (À celui venu du Grand Occident, réputé juste, ayant fait imprimer des livres renommés).

Il ne fait pas de doute que Matteo Ricci a ouvert de nouvelles perspectives intellectuelles dans l'empire du Milieu. Il a appris aux Chinois l'esprit critique et la logique scientifique. Il leur a fait découvrir qu'un autre monde existait, qui n'était pas celui de la Chine. En un mot, il leur a enseigné la géographie.

Une question se pose, cependant. Matteo Ricci a-t-il échoué dans son entreprise d'évangélisation de la Chine? Compte tenu du nombre de conversions, on est tenté de répondre par l'affirmative. Mais les voies du Seigneur ne se mesurent pas au trébuchet des lois de l'arithmétique, n'est-il pas?

Certains, dont l'universitaire australien Paul Rule, émettent un doute concernant l'influence exercée sur la Chine des Ming par ces ambassadeurs de la renaissance européenne que furent les jésuites. Paul Rule conclut à la vanité des efforts de Ricci pour faire converger confucianisme et christianisme. Il estime que le jésuite italien aurait été plus sinisé par ses amis chinois qu'il ne les aurait christianisés. De plus, si l'on en croit M. Rule, ce millier de jésuites envoyés en Chine entre 1580 et 1760 aurait surtout appauvri l'Europe, en la privant de leur génie... En somme, l'expédition religieuse la plus ambitieuse des temps modernes aurait surtout labouré le ciel! La tentative d'« accommodation », c'est-à-dire de médiation culturelle visant à retrouver le ciel chrétien dans le *tien* chinois, à établir une concordance entre la morale européenne et la vertu confucéenne, à rendre compatible le *tien* harmonieux et rassurant de Confucius (le précepte fondamental de Confucius n'est-il pas de respecter le ciel?) avec le ciel métaphysique et tragique des chrétiens, était sans doute vouée à l'échec. (Voir l'encadré La querelle des rites chinois, p. 53 et suiv.)

La Chine, en effet, est un creuset où se fondent les influences extérieures, ainsi que les individus. À force de se siniser, Ricci et les siens auraient en fait été absorbés par le formidable univers chinois, estime également Jean Lacouture, plus qu'ils ne l'auraient transformé. Les historiens René Étiemble et Jacques Gernet vont encore plus loin. Étiemble met en avant les incompatibilités – apparemment irréductibles – qui opposent les deux visions du monde, celle des Occidentaux et celle des Chinois. Gernet estime également qu'il existe deux conceptions du monde, deux visions du ciel, pour lui incompatibles.

Gernet souligne ce malentendu : « De même que certains missionnaires pensaient que les lettrés chinois avaient des dispositions pour la foi, des lettrés estimèrent qu'une fois débarrassés de leurs idées fausses, comme de la croyance en un Dieu créateur, les missionnaires auraient pu faire d'assez bons confucéens. » Paul Dreyfus (auteur d'une biographie de Ricci) rappelle de son côté que l'image du Christ crucifié ne peut que révulser les Chinois, tentés de l'assimiler à celle d'un criminel... Mais surtout, en Chine, comme ailleurs à d'autres époques... (et même encore aujourd'hui !), la religion est affaire d'État. L'autorisation de la pratique d'un culte dépend des responsables politiques et de l'empereur. Or l'empereur est lui-même considéré comme un Dieu, détenteur du pouvoir doctrinal.

Dans ces conditions, n'était-il pas vain de vouloir introduire un autre Dieu en Chine, au risque de perturber gravement l'unité politique et spirituelle de l'empire ? La Chine impériale pouvait-elle se payer le luxe d'avoir deux maîtres à la tête d'un même royaume, deux soleils dans le même ciel ? Ce Ciel dont l'empereur se disait le Fils !

Il n'empêche, après Marco Polo, qui a révélé la Chine au monde, en étonnant voyageur, Matteo Ricci a pour sa part dévoilé la Chine au monde, en remarquable ethnologue. À ce titre, on peut le considérer comme le premier des orientalistes, le créateur de la sinologie. Celui qui a conduit les Européens à respecter profondément un continent et une culture jusque-là inconnus, ou presque. C'est ainsi qu'il a construit « le premier pont entre deux civilisations », le *wenjin*, le pont de la culture. Comme l'écrira plus tard Leibniz : « Entre la Chine et l'Europe, c'est un commerce de lumières qu'il faut établir. » Ses travaux en astronomie, sa réforme du calendrier chinois, ses écrits sur la morale de Confucius et sur le « Seigneur maître du ciel », sont à mettre à son actif. Sans oublier qu'il est l'initiateur du premier projet de dictionnaire de traduction du chinois.

(Une entreprise menée à bien récemment par l'Institut Ricci de Taipeh.)

Mais Matteo Ricci est aussi plus que cela. Un de ses biographes, Jacques Bésineau, célèbre « la personnalité de cet apôtre, humaniste de génie, homme d'abnégation et de patience, ami et frère universel, profondément humain, c'est-à-dire "spirituel" au sens le plus prégnant du terme ».

La querelle des rites chinois

Ce que l'on appelle la querelle des rites est une histoire absconse, mais de grande importance. Il s'agit tout simplement de la tentative de conversion de la Chine au catholicisme aux XVIIe et XVIIIe siècles, initiée par les missionnaires jésuites.

Une confrontation théologique fait alors rage entre les tenants d'un christianisme chinois orthodoxe (les adversaires des jésuites, les dominicains en particulier, ainsi que les prêtres de la Société des Missions étrangères), d'un côté. Et de l'autre, les partisans d'une adaptation aux coutumes locales que sont les jésuites. Les dominicains leur reprochent leur permissivité en la matière. Blaise Pascal, le grand adversaire des jésuites, prononce contre eux un dur réquisitoire dans sa cinquième *Provinciale*, où il condamne la « conduite obligeante et accommodante » des jésuites. Converti au jansénisme, Pascal estime que les Jésuites « ont permis aux chrétiens l'idolâtrie même ». En 1669, le pape Clément IX promulgue un nouveau décret de condamnation. Cette « querelle des rites chinois », ce désaccord qui paraît fondamental, empoisonnera pendant un siècle et demi les relations entre les jésuites et les Missions étrangères de Paris.

En 1692, Kangxi, le deuxième empereur des Qing, décide de faire un geste en faveur des jésuites présents à la cour, en reconnaissance des services rendus par Adam Schall et par Ferdinand Verbiest (en matière d'astronomie notamment), et par Jean-François Gerbillon (qui vient de négocier un traité avec les Russes). Faisant montre d'ouverture d'esprit et soucieux de soutenir les intellectuels et lettrés chinois, l'empereur publie un édit qui annule les lois précédentes à l'encontre des missionnaires et autorise les

conversions au christianisme. Les missionnaires chrétiens pourront construire des églises et prêcher en public. Cet édit de tolérance religieuse va envenimer la querelle des rites.
Les membres de la Compagnie de Jésus n'ont pas attendu, en effet, pour appliquer les enseignements tirés de l'expérience de christianisation au Japon et de l'exemple du père Ricci. Présents en Chine et sensibles à l'influence des intellectuels chinois, ils estiment – tout comme Ricci – que, pour faire accepter le christianisme en Chine, il est essentiel de tolérer certains rites traditionnels inhérents au pays. Et que la conversion de la Chine mérite bien quelques accommodements avec le ciel... Les jésuites défendent par exemple la célébration de la messe en chinois classique, estimant en quelque sorte que Pékin vaut bien une messe !
Les jésuites obtiennent dans un premier temps un décret du Saint-Siège autorisant le culte des ancêtres et les rites rendus à Confucius dans une liturgie chinoise. Mais le Vatican revient sur sa décision.
Autre point de litige, la traduction du mot « Dieu », qui n'existe pas en chinois. Avec habileté, Ricci et ses successeurs ont tenté d'assimiler le Maître du Ciel, le Dieu des chrétiens, au « Souverain d'En Haut » ou « Seigneur du Ciel » des Chinois. Ce qui dispense d'inventer un mot nouveau. Mais comment trouver un terme qui ne puisse être confondu avec des concepts ou superstitions locales ? Cette querelle byzantine touche également le mot Ciel, *tian*. Faut-il adopter l'appellation *tianzhu*, qui vient des bouddhistes, ou celle de *tiandi*, qui dérive des Classiques ? Le *tian* chinois est-il le simple ciel matériel ou contient-il l'idée d'un principe suprême ? Les décrets pontificaux iront se suivant et se contredisant. On imagine la stupéfaction de l'empereur Kangxi, témoin de ces querelles entre chrétiens, qui le font douter de l'unicité du message des missionnaires.
En 1704, le pape Clément XI condamne définitivement les rites chinois. Un an plus tard, arrive à Pékin le légat du souverain pontife, Mgr de Tournon chargé d'évaluer la situation. L'évêque se dispute avec Kangxi, qui n'apprécie pas les revendications universelles du pape. En 1724, l'empereur Yongzhen, fils et successeur de Kangxi, interdit le christianisme, qualifié de « secte perverse et doctrine

sinistre ». Lors de son long règne, Qianlong se livre à diverses persécutions à l'encontre des chrétiens (en 1746 notamment), au grand désespoir des missionnaires présents à la cour. En 1742, Benoît XIV interdit une nouvelle fois la tolérance des rites chinois et exige des missionnaires un serment de soumission. En 1773, le pape Clément XIV décrète la fin des missions jésuites en Chine, en même temps qu'il prononce la dissolution de l'ordre des Jésuites. Les conséquences de cette lamentable affaire sont graves. La difficile œuvre d'évangélisation entreprise en Asie par les jésuites est compromise. Les rites chinois ne seront de nouveau autorisés qu'en 1939, par Pie XII. À peine élu, le nouveau pape permettra aux chrétiens de participer aux rites civils, donnant ainsi raison aux jésuites...

Chapitre 4

L’eunuque et la nourrice

Tianqi, avant-dernier empereur des Ming, n’a régné que six ans. Malgré la brièveté de son règne (1621-1627), le déclin de la dynastie s’est encore accéléré. Rarement la Chine aura connu monarque aussi inefficient – et pour tout dire immature – que ce jeune empereur, monté à seize ans sur le trône du Dragon.

Son premier acte est de combler d’honneurs sa nourrice, Mme Ke, ainsi que l’eunuque Wei Zhongxian. Il confère à Ke le titre de Dame Sainte et Respectée et celui, non moins ronflant, de Dame du Grand Service de Sa Majesté Impériale. Il l’installe au palais de la Tranquillité universelle, résidence d’ordinaire réservée aux reines mères et aux impératrices douairières. Il l’autorise même, honneur insigne, à circuler en chaise à porteurs au sein du palais. Son fils reçoit un poste officiel. Quant à l’obséquieux parasite qu’est Wei Zhongxian, d’abord modeste employé à la nursery impériale, il a réussi à gagner les faveurs de l’empereur lors de l’adolescence de ce dernier.

Tianqi une fois monté sur le trône, profitant de son inconséquence et de son impéritie, Dame Ke et Wei Zhongxian vont s’employer à circonvenir l’empereur, à le manipuler et à s’emparer du pouvoir à la cour.

Comment expliquer tout d’abord le curieux attachement du jeune empereur envers sa nounou ? Des précédents existent ; c’est même une habitude, voire une obligation pour un empereur que d’honorer celle qui l’a allaité dans son âge le plus tendre. La mère du futur empereur est morte à la naissance du bébé. Sa nourrice, Ke, alors âgée de seize ans, prend grand soin du nourrisson, escomptant qu’il sera promis à un bel avenir et qu’elle pourra ainsi bénéficier des faveurs d’un futur monarque. Les divers auteurs qui racontent l’histoire de Mme Ke préfèrent ignorer en général – par pudeur et bienséance – les raisons de la trouble affection de l'adolescent envers celle qui fut sa mère nourricière. Jacques Garnier (traducteur d'un ouvrage intitulé *Splendeurs et Merveilles dans la Cité Interdite)* n'a pas cette réserve. Si l'on en croit cet auteur : « Quand elle décela chez le garçonnet les premiers signes de la puberté, elle estima que son rôle comprenait également l'initiation aux mystères de la copulation. Et, comme elle était fort experte dans l'art de l'érotologie, sans doute la seule science qu'elle connût dans les moindres détails pour l'avoir depuis longtemps pratiquée, elle parvint à capter toute l'affection du jeune homme, le rendant à son tour père de jeunes enfants. »

Les dignitaires du palais finissent par s'inquiéter de l'influence excessive et malsaine de l'ancienne nourrice sur le souverain. Ils décident de marier le jeune empereur à une jolie jeune fille d'excellente famille et parfaitement instruite. Mais l'empereur retourne très vite à ses amours ancillaires avec Dame Ke. Cette dernière, qui considère l'impératrice comme une intruse et une rivale, entreprend de la marginaliser. À cette fin, elle fait alliance avec l'eunuque Wei Zhongxian.

Le trop célèbre Wei Zhongxian est considéré comme l'eunuque le plus puissant – et le plus infâme – que la Chine ait jamais connu. Originaire de la province du Hebei (autour de Pékin), Wei Zhongxian (1568-1627) n'a pas fréquenté l'école dans sa jeunesse et il s'est vite acquis une réputation de fieffé gredin. Marié, père d'une petite fille, il a tout perdu au jeu. Rejeté par sa famille et ses amis, le petit voyou perclus de dettes se mutile lui-même pour échapper à ses créanciers. Il s'en va peu après chercher fortune à Pékin et parvient à se faire engager comme eunuque à la cour impériale. À force de manigances, il réussit à obtenir les faveurs de la nourrice. Il s'arrange pour devenir le frère juré d'un puissant eunuque, Wei Chao, qui a su gagner la confiance de l'empereur. Les deux Wei réussissent à suborner Mme Ke. L'empereur n'ignore rien des troubles liens qui unissent son ancienne nourrice à Wei Zhongxian. Il les encourage même, en dépit du fait que Wei n'est pas à proprement parler convenablement équipé pour consommer une telle union. Grâce à elle, son « amant » s'empare du secrétariat du Bureau des Cérémonies, en attendant de devenir grand secrétaire. Un poste qui lui confère un pouvoir considérable à la cour.

Le grand secrétariat est l'instance chargée des sceaux, ainsi que des mémoires et rapports rédigés par les personnages officiels et destinés au trône. Il s'occupe également de recueillir les instructions orales données par le souverain, avant de les transcrire en édits impériaux. Cette tâche incombe d'ordinaire à d'éminents lettrés. Mais en la circonstance, c'est un quasi-illettré qui en hérite, grâce à ses bizarres relations avec Mme Ke.

Tianqi néglige les affaires de l'État, tout comme les audiences impériales. Ses obligations de monarque l'ennuient au plus haut point. Il préfère consacrer le plus clair de son temps à sa passion : le bricolage ! L'empereur est le roi des bricoleurs. Il s'amuse à jouer les menuisiers et les charpentiers en construisant des maisons avec l'aide de ses courtisans. Lorsqu'il en a terminé avec une construction, tout content, il s'empresse de la démolir pour en entreprendre une autre ! Absorbé par ses travaux manuels, parfois même revêtu de sa robe impériale, il en oublie le boire et le manger et se moque des morsures du froid ou des désagréments de la chaleur. Afin de ne lui laisser aucun moment de répit et de l'éloigner encore davantage des affaires de l'État, Wei Zhongxian encourage également le jeune empereur à cultiver d'autres activités innocentes, la musique et la danse par exemple. Il l'invite à jouer avec les animaux, à pratiquer l'équitation et à chasser. Il organise des représentations d'opéra, que l'empereur apprécie pourvu qu'elles comportent des scènes d'acrobatie.

Une autre distraction impériale consiste à faire joujou avec l'eau. Tianqi s'amuse à remplir de liquide aqueux une vaste cuve, disposée en surplomb. L'eau s'échappe par un trou percé au fond de la cuve et court vers une autre vasque placée à un niveau inférieur. Celle-ci est conçue pour faire jaillir des jets d'eau, à la manière d'une fontaine. Des billes de bois de la taille d'une noix s'élèvent alors au sommet de la colonne, avant de retomber dans l'eau bouillonnante. Pour le plus franc amusement de Sa Majesté ! Wei Zhongxian et Dame Ke ne manquent pas d'assister en spectateurs enthousiastes à ces jeux aquatiques. Ils prennent soin de se pâmer d'admiration devant la folle ingéniosité de l'empereur !

Wei profite de ce que l'empereur se trouve ainsi occupé pour l'entretenir incidemment des affaires de l'État. Refusant de poser ses outils, Tianqi l'écoute d'une oreille distraite et se contente de lui signifier : « Bien, faites comme bon vous semble. » Libre d'agir comme il l'entend, l'eunuque s'emploie à ourdir de multiples complots afin d'accroître sans cesse son pouvoir. C'est lui qui reçoit tous les mémoires destinés au souverain et les différents rapports administratifs, lesquels sont de préférence établis par ses courtisans. Il devient l'interlocuteur privilégié des ministres.

Wei Zhongxian s'en prend bientôt aux hauts dignitaires du cabinet de l'empereur. Il se déchaîne contre les lettrés et fonctionnaires de la célèbre académie Donglin, qui rassemble les plus éclairés, les plus honnêtes et les plus vertueux d'entre eux. Le Parti Donglin, comme on l'appelle, a l'audace de prôner des réformes et de se faire l'avocat d'une croisade morale contre les opportunistes qui détiennent les rênes du pouvoir. Il devient ainsi sa cible favorite. Des censeurs impériaux, qui ont l'outrecuidance d'envoyer à l'empereur un mémoire concernant les crimes commis par le puissant eunuque, sont aussitôt arrêtés et jetés en prison. Ils y mourront, l'un après l'autre, battus à mort. Rappelons que le Censorat est une institution officielle dont les membres ont tout pouvoir de critiquer ou dénoncer les fonctionnaires ou les pratiques qu'ils désapprouvent. Ils peuvent même rappeler à l'ordre le Fils du Ciel dans leurs mémoires. À leurs risques et périls, car ils s'exposent ainsi aux châtiments les plus sévères, à la disgrâce et même à la mort.

Pour mieux se débarrasser de ses ennemis, l'eunuque les accuse d'appartenir au Parti Donglin. Ses victimes subissent des tortures raffinées : écrasement des doigts entre deux morceaux de bois ou bien des membres sur un banc de bois, compression du crâne dans un étau, etc. Si la victime parvient à survivre, on lui fabrique une confession sur mesure et elle finira exécutée. Les machinations de Wei et de Ke ont ainsi raison des ministres les plus importants, des eunuques les plus influents et même de certaines concubines impériales. La plupart y perdront la vie. La perversité, le manque de scrupules et l'audace insolente des deux complices se nourrissent de la stupidité de l'empereur.

Wei Zhongxian finit par régner à la place du souverain. Il décide lui-même des promotions, des sanctions, des exécutions, sans que personne n'ose plus le dénoncer, tant est grande la terreur qu'il inspire.

Pour mieux asseoir sa puissance, Wei Zhongxian met par ailleurs sur pied une milice composée de trois mille eunuques, qui élit pour quartier général une des tours de la Cité impériale. Il leur apprend à monter à cheval et les forme à l'usage des armes. Il organise de temps à autre une grande parade militaire, à laquelle assistent plus de dix mille de ses proches et partisans. Le palais impérial résonne à cette occasion du bruit des tambours, des timbales et des gongs.

Quelques censeurs osent bien supplier l'empereur de mettre un terme à cette insolente mascarade, mais ce dernier ne veut rien entendre.

Encouragé par Dame Ke, Wei Zhongxian organise également une coterie d'une trentaine d'eunuques, relayés à l'extérieur du palais par une clique de quatre-vingts affidés. Bientôt connus comme le « Parti des Eunuques », ses acolytes finissent par phagocyter le cabinet tout entier. Ils quadrillent plusieurs provinces. Un grand nombre de gouverneurs et de vice-rois deviennent les obligés du terrible eunuque. En peu de temps, Wei réussit à réduire l'ensemble des fonctionnaires de l'État à une abjecte servilité.

L'eunuque place encore son fils adoptif, Cui Chengxiu, à la tête d'une organisation criminelle, dite Les Cinq Jeunes Tigres, qui s'emploie à faire régner la terreur. Cui dresse des listes d'opposants et de sympathisants potentiels, qu'il soumet à son père. Les opposants ou suspectés de l'être sont écorchés vifs et ont la langue coupée. D'autres sont assassinés sans autre forme de procès. Wei Zhongxian et ses sbires établissent une autre liste de toutes les personnalités officielles de la cour, les divisant en deux catégories. Ceux qui n'appartiennent pas au Parti des Eunuques voient leur nom marqué d'un point noir, tandis que ceux qui font partie de la clique de Wei ont leurs noms entourés de petits cercles. Ainsi, tout partisan de l'eunuque peut conserver une copie de cette liste dans sa manche lorsqu'il se rend à la cour impériale et s'en servir comme d'un *vade-mecum* pour savoir à qui s'adresser ou à qui il a à faire. À la tête des services secrets, Cui et ses complices contrôlent l'ensemble du pays. Cui Chengxiu devient même ministre de la Guerre. Pour faire bonne mesure, Wei en fait un censeur impérial.

Jamais peut-être dans l'histoire de la Chine, une personne autre que l'empereur n'aura détenu autant de pouvoir à la cour que Wei Zhongxian. De 1624 à 1627, pendant trois ans, ce dernier règne désormais en dictateur.

L'eunuque est illettré, mais il a la chance d'être doté d'une formidable mémoire. Il est capable de se souvenir par le menu de la teneur du moindre rapport qui lui est lu par son secrétaire. Tous les documents destinés à l'empereur sont d'ailleurs dûment censurés, dès lors qu'ils contiennent une plainte ou une critique le concernant. De toute manière, l'empereur s'en remet totalement à son favori. L'anniversaire de ce dernier est l'objet d'une grande célébration au palais. Les festivités commencent quinze jours à l'avance, pour que chacun puisse lui apporter des cadeaux, selon le rite bouddhique, et signer un « rouleau de longévité », en haut de l'escalier du palais de la Pureté céleste. Aux jours dits, les courtisans se pressent en foule pour présenter leurs hommages au Seigneur des « Neuf Mille Années », car tel est le titre pompeux qu'il s'est décerné, faisant preuve cependant d'une louable modestie. Le Seigneur des « Dix Mille Années » n'étant autre que l'empereur...

À la fin de la dynastie des Ming, la mode est à la construction de temples. Quasiment tous ces édifices religieux ont un point commun, ils sont l'œuvre d'eunuques du palais. Les environs de Pékin comptent alors plus d'un millier de temples, monastères et couvents bouddhiques, construits par des eunuques. Devenus puissants, ceux-ci ont beaucoup d'argent et voient les hommages affluer. Ils flattent ainsi les inclinations religieuses de leur maître, les empereurs Ming étant souvent des adeptes du bouddhisme ou du taoïsme.

Pour se faire pardonner ses crimes, qui soulèvent l'indignation publique, Wei Zhongxian fait construire un peu partout des temples dédiés à son auguste personne. Histoire de se déifier, ou tout au moins de demander aux dieux et aux immortels de bien vouloir veiller sur sa personne.

Prenant le relais, le gouverneur de la province du Zhejiang suggère à l'empereur qu'un temple soit élevé en l'honneur du « méritant » Wei Zhongxian. Sa Majesté retient la proposition et baptise même le futur monument. Ce sera le temple de l'Universelle Bienveillance. Dès lors, les temples érigés en l'honneur de l'eunuque des « Neuf Mille Années » se multiplient à travers le pays. L'un d'eux, bâti par un préfet, est pour le moins extravagant, avec sa statue recouverte d'or et un chapeau dégoulinant de perles, semblable à une effigie de l'empereur. On se presse et on pratique le *kotow* (triple prosternation) lors des cérémonies d'inauguration. La construction de ces temples coûte extrêmement cher, des centaines de milliers de taels d'argent. Elle nécessite l'abattage de nombreux arbres et la destruction de quartiers entiers de maisons d'habitation. À Kaifeng (province du Henan), les travaux de construction de temples, qui se succèdent sur une allée longue de cinq kilomètres, entraînent la démolition de deux mille maisons ; et de dix mille dans une ville de la province du Shandong. Parfois, les tuiles vernissées utilisées sont semblables à celles qui recouvrent les toits du palais impérial. Il ne fait pas bon critiquer ces coûteuses extravagances. Wei va jusqu'à étrangler de ses propres mains deux « coupables ».

L'eunuque devient de plus en plus arrogant, au point de narguer le souverain et d'enfreindre l'étiquette de la cour. Il se plaît à caracoler, fièrement revêtu d'une tenue martiale, au sein de la Cité interdite. Un jour qu'il se promène à cheval près d'un pavillon où l'empereur se trouve en compagnie de quelques concubines, il pousse l'audace jusqu'à ignorer la présence du Fils du Ciel en demeurant sur sa monture. Cette fois l'empereur réagit, face à ce crime de lèse-majesté. Sa Majesté, très courroucée par cette insolence insigne, se saisit d'un arc et décoche une flèche au cheval, qui est blessé. L'eunuque se fait tout humble et finit par s'excuser publiquement, reconnaissant sa faute avec une feinte humilité, c'est-à-dire une formidable hypocrisie : « L'ignorance qu'avait votre serviteur de la présence de Sa Majesté impériale en cet endroit, ce jour, mérite une punition à mort de dix mille coups. » Il sera finalement pardonné par l'empereur.

L'histoire des « Six Gentilshommes » est restée dans les annales. Six personnalités officielles sont arrêtées sous de faux prétextes. Elles subissent le traitement approprié, menottes aux mains et fers aux pieds. Aucun de ces « Six Gentilshommes » ne survivra à la torture.

Parmi eux, un censeur courageux, Yang Liang, se risque à dresser une liste recensant vingt-quatre des crimes commis par Wei Zhongxian, dont certains avec la complicité de Dame Ke : persécution des concubines impériales et de différents eunuques, entraînement militaire des eunuques au sein du palais, violation des rites ancestraux, usurpation de pouvoir, élimination des dissidents, promotion de partisans, vols et meurtres de personnes privées, construction de temples à sa gloire dans tout le pays. L'auteur de ce mémoire déplore qu'il n'y ait pas de sujet, petit ou grand, qui ne soit traité personnellement par Wei au sein du palais ou du gouvernement. Yang Liang implore l'empereur de se rendre à l'évidence : il n'est plus qu'une doublure, la réalité du pouvoir se trouvant entre les mains de Wei Zhongxian. Ce mémoire, expurgé, est tout de même lu à l'empereur, lequel se contente de s'étonner que Yang Liang sache tant de choses sur les affaires de la cour... Yang Liang (lequel figurait au nombre des « Six Gentilshommes ») aura droit à un régime de faveur, avec en sus des clous plantés dans ses oreilles, avant son exécution.

En l'espace de trois ans, de nombreux officiels honnêtes et loyaux seront ainsi torturés à mort dans leur prison, ou exilés dans des régions excentrées, tandis que trois cents d'entre eux perdront leur charge et que de nombreux autres seront contraints de démissionner.

EN GUISE DE COMPENSATION...

Il est fréquent que la mutilation subie par les eunuques les pousse à assouvir une volonté de puissance exacerbée et les incite à jouir d'un luxe ostentatoire. Privés de l'essentiel, ces compensations mentales ou pécuniaires constituent pour eux une sorte de revanche sur leur triste sort de castrat.
Un jésuite portugais, A. Semedo, auteur en 1645 d'une *Histoire universelle du Grand Royaume de Chine*, avance cette explication : « ...Comme ils n'ont point d'enfants, quoiqu'ils soient mariés pour l'ordinaire, ils sont libéraux et somptueux, ils ont des maisons superbes au-dehors et au-dedans de la ville, et des palais richement meublés avec un train magnifique. Leurs sépultures sont des plus richement parées : ils croient, plus fermement que les autres, à la transmigration des âmes; se rendent fort dévots aux idoles, pour être bien pourvus quand ils prendront une nouvelle forme. »

Lors de la septième année du règne de Tianqi, Wei Zhongxian grimpe encore dans les honneurs en soumettant un faux rapport concernant des opérations militaires au Liaoning (province du sud de la Mandchourie), trompant ainsi le trône. Il fait nommer un de ses jeunes frères à la tête des services secrets, tandis que d'autres membres de sa famille occupent des postes stratégiques ou honorifiques. Wei se retrouve personnellement à la tête du plus vaste réseau de terreur de l'empire, dit le Dépôt de l'Est.

Dame Ke, à qui Wei reste intimement lié, n'est pas oubliée. L'ancienne nourrice profite, bien entendu, de l'ascension météorique de l'eunuque. Elle reçoit quantité de pièces d'or et des honneurs supplémentaires de la part de l'empereur.

La chute des deux complices est proche, cependant.

Au début du huitième mois de la septième année de son règne, l'empereur Tianqi tombe sérieusement malade. Wei Zhongxian profite de cette occasion pour renforcer encore son pouvoir, s'il se peut. Il fabrique des édits impériaux et continue plus que jamais de placer ses partisans aux plus hauts postes et aux fonctions les plus lucratives. Le 22 du mois, Tianqi meurt. Son frère, appelé à régner sous le nom de Chongzhen (1628-1644), lui succède.

Sitôt monté sur le trône, le nouvel empereur reçoit un mémoire édifiant, qui met en accusation Wei Zhongxian. L'eunuque juge prudent de démissionner de sa fonction à la tête du Dépôt de l'Est. Et conseille de bannir Dame Ke du palais impérial ! Wei est accusé d'une dizaine de crimes : avoir usurpé le pouvoir du trône, avoir insulté l'impératrice, s'être emparé du pouvoir militaire, avoir bafoué les pratiques ancestrales, avoir affaibli les défenses aux frontières, avoir abusé des titres officiels, avoir exploité le peuple et s'être livré à la corruption, etc. L'empereur Chongzhen le démet de toutes ses fonctions à la cour et l'envoie à Fengyang (dans la province du Anhui, à cent soixante kilomètres au nord d'Hefei) s'occuper des sépultures impériales des premiers Ming. Avec insolence, rassemblant ce qui lui reste de partisans, le diabolique eunuque part pour Fengyang emportant tous ses biens, suivi par un millier d'étalons, et escorté par huit cents soldats. Cette provocation soulève un tollé à la cour, où son attitude est jugée scandaleuse. L'empereur ordonne à Wei de revenir immédiatement dans la capitale.

Comprenant que le pire l'attend à Pékin, Wei Zhongxian préfère se pendre en cours de route. La dictature de l'infâme eunuque aura duré sept années. Un décret impérial ordonne que son cadavre soit démembré et sa tête exposée en public. Tous ses biens et ceux de sa famille sont confisqués et vendus, alimentant ainsi le budget militaire. Les biens de Dame Ke connaissent le même sort, tandis que l'ancienne nourrice de l'empereur défunt est battue à mort. Leurs partisans sont exécutés, bannis, condamnés aux travaux forcés ou démis de leurs fonctions. Les concubines victimes de leurs manigances sont réhabilitées. Leurs adversaires, ceux qui ont eu la chance d'échapper à leur folie meurtrière, sont rappelés au pouvoir.

Morale de cette lamentable histoire, tirée par une personnalité officielle de l'époque : « Les événements reviennent en arrière, lorsqu'ils sont allés trop loin. »

Morale de l'histoire tout court : comment un monarque immature peut mener l'empire à la catastrophe en laissant faire un exécrable personnage.

CHAPITRE 5

Une belle femme peut renverser un empire

La chute de la dynastie Ming illustre un adage ancien des Chinois, « une belle femme peut renverser un empire ».

Les Ming doivent indirectement leur chute, en 1644, à une femme. Il s'agit d'une histoire d'amour greffée au cœur de l'histoire tout court, d'une petite histoire au sein de la grande histoire, celle de la fin tragique d'une dynastie chinoise et de l'avènement d'une dynastie étrangère, celle des Qing. Un épisode romantique comme la Chine n'en compte pas tellement, mais comme la Chine les aime, avec sa part de légende.

Au début du XVIIe siècle, la dynastie des Ming, qui règne depuis deux siècles après avoir chassé les Mongols, est devenue très impopulaire. L'empire traverse une mauvaise passe, marquée par l'impéritie de ses souverains (Wanli et Tianqi), qui s'en remettent aux eunuques (dont l'ignoble Wei Zhongxian) pour la gestion des affaires. À cette crise politique s'ajoute un déficit dramatique du Trésor public. La corruption règne à la cour de Pékin. Les dépenses somptuaires des eunuques et de la noblesse impériale en sont largement responsables. Mais aussi l'entretien des troupes à la frontière nord-est et sur la Grande Muraille, qui coûte très cher. Incuries, malversations et exactions ont plongé le pays dans la misère. Tandis que les taxes et les impôts accablent le petit peuple.

La Chine doit d'autre part faire face à une nouvelle menace extérieure, avec les Mandchous établis en Mongolie et dans la province du Liaoning (au nord-est de Pékin). Alors qu'en 1628 le faible Chongzhen succède à son frère Tianqi, il devient clair que le mandat du Ciel est en passe d'être retiré aux Ming. De nombreuses provinces (Shaanxi, Shanxi, vallée de la Wei, Sichuan) souffrent alors de conditions climatiques catastrophiques (gelées persistantes, sécheresses et inondations), qui provoquent de graves famines. Le brigandage se développe, avec les paysans chassés de leurs terres par le système des grands domaines créés en faveur des princes, des princesses et des favoris de la cour.

Dans le second quart du siècle, les bandes de brigands paysans se multiplient, pillant et rançonnant sans merci la population. L'insécurité perpétuelle accroît le mécontentement général, qui se retourne contre la dynastie. Parfois défaites par les armées impériales, ces bandes de brigands se reconstituent aussitôt. En 1636, les provinces du Centre, du Nord et du Nord-Ouest échappent au pouvoir central. Un des chefs de la rébellion finit par s'imposer, après le ralliement à sa personne de plusieurs chefs de bande, Li Zicheng. Habile stratège, ce dernier remporte un gros succès en 1642 en prenant Kaifeng, la capitale du Henan, après quatre mois de siège et avoir dispersé les troupes impériales. Une victoire qui lui permet d'occuper et d'administrer toute la Chine du Nord.

Li Zicheng (1606-1645), un ancien gardien de moutons, un moment au service des relais de poste, est déjà célèbre. Cruel, sans scrupule, manquant d'instruction, parfois généreux même envers ses ennemis, il est réputé pour son courage personnel et ses talents militaires. Il surpasse ses homologues, chefs de brigands rivaux et adversaires, par son intelligence et un certain sens politique. À Kaifeng, à égale distance de Nankin et Pékin, il aurait pu fondre sur une de ces deux capitales pour les piller, persévérant ainsi dans son entreprise de brigandage. Il choisit au contraire d'aller vers l'Ouest, au Shanxi, et de s'y organiser, avant de se diriger sur Pékin pour y devenir empereur. Il se trouve en effet que, selon une prophétie, « dix-huit fils » allaient conquérir le trône. Or, ces trois caractères chinois correspondent à son patronyme. Li Zicheng, très superstitieux, se met à croire à cette prédiction.

Le roi des brigands marche sur le Shaanxi, il arrive devant Xi'an, qui se rend. Après trois jours de pillage, il rétablit l'ordre. Il met sur pied un gouvernement, et en février 1644 prend le titre de roi. Il distribue à ses partisans les titres de marquis, comte, vicomte et baron, et crée six ministères. S'appuyant sur des fonctionnaires ralliés et des lettrés sans fortune, il organise comme il peut l'administration de la province. Puis, avec six cent mille cavaliers et quatre cent mille fantassins, il passe le fleuve Jaune et envahit le Shanxi, dont la capitale, Taiyuan, se donne à lui. Il poursuit sa marche facile vers la plaine du Zhili. Pékin est à portée de main des rebelles.

À la cour, surprise de l'annonce de l'arrivée si rapide des brigands, c'est la panique. Les luttes de clans s'exacerbent entre eunuques et lettrés, qui s'accusent mutuellement de la situation. Un grand secrétaire finance de sa poche une expédition de secours, qui échoue misérablement. Il exhorte alors l'empereur à quitter Pékin, à ses yeux indéfendable, et à se réfugier à Nankin avec le prince héritier. Chongzhen, bravement, s'y refuse. Pour défendre la capitale, il finit par faire appel au seul recours qui lui reste, le général Wu Sangui. Celui-ci stationne avec son armée à Shanhai guan, là où la Grande Muraille tombe dans la mer, tout à l'Est, dans le golfe de Bohai. Wu est chargé de défendre cette passe réputée imprenable – qui sépare la Mandchourie de la Chine du Nord, à 400 kilomètres de Pékin – contre les invasions mandchoues.

Mais il est déjà trop tard. L'empereur convoque son conseil. Tous les ministres pleurent, incapables de formuler un avis, alors que les rebelles sont en train de s'installer sous les murs de la capitale. Li Zicheng demande à l'empereur d'abdiquer. Outré, Chongzhen répond qu'il ira en personne combattre les insurgés. Ceux-ci parviennent à entrer dans Pékin par une porte qui leur est traîtreusement ouverte et commencent à envahir la ville. Le palais est encerclé. L'empereur quitte alors la Cité interdite par la porte du Génie militaire, la porte Nord. Il monte sur la colline du Charbon, au nord de la ville interdite, un monticule artificiel qui sert de protection géomantique au palais impérial contre les influences maléfiques venues du Nord. Un endroit où seul l'empereur a le droit de se promener. Chongzen contemple les feux de camps des rebelles paysans qui illuminent le ciel. Il soupire : « Hélas ! mon peuple ! » Il redescend au palais et se fait amener le prince héritier et ses frères. Il déguise lui-même ses fils en hommes du peuple et demande à des eunuques qui lui sont demeurés fidèles dans la débâcle de faciliter leur fuite. L'impératrice les embrasse une dernière fois, en pleurant. « Demain, leur dit leur père, vous serez des gens du peuple, des voyageurs sans foyer. Cachez vos noms, dissimulez-les du mieux que vous pourrez ; soyez déférents envers quiconque vous adressera la parole. Efforcez-vous de garder la vie, avec pour but de redresser mes torts. » (Le prince héritier sera arrêté avant même d'avoir pu quitter la ville.)

Ses fils partis, Chongzhen se fait apporter du vin. Il s'assied tristement aux côtés de l'impératrice et de sa favorite, et tous trois boivent quelques coupes en silence. Alors que la favorite se retire, l'empereur tire son sabre et la tue. L'impératrice se précipite alors dans ses appartements et se pend avec sa ceinture dans le pavillon de la Tranquillité féminine. L'empereur tente également d'occire l'aînée des princesses, âgée de quinze ans ; celle-ci lève son bras pour se protéger et tombe, blessée. Elle survivra. Il tue alors son autre fille et se rend chez l'impératrice. Devant son corps inerte, il se contente de murmurer : « C'est bien ! C'est bien ! Mieux vaut la mort. Elle a bien fait et nous montre la route à suivre ». Les concubines et les servantes qui n'ont pas eu le privilège d'être sabrées de la propre main de l'empereur se jettent dans les douves du palais.

Nous sommes dans la nuit du 25 au 26 avril 1644. La cloche sonne comme à l'accoutumée, qui appelle à l'audience impériale de l'aurore. Mais aucun dignitaire ne se présente. Accompagné du dernier eunuque resté fidèle, Chongzhen quitte une nouvelle fois la Cité interdite par la porte du Nord. Il grimpe à nouveau sur la colline du Charbon. Il contemple longuement la ville, jette un dernier regard sur les toits de la Cité pourpre. Et, faute de papier, il écrit un message d'adieu sur la partie jaune de sa robe : « Moi, Chongzhen, faible et de pauvre vertu, j'ai offensé le Ciel. Les rebelles ont envahi ma capitale parce que mes ministres m'ont trompé. Je meurs dans la honte d'affronter mes ancêtres. Tête nue, dépouillé de la coiffure impériale et les cheveux épars autour de mon visage, j'abandonne aux rebelles mon corps à démembrer. Puissent-ils épargner mon peuple. » Le dernier empereur des Ming se pend à un arbre proche du pavillon oriental (un acacia qui serait toujours debout !). Le fidèle eunuque se suicide à ses côtés. Cet arbre encourra plus tard un châtiment pour avoir abrité le suicide de l'empereur, ligoté de chaînes qu'il sera.

« Telle fut la fin des Ming, l'un des drames les plus atroces, joué dans la capitale du Nord, Pékin », conclut sobrement le sinologue Claude Larre.

Quelques heures plus tard, monté sur un cheval pie et suivi de son état-major, Li Zicheng pénètre dans la Cité impériale par la porte du Midi, ouverte par les eunuques. Il gagne le palais de l'Harmonie suprême et monte s'asseoir sur le trône du Dragon. Sa victoire est totale. Son incroyable coup de main sur la capitale de l'empire a réussi. L'empereur s'est suicidé. Il a fait prisonnier le prince héritier et son frère. La dynastie des Ming est renversée.

Deux jours plus tard, il tient audience. Les dignitaires de la cour, ceux qui ne se sont pas donné la mort, sont présents en masse, disposés à se soumettre, prêts à se prosterner. Un spectacle humiliant... Puis il abandonne la ville au massacre et au pillage. Une semaine d'horreur! Le président du Conseil des Rites publie un avis invitant dignitaires et notables à demander dans les formes à Li Zicheng de bien vouloir accepter de monter sur le trône. Ce dernier ne se fait pas prier.

Reste le fameux général Wu Sangui (1612-1678), toujours installé à la passe de Shanhai. Avec son excellente armée, il est susceptible d'inverser le cours des choses, jusqu'ici favorable au rebelle, et de restaurer le pouvoir des Ming. Wu hésite sur la conduite à tenir. Va-t-il se porter au secours de la dynastie, battre Li Zicheng, puis regagner la frontière pour prévenir une possible invasion mandchoue? Va-t-il au contraire s'entendre avec le paysan insurgé, joindre ses forces aux siennes pour lutter contre les Mandchous? Ou va-t-il au contraire s'allier aux Mandchous pour tenter de devenir le maître de la situation?

Quatre jours après la chute effective de Pékin, Wu Sangui n'est toujours pas au fait de la situation. Il écrit à son père, Wu Xiang, lequel détenait auparavant une importante charge militaire à la cour : « Le bruit circule que Pékin est tombé, mais la nouvelle n'est pas certaine. Il n'est pas douteux du moins que la ville soit assiégée. Si vous pouvez vous en échapper, ne prenez que peu d'or avec vous et enfouissez le reste du mieux que vous pourrez. Dites, je vous prie, à Mme Chen que je suis en bonne santé et recommandez-lui de garder courage. »

CHEN YUAN-YUAN

Mme Chen, c'est Yuan-Yuan. Wu Sangui a fait la connaissance de Yuan-Yuan peu avant d'aller prendre le commandement de la garnison de Shanhai, lors d'un dîner d'adieu offert en son honneur par un ministre, beau-frère de l'empereur, Tien Wan. Lors de ce banquet, son hôte a l'imprudence de présenter à ses invités quelques-unes de ses concubines, dont Chen Yuan-Yuan. Wu a le coup de foudre pour cette superbe femme. Il supplie son hôte de la lui offrir. Wu délaisse alors ses autres concubines et, sans l'avis contraire de son père, il aurait emmené avec lui sa nouvelle conquête à son quartier général de Shanhai guan. Il laisse Yuan-Yuan aux bons soins de son père, Wu Xiang. Chen Yuan-yuan, dite la « Beauté au visage fleuri », a été auparavant une des courtisanes les plus recherchées au sud du Yangzi. Yuan-Yuan n'est pas seulement très belle, elle excelle dans l'art de la poésie et de la calligraphie. Elle a de plus une voix merveilleuse et elle joue à ravir de divers instruments de musique. Elle a pour amis les plus fins lettrés de l'époque ; l'un d'eux vante ainsi ses charmes : « Être assis auprès de Yuan-Yuan et l'écouter est déjà une sorte d'extase, sans parler de toute autre intimité. »

Wu Sangui décide finalement de se diriger vers Pékin. Il prend son temps avant de s'ébranler et ne se presse pas trop, avec l'intention sans doute d'aller faire sa soumission à Li Zicheng. Peut-être est-il tenté également de négocier avec Li par l'intermédiaire de son père, lequel n'a pas tardé à se rallier au nouveau maître de Pékin. À mi-chemin, il apprend avec certitude la nouvelle de la prise de la capitale et le suicide de l'empereur. Et surtout il reçoit une lettre de son père.

En réponse, il lui envoie aussitôt un messager, qui galope à bride abattue. Après l'avoir félicité pour sa conduite, il l'enjoint de tout faire pour assurer la sécurité des femmes de la famille. Il se dit particulièrement inquiet du sort de Chen et, ce faisant, il lui adresse un vif reproche : « J'ai reçu votre lettre et la nouvelle que vous vous êtes rendu au nouvel empereur. C'était, dans les circonstances présentes, la seule chose à faire pour le salut des femmes de notre maison. Mais, ajoutez-vous, Chen a quitté Pékin à cheval pour rejoindre mon camp. Je n'ai aucune nouvelle d'elle jusqu'à présent. Comment, vous, mon père, avez-vous pu laisser une femme aussi jeune et aussi fragile, entreprendre un voyage aussi périlleux ? » Le général ajoute qu'il a sérieusement envisagé de se soumettre à Li Zicheng, mais que son inquiétude concernant Chen est immense. Wu Sangui a raison de se faire du souci pour sa belle. Il apprend bientôt que sa concubine favorite a été capturée par un des généraux de Li. Wu Sangui décide alors de rebrousser chemin et de regagner la passe de Shanhai.

Et voici comment un petit drame personnel va se transformer en événement considérable et décider du cours de l'histoire.

Fou de rage, Wu Sangui annonce la nouvelle de la captivité de Yuan-Yuan à son père : « C'est une chose horrible. Je ne la reverrai plus jamais de ma vie. Je n'aurais jamais cru que vous, mon père, auriez pu commettre la faute insigne de la laisser partir. » Il raconte que la veille, il a défait un détachement de rebelles et qu'il envisage maintenant de marcher sur Pékin, mais cette fois avec le concours des Mandchous. Il hésite cependant en pensant aux conséquences qui pourraient en résulter pour Yuan-Yuan. Il comprend que s'il fait avancer ses troupes, Li Zicheng ne manquera pas de faire exécuter sa bien-aimée.

Wu Xiang lui apprend en retour que Chen a été désignée comme concubine au palais, c'est-à-dire que Li Zicheng l'a mise dans son harem. Ce qui veut dire aussi qu'elle y sera traitée avec bienveillance. Wu Sangui charge alors son père de transmettre ce message à qui de droit : que le nouvel empereur lui remette le prince héritier (qu'il détient), ainsi que Chen Yuan-Yuan, et il fera aussitôt sa soumission. Ne songeant qu'au sort de sa favorite, Wu Sangui envisage donc dans un premier temps de s'allier aux Mandchous pour combattre Li Zicheng. Mais réalisant le danger qu'il ferait alors courir à Chen, il demande maintenant à son père de présenter cette double requête à Li Zicheng.

Il est clair que Wu Sangui, en demandant qu'on lui remette le jeune prince, âgé de seize ans, songe à restaurer la dynastie des Ming en plaçant l'adolescent sur le trône. Il envisage, en contrepartie, d'abandonner à Li Zicheng une partie de l'empire, tandis que lui-même deviendrait le régent de l'autre partie. Li Zicheng tente alors d'acheter Wu Sangui en lui offrant quarante mille taels d'or (soit une tonne d'or fin), tout en le menaçant : s'il refuse de se soumettre, il sera vaincu le matin et son père sera décapité le soir.

Wu Sangui comprend que Li Zicheng n'entend pas partager l'empire et que c'est à lui – et aux armes – de décider du sort de Chen Yuan-Yuan. Ulcéré par la tournure prise par les événements, il rompt toute relation avec l'usurpateur et commence à négocier avec le régent mandchou, Dorgon (1612-1651). Il demande à ce dernier de l'aider à chasser les insurgés et, sans attendre, il lui ouvre la passe de Shanhai. C'est introduire le loup dans la bergerie !

Origine des Mandchous

Les Mandchous sont venus en des temps reculés de Sibérie méridionale. Installés au nord de la frontière chinoise – entre la Mongolie à l'Ouest et la Corée à l'Est (soit les actuelles provinces de Jilin et d'Heilongjiang) – ils descendent des éleveurs Jürchen qui au XIIe siècle ont dominé toute la Chine de Nord, avec la dynastie Jin. Ils contraignent alors l'héritier de la dynastie des Song à se replier au sud du Yangzi et à se réfugier à Hangzhou, où ils établiront la dynastie des Song du Sud (1127-1279). Les Jin installent leur capitale à Pékin, mais Ils en seront bientôt chassés par les armées mongoles des Yuan, en 1234. À la fin du XVIe siècle et au début du XVIIe siècle, les Jürchen de Mandchourie orientale vont connaître une nouvelle et fabuleuse épopée. Un chef de clan, Nurhaci (1559-1626), réussit à unifier sous sa houlette les tribus de pasteurs semi-nomades qui se sont établies au Jehol (au nord de Pékin). Excellents cavaliers, guerriers et archers accomplis, ils occupent cette région d'immenses forêts, au climat froid et humide. Nurhaci soude ses conquêtes en fondant un État doté d'une solide organisation, à la fois militaire, politique, sociale et économique. Dès 1615, il met en place le système des Huit Bannières, unités militaires reconnaissables à la couleur des uniformes de cérémonie, portés par leurs officiers. Nurhaci se proclame Grand khan des Jürchen et installe sa capitale à Shenyang, qu'il rebaptise Moukden.

Son fils, Abahai (qui règne de 1627 à 1643) change le nom de Jürchen en Mandchou et s'efforce d'adopter les coutumes chinoises. Il reçoit la soumission des descendants des empereurs Yuan, qui lui remettent le grand sceau de cette dynastie. Il fait édifier à Moukden un palais construit sur le modèle (réduit) de la Cité interdite de Pékin. Abahai se proclame empereur en 1636 sous le nom de Shunzi (1644-1661) et prend le nom dynastique chinois de Qing (les Purs).

Li Zicheng refuse de rendre Yuan-Yuan et renonce à amadouer le général. Il envoie vingt mille hommes contre lui. Sans succès, leur cible s'étant retirée au-delà de la Grande Muraille. Wu Sangui revient, reprend la passe de Shanhai et s'empresse de confirmer son arrangement avec les Mandchous. Li Zicheng décide alors d'en finir avec Wu Sangui. Il prend en personne la tête d'une armée de deux cent mille hommes et quitte Pékin pour aller à sa rencontre. C'est la fameuse bataille de Shanhai guan, qui passionne encore les historiens chinois. Wu Sangui attaque d'abord avec succès, quand Li Zicheng réagit et parvient à encercler son ennemi. Le bandit devenu empereur est en passe de l'emporter, quand l'arrivée de l'armée mandchoue sauve Wu Sangui et décide de la victoire.

Comprenant qu'il n'est pas de force à lutter à la fois contre Wu et les Mandchous, Li Zicheng propose à son tour à Wu Sangui de partager l'empire. Comme gage de bonne volonté, il envoie au général le prince héritier, lequel est accompagné de Chen Yuan-Yuan. C'est ainsi qu'il libère la « Beauté au visage fleuri », dans l'espoir d'apaiser son adversaire. Mais c'est trop tard. S'il l'avait fait un mois plus tôt, le sort de la Chine en eût peut-être été changé...

Wu Sangui, vainqueur, et ayant retrouvé sa belle, refuse alors de négocier. Li Zicheng, furieux, regrette d'avoir libéré Chen Yuan-Yuan. Il se venge en faisant mettre à mort Wu Xiang (le vieux père de Wu Sangui) et sa famille. Les historiens chinois accuseront Wu Sangui d'avoir failli à la morale confucéenne, en préférant sa concubine à son père.

Li rentre précipitamment à Pékin. Il entasse sur des chariots tout le butin qu'il peut amasser et expédie ces trésors vers l'Ouest. Après avoir mis le feu aux portes et au palais, il quitte la capitale avec le reste de son armée.

Mais qui est le vainqueur ? Et que va faire Wu Sangui ? Va-t-il installer sur le trône le prince héritier des Ming et en profiter pour prendre la première place dans l'empire ? En attendant de se décider, il remercie poliment les Mandchous pour leur aide et s'attend à ce qu'ils refranchissent gentiment la Grande Muraille. Une erreur fatale qui va changer le cours de l'histoire de la Chine !

Depuis une vingtaine d'années, profitant de la faiblesse des Ming, les cavaliers mandchous se contentaient de faire des razzias dans les provinces chinoises qui leur étaient accessibles. Ils pénétraient parfois jusque dans la province du Shandong, pillant tout sur leur passage, avant de repartir chargés de leur butin, en s'efforçant d'éviter les forces chinoises. Mais la révolte de Li Zicheng et l'appel à l'aide de Wu Sangui ont changé la donne. Désormais, ils sont dans la place et n'ont aucune intention de l'abandonner. Le régent, Dorgon, refuse de se retirer, prétextant que l'ordre est loin d'être rétabli. Dorgon entre solennellement à Pékin et fait introniser son jeune neveu.

Les Mandchous imposent bientôt leur autorité à des Chinois divisés. Ils s'installent en maîtres dans le nord de la Chine. Ils transportent leur capitale de Moukden à Pékin. Ils finissent par prendre Nankin et brisent toute résistance dans la Chine du Sud. La chute des Ming est consommée. La dynastie Qing est définitivement installée sur le trône du Dragon. Elle y restera deux siècles et demi, jusqu'à la révolution nationaliste de 1911 et l'établissement de la République, en 1912. Ainsi naît la dynastie des Qing, une dynastie mandchoue, la dernière dynastie chinoise.

Et Wu Sangui, dans tout cela ? Il est envoyé au Shanxi avec son armée, avec pour mission de poursuivre Li Zicheng. Les Mandchous lui octroient généreusement le titre de roi. Faible consolation pour celui qui aurait pu devenir le Premier ministre d'un souverain Ming qu'il aurait installé sur le trône, en attendant peut-être de prendre sa place. Wu n'est plus que le vassal d'un empereur barbare. Quant à Li Zicheng, d'errance en errance, il mourra misérablement, tué par des paysans, alors qu'il chapardait dans une ferme.

Wu Sanguin sera définitivement éloigné, en tant que gouverneur du Yunnan.

Et Chen Yuan-Yuan ? La concubine bien-aimée a pu finalement retrouver son seigneur et maître. Malgré la preuve d'amour insigne que Wu Sangui lui a donnée, Yuan Yuan, en bonne patriote, ne lui pardonnera pas sa trahison. Elle entrera dans un couvent taoïste et refusera le titre de princesse.

En conclusion, si Wu Sangui n'avait pas sollicité l'aide des Mandchous pour les beaux yeux de sa belle concubine, la dynastie des Qing, une dynastie étrangère, n'aurait sans doute pas régné sur la Chine... Si Wu était demeuré à son poste sur la Grande Muraille et avait reconnu le rebelle chinois comme empereur, il est probable que les Mandchous ne se seraient jamais emparés de la Chine. Pour la deuxième fois de son histoire, l'empire du Milieu tombe entre les mains d'une dynastie étrangère et subit une occupation durable.

Chapitre 6

Un Français à la cour de Qianlong

Le frère Jean-Denis Attiret est moins connu que le père Giuseppe Castiglione (Lang Shining, de son nom chinois, 1702-1768), le premier peintre européen à travailler à la cour de Chine, sous les empereurs Kangxi, Yongzheng et Qianlong. Mais il pourrait soutenir la comparaison en tant qu'artiste avec son ami milanais, si davantage de ses œuvres nous étaient parvenues.

J.-D. Attiret est surtout l'auteur d'un texte célèbre sur le Yuanming yuan (le palais d'Été des empereurs mandchous, proche de Pékin) : une lettre datée du 1er novembre 1743 et publiée pour la première fois en France en 1749. Cette missive a eu un grand retentissement en Europe, car elle apporte des informations inédites sur les jardins chinois. Elle est à l'origine d'une conception nouvelle de l'art du paysage, à une époque où la symétrie du jardin à la française était battue en brèche. La lettre d'Attiret a lancé la mode des jardins et parcs imités de la Chine, une vogue dont les jardins anglais se sont beaucoup inspirés.

En ce milieu du XVIIIe siècle, les « chinoiseries » sont à la mode. Depuis la fin du siècle précédent, les grands seigneurs anglais apprécient le charme de la ligne courbe, des allées sinueuses et irrégulières, et un savant désordre censé reproduire la fantaisie de la nature. Ils préfèrent tout cela à l'ordre et à la symétrie du jardin à la française, cher à Le Nôtre, avec ses perspectives ouvertes à l'infini. De Versailles cependant, le palais de Qianlong retiendra les eaux jaillissantes.

Jean-Denis Attiret est né dans une vieille ville de Franche-Comté, Dole, le 31 juillet 1702 (jour de la fête de saint Ignace de Loyola, le fondateur de la Compagnie de Jésus). Il est issu d'une famille d'artistes, peintres et sculpteurs. Ce qui fera dire au P. Amiot (un autre jésuite présent à Pékin) qu'il est né « entre les palettes et les pinceaux ». Le marquis de Broissia remarque son talent précoce dans l'art du dessin et de la peinture et décide de le prendre en charge. Le marquis, fils d'un commandeur de l'ordre de Malte, avait un frère, jésuite, qui s'était embarqué sur l'*Amphitrite,* en 1698. Celui-ci devait périr noyé quelques années plus tard en mer de Chine, sur la côte du Shandong. En 1725, M. de Broissia envoie le jeune artiste passer deux ans à l'Académie de France à Rome, pour qu'il puisse s'y perfectionner. De retour à Dole, Jean-Denis Attiret s'adonne plus que jamais à la peinture, exécutant des sujets bibliques et religieux. Mais sa vocation religieuse s'affirme. En 1735, à 33 ans, il entre au noviciat des jésuites en Avignon et devient frère coadjuteur dans la Compagnie de Jésus.

Arrive alors de Chine une lettre du père Parennin, comtois d'origine, demandant qu'on envoie à Pékin un peintre français « habile » (à prendre dans les deux sens du terme). Les jésuites de la Mission française sont en effet jaloux de la considération dont jouit à la cour le père Castiglione, le peintre favori de l'empereur, qui fait partie de la Mission portugaise.

Son supérieur demande à Attiret s'il n'a « aucune répugnance à passer les mers, pour aller consacrer son talent au service d'un prince idolâtre, qui pourrait servir notre sainte religion ». Attiret répond pieusement qu'il n'a pas « embrassé l'état religieux pour faire sa volonté propre », qu'il est « disposé à sacrifier son repos et sa vie même... », et qu'il irait très volontiers jusqu'au bout du monde, s'il croyait par là « contribuer à la gloire de Dieu et au salut des âmes ».

Il s'embarque à Lorient, arrive à Macao et Canton, la « porte de la Chine », après un voyage de quatorze mois. Dans une lettre, notre jésuite raconte son voyage depuis la France. Le long trajet de Canton à Pékin se déroule lentement, pendant plusieurs mois, souvent à bord de barques. Et aussi, explique-t-il, dans « une espèce de cage qu'on veut bien appeler litière. On y est enfermé pendant toute la journée ; le soir, la litière entre dans l'auberge et encore quelle auberge ! de façon qu'on arrive à Pékin sans avoir rien vu ; et la curiosité n'est pas plus satisfaite que si l'on avait toujours été dans une chambre... D'ailleurs, dans tout le pays et quoique le voyage soit de six à sept cents lieues, on n'y rencontre rien qui mérite attention, si ce n'est quelques *miao*, ou temples d'idoles, qui sont des bâtiments en bois à rez-de-chaussée, dont tout le prix et toute la beauté consistent à quelques mauvaises peintures et quelques vernis fort grossiers ». De son voyage à travers la Chine, Attiret avoue donc n'avoir rien retenu de notable en ce qui concerne les monuments, rien en tout cas qui puisse se comparer aux édifices de France ou d'Italie.

Les vœux de la Mission française de Pékin sont ainsi exaucés, le frère Attiret arrive en 1738. Il se présente à l'empereur Qianlong : « J'ai été reçu par l'empereur de Chine aussi bien qu'un étranger puisse l'être d'un prince qui se croit le seul souverain du monde, qui est élevé à n'être sensible à rien, qui croit qu'un homme surtout étranger est trop heureux de pouvoir être à son service. » Il en trace ce portrait avantageux : « C'est un prince grand et bien fait. Il a la physionomie très gracieuse, mais inspire en même temps le respect... Il n'a aucune marque distinctive qu'un petit bouton de soie rouge sur son bonnet... C'est un grand prince : il voit tout et fait tout par lui-même. Dès la pointe du jour, en hiver comme en été, il monte sur son trône, et commence les affaires. Je ne comprends pas comment il peut rentrer dans un si grand détail. »

Le frère Attiret (qui prendra le nom chinois de Wang Zhicheng), devient bientôt peintre officiel à la cour de Chine, au service de l'empereur. Il commence par peindre une Adoration des Rois mages, laquelle plaît beaucoup à l'empereur et assoit sa réputation. Qianlong apprécie tellement l'artiste qu'il l'appelle à travailler quotidiennement auprès de sa personne. Comme Castiglione venait de peindre l'empereur et l'impératrice, il « tire le portrait » du frère de l'empereur, de son épouse, des princes et princesses de sang et de plusieurs favoris. Plus tard, il peindra « en grand » l'empereur, ainsi qu'une Dame à sa toilette, « debout devant un miroir où est reflété tout ce qui est dans son appartement. L'illusion est parfaite, l'art ne saurait aller plus loin », écrit-il.

Frère Jean-Denis est surtout un portraitiste. Mais il lui faut s'initier à d'autres techniques et devenir également paysagiste, peintre de fleurs, peintre de batailles, peintre d'animaux, peintre d'architecture et de décoration. Il lui faut oublier les règles de son art et adopter le goût des Chinois, aidé en cela par son aîné et mentor, Giuseppe Castiglione. Il doit renoncer à la peinture à l'huile (que l'empereur n'aimait pas, à cause de son vernis) pour se consacrer à l'aquarelle, le genre pictural apprécié de ses commanditaires.

L'artiste raconte ses difficultés au marquis de Broissia : « Il m'a fallu oublier une partie de ce que j'avais appris avec tant d'étude et de travail et me faire à une autre manière de peindre : il m'a fallu apprendre à l'eau sur une espèce de gaze blanche [de la soie] peinture difficile, délicate et qui a quelque chose de plus fin que la miniature. Tout ce qui se peint à l'huile doit être peint dans le même goût sans ombre, les carnations blanches comme du lait, les draperies resserrées, plissées en tuyaux d'orgue, à peu près dans le goût de nos anciens, avec cela les têtes sans expression, les attitudes sans mouvement, la perspective linéale [linéaire] sans dégradation, et sans pouvoir mettre en pratique la perspective aérienne. »

Jean-Denis Attiret doit également se mettre à la peinture sur verre et sur glace. Les miroirs venus d'Europe ayant souvent perdu leur tain pendant le transport, et faute de pouvoir les étamer, il peint sur les manques ou sur certains endroits préalablement grattés. Pendant les trente années qu'il passera dans la capitale, l'artiste réalisera encore de grandes fresques décoratives, dont son chef-d'œuvre, une suite de quatre peintures sur le thème des quatre saisons, qui ornait un palais à Pékin dans les jardins impériaux. Des œuvres qui seront malheureusement détruites en 1900 par les Boxers, à moins que ce ne soit par les troupes alliées.

Grâce à ses remarquables talents, il finit par gagner l'amitié du monarque. Cela ne l'empêche pas, avec ses compagnons jésuites, de vivre et de travailler dans un atelier inconfortable, dans une ville glaciale l'hiver et étouffante l'été : « Une espèce de salle au rez-de-chaussée... exposée à toutes les incommodités des saisons, était le lieu destiné à servir d'atelier aux peintres. Là, n'ayant qu'un petit réchaud sur lequel il mettait ses godets pour empêcher que les couleurs ne filassent, il souffrait le froid le plus piquant. Il ne souffrait pas moins en été, par l'épuisement où le réduisaient les chaleurs excessives dans un lieu que le soleil brûlant échauffait de tous côtés... », raconte le P. Hubrecht (voir bibliographie).

Attiret est surtout un des rares privilégiés autorisés à admirer les jardins impériaux et en particulier cette merveille qu'est le Yuanming yuan, le Jardin de la Perfection et de la Clarté. Un endroit où l'empereur vient le « voir travailler presque tous les jours, de sorte qu'il n'y a pas moyen de s'absenter », regrette-t-il.

Il décrit très longuement le palais d'Été de l'empereur, le Versailles chinois, situé un peu au nord-ouest de Pékin. Avec un réel talent d'écriture, des phrases courtes et des notations riches et variées, une sensibilité aux jeux des lignes et des couleurs, cette lettre est « un petit chef-d'œuvre ». Elle met en scène le décor de sa vie d'artiste missionnaire. Attiret décrit le palais de l'empereur et les maisons de plaisance au Yuanming yuan, qu'il nomme le « jardin des jardins ».

Le palais de l'empereur

« Tout y est grand et véritablement beau, soit pour le dessin, soit pour l'exécution, et j'en suis d'autant plus frappé que nulle part rien de semblable ne s'est offert à mes yeux.

« J'entreprendrais volontiers de vous en faire une description qui pût vous en donner une idée juste ; mais la chose serait trop difficile, parce qu'il n'y a rien dans tout cela qui ait du rapport à notre manière de bâtir et à toute notre architecture. L'œil seul en peut saisir la véritable idée ; aussi, si jamais j'ai le temps, je ne manquerai pas d'en envoyer en Europe quelques morceaux bien dessinés.

« Ce palais est au moins de la grandeur de Dijon (je vous nomme cette ville, parce que vous la connaissez). Il consiste en général dans une grande quantité de corps de logis, détachés les uns des autres, mais dans une belle symétrie, et séparés par de vastes cours, par des jardins et des parterres. La façade de tous ces corps de logis est brillante par la dorure, le vernis et les peintures. L'intérieur est garni et meublé de tout ce que la Chine, les Indes et l'Europe ont de plus beau et de plus précieux.

« Pour les maisons de plaisance, elles sont charmantes. Elles consistent dans un vaste terrain, où l'on a élevé à la main de petites montagnes, hautes depuis vingt jusqu'à cinquante et soixante pieds, ce qui forme une infinité de petits vallons. Des canaux d'une eau claire arrosent le fond de ces vallons, et vont se joindre en plusieurs endroits pour former des étangs et des mers. On parcourt ces canaux, ces mers et ces étangs sur de belles et magnifiques barques : j'en ai vu une de treize toises de longueur et de quatre de largeur, sur laquelle était une superbe maison. Dans chacun de ces vallons, sur le bord des eaux, sont des bâtiments parfaitement assortis de plusieurs corps de logis, de cours, de galeries ouvertes et fermées, de jardins, de parterres, de cascades, etc., ce qui fait un assemblage dont le coup d'œil est admirable.

« On sort d'un vallon, non par de belles allées, droites comme en Europe, mais par des zigzags, par des circuits, qui sont eux-mêmes ornés de petits pavillons, de petites grottes, et au sortir desquels on retrouve un second vallon tout différent du premier, soit pour la forme du terrain, soit pour la structure des bâtiments.

Un vrai paradis terrestre

« Toutes les montagnes et toutes les collines sont couvertes d'arbres, surtout d'arbres à fleurs, qui sont ici très communs. C'est un vrai paradis terrestre. Les canaux ne sont point comme chez nous bordés de pierres de taille tirées au cordeau, mais tout rustiquement avec des morceaux de roche, dont les uns avancent, les autres reculent, et qui sont posés avec tant d'art, qu'on dirait que c'est l'ouvrage de la nature. Tantôt le canal est large, tantôt étroit : il serpente, là il fait des coudes, comme si réellement il était poussé par les collines et par les rochers. Les bords sont semés de fleurs qui sortent des rocailles, et qui paraissent y être l'ouvrage de la nature ; chaque saison a les siennes.

« Outre les canaux, il y a partout des chemins, ou plutôt des sentiers, qui sont pavés de petits cailloux, et qui conduisent d'un vallon à l'autre. Ces sentiers vont aussi en serpentant ; tantôt ils sont sur les bords des canaux, tantôt ils s'en éloignent.

« Arrivé dans un vallon, on aperçoit les bâtiments. Toute la façade est en colonnes et en fenêtres ; la charpente dorée, peinte et vernissée ; les murailles de brique grise, bien taillée, bien polie ; les toits couverts de tuiles vernissées, rouges, jaunes, bleues, vertes, violettes, qui par leur mélange et leur arrangement font une agréable variété de compartiments et de dessins. Ces bâtiments n'ont presque tous qu'un rez-de-chaussée. Ils sont élevés de terre, de deux, quatre, six ou huit pieds. Quelques-uns ont un étage. On y monte, non par des degrés de pierre façonnés avec art, mais par des rochers, qui semblent être des degrés faits par la nature. Rien ne ressemble tant à ces palais fabuleux de fées, qu'on suppose au milieu d'un désert, élevés sur un roc dont l'avenue est raboteuse, et va en serpentant.

« Les appartements intérieurs répondent parfaitement à la magnificence du dehors. Outre qu'ils sont très bien distribués, les meubles et les ornements y sont d'un goût exquis et d'un très grand prix. On trouve dans les cours et dans les passages, des vases de marbre, de porcelaine et de cuivre, pleins de fleurs. Au-devant de quelques-unes de ces maisons, au lieu de statues immodestes, sont placées sur des piédestaux de marbre, des figures en bronze et en cuivre d'animaux symboliques, et des urnes pour brûler des parfums.

« Chaque vallon, comme je l'ai déjà dit, a sa maison de plaisance ; petite, eu égard à l'étendue de tout l'enclos, mais en elle-même assez considérable pour loger le plus grand de nos seigneurs d'Europe avec toute sa suite. Plusieurs de ces maisons sont bâties de bois de cèdre, qu'on amène à grands frais de cinq cents lieues d'ici. Mais combien croyez-vous qu'il y a de ces palais dans les différents vallons de ce vaste enclos ? il y en a plus de deux cents, sans compter autant de maisons pour les eunuques : car ce sont eux qui ont la garde de chaque palais, et leur logement est toujours à côté, à quelques toises de distance ; logement assez simple, et qui pour cette raison est toujours caché par quelque bout de mur ou par les montagnes.

Bassins, ruisseaux et canaux

« Les canaux sont coupés par des ponts de distance en distance, pour rendre la communication d'un lieu à un autre plus aisée. Ces ponts sont ordinairement de briques, de pierres de taille, quelques-uns de bois et tous assez élevés pour laisser passer librement les barques. Ils ont pour garde-fous des balustrades de marbre blanc travaillées avec art et sculptées en bas relief : du reste, toujours différents entre eux par la construction. N'allez pas vous persuader que ces ponts aillent en droiture : point du tout ; ils vont en tournant et en serpentant, de sorte que tel pont pourrait n'avoir que trente à quarante pieds s'il était en droite ligne, qui par les contours qu'on lui fait faire, se trouve en avoir cent ou deux cents. On en voit qui, soit au milieu, soit à l'extrémité, ont de petits pavillons de repos, portés sur quatre, huit ou seize colonnes. Ces pavillons sont pour l'ordinaire sur ceux des ponts d'où le coup d'œil est le plus beau : d'autres ont aux deux bouts des arcs de triomphe de bois ou de marbre blanc, d'une très jolie sculpture, mais infiniment éloignés de toutes nos idées européennes.

« J'ai dit plus haut que les canaux vont se rendre et se décharger dans des bassins, dans des mers. Il y a en effet un de ces bassins qui a près d'une demi-lieue de diamètre en tous sens, et à qui on a donné le nom de mer. C'est un des plus beaux endroits de cette maison de plaisance. Autour de ce bassin, il y a sur les bords, de distance en distance, de grands corps de logis, séparés entre eux par des canaux et par ces montagnes factices dont j'ai déjà parlé.

Un petit palais sur une île

« Mais ce qui est un vrai bijou, c'est une île ou rocher d'une forme raboteuse et sauvage, qui s'élève au milieu de cette mer à une toise ou environ au-dessus de la surface de l'eau. Sur ce rocher est bâti un petit palais, où cependant l'on compte plus de cent chambres ou salons. Il a quatre faces, et il est d'une beauté et d'un goût que je ne saurais vous exprimer. La vue en est admirable. De là, on voit tous les palais qui, par intervalle, sont sur les bords de ce bassin ; toutes les montagnes qui s'y terminent, tous les canaux qui y aboutissent pour y porter ou pour en recevoir les eaux ; tous les ponts qui sont sur l'extrémité ou à l'embouchure des canaux ; tous les bosquets qui séparent ou couvrent tous les palais, pour empêcher que ceux qui sont d'un même côté ne puissent avoir vue les uns sur les autres.

« Les bords de ce charmant bassin sont variés à l'infini ; aucun endroit ne ressemble à l'autre : ici, ce sont des quais de pierres de taille où aboutissent des galeries, des allées et des chemins ; là, ce sont des quais de rocaille, construits en espèce de degrés avec tout l'art imaginable ; ou bien ce sont de belles terrasses, et de chaque côté un degré pour monter aux bâtiments qu'elles supportent, et au-delà de ces terrasses, il s'en élève d'autres avec d'autres corps de logis en amphithéâtre ; ailleurs c'est un bois d'arbres à fleurs qui se présente à vous ; un peu plus loin vous trouvez un bosquet d'arbres sauvages, et qui ne croissent que sur les montagnes les plus désertes. Il y a des arbres de haute futaie et de bâtisse, des arbres étrangers, des arbres à fleurs, des arbres à fruits.

« On trouve aussi sur les bords de ce même bassin quantité de cages et de pavillons, moitié dans l'eau et moitié sur terre, pour toutes sortes d'oiseaux aquatiques ; comme sur terre, on rencontre de temps en temps de petites ménageries et de petits parcs pour la chasse. On estime surtout une espèce de poissons dorés dont en effet la plus grande partie est d'une couleur aussi brillante que l'or, quoiqu'il s'en trouve un assez grand nombre d'argentés ; de bleus, de rouges ; de verts, de violets, de noirs, de gris de lin, et de toutes ces couleurs mêlées ensemble. Il y en a plusieurs réservoirs dans tout le jardin ; mais le plus considérable est celui-ci : c'est un grand espace entouré d'un treillis fort fin de fil de cuivre pour empêcher les poissons de se répandre dans tout le bassin.

« Enfin pour vous faire mieux sentir toute la beauté de ce seul endroit, je voudrais pouvoir vous y transporter lorsque ce bassin est couvert de barques dorées, vernies, tantôt pour la promenade, tantôt pour la pêche, tantôt pour le combat, la joute et autres jeux ; mais surtout une belle nuit, lorsqu'on y tire des feux d'artifice, les Chinois nous laissent bien loin derrière eux, et le peu que j'en ai vu surpasse infiniment tout ce genre en Italie et en France.

Le logement de l'empereur

« L'endroit où loge ordinairement l'empereur et où logent aussi toutes ses femmes, l'impératrice, les femmes de chambre, les eunuques, est un assemblage prodigieux de bâtiments, de cours, de jardins, etc. ; en un mot, c'est une ville qui a au moins l'étendue de notre petite ville de Dole : les autres palais ne sont guère que pour la promenade, pour le dîner et le souper.

« Ce logement ordinaire de l'empereur est immédiatement après les portes d'entrée, les premières salles, les salles d'audience, les cours et les jardins. Il forme une île. Il est entouré de tous côtés par un large et profond canal ; on pourrait l'appeler un sérail. C'est dans les appartements qui le composent qu'on voit tout ce qui peut s'imaginer de plus beau en fait de meubles, d'ornements, de peintures (j'entends dans le goût chinois), de bois précieux, de vernis du Japon et de la Chine, de vases antiques de porcelaine, de soieries, d'étoffes d'or et d'argent. On a réuni là tout ce que l'art et le bon goût peuvent ajouter aux richesses de la nature. »

La fête des lanternes

La description que fait Jean-Denis Attiret du Yuanming yuan continue encore pendant une dizaine de pages. Il parle de la petite ville commerçante, entièrement artificielle, qui jouxte le palais où ses habitants – de l'empereur à l'eunuque en passant par les concubines, les dames de cour et les servantes – pouvaient s'approvisionner en toutes choses. (Une semblable curiosité peut se voir dans l'actuel palais d'Été, le Yihe yuan.) Il évoque la fameuse fête des lanternes, qui se célèbre le 15 de la première lune (aujourd'hui quinze jours après le nouvel an chinois) :

« Il n'y a point de si misérable Chinois qui, ce jour-là, n'allume quelque lanterne. On en fait et on en vend de toutes sortes de figures, de grandeurs et de prix. Ce jour-là toute la Chine est illuminée, mais nulle part l'illumination n'est si belle que chez l'empereur, et surtout dans la maison dont je vous fais la description. Il n'y a point de chambre, de salle, de galerie où il n'y ait plusieurs lanternes suspendues. Il y en a sur tous les canaux, sur tous les bassins, en façon de petites barques que les eaux amènent et ramènent. Il y en a sur les montagnes, sur les ponts et presque tous les arbres. Elles sont toutes d'un ouvrage fin, délicat, en figures de poissons, d'oiseaux, d'animaux, de vases, de fruits, de fleurs, de barques, et de toute grosseur. Il y en a de soie, de corne, de verre, de nacre et de toutes matières. »

Il revient sur l'architecture des « maisons de plaisance », avouant son amour pour les réalisations chinoises : « ... Mes yeux et mon goût, depuis que je suis en Chine, sont devenus un peu chinois. » Il se félicite d'être peintre, privilège unique qui lui ouvre les portes du palais et de ses jardins, où même les princes ne sont pas admis. Il raconte qu'il a droit – honneur insigne – à la visite de l'empereur, venu inspecter l'avancement du travail des deux artistes, Castiglione et lui. Parfois ce qu'on lui demande de peindre ne peut être transporté. Il est alors accompagné d'une « bonne escorte d'eunuques » : « Il faut marcher à la hâte et sans bruit, sur le bout des pieds comme si on allait faire un mauvais coup... » C'est ainsi que Jean-Denis Attiret a pu parcourir et voir ce « beau jardin » et pénétrer dans les appartements où l'empereur réside dix mois de l'année.

La lettre d'Attiret suscite un grand intérêt en Angleterre. Déjà à la fin du XVIIe siècle, un ardent sinophile britannique, sir William Temple, avait opposé l'architecture des jardins à la Le Nôtre à celle de la Chine. Mais cette lettre tombe en plein engouement pour les chinoiseries et l'intérêt que l'époque porte à la Chine. Elle va servir de modèle et de théorie à la mode du jardin anglais, ce jardin irrégulier qui se révolte contre la symétrie, avec ses arbres libres et vigoureux, ses ruisseaux qui serpentent, ses lacs et leurs îlots, ses cascades, ses sentiers tortueux, qui donne l'image apparente d'une nature spontanée, mais maîtrisée. À l'image du jardin chinois, le jardin anglais veut imiter la nature, avec une disposition asymétrique des arbres et des plantes.

La fameuse pagode de Kew reste le prototype de ce « jardin anglo-chinois ». Édifiée en 1761 dans le Surrey et inspirée de celle de Nankin (qui fut détruite lors de la révolte des Taiping, dans les années 1850), cette pagode devient le prototype des autres tours en Europe. À Woburn Abbey, on construit une laiterie chinoise au bord d'un étang rempli de poissons rouges d'origine chinoise. À Stowe, dans le Buckinghamshire, lord Temple édifie un pont chinois et un temple. Le duc de Cumberland fait creuser un lac artificiel près de Windsor, avec, sur une île, une maison et un pont chinois. Un yacht y flottait, *The Mandarine*, un bateau orné de dragons et de lanternes chinoises qu'on illuminait lorsque le duc recevait son neveu, le roi George III, imitant en cela les illuminations décrites par Attiret.

En France, le château de Chantilly a son pavillon chinois, surmonté d'une lanterne, construit par le prince de Condé, au centre du labyrinthe de Silvie, lequel sera détruit sous la Révolution. La reine Marie-Antoinette a-t-elle lu la lettre d'Attiret ? Toujours est-il que le projet a existé de créer une modeste réplique du Yuanming yuan dans son hameau du Petit Trianon. La vogue des jardins anglo-chinois en France a encore conduit à la construction par le comte d'Artois de la résidence de Bagatelle (dans le bois de Boulogne) avec deux ponts chinois et une grande tente chinoise. Citons encore la pagode de sept étages de Chanteloup, couronnée par une boule dorée, que l'on doit au duc de Choiseul, etc. On pourrait multiplier les exemples de constructions imitées de la Chine, en Allemagne, au Danemark, en Finlande, en Suède et en Italie. Et même en Russie, avec les édifices du jardin de Tsarskoïe Selo, l'ancienne résidence des tsars, près de Saint-Pétersbourg. Pour plus de proximité, on peut considérer que le jardin des Buttes-Chaumont, construit par Haussmann dans le XIXe arrondissement de Paris, est une sorte de jardin chinois...

En complément de la lettre de Jean-Denis Attiret, il convient de consulter l'album des peintures des *Quarante scènes du Jardin de la Clarté parfaite* (voir bibliographie) pour se faire une idée de ce prodigieux palais-jardin, aujourd'hui disparu.

Parmi les *Lettres édifiantes et curieuses* écrites de Chine par des missionnaires jésuites, il en est une du père Amiot (un autre jésuite présent à Pékin) qui met en scène Jean-Denis Attiret, dont il fait « le héros d'un roman d'aventures qui s'achève en histoire édifiante ». Celle-ci pourrait s'intituler : Ou comment un jésuite fut nommé mandarin par l'empereur, mais déclina cet honneur.

En 1754, Qianlong entreprend une expédition militaire en Tartarie (Mandchourie) pour châtier des rebelles. Les missionnaires présents à Pékin se réjouissent de l'absence de l'empereur, car ils vont enfin pouvoir être tranquilles. Attiret entend profiter de l'occasion pour faire retraite. Mais peu après l'avoir entamée, on vient le chercher en catastrophe : le souverain le réclame d'urgence à Jehol (Chengde, un peu au nord de la Grande Muraille). Il a à peine le temps de se préparer, emmenant avec lui tout son attirail de peintre, du papier, sa palette et ses pinceaux. Au passage, il est impressionné par « une si belle chose » et se dit « étonné que tant d'Européens qui l'ont vue, nous aient laissé ignorer l'ouvrage immense qui la compose. C'est un des plus beaux ouvrages qui soient au monde, eu égard au temps où elle a été faite et à la nation qui l'a imaginée et exécutée ». Il se propose de faire un peu plus tard le dessin de la Grande Muraille.

Le père Amiot, d'après le récit que lui a fait Attiret, décrit avec amusement le grand désordre qui affecte l'armée impériale en mouvement, laquelle ressemble plutôt à une armée en déroute... Arrivé à Jehol, Attiret apprend pourquoi l'empereur l'a fait mander précipitamment. Il s'agit de tirer les portraits de onze seigneurs tartares, les *totgut*, revenus de la Russie de la future Catherine II et ralliés au régime impérial. Bien que malade, affligé qu'il est par « un rhume de poitrine, accompagné d'un cours de ventre et d'une fièvre assez violente », l'artiste s'exécute. L'empereur dit apprécier grandement son travail : *hen-hao, hen-hao*, très bien, très bien. Il lui commande d'autres œuvres. Qianlong l'honore d'une visite quotidienne et lui fait corriger ce qui n'est pas de son goût. L'artiste manque-t-il de papier de Corée ? Qu'à cela ne tienne, l'empereur en fait quérir à Haidian, là où résident les missionnaires, dans la petite bourgade qui jouxte le palais d'Été. Finalement, « tous les portraits furent trouvés à merveille ; Sa Majesté les loua beaucoup, et par conséquent toute la cour leur prodigua des éloges ».

Mais tout ceci n'est qu'un « coup d'essai ». L'empereur lui demande maintenant de le peindre en pied, en majesté, pour la première fois. Un défi redoutable ! Attiret n'a pas droit à l'erreur, il faut absolument que la toile plaise à l'empereur, que Sa Majesté trouve son portrait excellent. L'artiste doit se surpasser. Il va au-devant des souhaits du souverain en le peignant avec l'apparence d'une taille au-dessus de l'ordinaire et avec une grosse tête. L'empereur est ravi, il trouve le portrait à son goût. Il en fait compliment à l'auteur et « le couvre de caresses » (d'attentions). « L'envie d'être reproduit par les couleurs augmentait en lui à mesure qu'elles lui représentaient sa personne telle qu'il le souhaitait », commente le P. Amiot.

Attiret remarque, pour s'en étonner, que les proches de l'empereur sont en train de changer de comportement à son égard. Ils se font soudain déférents, ils se mettent à le combler de compliments et de politesses. Qu'est-ce que cela signifie ? Quelqu'un vend la mèche : l'empereur l'a fait mandarin !

« Moi, mandarin ? », s'exclame-t-il, au comble de la stupeur.

« Oui, vous mandarin, lui réplique-t-on. Eh quoi ! toute la cour le sait, et vous n'en êtes pas encore instruit ? »

C'est ainsi que le frère Attiret est nommé mandarin du quatrième ordre, avec toutes les prérogatives attachées à ce grade, y compris les revenus afférents. Pour le saint homme, le fait d'être élevé au mandarinat, une récompense temporelle, un honneur terrestre, est une chose insupportable. Il n'en veut à aucun prix ! Mais comment refuser sans offenser gravement l'empereur ? Attiret décide cependant de ne pas accepter cette insigne promotion. On lui objecte que le père Castiglione et d'autres Européens sont mandarins au titre du Tribunal d'astronomie, bien qu'ils soient religieux, tout comme lui. L'artiste rétorque que cela s'est fait de force, sur ordre impératif de Sa Majesté et de l'impératrice mère. On lui répond qu'il en ira de même pour lui. Mais que même s'il s'obstine à refuser catégoriquement cette grande marque d'honneur, qu'il accepte tout au moins de conserver la jouissance des revenus qui l'accompagnent ! L'intéressé dit vouloir refuser pareillement la distinction et les revenus afférents.

Alors que le jésuite se rend au palais pour travailler à ses dessins, l'empereur le fait mander. Remarquant qu'il ne porte pas au haut de son bonnet le petit globe de verre bleu qui est la distinction du degré de mandarinat auquel il vient de l'élever, il demande si l'on a bien exécuté ses ordres. On explique avec embarras au souverain que l'artiste refuse obstinément le titre honorifique. L'empereur ne dit mot. Mais il vient le voir un peu plus tard, sous prétexte de regarder ses peintures. Il s'enquiert avec courtoisie des raisons de cette attitude surprenante. Il répond aux objections de l'intéressé, tentant de le fléchir. En vain...

L'affaire en reste là, au plus grand soulagement de l'intéressé.

Attiret reste en Tartarie une cinquantaine de jours, dont quarante œuvrés, compte tenu de sa grande fatigue. Peignant du matin au soir, il exécute vingt-deux portraits quatre grands dessins, ainsi que de nombreuses autres productions. À son retour à Pékin, il est méconnaissable, maigre, pâle, avec le dos courbé « et ne marchant qu'avec beaucoup de difficulté et de peine ». Une sciatique qui l'oblige à garder la chambre pendant une quinzaine de jours.

Le désintéressement du missionnaire jésuite impressionne grandement, aussi bien la cour que les modestes chrétiens. À sa mort, le 8 décembre 1768 à Pékin, l'empereur fera don de deux cents taels pour couvrir les frais des obsèques. Il dépêchera un éminent eunuque pour s'incliner en son nom devant le cercueil.

Le musée de Dole a acquis en 2001 une huile sur papier (de 53 × 41 cm) attribuée au frère Attiret, intitulée *Portrait de concubine en buste*. Ce petit tableau représente une jeune femme coiffée d'une toque en loutre ornée d'une grosse perle et rehaussée d'un bijou, et dont les oreilles sont parées de boucles en perles de Mandchourie.

Chapitre 7

La concubine parfumée

Sa Majesté Qianlong, monté sur le trône du Dragon à 25 ans, en 1736, est un des plus grands empereurs de Chine et son règne est aussi un des plus longs, soixante ans. Si l'on en croit les observateurs européens, ainsi que les historiens, unanimes, il se montre l'administrateur le plus capable et le souverain le plus sage qu'ait connu la Chine pendant plusieurs siècles. Son bon gouvernement est reconnu. Ses guerres victorieuses ont assuré la mainmise chinoise en Dzoungarie (l'actuelle province du Xinjiang, à l'ouest de la Chine), en Asie centrale, en Birmanie et au Tibet, agrandissant ainsi l'empire de moitié. Qianlong a restauré le prestige mandchou, mis à mal par son prédécesseur. Il sera le dernier grand empereur.

Dans leur ouvrage, *Les Empereurs mandchous*, E. Backhouse et J. O. P. Bland en font ce portrait élogieux :

« Dans la vie privée, il semble s'être distingué par des qualités de largeur d'esprit et de courage qui, à elles seules, suffisent à l'élever bien au-dessus du niveau de ses prédécesseurs et de ses successeurs. Il est vrai qu'il était impulsif, intolérant des faiblesses de ceux à qui il avait confié l'autorité, particulièrement dans les affaires militaires ; superstitieux et naturellement ignorant de la situation et de la puissance relative de la Chine dans le cadre international ; mais néanmoins doué d'une pénétration claire, d'une douce raison et d'un tempérament très empathique. Il unissait à un haut degré de sa personne les meilleures qualités du soldat et de l'homme d'État ; il était aussi un érudit, un historien et un poète. Dans la vie privée, il parvint à maintenir son autorité paternelle et à conserver le respect de ses fils et de ses petits-fils ; autocrate polygame à l'égard des femmes, il ne fut ni esclave d'elles, ni luxurieux. Après un règne de succès sans précédent, il laissa l'empire plus fort et plus prospère qu'il ne l'avait été depuis plusieurs siècles. »

En ce qui concerne les femmes, Qianlong était, bien entendu, polygame, « suivant la coutume orientale, mais toujours respectueux des convenances, jaloux de la dignité de l'impératrice consort, et au reste courtois, bon et généreux. Ni querelles, ni scandales ne ternissaient sa vie privée et ses enfants furent bien élevés », affirment encore Backhouse et Bland.

Une incartade de Qianlong

À l'occasion, Qianlong abandonne ses nombreux devoirs publics et s'autorise des aventures sentimentales et même des incartades.

En témoigne cette anecdote. Dans les premières années de son règne, la renommée d'une courtisane littéraire, San Kou-niang, franchit les portes du palais. Son logis est fréquenté par des princes et de hauts fonctionnaires. Un mot d'elle est apprécié comme gage d'une grande faveur. Il lui arrive de s'entremettre, usant de ses hautes relations en faveur de savants et de fonctionnaires victimes de la défaveur de l'empereur.

Une nuit, le chef de la police de Pékin intime à l'un de ses lieutenants l'ordre d'arrêter San Kou-niang et de la jeter en prison. Le policier ne peut qu'obtempérer, bien malgré lui. Arrivé chez la dame, il explique à une servante qu'il vient arrêter sa maîtresse. Une voix douce se fait entendre à travers la porte de la chambre, expliquant qu'il ne conviendrait pas qu'elle se présente devant lui en petite tenue et le priant de bien vouloir patienter quelques minutes. Au bout d'un certain temps, le policier commence à s'inquiéter. Il craint que la belle ne se soit échappée par quelque issue dérobée. Il frappe de nouveau à la porte. Une voix lui répond : « Qui donc a jamais échappé à un commandant de gendarmerie, veuillez patienter encore quelques instants, je serai bientôt prête à vous suivre. »

San Kou-niang paraît enfin et remet au policier une perle reposant dans un écrin. Il la refuse avec politesse. Elle lui donne alors une petite boîte couverte de soie jaune, la couleur impériale, semblable à celles qui sont utilisées pour les courriers impériaux. Elle le prie de la remettre à son chef. Embarras du policier, qui ne sait que faire ! La dame le rassure, lui disant que si son chef n'est pas satisfait, qu'il

revienne la chercher. Le lieutenant prend la boîte et l'emballe soigneusement. Il demande avec égard si elle recevait un visiteur à l'instant. Elle répond que oui, qu'il s'agissait de quelqu'un d'important, mais que cette personne a quitté sa demeure par un souterrain creusé sous son boudoir. Pâle et tremblant, le policier retourne rendre compte à son chef. Il lui remet la boîte recouverte de soie jaune et lui raconte ce qui s'est passé.
Le lendemain, le chef de la police est convoqué au palais. L'empereur lui dit en substance qu'il est certes un serviteur zélé, mais qu'il devrait voir les choses avec plus de tolérance. Et qu'il s'abstienne à l'avenir de s'abaisser à faire une besogne de petit policier. Sinon, une telle conduite manquant par trop de dignité risquerait de lui créer des ennuis. Blême, le commandant exécute le *kotow* (la triple génuflexion) et se confond en excuses les plus plates. De ce jour, la police de Pékin se montrera plus circonspecte en matière de visites domiciliaires.

Lors de sa première campagne en Dzoungarie contre des rebelles, au milieu du XVIIIe siècle, l'empereur entend parler de Xiang Fei, une femme remarquablement belle. Elle est l'épouse de l'un des chefs de tribu contre qui il est en guerre, un mahométan nommé Ali Arslan, qui appartient au peuple des Ouïgours. Xiang Fei est célèbre dans tout l'ouest du pays sous le nom de la « beauté modèle » et renommée pour la douceur de sa peau, sur laquelle elle n'applique jamais le moindre cosmétique, céruse ou poudre de riz. On raconte que depuis son enfance, son corps exsude de tous ses pores un parfum musqué, exquis autant que mystérieux. Cette beauté musulmane, mince et admirablement faite, ressemble à une « déesse occidentale », à cause de son sang turc. Outre le parfum délicat que son corps exhale, elle a, dit-on encore, le teint clair, des lèvres rouges et des yeux bleus ombragés de longs cils.

L'empereur demande à ses généraux de s'assurer de sa personne et d'amener la princesse à la cour. Défait, le prince, son mari, se suicide et se retrouve au paradis d'Allah. Faite prisonnière, elle est emmenée à Pékin. Qianlong est ravi. Il ordonne que Xiang Fei soit, en route, l'objet des attentions, des prévenances et des soins les plus extrêmes (tels un bain de lait de chamelle quotidien et des massages aux huiles rares), et que l'on veille à ce que les fatigues du voyage n'altèrent surtout point sa beauté. Il enjoint également ses accompagnateurs de veiller personnellement à ce qu'elle n'attente pas à ses jours.

Arrivée à Pékin, la « beauté modèle » est logée au palais de l'Ouest, près du lac du Sud (Nanhai). Qianlong tombe immédiatement sous son charme exotique, il est fasciné par sa beauté. Il confie à un eunuque que « c'est une fée envoyée sur terre par le ciel ». On confère à Xiang Fei le titre officiel de concubine Parfumée, mais on l'appelle plus communément Ko Fei, la concubine Étrangère. La belle paraît d'abord satisfaite, indifférente à la mort de son mari et à la ruine de sa tribu. Mais quand l'empereur se décide à l'approcher, elle reste de glace, silencieuse, refusant de lui dire un mot. Qianlong demande à plusieurs de ses concubines, comptant sur leurs dons de persuasion, de lui faire miroiter les hautes destinées qui l'attendent. Pour toute réponse, la concubine Étrangère se contente de tirer un poignard de sa manche ! Comme on lui demande ce que son geste signifie, elle répond :

« Ma tribu est détruite et mon mari est mort. Je suis résolue à mourir depuis longtemps, mais je ne mourrai pas seule, comme une misérable paysanne au bord du chemin. J'entends venger la mémoire de mon seigneur en tuant son ennemi. Si l'empereur m'oblige à devenir sa concubine, je le tuerai et moi avec. » Horrifiées, les femmes du palais demandent à ses suivantes de lui subtiliser la dague. Elle prévient ces dernières en souriant que, quoi qu'elles fassent, elle trouvera le moyen d'exécuter son projet. Et elle leur demande de cesser de l'importuner, sinon elle commencera par tuer l'une d'entre elles...

Renonçant à la convaincre, les concubines rapportent ses paroles à l'empereur. Sa mère, l'impératrice douairière Niuhuru, laquelle désapprouve fortement l'amour que porte son fils à Ko Fei, essaie d'abord de le persuader de la renvoyer chez elle, au Turkestan. L'empereur semble admettre qu'il est inutile d'insister et assure renoncer à la conquérir. Il continue pourtant de lui rendre de fréquentes visites en ses appartements. Il s'assied quelques instants près d'elle, espérant qu'avec le temps, sa détermination finira par fléchir et qu'elle en viendra à accepter ses faveurs. Il la comble de cadeaux destinés à lui rappeler sa terre natale, des fruits et des onguents. Il lui offre un arbre de corail de cinq pieds de haut, un jade en forme de melon, un bol contenant un lotus de jade blanc avec des feuilles en jade vert, une exquise merveille sculptée dans un seul bloc.

Il la fait aussi surveiller de près, pour l'empêcher d'attenter à ses jours. S'apercevant qu'elle fait l'objet d'une surveillance constante, la concubine Parfumée semble renoncer à toute idée de suicide. Un jour, deux ans après son arrivée au palais, ses serviteurs rapportent qu'à l'occasion du Nouvel An musulman, on l'a surprise en train de pleurer à chaudes larmes.

Pour tenter de lui faire perdre son mal du pays, l'empereur n'hésite pas à dépenser des sommes considérables. Il fait construire à son intention une mosquée à l'extérieur du palais du Lac, contre le mur du Sud, un édifice qu'elle pourra contempler à loisir depuis la terrasse de sa résidence, la Tour de la Lune aux Bijoux. Sur ordre de l'empereur, on va même jusqu'à bâtir une réplique d'un quartier musulman près de la Cité interdite, avec des maisons et des magasins fréquentés par des musulmans, une sorte de bazar censé lui rappeler sa Dzoungarie natale. Un ensemble qu'on appellera le Camp musulman. Il lui fait également édifier des bains turcs, avec une sorte de hammam et des bains de vapeur, d'une architecture très élaborée. Le Yuanming yuan et le palais de Jehol, les deux lieux de villégiature de l'empereur, bénéficient de semblables installations. Le souverain espère atténuer ainsi le chagrin de la concubine Parfumée et réconforter son âme meurtrie.

L'impératrice douairière Niuhuru, âgée de quatre-vingts ans, a gardé une forte influence sur son fils. Elle s'inquiète de sa passion et craint que l'empereur ne soit assassiné. Elle lui explique que si cette femme est, comme elle l'affirme, obstinément résolue à ne pas lui céder et qu'elle est dégoûtée de la vie, alors pourquoi ne pas la mettre à mort ? Ou bien alors, qu'il la renvoie chez elle. Et surtout, qu'il cesse de penser à elle ! Mais l'empereur ne peut se résoudre à perdre sa favorite tant aimée. Il continue d'espérer ses faveurs, envers et contre tout. Il est résolu à attendre...

Au jour du solstice d'hiver, tandis que l'empereur doit être absent du palais et passer la nuit en dévotions dans la Salle du Jeûne, au temple du Ciel, l'impératrice douairière se décide à agir. Elle attend que l'empereur ait quitté le palais et demande à la concubine Parfumée de venir la voir en son palais de la Tranquillité maternelle. À huis clos, l'impératrice l'apostrophe durement, lui reprochant de refuser de se soumettre à Sa Majesté. Elle lui demande ce qu'elle compte faire.

« Je veux mourir », répond Xiang Fei.

« Soit ! Je suis prête à vous accorder le privilège de vous suicider, ici et maintenant. »

La concubine Parfumée exprime sa gratitude en effectuant plusieurs fois le *kotow* :

« Votre Majesté l'Impératrice douairière me témoigne une bonté imméritée en allant ainsi au-devant de mes désirs. J'ai accepté l'ignominie d'être contrainte à faire ce long voyage, sous escorte, dans l'espoir de ne pas mourir seule et de venger la mémoire de mon mari par un acte qui ébranlerait l'empire. Mais cela ne peut être, car je suis trop étroitement surveillée. À quoi sert donc de continuer cette vie inutile et sans but ? Ne vaut-il pas mieux que j'aille rejoindre mon défunt seigneur dans l'autre monde et que je ferme les yeux, heureuse dans la mort ? Je remercie Votre Majesté de me faire la grâce d'accéder à mon désir d'entrer dans le royaume de l'enfer. Je n'oublierai pas votre bonté. »

Comme elle achève de parler, les larmes lui montent aux yeux. L'impératrice, profondément émue, ordonne à un eunuque de l'accompagner dans une pièce située dans une aile du palais. Xiang Fei se pend à une poutre du plafond. (Selon une autre version de cette histoire, elle aurait été étranglée avec une écharpe de soie blanche par deux eunuques.)

Pendant ce temps, l'empereur est en train de se recueillir dans la Salle du Jeûne du temple du Ciel. Il prie le ciel que les récoltes soient abondantes. Il demande aussi qu'inondations et tempêtes soient épargnées à l'empire. Dans la croyance chinoise, en effet, c'est par les catastrophes naturelles que le ciel manifeste sa réprobation et indique que l'empereur, par sa conduite, a rompu l'harmonie du monde.

Au temple du Ciel, Qianlong est donc en train de faire des offrandes d'encens. C'est la seule fois de l'année où ses genoux touchent le sol. Quand un eunuque accourt pour l'avertir que sa concubine bien-aimée vient d'être appelée au palais de l'impératrice douairière. Craignant le pire, alarmé, il décide d'abandonner ses dévotions, transgressant ainsi la règle qui veut qu'il demeure jusqu'au lendemain confiné dans cette salle. Il regagne en hâte la

Cité interdite, pour trouver fermées les portes du palais de l'impératrice. Il attend en pleurant qu'on veuille bien les ouvrir. Un eunuque vient l'avertir que sa mère l'attend.

L'impératrice douairière le conduit dans la chambre où pend le corps sans vie de la concubine. Son beau visage ne porte aucune marque de souffrance. Son souffle s'en est allé, mais son parfum mystérieux continue d'embaumer la pièce. Comme le veut un proverbe chinois : « La fleur s'est fanée, mais son parfum demeure » (*huaxie er liuxiang*). Le suicide de sa concubine adorée cause à l'empereur un immense chagrin. Il fait enterrer Xiang Fei avec les honneurs d'une concubine de premier rang. Sa tombe se situerait près de l'autel de l'Agriculture, au sud-ouest de Pékin.

Si l'on en croit Charles Commeaux, auteur de *La Vie quotidienne en Chine sous les Mandchous*, la seule faiblesse connue de l'empereur Qianlong aurait été sa grande passion pour une princesse musulmane.

Les voyageurs qui visitaient Pékin au début du XXe siècle pouvaient encore contempler les ruines de la belle mosquée qui s'élevait le long du mur Sud du palais du Lac, dans la Cité interdite. Un Chinois mahométan, qui avait fait le pèlerinage de La Mecque, continuait d'y célébrer le culte musulman devant une poignée de fidèles. À sa mort, en 1908, l'édifice continua de se dégrader, ses piliers finissant par s'écrouler. En 1912, le président Yuan Shikai, dont la résidence était contiguë, prétextant que ces ruines étaient devenues dangereuses, les fit raser. En fait, le dictateur craignait que des tireurs isolés ne s'y installent pour attenter à sa vie.

Les différents guides de Pékin publiés dans les années 1920-1930 ne manquent pas de raconter la triste histoire de Xiang Fei, la concubine Parfumée, et de signaler l'endroit où s'érigeait cette mosquée. (Voir les deux remarquables guides historiques que sont *Peking*, de Juliet Bredon, et *In Search of Old Peking*, d'Arlington et Lewisohn.)

Le destin de la concubine Parfumée ne s'arrête pas là. Xiang Fei reste moins connue que les célèbres beautés chinoises que sont Xi Shi et la très célèbre Yang Gui Fei (sous la dynastie des Tang). La belle musulmane ouïgoure est cependant devenue un mythe, que l'on retrouve fréquemment dans les récits historiques, la peinture, le roman, l'opéra et le théâtre. On a même retrouvé son effigie sur des paquets de cigarettes ! Sa légende a culminé dans les premières décennies du XXe siècle. L'explorateur suédois Sven Hedin lui a consacré un chapitre de son livre sur Jehol (Chengde). Victor Segalen se serait inspiré de son histoire dans sa pièce de théâtre, *Le Combat pour le Sol*, avec le personnage de la concubine Étrangère.

Une peinture de Castiglione représenterait la Beauté modèle, casquée et revêtue d'une armure italienne en acier, qui se trouve au musée du palais impérial de Pékin (Gugong).

CHAPITRE 8

L'homme le plus riche du monde

On s'accorde à dater le début de la décadence de la dynastie mandchoue avec le règne de l'empereur Jiaqing (1796-1821). Jiaqing est le quinzième fils de Qianlong (sa mère est une concubine chinoise), les précédents héritiers désignés étant morts avant leur père. En vérité, Qianlong lègue à son fils une situation difficile, marquée par la détérioration de l'État, une corruption débridée, un Trésor impérial à sec, le tout aggravé par l'accroissement de la population, et surtout par les insurrections paysannes fomentées par la secte du Lotus blanc, marque d'une réelle insatisfaction populaire. La dernière décennie de Qianlong – empereur aveugle, au jugement devenu sénile – ternit gravement l'éclat de son règne.

L'empereur Qianlong abdique en 1796, après soixante années de règne. Il ne juge pas convenable que son règne excède en durée celui de son grand-père, Kangxi. Il lui reste trois ans à vivre. Il ne s'agit cependant que d'une abdication virtuelle, rien n'étant changé pour autant, le vieil empereur continuant d'assister aux audiences impériales et de décider des décrets. À l'automne 1798, le vieux souverain est atteint de paralysie, il s'éteint quelques mois plus tard, en février 1799.

Voilà dix ans, en effet, que Qianlong ne gouverne plus réellement. En fait, son ministre favori, Heshen (Ho-shen), détient la totalité du pouvoir et impose ses décisions. Le gouvernement de la Chine se trouve tout entier entre les mains de son grand secrétaire, de ses protégés et de ses courtisans, dans la capitale et dans les provinces. Et ceci pour le plus grand drame de l'empire, de par la faute d'un monarque vieillissant. En ce sens, on peut dire qu'Heshen fut le premier fossoyeur de la monarchie des Qing. Ce « satrape scandaleux » est le responsable, comme le veut une sentence chinoise, de « l'anéantissement d'un cycle de sage gouvernement ».

Qianlong fut un très grand monarque, puissant et sûr de lui. Cependant, après une quarantaine d'années de règne, ses facultés de jugement se sont altérées et sa fascination aveugle envers son protégé est quelque peu troublante. Qianlong n'avait aucun penchant homosexuel. On murmure pourtant qu'Heshen est l'amant de l'empereur ! Certains historiens prétendent qu'il serait le fils d'une concubine de son père, l'empereur Yongzheng, que Qianlong aurait aimé. D'où son extraordinaire ascension...

On raconte encore que le futur empereur Qianlong, alors qu'il n'était qu'un jeune prince du palais, serait entré par mégarde dans la chambre d'une concubine impériale, alors que celle-ci était à sa toilette. En guise de plaisanterie, il ne résiste pas à la tentation de lui jouer un tour pendable. S'avançant par-derrière sur la pointe des pieds, il pousse un grand cri. Surprise, effrayée, la concubine fait un écart et heurte, bien involontairement, le futur empereur. Selon le protocole impérial, cet attouchement accidentel est cependant considéré comme une atteinte intolérable à la dignité du prince. Une suivante, témoin de la scène, s'empresse de rapporter l'incident. La concubine perd son rang et, incapable de surmonter cette humiliation, se pend. Il paraît que, taraudé par le remords, Qianlong aurait cru retrouver en Heshen la réincarnation de l'infortunée concubine impériale, et tenté d'étouffer son sentiment de culpabilité en le comblant de faveurs.

Heshen est le fils d'un officier mandchou, appartenant à la Bannière rouge (une des huit bannières mandchoues). Il perd sa mère alors qu'il est encore enfant. Lui et son frère cadet n'ont pas une enfance facile, avec une belle-mère peu accommodante. Il reçoit une bonne éducation dans une école gouvernementale réservée aux jeunes Mandchous. C'est un excellent étudiant ; il apprend différentes langues, outre le mandarin et le mandchou. Il a de plus de bonnes manières et une noble prestance. Sa belle apparence fait oublier la modestie de son origine. N'a-t-il pas charmé lord Macartney et sa suite à Jehol, en 1793 ? À l'origine, il n'est qu'un modeste sergent des gardes du palais. Comme il est très bel homme et solidement bâti – avec de belles lèvres rouges et sensuelles, si l'on en croit diverses chroniques –, il est affecté à la garde impériale qui stationne aux portes de la Cité interdite et désigné pour escorter l'équipage de l'empereur.

Voici comment il a gagné la faveur du souverain et connu en un mois une spectaculaire ascension. Un jour que l'empereur quitte en chaise à porteurs la porte Est de la Cité interdite – nous sommes en 1775, Heshen a alors vingt-cinq ans et Qianlong soixante-cinq – l'empereur commence à lire un mémoire qu'il vient de recevoir concernant une révolte dans le Sichuan. Son visage s'assombrit et ses porteurs l'entendent murmurer cette citation bien connue des *Discours de Confucius* : « Si le tigre ou le rhinocéros s'échappent de leur cage, si la gemme est abîmée dans son coffret, qui est à blâmer ? » La sentence n'échappe pas à Heshen, qui chevauche à côté. Il explique aux porteurs que le Maître veut dire par là que tout fonctionnaire qui occupe un poste de responsabilité doit rendre compte de ses fautes et que le responsable d'un accident doit être blâmé. Qianlong est à la fois surpris et impressionné par la culture de son garde du corps. Il lui dit : « Vous n'êtes qu'un sergent, mais vous avez évidemment lu vos Quatre Livres. » L'empereur lui demande de venir se présenter à lui, sitôt de retour au palais.

Qianlong sort ravi de l'audience qu'il accorde au beau sergent. Il est d'emblée séduit par le charme et la vivacité d'esprit de ce dernier. Ses réponses rapides aux épigrammes dont il se délecte, les concluant d'une antithèse pointue, impressionnent Qianlong. De ce jour, Heshen devient le favori de l'empereur, lequel lui conservera son entière confiance jusqu'à ce qu'il « enfourche le Dragon », en 1799.

Il le nomme bientôt vice-roi et président du bureau (ministère) des revenus, puis, deux mois plus tard, grand secrétaire, et enfin trois mois après, ministre de la Maison impériale, une fonction d'ordinaire réservée aux officiels les plus titrés et les plus méritants. À vingt-sept ans, Heshen se voit octroyer le droit de circuler à cheval à l'intérieur de la Cité interdite, un privilège réservé aux ministres les plus importants de l'empire, devenus trop vieux pour pouvoir traverser à pied le palais.

Heshen finit par contrôler totalement les finances impériales. La liste des charges qu'il cumule est impressionnante. Il place ses hommes de confiance aux postes clés, révoquant à sa guise ceux qui n'ont pas l'heur de lui plaire. Il promeut son frère commandant des forces impériales du Tibet, nouvellement soumis. Il siphonne à grande échelle les fonds publics et les revenus des impôts. Il lève taxe sur taxe, ne se souciant pas des souffrances du peuple. Un malheur n'arrivant jamais seul, les débordements du fleuve Jaune sont aggravés par l'incurie et la corruption des officiels chargés d'entretenir les digues, les canaux et les barrages. La hausse du prix du riz provoque des famines.

En 1790, Heshen renforce encore le pouvoir qu'il doit à son protecteur. Il est quasiment devenu le maître de la Chine. Qianlong donne sa dixième fille, sa fille préférée, en mariage au fils de son favori. Assuré de la faveur et du soutien de l'empereur, il jouit d'une liberté d'action quasi totale. Il devient ouvertement corrompu et pratique la prévarication à grande échelle. Ses acolytes au sein du système impérial lui emboîtent le pas. Les chefs militaires s'arrangent de leur côté pour prolonger indéfiniment la durée des campagnes, afin d'engranger à leur profit les dépenses militaires. Toujours soutenus par Heshen, ils vont même parfois jusqu'à massacrer des masses de paysans innocents, présentés comme de dangereux adversaires, afin de pouvoir crier victoire et abuser l'empereur. Heshen va jusqu'à supprimer certaines fonctions et instances officielles de contrôle, susceptibles de le gêner.

Sa résidence privée, le palais des Nuages, surpasse par son luxe le palais impérial, avec ses plafonds et boiseries en cèdre. Son jardin, qui ne compte pas moins de soixante-quatre pavillons, est une des merveilles de la capitale. Heshen entretient une armée de gardiens chargés de veiller sur ses collections d'œuvre d'art, ses jades et ses bijoux, plus riches que celles que renferme le Trésor impérial.

Le favori a de plus été nommé précepteur du fils de Qianlong, celui qui doit lui succéder, le futur Jiaqing. C'est ce qui va causer sa perte, après la disparition de Qianlong. Le précepteur, en effet, n'aime pas son élève, dont le caractère maussade lui est peu sympathique. Il tente même de dissuader l'empereur de choisir le jeune prince pour lui succéder. On raconte qu'un jour, agacé par son élève, il lui aurait donné un petit coup de pied. Une grave erreur que ce crime de lèse-majesté ! Jiaqing saura s'en souvenir.

Le successeur de Qianlong, âgé de trente-neuf ans, n'a pas son envergure, ni ses qualités humaines. Si l'on en croit Backhouse et Bland, c'est « un homme sans aptitudes naturelles, d'un tempérament soupçonneux et vindicatif », un esprit mesquin et cupide. Jiaqing reprend aussitôt les choses en main. Son premier acte de souverain est d'abattre la puissance d'Heshen, dénoncé comme « traître jusqu'à la moelle des os, sans aucun sens moral ». Dès le lendemain de la mort de son père, le nouvel empereur promulgue un décret pour se plaindre que les opérations militaires contre les rebelles se poursuivent sans résultats concrets. Ce décret vise Heshen et ses protégés, c'est-à-dire la plupart des hauts fonctionnaires, civils et militaires.

Quatre jours plus tard, un nouveau décret impérial prive Heshen de toutes ses fonctions et ordonne son emprisonnement, ainsi que celui de son ami et complice le plus proche, Fu Chang'an, vice-président du Conseil des finances. Plusieurs ministres qui avaient la confiance de Qianlong sont révoqués sans tarder. Cette précipitation dans la punition fait mauvaise impression, comme si Jiaqing reniait quelque peu son père. Un précepte de Confucius veut que « durant trois ans après la mort d'un père ou d'une mère, rien de ce qui l'entourait autrefois ne doive être changé ». Pour justifier sa conduite, Jiaqing assure que le souverain disparu n'aurait pas manqué d'approuver la révocation de ceux qu'il avait lui-même mis en place. En Chine d'autre part, et en particulier sous les empereurs mandchous, la tradition veut que les favoris d'un souverain défunt soient remerciés. On reproche cependant à Jiaqing d'aller trop vite en besogne. Certains prédisent qu'il risque d'être puni par le ciel pour son manque de piété filiale...

Deux jours plus tard, Jiaqing publie encore un décret, en forme d'acte d'accusation : « Heshen reçut des faveurs extraordinaires de Sa Défunte Majesté et fut promu de la basse condition de garde impérial aux plus hauts offices qu'il a occupés pendant vingt ans. Il a été entouré par la prodigue bonté de feu mon père à un degré sans exemple dans l'histoire de la cour... Ses crimes sont trop graves pour qu'on les lui pardonne, car il a été mis en accusation sur beaucoup de points par le Censorat. C'est pourquoi je l'ai fait arrêter... »

Et Jiaqing d'énumérer, une par une, les fautes dont se serait rendu coupable le courtisan. En particulier :

– Il a récemment eu l'audace de passer à cheval sous la porte centrale du palais d'Été, jusqu'à l'entrée des appartements de son père. Une scandaleuse action de lèse-majesté ! Il est entré de la même manière en chaise à porteurs dans la Cité interdite « sans la moindre trace de honte ou de componction ».

– Il a osé s'approprier comme femmes secondaires des suivantes impériales particulièrement jolies pour son service personnel.

– Il a trompé son père en lui donnant des nouvelles tronquées concernant les révoltes du Sichuan et du Hebei.

– À la tête du Conseil des offices civils et des châtiments, ainsi que de celui du Contrôle des finances, il en a profité pour asseoir son pouvoir personnel, si bien que personne n'osait lui résister.

– Le grand secrétaire en place était complètement sourd et sénile, et le trône ne fut jamais avisé de son incapacité notoire. Heshen l'a cependant maintenu dans sa fonction, car il était le beau-père de son frère.

– Il n'a cessé de se conduire en dictateur, il a par exemple fait renvoyer de lui-même des secrétaires du grand conseil, etc.

Mais le nouvel empereur s'intéresse surtout à la fortune, la colossale, l'incroyable fortune amassée en vingt-quatre ans par le favori courtisan. Il lui reproche d'abord de s'être fait construire un palais – réplique exacte du palais de la Longévité paisible, où résidait feu l'empereur au sein de la Cité interdite – entouré de jardins de plaisance et de pavillons imités de ceux du Yuanming yuan.

Le décret impérial mentionne surtout les bijoux, pierres précieuses et colliers de perles (plus de deux cents), bien supérieurs en nombre à ceux que détenait l'empereur. Il y est question d'une perle bien plus grosse et d'un plus bel orient que celle que le nouvel empereur porte lui-même sur son chapeau d'apparat. Cette perle avait été rapportée de Ceylan par un eunuque et offerte à l'empereur Yongle, en 1421. Volée au palais en 1625, elle était demeurée dans le Sud jusqu'en 1781 et renvoyée en tribut à Qianlong. Mais Heshen l'avait subtilisée au passage... Dans sa collection de bijoux se trouvent encore des pièces destinées à l'usage exclusif de l'empereur, d'une immense valeur.

Jiaqing poursuit dans son décret :

« On peut dire qu'une telle carrière de vénalité et de corruption est unique. Heshen a reconnu la vérité de chacun des chefs d'accusation après avoir subi un examen sévère [c'est-à-dire la torture]. Il est maintenant bien établi qu'Heshen est un traître jusqu'à la moelle des os, sans aucun sens moral, qui a trahi son souverain et compromis l'État. Comme dictateur, désigné par lui-même, il a usurpé l'autorité suprême. Il s'est prêté aux abus les plus flagrants, mais son caractère vénal et son appétit insatiable de lucre sont des crimes relativement faibles, comparés à l'énormité de sa trahison. Envers mon père, qui l'a comblé de faveurs, il est coupable de la plus complète ingratitude... Les crimes de Heshen contre mon père sont plus nombreux que les cheveux sur la tête. »

Bref, pour Jiaqing, il est clair que si son père avait su tous les crimes et toutes les malversations de son protégé, voilà longtemps qu'il lui aurait fait couper la tête ! Et l'empire n'aurait pas à déplorer l'état désastreux des affaires où il se trouve. Sollicités de donner leur avis sur le sort d'Heshen, les grands secrétaires et les ministres – dont beaucoup lui doivent leur carrière – conseillent au trône de lui infliger une mort lente, pour haute trahison. Dans sa grande bonté, le souverain accorde à Heshen le privilège du suicide, « en signe de haute faveur et par égard pour la dignité de la nation ». Son complice Fu Chang'an bénéficie pour sa part d'une autre faveur. Il est conduit à la demeure de son ami et contraint d'assister, à genoux, à son suicide, avant d'être reconduit en prison et décapité.

Heshen affronte son destin avec calme et dignité. Il écoute à genoux l'interminable décret de Jiaqing lui ordonnant de se suicider. Il déclare : « Sa Majesté témoigne de la plus haute bonne grâce ; je la remercie de sa clémence. » Il monte alors sur son lieu de supplice et se pend, attachant lui-même la boucle, sans l'assistance du bourreau.

Le fils d'Heshen, celui qui avait épousé une princesse impériale, demi-sœur de Jiaqing, est plutôt épargné par son beau-frère. Il eût été contraire à la dignité de la famille impériale de le punir trop sévèrement.

La motivation profonde de l'empereur Jiaqing est claire. Il s'agit pour lui de faire rendre gorge à l'accusé et de s'approprier par la même occasion la fortune du coupable. Cela lui permet de récupérer entre autres quantité de précieux écrans, de panneaux sculptés et de plafonds en cèdre impérial, des pièces copiées sur celles du palais, ce qui constitue un grave crime de lèse-majesté.

L'ambition d'Heshen avait grandi en même temps que son pouvoir. Et sa fortune parallèlement... Lors des trois années qui ont précédé la mort de Qianlong, alors que l'empereur avait abdiqué, son pouvoir était devenu sans partage et sa fortune avait crû en proportion, à un niveau inconnu dans l'histoire de la Chine. Le favori prélevait un pourcentage sur la paye des troupes. Il avait mis à l'encan la vente des charges publiques. On disait de lui que sa porte de service abritait « un marché à plumes de paon et à boutons de mandarins ».

Après trois « interrogatoires », il avait avoué seulement que ses biens comprenaient 60 millions d'onces d'argent, 27 000 onces d'or, 56 colliers et bracelets de perles, 456 rubis et 113 saphirs. Il avait fini par dévoiler les cachettes où il dissimulait sa fortune, dans le jardin d'une de ses résidences, hors de la ville. L'inventaire de ses biens nécessitera l'établissement de vingt-six listes. Sa fortune sera évaluée dans un premier temps à 900 millions de taels. Il était propriétaire de vingt-trois monts-de-piété, de treize magasins de curiosités, de deux magasins de jade blanc et de deux de soie. On découvrira également un trésor de fourrures, contenant 1 907 peaux de renard rares et 67 000 autres peaux, des manteaux de zibeline et autres fourrures, 1 417 belles robes de zibeline et plus de 4 000 autres vêtements de fourrure, sans oublier une infinie quantité de chaussures et de chapeaux fourrés de zibeline.

Heshen possédait par ailleurs un harem de 600 femmes, et autant de servantes.

Un prodigieux inventaire

Les résidences privées d'Heshen étaient meublées avec un luxe inimaginable, une magnificence aujourd'hui oubliée, avec des trésors artistiques innombrables, certains datant de plusieurs siècles.
Voici l'inventaire des curiosités trouvées dans sa résidence principale :

* 11 trépieds de bronze de la dynastie des Han
* 18 trépieds de jade
* 711 tablettes à encre anciennes
* 28 gongs impériaux en jade
* 10 sabres japonais anciens
* 38 pendules européennes, rehaussées de pierres précieuses
* 140 montres d'or et d'émail
* 226 bracelets de perles
* 288 gros rubis
* 4 070 saphirs
* 10 arbres de corail
* 22 statues de jade blanc, représentant la déesse de la Miséricorde
* 18 *lohans* (saints) en or massif
* 9 000 sceptres (*juyi*) en or massif
* 507 sceptres de jade
* 3 411 petits sceptres de jade
* 500 paires de baguettes d'ivoire et d'or
* 1 service de table en or de 4 288 pièces

* 1 autre semblable en argent
* 99 grands bols à potage en topaze
* 154 grands bols en jade
* 124 gobelets à vin en jade blanc
* 18 plats de jade
* 18 plats en topaze
* 2 390 flacons à priser en jade, cornaline et topaze
* bloc de jade taillé et gravé de poèmes de l'empereur Ming, Yongle, et de Qianlong, long de huit pieds, (lequel se trouve actuellement au Metropolitan Museum de New York).

Même les cuvettes, bassines, crachoirs et vases de nuit dans la résidence du ministre favori étaient en or massif ou en jade. On pourrait ajouter à cette liste 23 petits écrans d'or massif et 40 d'or et de laque, 24 plus grands en laque, 144 divans décorés d'or et de laque, sertis de pierres précieuses. On trouvera, enfin, dans sa résidence et les cachettes du jardin, des lingots d'or pour 35 millions de taels, ainsi que 28 000 pièces de joaillerie, grandes et petites... Les biens d'Heshen seront plus tard estimés à 1 100 millions de taels d'argent, une somme équivalente à quinze années de revenus de l'empire !

L'homme le plus riche du monde était peut-être aussi le personnage le plus corrompu de tous les temps. On peut comparer sa vie et son destin à celui de l'eunuque Wei Zhongxian, sous la précédente dynastie.

Le dictionnaire d'Arthur Hummel, *Eminent Chinese of the Ch'ing Period*, fait le triste bilan des années de « règne » du ministre courtisan : « La dynastie des Qing, qui a atteint son apogée pendant le règne de Qianlong, a décliné lentement mais sûrement aussitôt après, cette désintégration ayant indiscutablement commencé à l'époque où Heshen détenait le pouvoir. »

Il serait sans doute plus exact de dire que le pouvoir d'Heshen a été rendu possible par l'affaiblissement du pouvoir impérial. Il n'en reste pas moins que ses agissements ont contribué à miner l'autorité de la dynastie mandchoue. Il ne fait pas de doute que la corruption et le népotisme qui ont marqué la période de son ascension ont eu un effet catastrophique sur l'action du gouvernement. En ce qui concerne Heshen, on ne peut mettre en doute ni son intelligence, ni ses capacités, mais le favori était tellement obnubilé par son avidité, sa rapacité et sa cupidité, qu'il employait l'essentiel de ses talents et de ses pouvoirs à les satisfaire.

L'ambassadeur britannique, lord Mcartney, semble avoir gardé un souvenir plutôt bon du « vizir de la Chine », comme il l'appelle, relatant brièvement comment Heshen est devenu « l'homme le plus puissant de l'Empire ». Il vante sa cordialité et ses « manières engageantes », ainsi que « son esprit pénétrant et éclairé », ajoutant qu'il lui semblait « posséder les qualités d'un homme d'État consommé ». Il dit avoir reçu de lui des « messages de civilité et des présents de fruits et de confitures ». L'ambassadeur raconte encore qu'Heshen était alors soupçonné de vouloir installer sa famille sur le trône !

Le destin d'Heshen fait penser, toutes proportions gardées, à celui de Nicolas Fouquet, le surintendant des Finances du jeune Louis XIV, lequel, scandalisé par son faste lors d'une fabuleuse réception dans son château de Vaux-le-Vicomte, le fera arrêter et condamner, en 1661, comme dilapidateur de fonds publics.

L'empereur Jiaqing ne connaîtra pas cependant la gloire, ni la fin du Roi-Soleil. Il mourra foudroyé, lors d'une chasse à Jehol (Chengde). Donnant ainsi raison aux augures qui avaient prédit son châtiment par le ciel, pour avoir indisposé les mânes de l'empereur, son père, en voulant régler sans attendre, et même avec précipitation, son compte au favori.

Incidemment, on peut considérer que la fameuse loi des trois générations s'applique aussi à la Chine. À savoir que le grand-père crée, le fils développe, le petit-fils dilapide l'héritage. C'est vrai en ce qui concerne les Ming. L'empereur Hongwu a fondé la dynastie, Yongle l'a confortée, Wanli est ses successeurs (Tianqi et Chongzhen) l'ont menée à sa perte. Cette règle se vérifie également chez les Qing. Kangxi est le premier grand empereur de la dynastie mandchoue, son petit-fils Qianlong l'a portée à son apogée, ses successeurs (Jiaqing, Daoguang, Xianfeng) l'ont affaiblie.

L'ancienne résidence d'Heshen peut se visiter à Pékin, c'est celle du prince Gong, qui a joué un rôle très important en 1860 et sous le règne de l'impératrice douairière Cixi.

CHAPITRE 9

L'éclat de rire de Napoléon

En 1793, en pleine Révolution française, le roi d'Angleterre envoie à Pékin une grande ambassade menée par lord Mcartney (voir l'ouvrage d'Alain Peyrefitte, *L'Empire immobile*). Il s'agit pour la Grande-Bretagne d'amener l'empire du Milieu à s'ouvrir au commerce britannique. Estimant que leur pays est la seule civilisation sous le ciel, les Chinois font comprendre aux Anglais, sans trop de ménagement, que leurs demandes ne les intéressent pas. La mission se termine sur un cuisant échec, les Anglais s'en retournant bredouilles et passablement humiliés.

L'empereur Qianlong écrit au roi d'Angleterre, George III, une missive pleine de morgue : « Notre Céleste Dynastie, qui règne sur le vaste univers, n'attache aucune importance aux cadeaux coûteux que tu offres à Notre Cour; ce que Nous apprécions, c'est l'esprit d'humilité dans lequel ces présents Nous sont offerts. Nous avons donné ordre à Notre vice-roi à Canton d'accepter ton tribut, afin que ta respectueuse soumission à Notre trône soit reconnue. »

À la fin des guerres napoléoniennes, l'Angleterre victorieuse revient à la charge. Elle tente une nouvelle fois de relancer le commerce avec la Chine en y envoyant une nouvelle mission diplomatique, commanditée par la Compagnie anglaise des Indes orientales. Lord Amherst (William Pitt, 1773-1857, pair d'Angleterre), part à son tour pour Pékin, en février 1816, à bord du vaisseau de guerre *Alceste*. Il arrive fin juin en mer de Chine, où il est rejoint par un expert reconnu, Thomas Staunton, lequel a participé, alors adolescent, à l'ambassade de lord Mcartney. Dès son arrivée dans le golfe du Zhili (mer de Bohai), l'ambassade est confrontée au problème du *kotow* (la triple prosternation devant l'empereur). Lord Amherst n'a pas d'idée préconçue sur la question. Ses conseillers sont pour leur part divisés. Pour Henry Ellis, le numéro trois de l'ambassade, il ne s'agit que d'une formalité sans conséquence, mais Thomas Staunton est d'un autre avis. Il soutient qu'il serait tout à fait inopportun – voire imprudent – de se soumettre à cet usage, qu'il estime humiliant pour l'honneur de la Grande-Bretagne. Dût ce refus entraîner l'échec de l'ambassade ! Amherst entend s'aligner sur le précédent de Mcartney, lequel se serait refusé à exécuter le *kotow*. Or les mandarins chinois assurent, au contraire, que ce dernier se serait plié au protocole, un édit de l'empereur Jiaqing (le successeur de Qianlong) affirmant même que « l'envoyé s'était strictement conformé au cérémonial incluant les neuf prosternements ».

La situation est tendue. L'empereur Jiaqing dépêche son beau-frère, le duc Heshitai, pour trouver un compromis – si possible. Le cortège arrive à Pékin, et rien n'a encore été décidé. Au terme d'un voyage inconfortable, les membres de l'ambassade se trouvent dans un état peu présentable, ils sont exténués, sales et déconcertés. On les mène directement à la Cité interdite, il est presque minuit. On leur annonce que l'audience avec l'empereur aura lieu immédiatement. L'ambassadeur, ses deux commissaires, Staunton et Ellis, ainsi que leurs interprètes sont amenés de force au palais. Amherst résiste. Il met en avant son épuisement, sa tenue, l'heure ; il s'insurge contre la violence employée à l'endroit d'un ambassadeur. Il annonce qu'il refuse le *kotow* et demande que l'on s'en tienne là ! L'empereur est furieux. Dès cinq heures du matin, il a revêtu la robe du Dragon et s'est transporté en grande pompe au palais de la Lumière et de la Splendeur, le hall d'audience du palais d'Été. Prêt à monter sur son trône, il a attendu en vain les envoyés du roi d'Angleterre. Il exige leur départ immédiat. Pour les Chinois, cependant, il est impensable que l'on puisse penser ou dire qu'un barbare étranger s'est permis de refuser de faire le *kotow*. En août 1816, l'empereur invoque donc un autre motif d'expulsion, un édit destiné à écrire l'histoire officielle : « J'ai décrété que je donnerai audience à la mission anglaise dans la salle du trône. Heshitai répondit que la mission avait pris du retard. Il revint, disant : “Le chef de la mission souffre d'une sévère attaque gastrique ; il va être nécessaire de différer l'audience.” Je donnai des instructions pour qu'il regagne son logement, qu'on lui fournisse une assistance médicale et qu'on m'amène le second envoyé. Heshitai répondit que le second, lui aussi, avait été pris de malaise... »

L'empereur justifie avec hauteur son attitude dans un mandement impérial, destiné au roi d'Angleterre :

« Une telle grossièreté est sans précédent ; néanmoins je n'infligeai nulle sévère réprimande et me bornai à ordonner leur départ immédiat de Pékin... Vos envoyés seuls sont à blâmer pour leur manque de respect ; j'apprécie pleinement l'esprit de soumission révérencieuse qui vous anime. En conséquence, j'ai accepté tout votre tribut, y compris les cartes, les tableaux et les portraits et je reconnais votre dévouement. En outre, afin que ma bonté se manifeste, je vous confère un sceptre de jade blanc et un de jade vert, un collier de cour, deux paires de grandes sacoches à porter à la ceinture et huit petites. »

Sur un ton condescendant, l'empereur ajoute :

« Vous vivez à une telle distance de l'empire du Milieu que ces ambassades doivent vous causer beaucoup de tracas. Vos envoyés sont, de plus, totalement ignorants du cérémonial chinois, et les zizanies qui suivent leur arrivée sont très déplaisantes à mon oreille. Ma dynastie n'attache aucune valeur aux produits du dehors ; les articles travaillés habilement et de façon étrange par votre nation ne me plaisent nullement, ni ne m'intéressent. À l'avenir, ô roi, je vous tiendrai en haute estime si vous maintenez vos sujets dans l'ordre. À l'avenir, veuillez ne plus prendre la peine d'envoyer des missions à une telle distance ; c'est une perte de temps et elles font le voyage pour rien. Si vous acceptez loyalement notre souveraineté et vous montrez soumis, il n'est pas besoin de ces visites annuelles à notre cour pour prouver que vous êtes vraiment notre vassal. Nous publions ce mandement pour que vous vous y conformiez à perpétuité. »

Jiaqing poursuit, expliquant sa conduite :

« ... L'empereur de Chine est le seigneur souverain du monde. Était-il possible pour Nous d'accepter une démonstration si arrogante de présomption irrespectueuse ? J'ai immédiatement promulgué un décret ordonnant l'expulsion de la mission hors de Chine. Néanmoins, je n'ai pas infligé de punition à l'envoyé. »

Une fin de non-recevoir pleine de morgue !

Piteusement, l'ambassade est bien obligée de prendre le chemin du retour, séance tenante. L'ambassadeur et Staunton font la route de Tongzhou en palanquin, pour éviter les cahots. Ellis, monté dans une voiture, ne peut résister longtemps au supplice des secousses, il préfère encore marcher. Fatigué, après une nuit blanche, glissant dans les ornières, trempé jusqu'aux os, il laisse éclater sa colère : « Jamais de ma vie, je ne me suis senti aussi furieux ! » L'ambassade est contrainte de traverser la Chine par la voie terrestre. Cette retraite de plus de quatre mois – au lieu des dix semaines habituelles – s'effectue dans les pires conditions, mauvais état des chemins, surveillance hostile des accompagnateurs chinois, vexations de toutes sortes, arrogance ambiante. Henry Ellis dans son *Voyage en Chine ou Journal de la dernière ambassade anglaise à la cour de Pékin*, ne peut s'empêcher de dire son sentiment à propos de ce peuple « grouillant, sale et à demi sauvage, avec son odeur d'ail pourri, écrasé sur une couverture qui a beaucoup servi ».

À Canton, on remet à lord Amherst une lettre destinée au prince régent d'Angleterre (le roi George III ayant sombré dans la folie, son fils aîné assume la régence, avant de lui succéder à sa mort sous le nom de George IV), qui met un point final à ce lamentable épisode :

« Si tu montres un cœur sincère et cultive la bonne volonté, Nous pourrons vérifier, sans qu'il soit nécessaire d'envoyer chaque année une ambassade à Notre Cour, que tu avances dans la voie de la Civilisation. C'est à seule fin de te voir progresser dans cette humble obéissance, que Nous t'envoyons cet impérial mandement. »

« Si l'ambassade de lord Macartney avait été une faillite, celle de lord Amherst fut un fiasco, constate Maurice Collis. Les propositions du premier furent certes repoussées, mais il fut traité dignement. Les demandes d'Amherst ne furent même pas rejetées, puisqu'il ne put les présenter. Il fut traité froidement, puis grossièrement, mais c'est en partie sa faute. » Pour la Chine, en tout cas, les dés sont jetés. L'ambassade de lord Amherst sera pour elle la dernière occasion d'instaurer pacifiquement et dignement des relations avec le monde occidental. Et, pour l'empire, la dernière chance d'éviter les catastrophiques guerres de l'Opium, qui auront raison de sa souveraineté.

Sur la route du retour, lord Amherst fait escale à Sainte-Hélène. Il veut profiter de l'occasion pour présenter ses respects à Bonaparte – comme l'appellent les Anglais – l'ex-Empereur des Français, l'homme qui a fait trembler le monde. Dans sa résidence de Longwood, Napoléon est averti de l'arrivée prochaine de l'ambassadeur et cette nouvelle réveille en lui son vieux mirage oriental. N'a-t-il pas prophétisé : « Quand la Chine s'éveillera, le monde tremblera », et confié huit ans auparavant à Louis-Chrétien de Guignes, dont le

Voyage à Pékin venait de paraître, la publication d'un dictionnaire chinois-français-latin ? Il se fait une joie de recevoir un ambassadeur s'en retournant de Chine et, en attendant, il lit les récits de l'ambassade de lord Macartney. Napoléon s'était fait une certaine idée de la Chine et il ne cessait d'en parler avec ses proches.

Informé par son médecin irlandais, Barry O'Meara, des péripéties et de l'échec de l'ambassade, Napoléon reproche au cabinet de la cour de Saint James de n'avoir pas ordonné à son plénipotentiaire « de se soumettre aux coutumes du peuple chez lequel on l'envoyait, ou bien alors on ne devait pas l'y envoyer du tout ».

O'Meara lui objecte que les Anglais en auraient voulu à lord Amherst d'avoir abaissé la nation, s'il avait consenti à se prosterner de la manière prescrite par les Chinois. Et Napoléon de lui répondre : « Mon avis est que, quelle que soit la coutume d'un peuple, dès qu'elle est suivie par les premiers personnages de la nation, les étrangers ne peuvent se dégrader en s'y conformant. Différentes nations, différents usages. En Angleterre, quand vous êtes à la cour, vous baisez la main du roi. En France, cela paraîtrait ridicule, et celui qui le ferait encourrait le mépris public ; cependant, l'ambassadeur de France à Londres, en se conformant à cet usage, ne passerait nullement pour s'être dégradé... » Peut-être Napoléon se souvenait-il de ce précepte de Montaigne : « C'est la règle des règles, et générale loi des lois, que chacun observe celles du lieu où il est. »

L'ex-Empereur poursuit son raisonnement de bon sens avec verve, pour ne pas dire verdeur, usant d'un argument imagé :

« En Italie, vous baisez l'orteil (la mule, la pantoufle blanche) du pape, et cela n'est pas regardé comme une bassesse. Un homme qui va dans un pays se doit d'en suivre les usages, et lord Amherst ne se serait nullement avili en se soumettant, devant l'empereur de la Chine, au cérémonial observé par les premiers mandarins de cet empire. Vous dites qu'il était disposé à rendre à l'empereur les mêmes respects qu'il doit à son roi. Vous n'avez pas le droit d'envoyer un homme en Chine pour déclarer aux Chinois qu'ils doivent accomplir telle ou telle cérémonie, parce qu'elle a lieu en Angleterre. Supposons maintenant, par exemple, que l'usage anglais veuille que les personnes présentées au roi, au lieu de lui baiser la main, lui baisent le derrière, il faudrait donc que l'empereur de la Chine baissât ses culottes, parce que tel était l'usage en Angleterre ! »

Une autre traduction des propos prêtés à Napoléon par son médecin britannique est encore plus imagée : « La coutume anglaise fût-elle, au lieu de faire baiser la main du roi, de faire baiser son cul, faudrait-il que l'empereur de Chine défît ses culottes ? »

Napoléon joint alors le geste à la parole, qu'O'Meara décrit avec humour :

« Ces propos accompagnés de gestes si expressifs et si bien adaptés, je ne pus m'empêcher de rire pendant quelques instants de très bon cœur ; l'Empereur en a volontiers fait de même. » Le prisonnier de Sainte-Hélène ajoute encore, au risque de se répéter, décidé à enfoncer le clou :

« Si j'avais envoyé un ambassadeur en Chine, je lui aurais ordonné de se faire instruire des cérémonies pratiquées devant l'empereur par les premiers mandarins, et si on l'exigeait, de s'y conformer, mais rien de plus. »

Napoléon évoque les conséquences prévisibles de cette regrettable erreur de l'ambassadeur britannique : « Peut-être allez-vous perdre l'amitié de la nation et de grands avantages commerciaux par cette sottise. »

Henry Ellis, auteur du *Journal* de cette ambassade à la cour de Pékin, raconte que, compte tenu de la réputation d'« humeur changeante de Bonaparte », l'ambassade n'était pas assurée d'être reçue en audience. Ce en quoi elle se trompait. Napoléon est au contraire ravi de rencontrer l'ambassadeur britannique, pour parler de la Chine, bien évidemment, mais également pour se plaindre de l'attitude pour le moins tracassière de son geôlier, Hudson Lowe. Mais il se trouve que l'ex-Empereur est bien disposé, qu'il est d'excellente humeur. La réception de l'ambassade britannique par l'ex-empereur des Français est, assure-t-il, « majestueuse ». Un valet portant la livrée de Napoléon se tient à la porte. Conduite par le général comte Bertrand (qui a accompagné Napoléon à Sainte-Hélène, après l'avoir fidèlement suivi depuis la campagne d'Égypte), l'ambassade est accueillie par le comte de Montholon (chambellan de l'Empire). Lord Amherst est immédiatement introduit auprès de l'Empereur, puis au bout d'une bonne heure ce sera le tour de M. Ellis. Et enfin, une demi-heure plus tard, de la suite de Son Excellence.

« Il a fait à chacun de nous quelques questions ayant rapport à nos situations respectives, raconte Ellis, et nous avons tous remarqué que ses manières sont simples et affables, et ne manquent point de dignité. J'ai surtout été frappé de son extrême aisance : jamais il n'a pu en montrer davantage lorsqu'aux jours de sa puissance il régnait aux Tuileries. Bonaparte déclamait plutôt qu'il ne parlait. Et, pendant la demi-heure que lord Amherst et moi avons passée avec lui, il nous a paru occupé du seul souci de pénétrer son auditoire de ses idées, afin peut-être qu'on les répétât. »

Henry Ellis profite de l'occasion pour dresser ce portrait plutôt flatteur de Bonaparte, qui contredit passablement certaines idées reçues et l'image qu'on peut en avoir. Il trouve en tout cas que Bonaparte est en bonne forme :

« Son élocution est rapide, mais claire et pleine de force. Son langage comme ses manières ont également surpassé mon attente. Sa physionomie est plus spirituelle qu'imposante ; et la seule particularité qu'elle offre se trouve dans la bouche, dont la lèvre supérieure semble changer d'expression suivant la variété et la succession de ses idées. Au reste, Bonaparte est loin d'être d'une corpulence aussi excessive qu'on l'a représenté ; et je crois même qu'il n'a jamais été plus en état qu'aujourd'hui de soutenir les fatigues d'une campagne. Il est d'une petite stature, fort robuste, et paraît aussi peu enclin à acquérir de l'embonpoint qu'on l'est souvent à son âge. »

Lord Amherst décrit également l'homme et fait brièvement le récit de son audience privée, qui corrobore celui de son adjoint :

« J'avais devant les yeux cet homme extraordinaire ; il était vêtu d'une redingote verte sur une culotte blanche. Il portait des bas de soie et des chaussures à boucle ; il tenait sous le bras un tricorne. Sur sa poitrine, la plaque de la Légion d'honneur. J'avais vu de lui des gravures qui le représentaient bouffi ; ce n'était pas le cas du tout. Il est un peu corpulent, court de cou, mais ses membres sont bien proportionnés et je le crois capable encore d'exercices soutenus. Son regard est dur et intelligent ; il s'anime dès qu'il parle. L'entretien porta sur quatre sujets : ma carrière, la Chine, la façon dont on le traitait dans l'île et la politique européenne. »

Napoléon et lord Amherst s'entretiennent, bien entendu, de la Chine lors de leur entrevue privée. Mais l'Empereur se garde de critiquer le comportement du lord anglais. Amherst écrit en effet : « Il en vint à mon récent séjour et s'enquit du cérémonial tartare. Mais il ne formula aucune observation, alors que j'en attendais, sur l'opportunité de m'y plier... Puis il me questionna sur mon voyage à travers la Chine. »

Lord Amherst sait gré à Napoléon de ne pas chercher à mettre sur le tapis la question du *kotow*. Il apprécie le tact de l'ex-Empereur, qui se garde de critiquer son comportement lors de cette « mission malheureuse ».

Pour l'anecdote, sait-on qu'à Sainte-Hélène, dans sa résidence de Longwood, l'Empereur déchu avait des Chinois pour domestiques, comme le rapporte Chateaubriand dans ses *Mémoires d'outre-tombe* et également ses divers compagnons d'exil qui se sont faits mémorialistes. Traités en esclaves, exploités et méprisés par la colonie anglaise, les serviteurs chinois de Sainte-Hélène ont bénéficié d'une certaine compassion de la part de Napoléon, voire de marques d'amitié. À l'heure de sa mort, il ira même jusqu'à coucher sur son testament ses « pauvres Chinois ».

René Han, lui-même d'origine chinoise, qui présida une chaîne de télévision publique à la fin des années 1980, en a tiré un étonnant roman d'aventures, *Le Chinois de Sainte-Hélène*.

Chapitre 10

Les souvenirs d'un chasseur à pied

Le capitaine Gustave de Boissieu, né à Lyon le 10 juin 1838, est mort sous les murs d'Orléans, le 11 octobre 1870, victime de la désastreuse guerre franco-allemande. Sa famille a voulu perpétuer la mémoire de ce brave officier, mort pour la France, avec un livre sobrement intitulé *Souvenirs d'un officier de chasseurs à pied*, publié en 1878 (le nom de l'officier n'apparaît ni en couverture, ni sur la page de garde). Sans ce livre, nous ne saurions rien de lui et de sa participation à l'expédition anglo-française de Chine en 1860, qui s'est soldée par le sac du palais d'Été. Le ton de cette autobiographie posthume – que l'on doit aux pères jésuites de l'ÉCole Sainte-Geneviève de Versailles – penche pieusement, comme il se doit, vers l'hagiographie. Mais il faut bien reconnaître que Gustave de Boissieu est un homme et un militaire d'exception, ne serait-ce que pour sa haute valeur morale.

En 1855, après son baccalauréat ès sciences, désireux d'embrasser la carrière des armes, Gustave de Boissieu se présente au concours de Saint-Cyr, où il se classe dans un très bon rang. À sa sortie de cette école militaire, il est nommé sous-lieutenant au 3e bataillon de chasseurs à pied, arme qu'il a choisie. En janvier 1858, il rejoint son corps à Strasbourg. La vie de garnison ne l'enchante guère, mais il en profite pour étudier l'histoire et la géographie, « les deux études les plus utiles dans notre carrière », et aussi par goût personnel. En 1859, il parfait son instruction militaire à l'école de tir de Vincennes et au camp de Chalons. Il aurait bien aimé participer à la campagne d'Italie, mais son père l'en dissuade, lui disant qu'il préférerait le « voir partir pour une guerre en Chine que pour cette déplorable campagne d'Italie ». Dans la famille de Boissieu, en effet, on est très catholique et l'on voit d'un mauvais œil cette campagne qui risque de nuire à la papauté.

En novembre 1859, alors que son bataillon de chasseurs se trouve à Lyon, il annonce la grande nouvelle à sa mère : « On vient d'entrer dans ma chambre me demander officiellement si je veux faire partie de l'expédition de Chine. J'avais deux minutes pour réfléchir et répondre oui ou non. Si j'avais eu le temps de vous consulter, ma chère mère, j'aurais peut-être attendu pour me prononcer ; mais il fallait se décider sur-le-champ, et je l'ai fait du côté où me portait depuis longtemps mon inclination : un petit tour du monde a toujours été de mon goût. » Les places sont chères pour cette petite expédition, mais grâce à l'intervention du maréchal de Castellane, sa candidature est retenue.

Il s'embarque à Brest, à bord du *Rhône*, pour une traversée de six mois. On regrette que le récit qu'il fait de son périple, empreint d'humour, paraît-il, avec des escales à Ténériffe, au cap de Bonne-Espérance, à Singapour, à Hong Kong et Shanghai, n'ait pas été publié. À Zhifu, dans le golfe du Zhili (mer de Bohai), dernière étape avant le débarquement sur la côte chinoise, il écrit que la salubrité du climat, l'abondance des approvisionnements et les relations faciles avec les habitants ont une heureuse influence sur l'état moral et sanitaire de l'armée et la préparent idéalement aux fatigues qu'elle va bientôt affronter. Le 25 juillet 1860, le corps expéditionnaire français – composé de huit mille quatre cents hommes et vingt-huit pièces de canon – s'embarque sur vingt-deux bâtiments « pour la conquête d'un empire de quatre cents millions d'habitants ». Les alliés anglais sont un peu plus nombreux.

Gustave reçoit le baptême du feu le 14 août, près du fort de Tanggu (à l'embouchure du Baihe, proche du lieu de débarquement des alliés), où s'est retirée la cavalerie tartare. Sa compagnie, forte de cent vingt hommes, se retrouve face à trois ou quatre mille cavaliers « qui supportaient notre feu avec un aplomb imperturbable, mais sans avancer ». L'heure est critique cependant, les balles sifflent à ses oreilles. Deux compagnies finissent par arriver à leur secours : « À ce moment, l'élan de nos soldats devient magnifique. On crie : “En avant !”, et tout le monde s'élance au pas de course sur les Tartares, qui tournent bride, et sur les canons, que les artilleurs abandonnent. » À cette occasion, le jeune officier de vingt-trois ans fait preuve de bravoure et de sang-froid, tout en prenant soin de ses hommes.

Les forts de Dagu tombent quelques jours plus tard. « Hélas ! nous n'étions pas là », regrette amèrement le sous-lieutenant de Boissieu, dont le bataillon occupe la rive droite du Baihe, alors que les forts chinois se situent sur la rive gauche. Mais cette victoire trop facile a un revers, croit-il. L'entrée du fleuve acquise, il est probable que rien ne s'opposera désormais à la signature du traité de paix conclu l'année précédente à T'ien-tsin (Tianjin). Les opérations militaires seraient-elles terminées ? Notre sous-lieutenant en est tout contrit. Il écrit à sa famille : « La guerre est finie ; tous les forts se sont rendus... Je ne vous demanderai pas de partager notre désappointement ; je vous épargnerai mes doléances... Ce que nous avons fait était un joli commencement, mais c'est trop peu pour une campagne ; cela ne vaut pas six mois de traversée... » Sa crainte est vaine cependant, la campagne de Chine de 1860 est loin d'être terminée. La diplomatie du Céleste Empire s'emploie en effet à faire durer les choses.

Gustave pleure la perte de son ami du Chayla, tué héroïquement sur les remparts. Il examine attentivement les formidables fortifications du Baihe. Avec verve, il raconte comment il est quasiment devenu un héros pour les habitants d'un village, d'où il a expulsé des troupiers français en maraude, interdisant les razzias dans les basses-cours. À l'instar de tous les nombreux chroniqueurs de cette campagne, il dénonce la perfidie des diplomates chinois, qui prennent leur temps et disent préparer la paix tout en organisant la continuation de la guerre. À T'ien-tsin, il est affecté à l'escorte d'honneur et au service du général Cousin Montauban, le commandant en chef de l'armée française, et du baron Gros, l'ambassadeur qui accompagne l'expédition.

Le 7 septembre, il interrompt son récit par ces mots : « DERNIÈRES NOUVELLES, voilà bien du nouveau : nous sommes abusés et joués indignement par ces Chinois. Tout est rompu ; le traité est déchiré, ou à peu près. La diplomatie est furieuse, mais l'armée se frotte les mains. Tout le monde va à Pékin en appareil de guerre : en avant les canons rayés ! » Boissieu jubile. La duplicité supposée des Chinois le réjouit : « À cette découverte, notre ambassade, jusqu'alors si patiente, s'exaspère ; toutes les relations sont rompues, et l'on dit au général : "À votre tour maintenant !"

Et la paix ne sera pas faite
"Turlurette !"

Gustave de Boissieu raconte le fameux guet-apens dont auraient été victimes les émissaires anglais et français, alors que ces derniers étaient couverts par le drapeau blanc. Il décrit la sanglante bataille (pour les Chinois !) de Zhangjiawan et la victoire totale des alliés, où deux mille soldats ont mis en déroute quinze mille Tartares. Mais il y perd un autre de ses amis, le lieutenant de Damas.

Puis il raconte la grande bataille du pont de Palikao, le 21 septembre, où s'illustrent, côté français, le général de Montauban, ainsi que le général Collineau, face au réputé terrible généralissime chinois Sengge Linqin et ses trente mille cavaliers tartares, « les plus redoutables de l'Empire » : « C'est partout un tourbillon d'hommes, de chevaux, de poussière, de fumée, un fracas épouvantable de canons, de fusillade, de sifflements, de cris, impossible à décrire, quelque chose de sublime et d'horrible à la fois, qui donne la fièvre. Dans ces moments, le danger ne vous émeut plus, on l'oublie. On s'oublie soi-même. À qui pense-t-on? Je n'en sais rien.... Vu du poste où j'étais, ce spectacle m'a tellement frappé et impressionné que je ne l'oublierai de ma vie... Les Tartares se reforment sans cesse ; pour la première fois, ils disputent le terrain pied à pied et se font tuer crânement. On a beau les chasser, on les retrouve toujours, dans les plis de terrain, derrière des rideaux d'arbres, des tombeaux, des monuments et enfin derrière le canal. »

Il faut dire que notre héros ne participe pas à la bataille décisive de Palikao, à laquelle il se contente d'assister en spectateur depuis le toit d'une maison, sa compagnie étant ce jour-là en seconde ligne.

Après cette victoire des alliés (et des Français surtout), la route de Pékin est ouverte. Gustave de Boissieu a l'occasion d'effectuer une reconnaissance sous les murs de la ville, « ces murailles fameuses, crénelées, d'une hauteur prodigieuse et d'une épaisseur, à ce qu'on dit, qui rappellent celles de Babylone ». Le 5 octobre, la petite armée française, forte de quatre mille cinq cents hommes, lève le camp et se dirige vers Pékin, dont elle longe les imposants remparts et part à la recherche des Tartares qui se seraient retranchés du côté du palais d'Été. C'est ainsi qu'à sept heures du soir, le 6 octobre, à la sortie du gros village de Haidian, au nord-est de Pékin, les Français se retrouvent soudain sur une route superbe, parfaitement dallée et entretenue, ornée de jolis ponts, bordée de monuments et de jardins. Ils arrivent à l'entrée du palais d'Été, le Yuanming yuan, « le Versailles de l'empereur de Chine », que le monarque a quitté précipitamment quelques jours plus tôt.

Et chacun de s'endormir devant cet « Éden », « bercé des imaginations les plus séduisantes, en songeant à ces palais merveilleux qu'aucun Européen, à l'exception peut-être de quelques missionnaires, n'avait encore visité, ct dont nous allions surprendre les secrets et contempler les splendeurs ». Dans une lettre datée du 11 octobre 1860, Gustave de Boissieu consacre quinze pleines pages à la description du Yuanming yuan. Cette lettre est un morceau d'anthologie, écrite dans un style élégant et d'une remarquable précision architecturale. Ce jeune militaire de vingt-trois ans possède un réel talent d'écriture. (On est tenté de comparer cette description à celle de Jean-Denis Attiret, bien sûr, écrite un siècle plus tôt, mais aussi à celle du comte d'Hérisson, lequel consacre un chapitre entier de son *Journal d'un interprète en Chine* à ce monument.)

« Figure-toi un parc immense, écrit Gustave à son frère, planté des arbres les plus beaux et les plus variés, arrosé d'eaux vives et courantes, percé d'une infinité de routes et de sentiers, parsemé de palais aux couleurs éclatantes et aux toits pittoresques, une profusion de collines, de lacs, de ruisseaux, de rochers, de constructions fantastiques et bizarres, se développant sur un espace de plusieurs lieues et se terminant au pied d'une muraille de hautes montagnes, dont les flancs sont hérissés de kiosques et de tours des formes les plus diverses ; enfin un vrai parc chinois. C'est quelque chose qui ne ressemble à rien de ce qu'on a vu ; une nature impossible, où tout est fait de main d'homme, mais où tout est nouveau, original, inattendu, où le mystère le dispute au merveilleux, et vous transporte tout éveillé dans les pays des rêves, des fées, des contes des *Mille et une Nuits*. »

Suit donc une première description des lieux, que Gustave de Boissieu accompagne sans tarder d'une réflexion amère : « Quand je pense à cette magnifique résidence, à ce séjour chéri de l'empereur de la Chine, à ces appartements éblouissants où les plus hauts mandarins n'avaient peut-être jamais mis les pieds, à ces musées où étaient entassés les trésors de bien des siècles, j'ai besoin de me recueillir, pour être sûr que tout ce que ma mémoire me rappelle n'est pas un simple rêve, que nous avons réellement visité, fouillé, bouleversé, pillé même tout cela (car c'est le vrai mot), et que nous l'avons brûlé ensuite. »

Boissieu décrit les merveilles contenues dans le palais, les œuvres d'art et objets précieux qu'il renfermait pour avouer que quand il y est arrivé, les plus belles choses, les objets les plus rares – jades, ivoires, laques, émaux, cloisonnés, vases – avaient déjà disparu, chargés sur sept grandes voitures à destination de la France. Il ajoute que si l'on avait disposé de deux cents charrettes, elles auraient été remplies pareillement. Il regrette qu'astreint à une maudite garde, il n'ait pu arriver que tard le soir, alors que le pillage est déjà bien avancé. Retenu par une certaine morale – qui veut qu'une armée régulière n'ait pas le droit de faire main basse sur des trésors – il se contente de mettre dans sa poche de modestes figurines en terre cuite, deux boîtes en laque, quelques jades et une porcelaine, pour tout butin. Une réserve méritoire qu'il n'est pas loin de regretter, avoue-t-il...

Après le pillage, le saccage ! Gustave dit sa répulsion devant ce spectacle accablant offert par la soldatesque. Il raconte que le lendemain, « la troupe fut lâchée dans les palais que les Chinois avaient déjà envahis pendant la nuit. En un jour, tout a été enlevé, brisé ou souillé ; les glaces étaient en éclats ; ces magnifiques trônes sculptés, dont chaque pièce était un chef-d'œuvre, ne présentaient plus que des débris. Ce qui n'avait pas été pris ou ne pouvait être emporté, pendules, potiches, grandes laques, boiseries, bronzes, jades, tout était saccagé, mis en pièces, et jonchait le sol. Cela faisait saigner le cœur. On circulait sur un fumier de soie, d'argent, de livres, de porcelaines, d'émaux et de tentures. C'était une dévastation dont tu ne peux te faire aucune idée, et dont le souvenir me fait horreur, écrit-il encore à son frère. On ne saura jamais tout ce qui a été pris et détruit dans cette débauche de vengeance. Les sacs de la plupart de nos hommes regorgeaient de bijoux et d'objets curieux. »

L'officier dit sa honte et sa désolation devant ce spectacle lamentable. Il est d'ailleurs un des seuls participants français de cette expédition à s'indigner de ce scandaleux gâchis. En cela, son témoignage est unique et précieux :

« Comment ce rêve enchanteur s'est-il changé en un affreux cauchemar ? Le Yuanming yuan, qui n'est plus maintenant qu'un souvenir, était, il y a quelques jours, une résidence plus riche peut-être que Versailles et le Louvre réunis. Il aurait pu suffire à défrayer la curiosité de tous les savants et artistes du globe pendant des années... Nous sommes les premiers peut-être, et à coup sûr les derniers Européens, à avoir vu toutes ces merveilles... On sortait de ces palais dévastés, fouillés, pillés, le cœur plein de tristesse, tant ce

L' Empereur Yongle, époque de la dynastie Ming.

L' Empereur mongol qubilai.
© Collection de l'auteur

Le Grand Khan
et Marco Polo.
© Collection de l'auteur

ITINÉRAIRE DE MARCO POLO

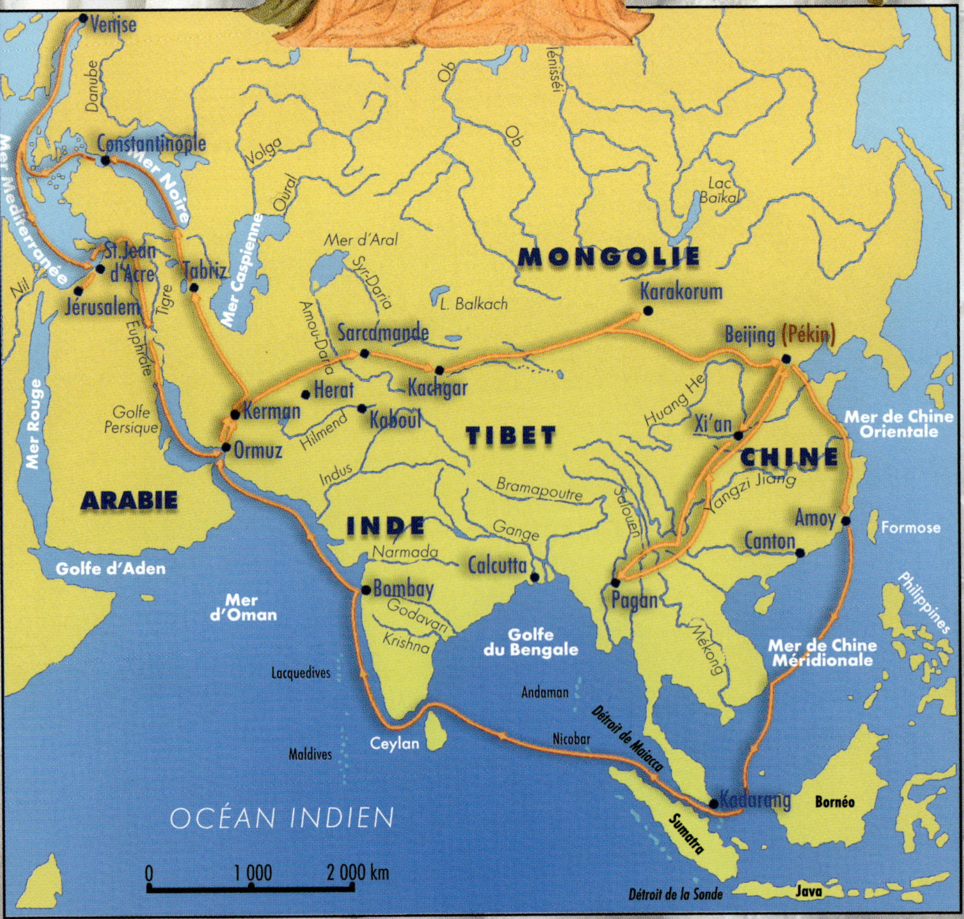

Itinéraire de Marco Polo : voyage aller par terre, retour par mer.

Matteo Ricci et Xu Guangqi (Paul), 1603.

L'Empereur Wanli

Jean-Denis Attiret :
«Portrait en buste de concubine».

L'Empereur Qianlong
par Giuseppe Castiglione

William Pitt Amherst
© Getty Images

Napoléon à Sainte-Hélène
© Gérard Blot/RMN

Le salon de la maison de Victor Hugo, Hauteville House, à Guernesey.
© Tal/Rue des Archives

L' Impératrice Cixi.
© Collection de l'auteur

L'Empereur Guangxu.
© Collection de l'auteur

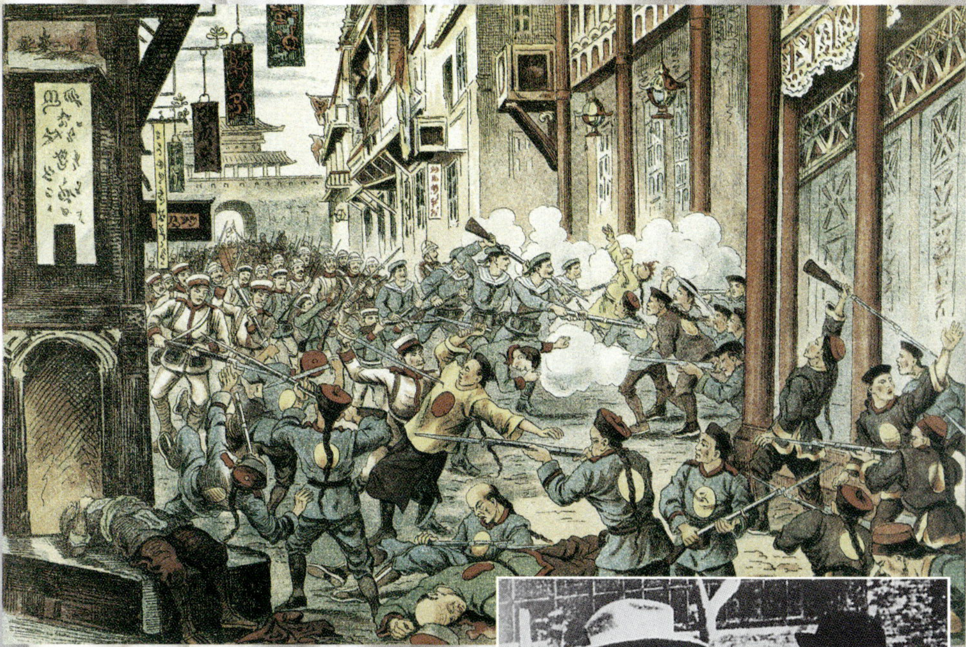

Révolte des Boxers : le siège de Pékin en août 1900.
© Aisa/Leemage

Stephen Pichon et le lieutenant de vaisseau Darcy.
© Collection de l'auteur

Auguste Chamot et son épouse.
© Collection de l'auteur

Le docteur Matignon.
© Collection de l'auteur

Caricature politique de 1898. Le partage de la Chine par les Puissances étrangères. © RMN

Portrait de l'impératrice Cixi par Katherine A Carl.
© Collection de l'auteur

Un jeune eunuque.
© Collection de l'auteur

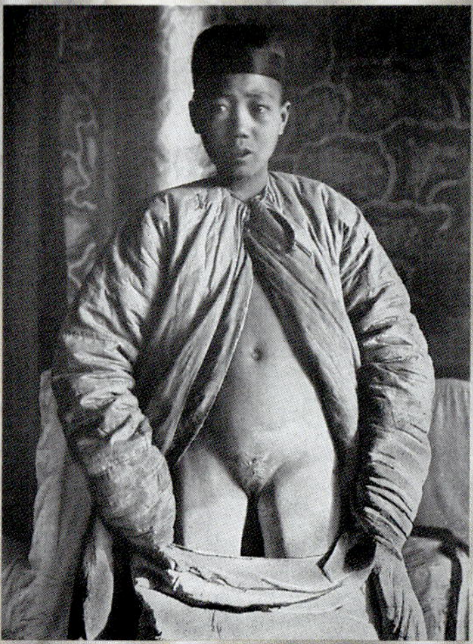

Le Dernier empereur de Bernardo Bertolucci, 1987.
© Prod DB/Columbia/DR

Pierre Loti en costume chinois, 1890.

Pierre Teilhard de Chardin.

Lao She (écrivain).

Mei Lanfang (chanteur d'opéra).

Mao Zedong, place Tian'an men, novembre 1966.

Les murailles de Pékin avant leur destruction.

spectacle d'une ruine subite, succédant si tôt et si brutalement à la richesse et à la splendeur, était quelque chose de navrant ! » Curieusement, au départ de l'armée, Gustave se dit presque soulagé de voir l'incendie effacer les traces de la vengeance des alliés anglais et français, car il dit encore préférer un monceau de cendres à cet affreux chaos.

Son éducation chrétienne lui fait condamner sans appel la pratique du pillage. Il estime en effet que le pillage est en soi une chose abominable, mais que ses conséquences le sont plus encore. Car il amène les militaires à se conduire de manière cupide et indigne, une attitude qu'il est difficile d'enrayer, et en fait des « marchands et des flibustiers ». Il décrit l'armée française à son départ du Yuanming yuan, le 9 octobre au matin, après deux journées de pillage :

« Le camp ressemblait à une immense échoppe de chiffonnier. On marchait sur des lambeaux de soie de mille couleurs, sur des débris de toute espèce. Des crépons jonchaient le sol, souillé de poussière et de boue, pêle-mêle avec une quantité de rouleaux de damas à demi dépliés, de fourrures plus ou moins rares et plus ou moins fraîches, de chapeaux de mandarins, de défroques de tout genre. Chaque homme avait remplacé la ceinture de laine réglementaire par des bandes de satin et de brocart, et le couvre-nuque par des turbans de soie de toutes les nuances, ce qui donnait à la colonne l'aspect le plus bigarré et le plus fantaisiste. C'était gai et triste à la fois, mais ce dernier sentiment était celui qui prévalait... »

Boissieu s'interroge, à juste titre, sur l'accueil que réserveront la France et l'Europe à « ce sinistre épisode de la guerre de Chine », qui risquent de traiter leurs héros de barbares et de vandales. Cette affaire ne va-t-elle pas soulever une légitime indignation ? Comme l'ensemble des chroniqueurs de l'expédition, il met en avant, en guise d'excuses, le sort tragique de la quarantaine d'otages, Français et Anglais, capturés par les Chinois, dont plusieurs sont morts après d'innommables tortures et supplices (dont le colonel Foullon-Grandchamp et l'officier comptable Ader), tandis que d'autres, tel le comte d'Escayrac de Lauture, en conserveront des séquelles indélébiles. À l'instar de tous les responsables de l'expédition (et en particulier lord Elgin, l'ambassadeur britannique), il met les excès commis par la troupe sur le compte d'une légitime vengeance. L'officier en vient à cautionner ainsi le sac du palais d'Été :

« Nous ne pouvons venger notre sang, odieusement répandu, que par des ruines, et notre rôle semble consister désormais à faire le plus de mal possible à un despote qui s'est mis en dehors de toutes les lois humaines, à lui enlever ses palais, ses richesses, et, s'il le faut, jusqu'à son trône. »

Quelques jours plus tard, le palais d'Été sera donc incendié sur ordre de lord Elgin et du général Grant (le commandant en chef britannique). Un traité de paix est finalement signé, le 25 octobre. Boissieu, qui assiste à cette cérémonie, a l'occasion d'observer le prince Gong, le frère puîné de l'empereur. Il trace un portrait flatteur du négociateur chinois, à l'allure « un peu efféminée, mais intelligente, pâle, douce, intéressante, pleine de finesse et de distinction. Il avait l'air impassible et l'immobilité d'une statue ; je n'ai vu qu'une seule fois ses traits se dérider un peu ». Il est vrai que le prince Gong redoutait une action attentatoire à sa vie de la part des alliés, et qu'il avait fallu toutes les assurances de l'ambassadeur russe, Nicolaï Ignatiev, pour le décider à accepter de rencontrer en tête à tête les officiels anglais et français lors de la signature de ce traité. Ne cessait-il pas de répéter : « Je suis trop jeune pour mourir ! »

Pékin vu par un jeune lieutenant

Une fois la paix signée, les soldats sont autorisés à visiter la ville. Et surtout sa partie chinoise, bien plus intéressante que la ville tartare. Gustave de Boissieu ne s'en prive pas : « Il y a entre les deux Pékin la même différence qu'entre les deux peuples qui les habitent, si dissemblables, quoiqu'ils paraissent n'en faire qu'un, qu'ils soient placés côte à côte et qu'ils aient le même costume. La ville tartare est triste, vide, sans industrie, sans mouvement, et semble à moitié inhabitée. On y rencontre seulement quelques caravanes de chameaux, qui font penser à la Tartarie et à ses déserts. Dans la cité chinoise, au contraire, c'est un va-et-vient, une foule, un bruit de voitures, un pêle-mêle et une animation qui font plaisir. Tout le monde vend ou achète, chacun travaille, trafique, s'agite, On retrouve à l'œuvre et dans son centre le Chinois marchand, laborieux, toujours empressé à ses affaires, tel qu'on l'a vu partout ailleurs. » Mais comme la plupart des membres de l'expédition, les Anglais comme les Français, il dit sa désillusion :

« Malheureusement, Pékin, comme tout le reste de l'empire chinois, n'est plus qu'une ruine. Ses rues sont des casse-cou ; éventrées, poudreuses, infectes, pleines d'immondices et obstruées par les boutiques de mille débitants criards, elles sont presque impraticables pour le flâneur qui aime ses aises et craint les contacts dangereux. N'étaient quelques beaux monuments que le temps a respectés, sans que la main des hommes y ait touché depuis trois siècles, et ces gigantesques murailles avec leurs hautes portes fortifiées, magnifiques témoignages d'une puissance et d'une civilisation dont il ne reste que le souvenir, Pékin ne serait aujourd'hui qu'une légende... »
Anecdote intéressante, Boissieu se flatte d'avoir découvert le premier la tombe du P. Ricci, dans le cimetière catholique concédé deux siècles plus tôt aux missionnaires jésuites.

Au début de novembre, l'armée française quitte Pékin, avec une première étape à T'ien-tsin. Puis le jeune officier remonte à bord du *Rhône* et arrive à Shanghai un mois plus tard. Il en repart pour une excursion d'un mois au Japon, à bord du *Granada*, qui emmène également le commandant en chef de l'armée anglaise, sir Hope Grant. Le livre consacré à la mémoire de Gustave de Boissieu contient plusieurs pages intéressantes consacrées au Japon, ainsi qu'à la conquête de la Cochinchine, où il est ensuite envoyé avec son bataillon, participant à la prise de Saigon.

De tous les ouvrages écrits par les participants de l'expédition de Chine, le témoignage du sous-lieutenant de Boissieu, quasiment inconnu, reste un des plus intéressants et un des mieux écrits. Hommage soit rendu au capitaine de Boissieu.

Chapitre 11

Un Russe sans coup férir

L'expédition de Chine, en 1860, est riche d'acteurs remarquables, d'hommes de premier plan, de personnalités hors du commun, tant Anglais que Français, et même Chinois, avec l'intéressante figure du prince Gong. Côté britannique, il y a, bien entendu, le chef de l'expédition, lord Elgin, un personnage flamboyant, le général Grant, un militaire original, commandant les forces anglaises, le lieutenant-colonel Wolseley, le consul Harry Parkes et bien d'autres. Côté français se détache l'attachante figure de l'honnête homme, au sens XVIIIe siècle du terme, qu'est le baron Gros, le plénipotentiaire qui accompagne la petite armée française. Et aussi le général Cousin Montauban, le remarquable commandant en chef, et le général Collineau, le brave baroudeur. Sans oublier les divers chroniqueurs de talent.

Mais il en est un qui sort du lot, pour avoir joué un rôle à part – mais déterminant – dans cette histoire, le jeune général et ambassadeur russe Nicolaï Ignatiev. Grâce à lui, sans que les Russes aient eu à tirer un seul coup de fusil, ce sont eux qui finalement ont ramassé la plus grosse mise.

Le comte Nicolaï Pavlovich Ignatiev (1832-1908), né à Saint-Pétersbourg, est issu d'une vieille famille aristocratique géorgienne, les Ignatishvili. Après avoir émigré du royaume de Géorgie en Russie, la famille change l'orthographe de son nom. Son père, le capitaine Pavel Ignatiev, a gagné la faveur du tsar Nicolas Ier en lui restant fidèle lors d'une conspiration militaire, en 1825. Le grand-duc Alexandre, le futur tsar Alexandre II, est parrain de son fils. Ignatiev sort diplômé du corps des pages à dix-sept ans et devient officier des Gardes russes. Envoyé à Londres comme attaché militaire, chargé du renseignement, il est expulsé d'Angleterre après l'échec d'une opération.

Sa carrière diplomatique débute au congrès de Paris, en 1856, après la guerre de Crimée, où il a pris une part active en tant qu'attaché militaire lors des négociations relatives à la fixation de la frontière entre la Russie et l'Empire ottoman, sur le bas Danube. Deux ans plus tard, Nicolaï Ignatiev est envoyé avec une petite escorte pour une périlleuse mission en Ouzbékistan (Asie centrale), à Khiva et Boukhara. Le khan de Khiva échafaude alors un plan pour en faire un otage, mais Ignatiev esquive le danger et s'en retourne sain et sauf, après avoir conclu un traité d'amitié avec l'émir de la ville sainte de Boukhara.

Il est ensuite envoyé en Extrême-Orient, comme ministre plénipotentiaire à la cour de Pékin. La Russie tsariste, liée à la Chine par des relations de commerce anciennes, entretient avec elle depuis le début du XVIIIe siècle des rapports privilégiés. Elle a même pu installer une mission religieuse et scientifique à Pékin, sous pavillon russe et en costume européen. Un privilège d'exception qui n'est accordé à aucune autre nation étrangère. Nicolaï Ignatiev est en effet le seul Européen admis à la cour impériale, en qualité d'envoyé du tsar près le souverain du Céleste Empire. Ce qui fait sans doute de lui l'Européen qui à cette époque connaît le mieux l'empire du Milieu. En Chine et à Pékin, il va donner la mesure de ses talents.

Les Français font la connaissance du jeune ambassadeur de Russie (il a alors vingt-huit ans) à Shanghai, au printemps 1860. Il vient juste d'arriver du golfe du Zhili (Beizhili) sur un aviso. Apprenant l'arrivée des forces alliées en Chine, il a quitté Pékin pour se rendre à Shanghai, accompagné de ses aides de camp et de ses attachés. Les Anglais se méfient alors de lui, le soupçonnant – à tort sans doute – d'avoir contribué à leur défaite de l'année précédente devant les forts de Dagu, en donnant aux Chinois des conseils militaires. La presse anglaise, qui cherchait des excuses à l'échec britannique, a en effet insinué que les défenses chinoises avaient pu bénéficier des services d'instructeurs militaires russes, lesquels auraient ainsi tenté de prendre leur revanche sur Sébastopol...

C'est donc tout naturellement qu'Ignatiev se tourne vers les Français, dont il maîtrise parfaitement la langue. Il leur donne d'utiles renseignements sur l'état d'esprit des dirigeants de Pékin, l'entourage de l'empereur et le général en chef mandchou, Sengge Linqin.

Il leur décrit avec précision les forts chinois de Dagu, leur armement et les forces qui les défendent. Il offre au général de Montauban une précieuse carte de Pékin, établie par ses soins. Il préconise qu'une « rude leçon » soit infligée par les armes aux Chinois. Mais il engage en revanche les alliés à éviter « des rigueurs extrêmes », l'occupation de Pékin par exemple. Une mesure à risque, qui entraînerait la chute de la dynastie et provoquerait une anarchie nuisible à leurs intérêts commerciaux. Il conseille surtout aux alliés de ne jamais se montrer divisés, les Chinois n'attendant que cela pour jouer habilement les uns contre les autres.

L'amitié du général Ignatiev sera fort utile aux intérêts des alliés, malgré la méfiance de certains responsables militaires à son endroit. Il se présente aux Français comme étant un « témoin pacifique », mandaté par le cabinet de Saint-Pétersbourg pour offrir son assistance diplomatique au cabinet des Tuileries et à celui de Saint James. Il assure vouloir inciter le gouvernement chinois à respecter les traités et à supprimer les barrières érigées entre la Chine et le reste du monde au cours des siècles précédents. Il s'engage également à faciliter les progrès du christianisme en amenant les autorités chinoises à offrir une protection efficace aux missionnaires. Il se fait fort en particulier d'aider les Anglais et les Français à développer des relations commerciales dans ce riche et vaste pays.

L'ambassadeur russe se pose donc en allié des alliés, et assure en avoir avisé Pékin. Il viendra encore rendre visite au général de Montauban à Zhifu, dans le golfe du Zhili, peu avant le débarquement des troupes anglaises et françaises sur le littoral du nord de la Chine.

Le diplomate russe séduit – et même fascine – tous ses interlocuteurs par sa cordialité et la franchise de sa conversation. Ses qualités sont immenses et son charme irrésistible. Tous ceux qui ont eu l'occasion de l'approcher ont donné de lui une image plus que flatteuse, tant le personnage paraît doté de tous les dons de la nature. Les chroniqueurs de l'expédition, tombés sous le charme du séduisant plénipotentiaire russe, en ont dressé divers portraits :

M. de Bourboulon, le consul de France à Shanghai, discerne en lui « la marque de la courtoisie et de l'avenante diplomatie en quelque sorte naturelles aux Russes de la classe à laquelle il appartient ».

Le colonel Dupin (Paul Varin) ajoute pareillement : « M. Ignatiev a l'allure franche et militaire. Ses manières – mélange de grâce et de bonhomie – ont la distinction accomplie, particulière à ses compatriotes. Ses traits, qui ne frappent pas au premier abord, ont, pour qui les observe attentivement, une grande expression de finesse et d'intelligence. »

Montauban n'est pas en reste : « Le général était jeune, bien de physique et avait un abord très agréable ; il jouissait d'un grand crédit auprès du tsar, dont il était un des aides de camp. Sous une grande apparence de franchise, il passait pour un très habile diplomate, et les missions importantes que son gouvernement lui a confiées depuis justifient cette opinion de son mérite. Comme la majeure partie des Russes de haute condition, il paraissait à cette époque avoir beaucoup de sympathie pour la France. »

Le comte Ignatiev est certes un personnage doté de qualités remarquables, mais s'il mérite de rester dans l'histoire de cette expédition anglo-française, c'est grâce à ses talents de diplomate. D'une part comme conciliateur entre le prince Gong, le négociateur chinois du traité de paix, et les deux alliés occidentaux. Et de l'autre pour le bénéfice inespéré qu'il va retirer de cette guerre – où il n'est pas directement impliqué – pour son pays.

Ignatiev assiste d'abord tranquillement, en spectateur, au déroulement de l'expédition, avec ses batailles, ses drames et ses rebondissements. À Pékin, il sait se concilier les Anglais en leur offrant l'hospitalité du cimetière russe pour y enterrer leurs morts, victimes d'un « guet-apens ».

L'ambassadeur russe parvient d'autre part à gagner la confiance du prince Gong. Il rassure ce dernier, apeuré par le tour pris par les événements. Il le convainc qu'il n'a personnellement rien à craindre des alliés. Il lui explique que s'il était tenté de s'enfuir en Tartarie, comme il l'a un moment envisagé, la prise du palais impérial de Pékin, la Cité interdite, serait inéluctable, avec comme conséquence la chute de la dynastie. Dans son rôle de go-between, Ignatiev est parfait. Il connaît bien la mentalité des Chinois et aussi celle des deux alliés. Aux uns et aux autres, il explique ce qui est acceptable ou ce qui ne l'est pas, d'un côté comme de l'autre ; ce qui est négociable et ce qui ne l'est pas, pour l'un et pour l'autre. Dans les deux camps, ses analyses et ses conseils sont pris en considération. Ignatiev réussit ce prodige de bénéficier à la fois de la confiance des trois parties prenantes, les mandarins chinois d'un côté, de celle des alliés, Anglais et Français, de l'autre.

Jouant les Messieurs bons offices, le général Ignatiev donne par exemple des conseils de prudence aux Chinois. Il écrit au baron Gros pour l'informer des efforts qu'il déploie auprès des représentants de l'empereur, pour que ceux-ci prennent enfin conscience des périls qui menacent l'empire. L'ambassadeur français encourage son homologue russe à persévérer. Au général russe de faire comprendre au prince Gong que le sort de la dynastie est entre ses mains. Et qu'il doit céder aux exigences des alliés. Une fois le traité de paix conclu avec l'Angleterre et la France (la convention de Pékin, signée à la fin du mois d'octobre 1860), le baron Gros se plaira à rendre hommage au général Ignatiev, dont il a dû utiliser « confidentiellement » les talents et qui lui a rendu de « véritables services ». Lord Elgin lui-même finira par lier des liens d'amitié avec l'ambassadeur russe.

Le lieutenant de vaisseau Pallu n'hésite pas à affirmer que le général Ignatiev « fut le principal instrument de la paix », ajoutant qu'« une puissance amie [la Russie] fit entendre sa voix et, comme elle était placée, par sa situation géographique entre l'Europe et l'Asie, elle se fit médiatrice à Pékin et interposa ses bons offices ».

Surtout, les succès du Russe ne s'arrêtent pas là. Il tire également profit de son entregent pour servir grandement les intérêts de son pays. Et de quelle manière !

Le 14 novembre 1860, le général Ignatiev est récompensé de ses services par un traité fort avantageux pour la Russie. Le prince Gong se voit en effet contraint, à son corps défendant, de céder à la pression de l'ambassadeur de Russie, au nom de la longue tradition d'amitié entre la Chine et la Russie... Un « traité additionnel de Pékin » fixe de nouvelles frontières entre la Chine et la Russie. La Chine cède à la Russie la Province maritime, c'est-à-dire une vaste étendue de territoire et le littoral maritime situés au sud du fleuve Oussouri et au nord de la Corée, ainsi que des territoires au nord du fleuve Amour (Heilongjiang), sur sa rive gauche. La Russie gagne en Mandchourie des centaines de kilomètres bordant l'océan Pacifique, une côte autrefois reconnue par le navigateur La Pérouse (en 1787). La cession par la Chine de ces importants territoires ouvre ainsi au commerce russe de nouveaux horizons et de gros avantages stratégiques pour la Russie des tsars. Il s'agit pour les Russes d'une « merveilleuse acquisition », avec des ports excellents, des richesses minérales et forestières. Les Russes y construiront la base navale de Vladivostok, face à la mer du Japon.

Pour le chroniqueur français Charles de Mutrécy, ce traité représente un remarquable succès pour la diplomatie russe, un succès « d'autant plus grand qu'il a été obtenu sans bourse délier et sans brûler une amorce ». Le comte Ignatiev a joué superbement, en profitant largement pour le compte de son pays de la victoire des alliés.

Cette date de 1860 est importante enfin, car, avec la cession de Hong Kong aux Anglais, elle marque le début du dépeçage de la Chine, « saucissonnée en rondelles », comme on dira plus tard.

Les succès diplomatiques d'Ignatiev lui vaudront d'être nommé ambassadeur à Constantinople. Poste qu'il occupera de 1864 à 1877, et qui lui permettra d'exercer une grande influence sur le sultan Abdülaziz. Il a alors pour mission de libérer les minorités chrétiennes, en particulier les Bulgares, de la domination ottomane et de les placer dans l'orbite de la Russie. Son activisme déclenchera la guerre russo-turque de 1877-1878 et c'est lui qui négociera avec les plénipotentiaires ottomans le traité de San Stefano (1878). Mais l'ambassadeur perdra la confiance du tsar Alexandre II, ce conflit n'ayant pas apporté à la Russie les bénéfices escomptés. Nicolaï Ignatiev quitte alors la diplomatie. Resté très populaire en Bulgarie, il aurait même pu monter sur le trône, si son ennemi personnel, le prince Ferdinand de Saxe-Cobourg, ne lui avait été préféré.

On le retrouve ensuite gouverneur de Nijni Novgorod. Après l'accession d'Alexandre III, en 1881, il devient ministre de l'Intérieur et mène une politique nationaliste, encourageant même des violences contre les juifs. Le comte Ignatiev quittera ses fonctions en juin 1882, suspecté d'avoir détourné des fonds. Mais on lui reproche surtout d'avoir voulu instaurer un gouvernement constitutionnel. Son projet de Constitution, combattu à la fois par les conservateurs et les libéraux, sera refusé par le tsar. Dès lors, il n'exercera plus d'influence notable. Son fils deviendra ministre de l'Éducation de Nicolas II.

Chapitre 12

Victor Hugo et les deux voleurs

Les droits d'auteur des *Contemplations* ont permis à Victor Hugo d'acheter en 1856 une belle maison dans l'île anglo-normande de Guernesey. Après le coup d'État de Louis-Napoléon Bonaparte, Victor Hugo, républicain convaincu, s'est d'abord réfugié à Jersey. Mais il en est chassé pour s'être associé à des propos irrévérencieux tenus par des exilés français à l'endroit de la reine Victoria, lors de son voyage officiel en France en 1855, et s'être opposé à l'alliance franco-anglaise. Il part alors pour l'île voisine de Guernesey, où il achète Hauteville House (dans la capitale de l'île, Saint Peter Port). Devenu propriétaire, il est inexpulsable.

À la fin de 1861, Victor Hugo est donc à Guernesey, à Hauteville House, cette étonnante demeure qu'il a entièrement meublée et décorée. Il a décidé de rester dans un exil devenu volontaire, alors que tous les condamnés politiques opposants à l'Empire ont été amnistiés par Napoléon III, en août 1859. Il est en train de terminer *Les Misérables*, un roman dont il avait interrompu la rédaction en 1848. Sa détestation de l'Empire et de l'empereur Napoléon III est intacte. Quelques mois plus tôt, il écrivait à son fils François-Victor : « Je vois de plus en plus quelle distance il y a, quel abîme, entre Napoléon-le-Grand et Napoléon-le-Petit. »

De retour à Guernesey en 1861, après un voyage en Belgique en compagnie de Juliette Drouet, Victor Hugo apprend que des troupes françaises et britanniques ont pillé et incendié le palais d'Été de Pékin, renommé pour ses quarante sites et ses très riches collections réparties dans une vingtaine de palais de style chinois et européen, lors de l'expédition militaire de 1860 en Chine. La rage au cœur, un an après cet événement, il répond à un de ses amis, un officier britannique, le capitaine Butler, qui lui demande son avis sur cette affaire. Il dit son sentiment sur ce qu'il appelle « l'histoire des deux bandits ».

Victor Hugo condamne publiquement et sans équivoque cet épisode dramatique. Il prend le parti des civilisés, c'est-à-dire les Chinois, contre les barbares occidentaux. Avec toute l'audience que lui confèrent sa célébrité et son talent, il dénonce cet acte de barbarie. Aujourd'hui, au Yuanming yuan, sa lettre est exposée – traduite en chinois – dans le petit musée installé au cœur des ruines. Comme si la condamnation de ce qu'ont fait les compatriotes de Victor Hugo, venant d'un homme de lettres si renommé, avait aux yeux des Chinois plus de poids que n'importe quel autre jugement ou document à charge. L'écrivain qualifie de « merveille du monde » le palais d'Été de Pékin, dont il connaissait l'existence et la splendeur à travers les récits des voyageurs (en particulier les missionnaires jésuites), qui ont décrit ces « jardins chinois », bien différents des « jardins à la française ».

La lettre de Victor Hugo

Hauteville House, 25 novembre 1861

« Vous me demandez mon avis, Monsieur, sur l'expédition de Chine. Vous trouvez cette expédition honorable et belle, et vous êtes assez bon pour attacher quelque prix à mon sentiment ; selon vous, l'expédition de Chine, faite sous le double pavillon de la reine Victoria et de l'empereur Napoléon, est une gloire à partager entre la France et l'Angleterre, et vous désirez savoir quelle est la quantité d'approbation que je crois pouvoir donner à cette victoire anglaise et française.

« Puisque vous voulez connaître mon avis, le voici : Il y avait, dans un coin du monde, une merveille du monde : cette merveille s'appelait le palais d'Été. L'art a deux principes, l'idée qui produit l'art européen, et la chimère, qui produit l'art oriental. Le palais d'Été était à l'art chimérique ce que le Parthénon est à l'art idéal. Tout ce que peut enfanter l'imagination d'un peuple presque extrahumain était là. Ce n'était pas, comme le Parthénon, une œuvre une et unique ; c'était une sorte d'énorme modèle de la chimère, si la chimère peut avoir un modèle. Imaginez on ne sait quelle construction inexprimable, quelque chose comme un édifice lunaire, et vous aurez le palais d'Été. Bâtissez un songe avec du marbre, du jade, du bronze et de la porcelaine, charpentez-le en bois de cèdre, couvrez-le de pierreries, drapez-le de soie, faites-le ici sanctuaire, là harem, là citadelle, mettez-y des dieux, mettez-y des monstres, vernissez-le, émaillez-le, dorez-le, fardez-le, faites construire par des architectes qui soient des poètes les mille et un rêves des mille et une nuits, ajoutez des jardins, des bassins, des jaillissements d'eau et d'écume, des cygnes, des ibis, des paons, supposez en un mot une sorte d'éblouissante caverne de la fantaisie humaine ayant une figure de temple et de palais, c'était là ce monument. Il avait fallu, pour le créer, le lent travail des générations. Cet édifice, qui avait l'énormité d'une ville, avait été bâti par les siècles, pour qui ? pour les peuples. Car ce que fait le temps appartient à l'homme. Les artistes, les poètes, les philosophes, connaissaient le palais d'Été ; Voltaire en parle. On disait : le Parthénon en Grèce, les Pyramides en Égypte, le Colisée à Rome, Notre-Dame à Paris, le palais d'Été en Orient. Si on ne le voyait pas, on le rêvait. C'était une sorte d'effrayant chef-d'œuvre inconnu entrevu au loin dans on ne sait quel crépuscule, comme une silhouette de la civilisation d'Asie sur l'horizon de la civilisation d'Europe.

« Un jour, deux bandits sont entrés dans le palais d'Été. L'un a pillé, l'autre a incendié. La victoire peut être une voleuse, à ce qu'il paraît. Une dévastation en grand du palais d'Été s'est faite de compte à demi entre les vainqueurs. On voit mêlé à tout cela le nom d'Elgin, qui a la propriété fatale de rappeler le Parthénon. Ce qu'on avait fait au Parthénon, on l'a fait au palais d'Été, plus complètement et mieux, de manière à ne rien laisser. Tous les trésors de toutes nos cathédrales réunies n'égaleraient pas ce formidable et splendide musée de l'Orient. Il n'y avait pas seulement là des chefs-d'œuvre d'art, il y avait des entassements d'orfèvrerie. Grand exploit, belle aubaine. L'un des deux vainqueurs a empli ses poches, ce que voyant, l'autre a empli ses coffres ; et l'on est revenu en Europe, bras dessus, bras dessous, en riant. Telle est l'histoire des deux bandits.

« Nous Européens, nous sommes les civilisés, et pour nous les Chinois sont les barbares. Voilà ce que la civilisation a fait à la barbarie.

« Devant l'histoire, l'un des deux bandits s'appellera la France, l'autre s'appellera l'Angleterre. Mais je proteste, et je vous remercie de m'en donner l'occasion ! Les crimes de ceux qui mènent ne sont pas la faute de ceux qui sont menés ; les gouvernements sont quelquefois des bandits, les peuples jamais.
« L'Empire français a empoché la moitié de cette victoire et il étale aujourd'hui, avec une sorte de naïveté de propriétaire, le splendide bric-à-brac du palais d'Été. J'espère qu'un jour viendra où la France, délivrée et nettoyée, renverra ce butin à la Chine spoliée.
En attendant, il y a vol et deux voleurs.
« Je le constate.
« Telle est, Monsieur, la quantité d'approbation que je donne à l'expédition de Chine. »

Victor Hugo

Il est difficile d'estimer l'impact de cette diatribe de Victor Hugo sur l'opinion publique en France à cette époque. On constate cependant que le poète-écrivain-homme politique n'a pas été le seul à s'indigner. À son retour de Chine, le général Cousin-Montauban, le chef de cette expédition, a reçu de Napoléon III le grand cordon de la Légion d'honneur et un siège au Sénat. Mais quand l'empereur a demandé au Corps législatif d'octroyer au général une « récompense nationale » de 50 000 francs, les représentants de l'opposition à la Chambre, en particulier Jules Favre et Émile Ollivier, ont protesté énergiquement, qualifiant le cadeau demandé par l'empereur en faveur du général Cousin-Montauban de « prime à la barbarie ». La jeunesse estudiantine a défilé dans les rues, conspuant le nom du vainqueur de Palikao. À la Chambre, la majorité a pour une fois suivi l'opposition. La requête impériale a été repoussée.

Par-delà son message politique et moral, ce texte est révélateur de la vision que peut avoir Victor Hugo de la Chine et de certains aspects de sa civilisation. La conception qu'il se fait des jardins chinois est erronée. Ce qu'il considère comme étant le résultat d'un désordre naturel et le fruit d'une imagination et d'une fantaisie débridées, n'est en fait que l'organisation et l'aboutissement d'un savant désordre, qui est un effet de l'art. La « construction » d'un jardin, comme on dit en Chine, obéit en effet à des exigences littéraires, philosophiques et esthétiques, à des règles contraignantes.

Pour Victor Hugo d'autre part, la Chine se situe dans un « coin du monde », où s'élève une « merveille », le palais d'Été. Un édifice qui est le fruit d'une « chimère ». C'est ainsi qu'il qualifie l'art extrême-oriental, qu'il oppose à notre art classique. Pour lui, « l'art a deux principes, l'idée, qui produit l'art européen, et la chimère, qui produit l'art oriental ». D'un côté, l'ordre, l'équilibre et la raison, et de l'autre le rêve, voire l'hallucination.

Les œuvres de Victor Hugo ont commencé à être connues en Chine dans les années 1880. Mais ce n'est qu'après 1920, au lendemain du mouvement du 4 mai 1919 (dirigé contre le Japon) que la popularité de l'écrivain en Chine est devenue grande, avec la traduction de plusieurs de ses œuvres. Une popularité durable, si l'on en croit l'écrivain Shen Dali :

« En Chine, Victor Hugo reste un des écrivains européens les plus lus et les plus populaires, avec Balzac, son compatriote. De nos jours, qui, des bords du Yangzi au pied de la Grande Muraille, ne connaît *Les Misérables* et *Notre-Dame de Paris* ? Les noms de Jean Valjean, Cosette, Gavroche, Esmeralda et Quasimodo sont devenus parfaitement familiers, même à de simples gens de la rue, à Pékin, à Harbin (Heilongjiang), ou à Canton. Et l'on sait que l'auteur de *L'Homme qui rit* était un "riche" qui éprouvait de la compassion pour les "pauvres", déclarant au monde que le Bas en mourant ferait mourir le Haut. »

Cette popularité de Victor Hugo en Chine ne s'est jamais démentie. Elle concerne ses grandes créations romanesques, mais aussi son œuvre poétique. Ses convictions en matière sociale et sa personnalité généreuse font de lui le défenseur des pauvres et des opprimés, un écrivain au service de la lutte contre l'injustice sociale et un défenseur de la paix. Sa fameuse lettre sur le sac du palais d'Été jouit auprès du public chinois d'une grande notoriété, sans rapport avec celle qu'elle connaît en France.

Dans un roman paru en 1999, *Les Amoureux du lac*, Shen Dali fait dire à son héros qui se promène avec sa fiancée dans les ruines du Yuanming yuan :

« Ici, ce sont les ruines du jardin de la Clarté parfaite. L'actuel palais d'Été faisait partie de ce grand ensemble architectural et ne représentait que le dixième de sa superficie totale. C'est dommage que les alliés franco-britanniques aient mis le feu à cette merveille du monde en 1860.

« J'ai appris que le poète Victor Hugo avait fustigé cet acte de banditisme... Hélas, cet endroit est devenu totalement désertique aujourd'hui », répond la jeune fille

« Et, poursuit l'auteur, on entendit le dialogue de deux étudiants chinois sur *Olympio* défendant un peuple d'Orient attaqué sauvagement par l'Occident. »

On doit la première traduction chinoise des *Misérables* au moine poète Su Manchu et à Chen Duxiu, laquelle est parue dans un quotidien en 1903. Il s'agit plutôt d'une transposition, d'une adaptation en langue semi-classique, afin de ne pas trop dérouter le lecteur chinois. Dès 1898, Liang Qichao, le grand réformateur de la fin de la dynastie des Qing lors des « Cent Jours » de 1898, a souligné « l'énorme signification » du roman. Liang Qichao, réfugié au Japon, a largement contribué à la diffusion et à la lecture politique de l'œuvre de Victor Hugo.

Le catalogue de la Commercial Press de Shanghai comprend, au début des années 1920, trois traductions intégrales des *Misérables*. Chen Duxiu (qui deviendra le premier secrétaire du Parti communiste chinois) incite par ailleurs les partisans du *baihua* (une littérature en langue courante) à devenir les Hugo, Zola, Goethe et Dickens chinois. L'œuvre de Victor Hugo est aujourd'hui accessible dans sa totalité en langue chinoise. Certains de ses titres connaissent même plusieurs traductions, une douzaine pour *Les Misérables*, cinq *pour Notre-Dame de Paris*. Les Éditions du Peuple ont publié une édition de ses œuvres en 12 volumes, et les Éditions éducatives du Hebei ses œuvres complètes en 16 volumes. Cela montre à quel point l'œuvre de Victor Hugo reste présente en Chine.

Dans sa lettre, Victor Hugo accuse la France et l'Angleterre, toutes deux coupables d'un pillage et d'une destruction inexcusables, sinon impardonnables, d'être deux voleurs. Une accusation que sont tentés de reprendre à leur compte les Chinois d'aujourd'hui. Au tout début d'un film tourné par les Chinois il y a quelques années sur le sac du Yuanming yuan figure cette fameuse lettre de Victor Hugo.

En avril 2002, une cérémonie commémorative du bicentenaire de la naissance de Victor Hugo s'est tenue à l'Université de langues étrangères de Beijing (ULEB). Il s'agissait de célébrer en Victor Hugo le grand précurseur de l'amitié franco-chinoise. Comme l'a déclaré à cette occasion M. Chen Haosu (président de l'Association du peuple chinois pour l'amitié avec l'étranger, PACAE) :

« Le peuple chinois a bien noté, mis à part le succès littéraire de Hugo, l'attention que celui-ci prête au sort de la Chine. Je pense notamment à sa vive protestation contre l'intervention à Pékin des armées franco-anglaises et à leur pillage du palais d'Été. La fraternité que revendique Hugo est revêtue pour ainsi dire d'une couleur internationale. À l'intérieur de son propre pays, elle se manifeste par son opposition à l'exploitation et à l'oppression des travailleurs. Au plan international, elle s'exprime par son opposition à l'invasion et au pillage des nations faibles et désavantagées. La judicieuse position qu'a prise Hugo à l'époque est prophétique. Elle lui a valu non seulement la gloire, mais elle a aussi essuyé – en partie – la honte infligée à sa patrie par l'invasion d'autres pays. Ce qui a contribué plus tard à rapprocher la Chine et la France et à préparer l'établissement des relations amicales entre les deux pays. C'est ainsi que nous considérons Hugo comme le précurseur de l'amitié sino-française. »

La maison de Victor Hugo à Guernesey contient de nombreux éléments empruntés à l'art décoratif chinois, des objets achetés à Londres et à Bruxelles (voir le salon rouge, avec son dais en soie et ses deux chimères) et le salon bleu (avec ses nombreuses soieries de Chine). On peut lire dans les Carnets du poète, à la date du 23 mars 1865 : « Acheté tout le lot de soieries de Chine vendu par un officier anglais qui était de l'expédition et qui l'a pris au palais de l'empereur de la Chine. » Un peu partout on trouve dans cette maison des porcelaines chinoises. Victor Hugo imagine, en outre, un prodigieux décor chinois pour décorer la maison de sa maîtresse, Juliette Drouet, qui l'accompagnait dans son exil. On peut voir cet ensemble au musée Victor Hugo (son appartement) de la place des Vosges, à Paris.

Le 15 août 1870, Victor Hugo, accompagné de Juliette Drouet, quittera Guernesey pour Bruxelles. Le 5 septembre, ce sera le retour triomphal à Paris, après un long exil de dix-neuf ans, dont quinze passés à Guernesey.

La même année, l'explorateur Francis Garnier, de retour de Chine, stigmatisera ceux qui s'étaient conduits comme des soudards, dix ans auparavant : « Les Prussiens eux-mêmes n'ont pas pillé Versailles. »

CHAPITRE 13

La concubine Perle

En 1898, Kang Youwei en appelle à l'empereur Guangxu pour procéder à une profonde réforme des institutions politiques du pays, avec l'adoption d'une Constitution et l'institution d'une monarchie parlementaire. Il met en avant l'exemple du Japon, ce pays voisin qui, depuis l'ère Meiji, a adopté des institutions politiques de type occidental. C'est ainsi que des lettrés réformateurs vont s'inspirer de l'expérience japonaise et tenter d'instaurer une monarchie constitutionnelle à Pékin. Ce sera le fameux et éphémère épisode des « Cent Jours », une tentative de réforme vite étouffée par l'impératrice douairière Cixi (Ts'eu-hi).

Kang Youwei (1858-1927), originaire de Canton, s'est donné pour mission de moderniser et de rendre son rang à la Chine, tout en conservant l'esprit national chinois. En ce sens, il se garde de répudier totalement Confucius. Il veut aboutir par étapes à une forme d'empire libéral.

Brillant lettré, très intellectuel, auteur d'une biographie de Pierre le Grand (qui, pour lui, fait figure de monarque éclairé), il est pénétré de l'exemple du Japon de l'ère Meiji, lequel est en train de s'industrialiser à toute allure et qui a su emprunter à l'Europe ce qui fait sa force : ses armes et sa technologie. La défaite de 1895 contre le Japon le convainc de la nécessité d'une action immédiate. Il lance une pétition invitant les candidats au concours de recrutement mandarinal à exhorter les autorités à résister au Japon. Il fait parvenir plusieurs mémoires au jeune empereur Guangxu (né en 1871) et empereur en 1875. Il y souligne les carences de la Chine en équipements militaires et navals. Il dénonce le danger que constitue l'emprise étrangère sur les chemins de fer et les banques. Pour lui, « les vieilles lunes doivent disparaître ». Il faut des idées, des méthodes et des hommes neufs pour réorganiser l'administration de la Chine, et par là résister aux Européens. Avec son talentueux disciple, Liang Qichao, il propose une révolution par le haut. L'empereur Guangxu qui entend imiter le réformateur japonais de l'ère Meiji, Mutsu Hito, fait de lui un « conseiller intime de la cour ».

Pendant trois mois, les « Cent Jours » – de juin à septembre 1898 – soixante-dix décrets impériaux sont publiés. Ils transforment notamment le système des examens permettant l'entrée dans les fonctions publiques et réforment l'enseignement. Une armée nouvelle est créée, l'armée *Beiyang* (l'armée du Nord), sous l'égide d'un ambitieux général, Yuan Shikai. Celle-ci deviendra la force militaire la plus importante du pays. Toutes ces réformes provoquent stupeur et révolte dans les rangs de l'aristocratie mandchoue, des lettrés, des conservateurs de tous bords et de la plupart des hauts fonctionnaires, qui craignent pour leurs sinécures, et aussi des eunuques du palais inquiets pour leur emploi et leurs prébendes. L'impératrice douairière Cixi de son côté, tante de Guangxu, n'entend pas être dépossédée du pouvoir qui lui reste. Elle exige le renvoi de Kang Youwei. Un coup se prépare, destiné à écarter l'impératrice douairière et le clan des conservateurs. Il s'agit de placer Guangxu à la tête du gouvernement et lui permettre de faire passer les réformes.

Yuan Shikai, qui commande la seule force armée chinoise moderne, est l'arbitre de la situation. Mais, ambitieux et opportuniste, il estime que la réforme est mal engagée. Surtout soucieux de ménager son avenir, il fait défection. Bref, il trahit. Il prévient un proche de Cixi, le général Jung Lu, de ce qui se trame. Le sort des réformateurs, dès lors, est scellé. L'impératrice douairière, « la dernière dent pointue du vieux dragon mandchou », qui avait exercé la régence alors que son neveu était enfant, dépose ce dernier. Au terme d'un véritable coup d'État, elle se déclare régente et annule les décrets. La répression est immédiate. Six membres du groupe réformateur sont exécutés (coupés en deux, dont le frère de Kang Youwei). Les livres de Kang sont interdits, tous les décrets sont abrogés, à l'exception de celui qui crée l'université de Pékin. Kang Youwei et son collaborateur et disciple Liang Qichao réussissent à se réfugier au Japon.

À la différence du Japon, la Chine n'aura pas son ère de réforme (l'ère Meiji, au Japon). On peut considérer que l'échec de la réforme préconisée par Kang Youwei fera le lit de la révolution voulue par Sun Yat-sen.

L'empereur Guangxu, depuis l'échec de la tentative de réformes dite des « Cent Jours », est condamné sur ordre de l'impératrice douairière Cixi à vivre en reclus, isolé et humilié, jusqu'à sa mort, en 1908. Un communiqué du palais l'a reconnu « incapable de gouverner ». Sa tante l'a ainsi privé de tout pouvoir, et c'est elle, en tant que régente, qui gouverne à nouveau l'Empire, « derrière le Rideau ». Guangxu ne retrouvera jamais le pouvoir. Cixi se contente de rendre quelques visites à son neveu, enfermé dans le petit pavillon qui lui sert de prison, la Terrasse de l'Océan, situé sur un îlot artificiel d'un des lacs qui jouxtent la cité impériale et relié au reste du palais par un pont-levis. Il y restera prisonnier jusqu'à sa mort mystérieuse, dix ans plus tard, en 1908, sans avoir abdiqué.

Celui qui deviendra l'empereur Guangxu est né en 1871. Il est le jeune cousin de l'empereur Tongzhi, lui-même fils de l'empereur Xianfeng et de Yehonala (la future Cixi), mort en 1874 dans la treizième année de son règne. Tongzhi n'a pas d'héritier. C'est ainsi qu'en 1875, Cixi a pu faire couronner empereur son propre neveu, Guangxu, le fils de sa sœur préférée, Yehe Nana, et du frère cadet de Xianfeng. Cette nomination scandalise de nombreux personnages de la cour, et l'un d'eux, Wu Kedu, un censeur impérial, va même jusqu'à se suicider sur la tombe de Tongzhi, pour protester contre cette succession illégitime, qui viole les lois dynastiques.

En 1887, Zai Tian atteint l'âge de dix-huit ans et Cixi se voit obligée de lui remettre les signes extérieurs de la souveraineté. Elle choisit alors de se retirer au nouveau palais d'Été, qu'elle a fait reconstruire à grands frais après les événements de 1860.

Cixi contraint par ailleurs le nouvel empereur, qui a pris le nom de Guangxu, à épouser sa nièce favorite, Xiaoding (qui deviendra l'impératrice douairière Longyu après le décès de l'empereur). De trois ans plus âgée que l'empereur, elle est la fille de son frère cadet. La veille du mariage, toute la ville est décorée de guirlandes, avec des illuminations destinées à célébrer l'événement. Mais le jour même, une pluie torrentielle réduit à néant ces préparatifs. Pour le peuple, c'est un signe néfaste du destin, celui d'une réprobation du ciel.

Cette alliance permet à l'impératrice douairière de consolider l'influence de son clan. Cixi peut avoir toute confiance en sa nièce. Celle-ci se fera un devoir et un plaisir de surveiller le monarque et de la renseigner très précisément sur les faits et gestes et les pensées de son mari, l'empereur. Elle ne cache d'ailleurs pas qu'elle ne prétend ni l'aimer, ni le respecter, et encore moins lui obéir. Xiaoding n'a rien d'une beauté, avec son corps menu et son visage longiligne et triste. Et elle ne compense pas son manque d'attrait physique par un caractère sympathique. Elle est sèche, dénuée de grâce et passe sa vie à étudier et à réciter des prières.

Intelligente et énergique cependant, Xiaoding se montre la digne nièce de Yehonala. Elle possède en tout cas son esprit rusé et son génie de l'intrigue. Tout le monde à la cour sait que les relations entre l'empereur et l'impératrice sont exécrables et que de fréquentes et orageuses disputes les opposent. Guangxu n'aime pas davantage celle qui lui est imposée comme épouse. Il la considère, à juste titre, comme une espionne chargée par sa tante de le surveiller. Il n'est pas étonnant qu'il lui préfère la société de ses deux premières concubines, deux sœurs, Jin et Zhen, et en particulier celle de la cadette, Zhen (connue des Européens sous le nom de concubine Perle, devenue sa favorite). À noter que Guangxu, à l'inverse de ses prédécesseurs, n'entretient pas de véritable harem ou de gynécée, se contentant, si l'on peut dire, d'une épouse et de deux concubines.

Autant Xiaoding a peu de charme, autant Zhen, la concubine Perle, est gracieuse et jolie. C'est une pure Mandchoue, appartenant à la Bannière rouge, fille d'un ancien vice-roi de Canton, devenu ministre des Rites. Elle a reçu une instruction avancée. Très intelligente, elle jouit d'une excellente mémoire et a une bonne connaissance de la littérature. Elle possède en outre de nombreux dons artistiques. Alors qu'elle avait douze ans, elle a été présentée à la cour, en même temps que sa sœur aînée, pour entrer au service de l'impératrice Cixi. Avec la perspective éventuelle de devenir concubine impériale. Au début, l'impératrice douairière se prend d'affection pour la fillette. Elle lui permet de continuer ses études et ses travaux de peinture.

L'aînée obtient le titre de Jin Fei (concubine de Jade), tandis que Zhen doit d'abord se contenter du titre de Zhenpin (Précieuse épouse), mais on l'appellera communément Zhen Fei. Jade est plutôt grassouillette et un peu stupide. Perle, en revanche, grâce à sa beauté, la vivacité de son esprit et ses talents, devient la favorite de l'empereur, qui la reçoit dans le pavillon de la Brillante Vertu. Cixi finit par prendre ombrage de leurs relations privilégiées. Elle en vient même à nourrir une jalousie féroce envers son ancienne protégée, entretenue à dessein par le grand eunuque Li Lianying. Quant à Xiaoding, inutile de préciser qu'elle n'apprécie guère l'inclination de son époux envers sa concubine, et elle a de quoi être jalouse.

Il se trouve que Zhen est passionnée de photo. Elle se plaît à se déguiser elle-même et à déguiser ses dames de compagnie en garçon, et à profiter de ces jeux pour organiser des séances de photos. Le Vieux Bouddha – comme on surnomme affectueusement Cixi, vieux voulant dire vénérable et avisé – est scandalisé par cette licence. Elle va jusqu'à ordonner à un eunuque de déposer des souliers d'homme dans le pavillon de la Brillante Vertu. Mais ce dérisoire complot destiné à compromettre Perle échoue lamentablement. Zhen est innocentée. Mais Cixi poursuivra désormais la concubine favorite d'une haine mortelle.

Il faut dire que Perle aggrave son cas en osant se mêler des affaires de l'État. Favorable à la réforme, elle ne se prive pas de conseiller son impérial compagnon en matière politique. Son rôle n'est pas négligeable dans l'engagement de Guangxu en faveur des tentatives de réformes menées par Kang Youwei lors des « Cent Jours ». Une raison supplémentaire de lui attirer la colère et la jalousie de l'impératrice douairière. Elle pousse l'empereur à s'impliquer davantage dans le gouvernement de l'Empire. Consciente de la supériorité des grandes puissances, elle lui conseille de recruter des instructeurs étrangers pour réformer l'armée, des conseillers non chinois pour améliorer le fonctionnement des rouages de l'État et des professeurs venus d'ailleurs pour enseigner les sciences modernes. Elle préconise également que des étudiants chinois soient envoyés en nombre dans les universités d'Europe, d'Amérique et du Japon, pour mieux les préparer à rendre à la Chine le rang et la puissance qu'elle mérite.

... Sur le dos d'un eunuque

Jin Yi, l'auteur des *Mémoires d'une dame de cour*, parle des relations privilégiées qu'entretient l'empereur Guangxu avec sa favorite, Zhen :
« L'empereur n'aimait que la compagnie de la concubine Zhen Fei. Selon les règles de la cour, par mesure de sécurité, une concubine appelée par l'empereur devait lui être menée nue, enveloppée dans un grand manteau noir. Un

eunuque la transportait sur son dos dans la chambre à coucher de l'empereur. On appelait cela *bei gong,* "entrer dans la chambre à coucher de l'empereur sur le dos". Le soir, l'eunuque présentait à l'empereur la liste des femmes disponibles. Ensuite, muni d'une lanterne, il allait chercher la dame choisie. Guidées par l'eunuque, deux suivantes escortaient la concubine dans la salle latérale du palais de l'empereur. Elle faisait sa toilette, se déshabillait, puis annonçait, d'une voix frêle : « Le désir de l'empereur sera exaucé. » L'eunuque la mettait sur son dos et l'emportait dans la chambre.

La plupart des femmes appelées par l'empereur étaient traitées ainsi, sauf la concubine Zhen Fei. Au lieu du *bei gong,* elle faisait le *zou gong,* « marcher dans le palais ». Elle était la compagne la plus intime de l'empereur. Il lui arrivait parfois d'appeler la concubine aimée sur son lieu de travail, ce qu'une dame ordinaire ne devait jamais accepter ! Zhen entrait, déguisée en homme : un manteau mandchou, la grosse tresse bien cachée dans le dos, un bonnet de perles sur la tête et des chaussures aux semelles épaisses, qui lui donnaient l'air d'un jeune lettré. Elle pouvait, habillée ainsi, prendre l'encrier de l'empereur et discuter avec lui. Mais elle n'avait pas le droit de parler de politique, seulement de poésie ou encore jouer aux échecs avec lui. C'était le statut le plus enviable d'une femme dans le palais. Seule la concubine Zhen Fei avait ce privilège. Même la maîtresse Longyu en était jalouse, raconte Jin Yi.

En août 1900, alors que les troupes des huit puissances alliées s'approchent de Pékin pour délivrer les légations étrangères assiégées par les Boxers, les événements se précipitent.

Le 9 août, le quinzième jour de la septième lune, de mauvaises nouvelles arrivent du Sud pour l'impératrice. Les forces chinoises ont été mises en déroute. Les étrangers approchent. Cixi songe à se réfugier à Jehol (Chengde), comme quarante ans auparavant, dans des circonstances analogues. Mais Jung Lu, le ministre des Armées, favorable à un compromis pour sauvegarder la paix, l'incite à rester à Pékin, même si les alliés entrent dans la ville.

Le 12 août, Jung Lu apporte de sinistres nouvelles à l'impératrice. La souveraine et son ministre pleurent. Cixi déclare qu'elle se suiciderait avec l'empereur plutôt que de quitter la capitale. Jung Lu la supplie de rester à Pékin et de donner une preuve de son innocence en faisant mettre à mort le prince Duan et ses complices, partisans des Boxers.

Le 14 août, la ville de Tongzhou tombe aux mains des forces étrangères. Celles-ci ne sont plus qu'à quelques kilomètres de Pékin. Un détachement de soldats coiffés de turbans campe déjà dans l'enceinte du temple du Ciel. Ce ne sont pas des mahométans de la province du Gansu, mais des troupes hindoues. Tout le monde conseille désormais à l'impératrice douairière de fuir Pékin, aussi vite que possible. L'empereur ne paraît pas trop affecté par les événements. À minuit, lors d'une réunion du Grand Conseil, décision est prise de partir, de quitter Pékin. L'impératrice ne veut pas prendre le risque de se retrouver en face des « diables étrangers » victorieux.

Le 15 août, Cixi se lève à l'heure du Tigre (trois heures du matin), après avoir pris une heure de repos. Elle revêt en hâte une vulgaire robe de paysanne de toile bleue. Pour la première fois de sa vie, elle se fait coiffer à la chinoise, afin de passer inaperçue. Elle a coupé ras ses ongles, qui atteignaient quinze centimètres de long. « Qui aurait jamais pu croire que nous en arriverions là ! » se lamente-t-elle. Elle oblige l'empereur à la suivre dans son exil. Celui-ci porte une pauvre robe de cotonnade noire. Il triture nerveusement une tabatière en or, dernier vestige des temps anciens. Trois voitures banalisées s'avancent dans la cour du palais, leurs cochers portent des tenues également ordinaires.

À trois heures et demie, les deux concubines sont appelées devant Sa Majesté. L'impératrice a décidé qu'elles ne les accompagneraient pas, elle et l'empereur, du moins dans un premier temps. La concubine Perle est présente, elle que Cixi déteste, comme on l'a vu, pour s'être toujours montrée très indépendante à son égard. Elle lui reproche entre autres choses d'oser s'entretenir de politique avec l'empereur et de trop l'accaparer. Perle a les cheveux tout défaits, qui tombent en désordre sur ses épaules. Son petit visage de papier mâché est mouillé de larmes.

Prosternée devant l'impératrice, elle a l'audace de soutenir que l'empereur doit rester à Pékin : « Quand le pays est en danger, la place de l'empereur est au milieu de son peuple. Un empereur qui fuit, c'est un pays déshonoré. Un souverain digne de ce nom ne doit pas déserter son palais. Je reste avec lui », lance-t-elle imprudemment et impudemment. Mais pas impunément. Car son attitude lui vaut cette réplique sans appel de Cixi, au comble de la fureur : « Alors, tu vas mourir, tout de suite, sous mes yeux. Les Occidentaux sont en train de pénétrer dans la ville. S'ils te maltraitent, cette honte rejaillira sur la famille impériale. Je ne veux pas courir le risque que la mémoire de mes ancêtres en soit offensée. »

Le temps presse, l'impératrice n'est pas d'humeur à discuter. Sans hésiter un instant, elle donne un ordre aux eunuques présents : « Précipitez cette petite misérable dans le puits ! » L'empereur, bouleversé, se jette à ses genoux, implorant sa faveur. Ses protestations n'y font rien, au contraire. Au comble de la colère, l'impératrice le prie de cesser ses vaines prières. « Qu'elle meure tout de suite, s'écrie-t-elle. Cela servira d'avertissement pour tous les enfants irrespectueux et pour ces *hsiao* [sorte de hibou] qui, lorsqu'ils ont grandi, crèvent les yeux de leur mère. »

Les deux chefs eunuques Li Lianying et Cui Yugui se saisissent alors de la favorite Zhen, ils la roulent dans un tapis et la précipitent dans un puits proche du Ningshou gong (palais de la Longévité paisible), où l'impératrice habite, au nord-est de la Cité interdite. (Un bâtiment qui abrite aujourd'hui une exposition de bijoux.) Cui Yugui recouvre le corps de l'infortunée concubine en jetant des pierres dans le puits.

L'empereur assiste à la scène, pâle comme un mort, impuissant, étranglé de fureur. Cixi lui dit sèchement : « Montez en voiture et baissez les stores pour qu'on ne vous reconnaisse pas. » Conservant tout son sang-froid, l'impératrice distribue des ordres et demande aux cochers de faire diligence et de ne rien dire si d'aventure les voitures sont arrêtées par les étrangers, se réservant de leur expliquer en personne qu'ils ne sont que de pauvres paysans, pressés de rentrer chez eux. Les membres de la maison impériale se prosternent et souhaitent longue vie à Leurs Majestés. Le convoi impérial prend le chemin du palais d'Été, quittant la Cité interdite par la porte Nord et les murs de Pékin par celle de la Paix terrestre. Une voiture emporte l'impératrice en compagnie du grand eunuque, Li Lianying, qu'elle a fait monter à ses côtés ; la seconde transporte l'empereur Guangxu et une autre emmène l'impératrice Xiaoding.

Ainsi commence l'odyssée de l'empereur et des impératrices, qui les mènera jusqu'à Xi'an, après bien des péripéties. Mais ceci est une autre histoire...

Au retour de son exode à Xi'an, travaillée par sa mauvaise conscience, Cixi fera publier un décret célébrant la vertu et le courage admirables de la défunte concubine, « qui a préféré se suicider plutôt que d'assister à la profanation et à la destruction des sanctuaires ancestraux » ! Elle va même jusqu'à conférer les honneurs posthumes à la concubine Zhen, l'élevant du rang de *fei* (épouse secondaire) à celui de *huang kuei fei* (honorable épouse impériale), lui octroyant en outre le titre de Respectueuse et Obéissante ! La version officielle du drame voudra désormais que, laissée par mégarde en arrière au début de la « tournée d'inspection à l'Ouest » (la fuite à Xi'an), Perle se soit suicidée de chagrin et d'effroi. Un « suicide patriotique » en quelque sorte ! Par ces gestes, l'impératrice douairière espère sans doute se laver de l'accusation de meurtre.

À la veille d'« enfourcher le Dragon [mourir] », en 1908, Guangxu aura encore la force d'adresser une dernière requête à sa terrible tante. Elle concerne la mémoire de la seule femme qui ait réussi à adoucir sa malheureuse existence, Zhen, la concubine Perle. Celle qui a été assassinée sur ordre de Cixi au matin de la fuite hors du palais impérial, le 15 août 1900. L'empereur agonisant en veut particulièrement à l'eunuque Cui Yugui. Il reproche à l'eunuque d'avoir constamment dénigré Perle auprès de l'impératrice, et par là d'être le principal responsable du geste meurtrier de Cixi. Et aussi de s'être moqué de son chagrin. Guangxu, qui n'a ni oublié, ni pardonné sa conduite, entend se venger, à l'heure de sa mort, de celui qui lui a fait tant de mal. Il supplie le Vieux Bouddha (Cixi) de chasser Cui du palais et de confisquer tous ses biens. Le chef eunuque sera un temps expulsé du palais, mais cela ne l'empêchera pas de couler une vieillesse heureuse dans un temple.

Le successeur de Guangxu, Xuantong, dit Puyi, se fera un devoir de restituer plus tard tous ses titres à la valeureuse concubine Zhen, qui se trouvera ainsi définitivement réhabilitée. Le corps de Perle avait été extrait du puits où il avait été enseveli, un an après son assassinat. Ses restes seront incinérés dans un champ de la banlieue ouest de la ville. Ses cendres rejoindront par la suite les tombes des concubines impériales, non loin du mausolée de Guangxu, parmi les tombeaux des Qing.

La concubine Perle était âgée de vingt-cinq ans. Le puits où elle a été précipitée existe toujours. Une petite plaque, à peine visible, commémore l'événement. Parfois, des touristes chinois s'attroupent autour du puits et cherchent à comprendre comment les eunuques ont pu réussir à jeter Zhen à travers une ouverture aussi étroite.

Chapitre 14

Les 55 jours de Pékin

Le siège de Pékin, lors de l'été 1900, avec la révolte des Boxers, est un événement considérable dans l'histoire de la Chine moderne. Cette page héroïque de notre propre histoire a suscité de nombreux livres, en anglais et en français (et aussi en allemand), des livres d'histoire, mais surtout des témoignages intensément vécus par leurs auteurs. Parmi les ouvrages en français, on peut retenir le récit du lieutenant de vaisseau Eugène Darcy, *La Défense de la légation de France*, et celui du ministre de France à Pékin, Stephen Pichon, *Dans la Bataille*, sans oublier, bien entendu, le plus célèbre d'entre eux, celui de Pierre Loti, *Les Derniers Jours de Pékin*.

Il en est un cependant, moins connu que les précédents, qui est à la fois passionnant et instructif. Le médecin-major de l'armée coloniale Jean-Jacques Matignon consacre une bonne centaine de pages à la défense de la légation de France de Pékin dans son ouvrage *Dix Ans au pays du Dragon*, publié en 1910. Écrit sur un ton alerte, non dénué d'humour et d'ironie, ce récit émouvant a le mérite de la franchise. Il analyse avec objectivité et une certaine hauteur de vue les responsabilités de l'Occident dans cette affaire. Il ne se prive pas de juger avec sévérité la conduite de certains acteurs de ce drame – en particulier les diplomates – ainsi que les erreurs commises par les défenseurs.

Jean Mabire fait le portrait de ce valeureux personnage : « Le Dr Jean-Jacques Matignon surprend d'abord par son air maladif. Il a le teint jaunâtre, les yeux charbonneux et ses os tendent sa peau cireuse à la faire éclater ; une barbiche en pointe, d'un noir intense, évoque quelque Méphistophélès pour théâtre de province. Il se coiffe toujours d'un feutre à larges bords de gaucho de la pampa argentine. Mais ce vieux colonial, que son foie doit tourmenter, se révèle vite un guide incomparable au milieu de l'imbroglio asiatique. »

Matignon écrit d'emblée à propos de ce siège « poignant » et « aujourd'hui légendaire », qui donnera à la presse européenne dans son ensemble l'occasion de dénoncer le « Péril jaune », une formule fabriquée par le Kaiser Guillaume II pour dénoncer les Asiatiques détestés :

« Le siège des légations est un événement unique dans les annales du monde : l'Europe en suivit pendant deux mois les phases hypothétiques avec une anxiété croissante. Les jalousies diplomatiques se turent devant l'immensité du danger. Un accord laborieux entre les grandes nations essaya de conjurer un massacre effroyable. En France, même les partis désarmèrent ; on en oublia presque l'Exposition. [l'Exposition universelle de 1900, à Paris.] »

La capitale du Fils du Ciel est donc le lieu du drame. L'action se situe dans un cadre majestueux et imposant, dans une ville encore mystérieuse pour les Occidentaux, à l'autre bout du monde, difficile d'accès et peu fréquentée par les touristes. La ville de Pékin est constituée de cités carrées et rectangulaires qui se jouxtent et s'emboîtent. Au Nord, la ville tartare, ceinte de hauts murs de quatorze mètres et de douze à la base, d'un périmètre de treize kilomètres, et percée de neuf portes surmontées de puissants bastions. Au centre de cette ville tartare se dresse, rappelons-le, la ville impériale, entourée d'un mur couronné de briques rouges vernissées, où stationnaient autrefois les troupes mandchoues et alors occupées par des commerçants et des habitants aisés. Tout près de la porte Ouest de cette cité, se trouve l'évêché, le Pétang (Beitang), qui soutiendra également un siège mémorable. Cette ville impériale en renferme une autre, la Cité pourpre (ou violette), autrement dit la Cité interdite, le palais impérial et ses dépendances, protégés par un large fossé rempli d'eau et une forte muraille crénelée.

Au Sud, la ville chinoise communique avec la ville tartare par trois portes, celle du milieu, Qianmen, étant réservée à l'empereur. À noter que les deux villes sont reliées par un canal, la rivière de Jade, laquelle part du palais, traverse le quartier des légations et franchit, au moyen d'un tunnel, la muraille de la cité tartare. Les légations, enserrées entre le mur Sud de la ville tartare et le mur Sud de la ville impériale, ne forment pas un quartier au sens propre du mot, mais elles sont toutes situées dans un même périmètre de la ville tartare (sauf celle de Belgique) et séparées par des maisons chinoises. Voilà pour la disposition des lieux.

Dans le quartier des légations vivent cent cinquante à deux cents étrangers, appartenant à une douzaine de nations : personnel diplomatique, services des douanes impériales, banques et aussi les nombreux missionnaires catholiques et protestants, avec leurs enfants. Depuis peu Pékin est d'un accès plus facile, avec la voie ferrée qui la relie à T'ien-tsin, en moins de trois heures.

Au début de l'année 1900, tout le monde s'accorde à dire que la Chine s'ouvre à la civilisation occidentale. Et pourtant, elle est en train de se fermer. Depuis deux ans, en effet, un mouvement à la fois xénophobe et antichrétien gagne du terrain en Chine du Nord. Il se traduit par des massacres de missionnaires et de chrétiens indigènes, les chrétiens symbolisant l'étranger, responsable aux yeux des insurgés des innovations néfastes en Chine. C'est la révolte des Boxers, née dans le Shandong, à la suite d'une succession de calamités naturelles (famines, sécheresses, inondations, épidémies de diphtérie) et de taxations diverses. Cette révolte paysanne est renforcée par les victimes des entreprises modernes récemment installées, qui ont privé de ressources tout un petit peuple de bateliers et d'artisans.

Les Boxers (ils doivent ce qualificatif à leur pratique chorégraphique des arts martiaux, le kung-fu) sont persuadés de leur invulnérabilité. Les Occidentaux ont eu beau jeu de jeter l'anathème sur cette société secrète composée d'illuminés violents, coupables de massacrer des chrétiens innocents et d'incendier, outre les églises, les écoles et les hôpitaux dépendant des missions. Leur mouvement incarne en vérité le patriotisme chinois naissant, « avec toute l'intransigeance d'un nationalisme aveugle, étroit, farouche, mais parfaitement légitime », plaide le Dr Matignon. Lequel ajoute : « Cet éveil du patriotisme s'est produit par les fautes accumulées des nations civilisées. C'est parce que nous n'avons pas compris les Chinois, que nous avons cru que ce peuple doux, somnolent, passif, pouvait sans regimber, surtout après la victoire japonaise de 1894, accepter toutes les innovations, toutes les humiliations, que nous nous sommes laissé entraîner plus loin et plus vite que nous n'aurions dû l'être. »

Autrement dit, le médecin de la légation de France avoue comprendre la révolte des Boxers, les Occidentaux ayant eu le tort de bousculer trop rudement une nation figée « depuis vingt siècles dans un état d'immobilisme qui fait d'elle un spécimen unique de paléontologie sociale ». Et ceci, en voulant lui imposer à marche forcée et à toute vapeur des télégraphes, des chemins de fer, des instructeurs militaires, sans oublier les idées européennes. Sans omettre surtout que les puissances occidentales (l'Allemagne, l'Angleterre, la Russie, la France et le Japon) se sont rendues coupables les années précédentes d'un nouveau dépeçage en règle du territoire chinois. En 1897, les Allemands se sont installés à Qingdao, au Shandong ; en 1898, les Anglais ont fait la même chose, au Shandong également, tandis que les Russes prenaient possession de Port-Arthur (Dalian). Ces coups de force exacerbent le nationalisme et la xénophobie des Chinois, toutes catégories confondues, nourrissant les haines accumulées depuis un bon demi-siècle contre les étrangers. « À la porte les étrangers ! Mort aux barbares ! », tels sont les cris de ralliement des insurgés.

À l'exception de quelques-uns d'entre eux, dont Jean-Jacques Matignon et Mgr Favier, l'évêque catholique de Pékin (lazariste), les étrangers en poste à Pékin refusent de prendre conscience du danger.

Et pourtant, ils devraient être au courant de l'évolution du rapport de force qui divise la cour impériale. Avec d'un côté le prince Qing, qui représente l'élément modéré, plutôt ami des Européens, ainsi que, dans une moindre mesure, le général Jung Lu, relativement favorable aux étrangers. Et de l'autre, le prince régent Duan, père de l'héritier présomptif du trône, un fanatique borné, chef de file du clan xénophobe, qui vient d'évincer le prince Qing du Tsongli Yamen (le ministère des Affaires étrangères). Sans oublier le général de religion musulmane Tong Fu Song, particulièrement fruste, très hostile également aux « diables étrangers ». Le général musulman Ton-Fou-Sian, qui commande les troupes régulières, fera alliance avec les Boxers. Quant à l'impératrice douairière Cixi, elle favorise en sous-main la révolte des insurgés.

Le prince Duan doit sa toute nouvelle puissance à des circonstances particulières. L'impératrice, constatant que l'empereur Guangxu ne pouvait pas avoir d'enfants et que l'empire restait ainsi sans prince héritier, a nommé un adolescent de treize ans, fils du prince Duan, héritier présomptif du trône. Trop jeune pour régner, il devra attendre sa majorité. C'est ainsi que l'impératrice peut continuer à assumer la régence avec le père de l'adolescent. Mgr Favier dit tout le bien qu'il pense du prince régent : « Le prince Duan avait été jadis exilé de la cour pendant trente-cinq ans. Il s'était exilé en

Mandchourie, emportant avec lui la haine du gouvernement établi, la haine de l'impératrice, la haine de l'empereur. Ce prince, revenant au pouvoir, avait rapporté dans son cœur cette haine atroce, on pourrait presque dire diabolique, contre tout ce qui s'était fait depuis 1860... Il était, pour ainsi dire, en retard de trente-cinq ans ! Or, c'est pendant ce temps que les progrès, que les réformes se sont faits en Chine, ainsi que les chemins de fer, que l'impératrice a fait des concessions en faveur de la religion. »

29 mai 1900

La voie ferrée Pékin-T'ien-tsin est mise hors d'usage et les Boxers investissent la capitale. Les détachements français, anglais, allemand, américain, russe, italien et japonais ne comptent que quatre cents fusils, avec une mitrailleuse autrichienne, un petit canon italien et cinq cents obus russes... sans canon, le commandant russe l'ayant oublié sur le quai de la gare de T'ien-tsin.

« Ce n'est pas quatre cents, mais quatre mille hommes qu'il nous faudrait à Pékin », constate, inquiet, Mgr Favier.

31 mai

Le capitaine de vaisseau Darcy, lequel va prendre le commandement de la défense de la légation de France, arrive en renfort avec sa modeste troupe de soixante-quinze Français. M. Pichon, le ministre de France, quoique prévenu de son arrivée, n'est pas là pour l'accueillir, ayant préféré aller dîner en ville. À son retour, tard dans la nuit, pressé d'aller se coucher, l'ambassadeur lui dit en bâillant : « Nous parlerons demain. Tâchez de trouver un matelas, je n'ai pas de lit à vous offrir. »

Les Français ne pourront donc compter que sur ce petit contingent de soixante-quinze fusiliers marins, venus de Saigon à bord des croiseurs *Descartes* et d'*Entrecasteaux*. Trente d'entre eux, avec l'enseigne de vaisseau Paul Henry, sont affectés à la défense du Beitang, où se trouvent trois mille chrétiens, regroupés par Mgr Favier. Quelques jours auparavant, le contre-amiral Courrejolles, commandant la division navale française d'Extrême-Orient, a refusé de prêter un canon, sous prétexte que les rues de Pékin sont en si mauvais état que les roues de son engin risqueraient de s'y abîmer !

> Un diplomate d'occasion
>
> Stephen Pichon, l'ambassadeur de France, n'a jamais pris la mesure du danger, malgré les avertissements de Mgr Favier, l'évêque de Pékin, bien placé pour apprécier l'aggravation de la situation. Il est vrai que sa formation et ses origines ne le prédisposent pas à écouter un prélat catholique.
>
> Âgé de quarante-trois ans, ce diplomate amateur, radical, franc-maçon, anticlérical, sera contraint par les événements de prendre la défense des intérêts catholiques en Chine... Son inertie, son manque de caractère et son inexpérience feront que, même si la France est le pays le plus impliqué, l'âme de la résistance sera ailleurs pendant le siège, du côté de l'ambassadeur de Grande-Bretagne, l'Écossais sir Claude Mac-Donald, surtout remarquable pour sa fine et longue moustache.
>
> Pour les diplomates en poste à Pékin, M. Pichon ne fait pas partie du sérail. Journaliste, il a été parachuté à l'ambassade de France à Pékin grâce à son grand ami Georges Clemenceau. Plus tard, en 1917, il deviendra ministre des Affaires étrangères du gouvernement Clemenceau, tout en restant directeur du *Petit Journal*, un des quatre grands quotidiens parisiens. En 1918, sur ordre de Clemenceau, il chassera de la rédaction Albert Londres, coupable de faire preuve d'indépendance d'esprit.

9 juin

Les nouvelles deviennent alarmantes. L'impératrice douairière Cixi et l'empereur Guangxu quittent le palais d'Été et rentrent à Pékin. Le prince Duan, oncle de l'empereur et chef du parti xénophobe, parle en maître dans les conseils impériaux. Les légations s'attendent à une attaque imminente des Boxers, aidés des troupes régulières chinoises, sous les ordres du général chinois de religion musulmane, Tong Fu Song. Le corps diplomatique se réunit à la légation de France pour décider de la conduite à tenir. Se rangeant aux arguments du ministre d'Allemagne, le baron von Ketteler, les diplomates décident de rester à Pékin.

10 juin

Le ministre de France, Stephen Pichon, reçoit un télégramme du consul général de France à T'ien-tsin, M. du Chaylard, annonçant que l'amiral anglais sir Edward Seymour, commandant la flotte britannique d'Extrême-Orient, marche à la tête d'une colonne de secours, avec quinze cents hommes. Ce sera la dernière nouvelle du monde extérieur que les assiégés recevront, le fil du télégraphe étant désormais coupé. Jusqu'au 17 juillet, pendant trente-sept jours, ils seront coupés du monde et également du Beitang, de l'évêché, qui n'est qu'à trois kilomètres.

11 juin

Dans la soirée, le chancelier de la légation du Japon est massacré. Le marquis Sugiyama se rendait à la gare pour y accueillir, espérait-il, des compatriotes envoyés en renfort. Des soldats musulmans chinois ouvrent la portière du véhicule, se saisissent du Japonais et le frappent sauvagement. Il est encore vivant quand un de ses assaillants lui ouvre la poitrine pour en arracher le cœur. Triomphant, il court porter le trophée à son général. Pour la première fois, des réguliers chinois ont porté la main sur un diplomate occidental.

13 juin

L'attente de la fameuse colonne Seymour se fait de plus en plus pressante. Les assiégés ignorent que celle-ci a été contrainte à une pénible retraite sur T'ien-tsin, après avoir été attaquée en rase campagne par les soldats réguliers chinois et des nuées de Boxers. Soudain, dans l'après-midi, les Boxers attaquent le quartier défendu par les Français. Cette première escarmouche sème la confusion dans les rangs, des volontaires trop zélés s'étant placés entre les Boxers et les matelots, mettant ces derniers dans l'impossibilité de tirer. La poudre désormais a parlé. Les fusils ne se tairont que soixante-deux jours plus tard. La cathédrale catholique de l'Est est incendiée. Parmi les victimes, le père Garrigues et trois cent cinquante de ses fidèles.

Il est temps que les assiégés organisent sérieusement leur défense. Des barricades légères sont dressées en hâte avec des charrettes renversées et des madriers. Des fils de fer sont tendus au travers des rues.

Les jours suivants, les Boxers donnent « le spectacle gratuit d'incendies superbes ». Tout flambe dans Pékin, les églises, les chapelles, les maisons des chrétiens, les hôpitaux, les dispensaires, les écoles, les boutiques d'importation étrangères, et aussi le grand quartier commerçant de la ville chinoise. Un millier de maisons sont réduites en cendres. Tout cela parce que les Boxers ont mis le feu à deux petites boutiques d'horlogers chrétiens chinois. Attisé par le vent du Sud, l'incendie s'est propagé jusqu'à la porte Qian (Qianmen) dont les bastions flambent. Du haut des remparts, le Dr Matignon assiste à « cet imposant et poignant spectacle ».

17 juin

Dans la nuit du 17, les assiégés ont droit à une grande frayeur. Dix à quinze mille « énergumènes », excités par les Boxers, hurlant *Châ-châ* (Mort aux étrangers), *Cho-cho* (Incendions leurs maisons), traversent la ville chinoise et longent la muraille de la ville dans l'espoir d'en forcer une porte et d'envahir le quartier des légations. Mais sur ordre supérieur, l'agitation se calme.

Le Dr Matignon déplore la grave erreur commise par l'ambassadeur de France. Su-tong, précepteur de l'empereur et l'un des principaux chefs du mouvement xénophobe, habitait près de la légation. Il devait demander un sauf-conduit pour sortir de chez lui. Un matin, alors qu'il tentait de se faufiler au palais, il est arrêté par les sentinelles françaises et le capitaine Labrousse. M. Pichon ordonne de le relâcher, se privant ainsi d'un précieux otage, susceptible de calmer la fureur des Boxers. Matignon regrette amèrement qu'il n'ait pas été désobéi à l'injonction de M. Pichon.

Ce jour-là, un des plus horribles, des Boxers ivres de carnage et de sang déferlent sur le cimetière chrétien de Chala, qui abrite les restes des missionnaires Ricci, Schall et Verbiest. Ils le pillent, brisent les marbres et les stèles, démolissent les caveaux, concassent les ossements, jettent les cendres au vent. Ils massacrent les femmes et les enfants dans une furie sanguinaire après d'indicibles outrages et les jettent pêle-mêle dans un puits, avant d'incendier les bâtiments.

19 juin

Les événements se précipitent. Le gouvernement chinois rompt les relations diplomatiques avec les puissances étrangères et invite leurs ressortissants à quitter Pékin dans les vingt-quatre heures, à destination de T'ien-tsin, sous escorte chinoise. Désormais, il est clair que la Chine est officiellement en guerre avec l'Europe, l'Amérique et le Japon.

Partir ? Sur les onze ambassadeurs, deux se déclarent aussitôt prêts à céder à l'ultimatum, le ministre des États-Unis, Edwin Conger, et Stephen Pichon. Or il se trouve que l'ambassadeur de France est statutairement le protecteur des missions catholiques en Chine. Pichon est donc prêt à abandonner Mgr Favier, les missionnaires et les chrétiens chinois à la furie des Boxers. Pour Matignon, partir est une folie insigne ! Imaginez, explique-t-il, un exode de centaines d'Européens, suivis de deux mille à trois mille chrétiens indigènes, parcourant les cent vingt kilomètres qui séparent Pékin de T'ien-tsin, à travers des territoires infestés de Boxers ! Ce serait courir au suicide... Le baron von Ketteler, le ministre d'Allemagne, prévient : « Si vous quittez Pékin, vous serez massacrés en route. Un guet-apens est prémédité ! »

20 juin

Von Ketteler a raison. Le corps diplomatique décide, dans un beau mouvement, de se rendre au Tsongli Yamen, le ministère chinois des Affaires étrangères. Le baron allemand se propose d'aller en personne porter la réponse, négative, des étrangers au gouvernement chinois concernant leur départ. Il part seul, avec son interprète et ses domestiques chinois. Dix minutes plus tard, il est tué à bout portant dans son palanquin par un soldat. Un de ses domestiques revient en catastrophe annoncer la nouvelle : « On vient de tuer mon maître ! » Matignon écrit que l'attentat « parut si monstrueux et si effrayant que nous hésitâmes tout d'abord à y croire ». Les diplomates continuent de se bercer de douces illusions sur la volonté du gouvernement chinois d'éviter le pire.

Le soir même, un escadron de cavaliers déboule devant les légations et tire quelques balles. Les Autrichiens abandonnent leur ambassade et entraînent dans leur retraite les volontaires de la Douane, qui se replient sur la légation de France. Celle-ci se retrouve désormais en première ligne. La barricade de la rue de la Douane est assaillie. Les matelots se défendent. L'un d'eux, Juliard, reçoit une balle en plein front. Il est le premier Français à être tué.

Désormais aux côtés des Boxers, l'armée régulière chinoise est maintenant en guerre ouverte contre le corps diplomatique, assiégé dans ses légations. Jusqu'au 14 août, quatre cents matelots et une cinquantaine de volontaires vont devoir résister à dix mille hommes de troupes, armés de canons Krupp et de fusils à répétition, largement approvisionnés en vivres et en munitions.

C'est ce qu'on appelle les 55 jours de Pékin.

Si le 20 juin, les Chinois, bien commandés et plus déterminés, avaient résolument attaqué les alliés occidentaux, ils en auraient facilement eu raison. Si le 20 juin, d'un autre côté, les assiégés avaient su que la fameuse colonne de l'amiral Seymour n'arriverait jamais à Pékin et que les troupes de secours se feraient attendre encore près de deux mois, le découragement aurait été tel que rien de concret n'aurait été entrepris pour organiser plus efficacement la défense des légations.

La légation d'Angleterre est considérée comme le dernier réduit, car elle est mieux protégée et plus facile à défendre que les autres. Surpris par les événements, les défenseurs n'ont rien prévu sur le plan militaire. Chaque chef de détachement n'en fait qu'à sa tête, ou se contente de suivre les consignes de son ministre, ce qui est pire encore. Aucune idée d'ensemble, pas de plan général concerté ! Des postes s'établissent au petit bonheur, sans se soucier de pouvoir prêter assistance au voisin. Un plan d'ensemble des positions respectives ne sera même pas établi ! Les assiégés commettront donc des erreurs et c'est miracle qu'ils aient survécu.

Des travaux de défense sont cependant entrepris, des barricades dressées, bien fragiles pour résister aux assauts des fantassins.

22 juin

La légation d'Italie est vivement attaquée par les Chinois. Les Français se portent à son secours. Les balles sifflent à leurs oreilles, tandis qu'ils parcourent au pas de course la rue des Légations. Le Dr Matignon, pour qui c'est le baptême du feu, se fait tout petit. Il espère que ceux qui l'accompagnent ne s'apercevront pas trop qu'il est mort de peur ! Mais que celui qui n'a jamais eu peur en allant au feu lui jette la première pierre, plaide-t-il ! De retour à leur légation, les défenseurs français confectionnent un drapeau, fait d'un morceau de robe domestique pour le bleu, d'une serviette pour le blanc et d'une pièce d'andrinople prise dans le laboratoire de photographie du docteur pour le rouge. Ce drapeau improbable est hissé au sommet d'un mât, pour bien montrer aux Chinois la détermination des Français, et les narguer par la même occasion.

Après la légation d'Autriche et la Douane, c'est la légation d'Italie qui doit être abandonnée. Du coup, la légation de France se retrouve en pointe d'avant-garde au Sud-Est. Pendant cinquante jours, elle sera la cible principale des Chinois. M. Pichon n'y réside plus. Comme les autres ambassadeurs, il s'est réfugié à la légation d'Angleterre, dès les premiers coups de fusil. Matignon regrette que plusieurs membres de l'ambassade, qui auraient pu faire le coup de feu utilement, aient préféré la relative tranquillité de la légation d'Angleterre, alors que des volontaires étrangers sont venus prêter main-forte à nos matelots.

La légation française n'est alors défendue que par quarante-cinq fusiliers marins, vingt matelots autrichiens et une quinzaine de volontaires français, suisses, belges et autrichiens. Les officiers français sont au nombre de quatre, Darcy, Herber, Labrousse et Matignon. Cinq officiers sont autrichiens, dont le capitaine de frégate Thomann von Montalmar, commandant d'un cuirassier autrichien, qui était resté bloqué à Pékin.

Une héroïne autrichienne

Cette petite troupe cosmopolite vit en parfaite harmonie, avec pour marraine une femme extraordinaire, Mme de Rosthorn, la séduisante épouse du chargé d'affaires de la légation d'Autriche-Hongrie. Baptisée la « Fée de la Défense », elle devient la providence active des blessés et des malades. Mme de Rosthorn a demandé à quitter la légation d'Angleterre et à rejoindre son mari, le jeune Arthur von Rosthorn, qui s'est porté volontaire pour défendre la légation de France. Présente sur les barricades, elle sera blessée à la tête par des éclats de briques et sérieusement brûlée aux jambes, au visage et aux mains, sans jamais se départir de sa bonne humeur. Pierre Loti lui rend un vibrant hommage dans *Les Derniers Jours de Pékin* : « Une femme était là avec eux, charmante et jeune, cette Autrichienne, à qui il faudrait donner une de nos plus belles croix françaises. Seule au milieu de ces hommes en détresse, elle gardait son inaltérable gaieté de bon aloi ; elle soignait les blessés, préparait de ses propres mains le repas des matelots malades. Et puis elle s'en allait charrier des briques et du sable pour les barricades, ou bien faire le guet du haut des toits. »

La légation est vaste, mais ses défenseurs préfèrent se regrouper, par souci d'efficacité. La chapelle est transformée en dortoir, où les officiers dorment tout habillés, et seulement d'un œil, sur de vieux divans. Les premiers jours du siège, tous ont fait bombance, « une noce à tout casser d'enfants prodigues ». Après l'évacuation de la légation par le ministre et son entourage, les défenseurs ont en effet procédé à une exploration en règle des locaux abandonnés. Ils ont alors découvert la chambre aux provisions, où Mme Pichon avait accumulé des trésors gastronomiques, petits pois, asperges, truffes, cèpes, fruits confits, etc. Même chose pour la cave de M. Pichon. Pour qu'elle ne tombe pas aux mains de l'ennemi, n'est-ce pas, le bourgogne, le bordeaux et le champagne coulent à flots, jusqu'à épuisement des stocks. La table des Français a la réputation d'être royale auprès des légations voisines.

Ces plaisirs ne durent qu'un temps. En attendant Seymour... Au bout de trois jours, il faut se rabattre sur le ragoût de cheval, l'eau saumâtre et le pain noir. La table des Français devient franchement mauvaise. Mais à défaut de vin, assure Matignon, l'esprit y coule à flots ! Il est vrai que Paul Pelliot, le savant sinologue, archéologue et interprète (chargé par le gouvernement de l'Indochine d'une mission archéologique), s'improvise « chef de gamelle ». Son esprit inventif et ses trouvailles culinaires font merveille. Le « Vatel de la légation » parvient à améliorer l'ordinaire, avec « du cheval, encore du cheval, toujours du cheval ».

Les attaques des Chinois se font cependant de plus en plus violentes et de plus en plus fréquentes, de jour comme de nuit. Ils tirent comme des fous. Ils allument des incendies dans les maisons avoisinantes pour forcer les Français à reculer et les prendre à revers. Le cri « Aux armes ! » retentit six fois par jour. Les défenseurs sont sur un qui-vive perpétuel. Pas de repos possible ! Les Chinois installent des batteries sur la muraille et sur les portes qui surplombent la légation.

28 juin

L'espace défendu par les Français et leurs compagnons matelots et volontaires étrangers s'est restreint. Ils sont obligés de se retirer derrière les murs du parc de la légation, une bien faible protection. La situation devient critique. Les défenseurs sont enserrés de trois côtés, au Sud, au Nord et à l'Est. Plus question de passer la tête derrière le mur d'enceinte. Car c'est ainsi que l'aspirant Herber, un jeune officier, adoré et respecté de tous, a trouvé la mort. Et aussi le second maître Le Gloanec, un valeureux matelot, également apprécié de tous, et en particulier de son supérieur, M. Darcy, son ami breton. Les assiégés se font terrassiers, maçons, sapeurs. Les Chinois installent deux canons Krupp à cent cinquante mètres de leurs positions. Lors d'une attaque, les murs cèdent en trois endroits. Mais une fusillade nourrie accueille les assaillants. Les assiégés en sont réduits à abreuver l'ennemi des pires injures, « œufs de tortues ! poissons pourris ! », qui se révèlent cependant inopérantes pour démoraliser l'adversaire. En revanche, ils parviennent à saisir les conversations des assiégeants, lesquels se trouvent à moins de six mètres, des propos qui ne leur donnent pas envie de capituler. « Car ces bons Célestes s'entretenaient souvent de la sauce à laquelle ils nous accommoderaient si jamais nous tombions en leur pouvoir... La perspective d'être pris par les Chinois, torturés savamment, rôtis, empalés, écorchés vifs : autant de conjectures qui peuvent faire tristement réfléchir même les hommes les plus crânes », reconnaît le Dr Matignon.

Tout à leur combat sans répit, ceux qui risquent leur vie – et qui sont alors presque certains d'être tués si le siège se prolonge – n'ont pas le temps d'avoir des états d'âme. Il n'en va pas de même à la légation d'Angleterre où sont réfugiés la plupart des Européens. L'incertitude et l'attente angoissante du lendemain font qu'on s'y chamaille, qu'on y dit du mal de ses voisins, qu'on y critique ceux qui font quelque chose, « tant le fond d'égoïsme est grand au cœur de l'homme », déplore Jean-Jacques Matignon. Ce dernier fustige « ces malheureux, affolés, inconscients et incapables de raisonner », qui auraient voulu voir les soldats les entourer derrière les murs de la légation britannique, alors que, réduite à elle-même, celle-ci n'aurait pas tardé à succomber. Darcy, Matignon et leurs camarades résistent donc aux pressions qui veulent leur faire abandonner la place.

Début juillet

L'état de la légation de France fait peine à voir. Elle est presque en ruine. Les superbes collections de porcelaines, récemment installées par M. Pichon, ont été pulvérisées. Mais ceci n'est rien, car un grand danger menace. Les défenseurs savent que les Chinois sont en train de creuser des couloirs de mines sous leurs pieds, ils les entendent travailler jour et nuit. Ils regrettent le canon refusé par l'amiral Courrejolles, dont la présence aurait pu changer les conditions du siège.

8 juillet

Le commandant autrichien Thomann von Montalmar, si aimable envers tous et si courageux, et qui parlait admirablement le français, est tué.

10 juillet

La légation n'est plus que ruines. Le nombre des défenseurs diminue rapidement. La viande de cheval ou de mule commence à manquer, les équidés crevant peu à peu. Plus de légumes, pas de sel, de l'eau plus ou moins souillée et puante.

12 juillet

Un des défenseurs volontaires, Paul Pelliot, un grand gaillard aux yeux clairs, s'empare d'un drapeau ennemi. On lui reproche vivement ce fait d'armes à la légation d'Angleterre, car cela risque d'exciter les Chinois ! Comme si cet acte de bravoure et de défi pouvait encore aggraver les choses... Certains auraient voulu que les défenseurs se comportent comme la police en France face aux émeutiers, c'est-à-dire recevoir des coups, mais sans riposter, grince le Dr Matignon.

Vendredi 13 juillet

C'est le jour le plus dramatique du siège. La journée commence calmement, ce qui ne laisse augurer rien de bon. Vers six heures du soir, les sonneries lugubres de trompettes chinoises retentissent. Des drapeaux s'agitent derrière les murs. Une fusillade nourrie s'engage au Nord-Est, secteur défendu par le capitaine Labrousse. Le canon gronde au Sud. Soudain, une détonation sourde, accompagnée par une sorte de tremblement de terre, se fait entendre. Des toitures s'écroulent. Un épais nuage de poussière obscurcit le ciel. Des voix s'élèvent : « La mine, la mine ! » Dix secondes plus tard, nouvelle explosion assourdissante. Affolement dans les rangs ! Le commandant Darcy sort miraculeusement indemne des décombres. Il rassemble ses hommes et tous battent en retraite vers une tranchée-abri qui coupe le parc en deux, et que vient d'achever un ingénieur, un volontaire, M. Bartholin. On se compte. Beaucoup manquent à l'appel. Mais peu à peu les survivants rallient la tranchée. Manquent le quartier-maître Pesqueur et le matelot Bougeard. (On retrouvera leurs corps quarante jours plus tard, les Chinois leur ayant enlevé la tête.)

Au moment de l'explosion, l'ennemi attaque et pénètre dans la légation. Pendant deux heures, tapis dans la tranchée, les défenseurs subissent un terrible feu de mousqueterie. Les Chinois tiennent maintenant un quart de la légation. Les assiégés s'attendent à un assaut général pour le lendemain à l'aube. Une triste Fête nationale en perspective.

14 juillet

Tout le monde a passé la nuit dans la tranchée. Ce jour-là, les défenseurs s'attendent au pire. Ils ne sont pas assez nombreux pour résister à un assaut coordonné. Le commandant Darcy a pris toutes les dispositions pour organiser la résistance et se préparer à une fin honorable... Les magasins des fusils Lebel ont reçu leurs huit cartouches, pour faucher au plus près les assaillants. L'angoisse est vive également à la légation d'Angleterre. Le dernier acte du drame paraît se jouer dans le parc de la légation de France. On pressent la catastrophe finale.

Mais rien ne se passe ! En ce 14 juillet, les Chinois, retranchés dans les ruines de la légation, ne bougent pas. Les défenseurs reprennent espoir et confiance. Ils ont déjà tenu trois semaines, pourquoi ne tiendraient-ils pas encore dix, quinze jours ? Des renforts finiront par arriver du Tonkin, des Philippines ou du Japon.

Les Français assiégés peuvent cependant fêter le 14 juillet, à leur façon. Dans une tranchée, sans drapeaux ni fanfare, sans revue de troupes ni discours, sans remise de décorations (même si certains d'entre eux les méritent amplement). Ils célèbrent même la Fête nationale d'une « façon somptueuse ». Et ceci grâce à M. Chamot, un citoyen helvétique, propriétaire de l'hôtel de Pékin, situé dans le quartier des légations. Auguste Chamot, sans que personne ne lui demande rien, s'est improvisé grand responsable du ravitaillement des assiégés. Ce « génial et providentiel intendant » leur a permis de manger du veau et du pain blanc.

L'anecdote vaut d'être contée, cette histoire ayant failli être à l'origine d'un conflit entre le ministre de France et celui d'Angleterre. La légation d'Angleterre abritait une vache et un veau, gardés par deux factionnaires. Depuis longtemps M. Chamot convoitait ce veau. Au matin du 14 juillet, il se rend à la légation britannique pour y porter les rations des réfugiés et se dit que ce serait une bonne idée que de tuer le veau gras et de le servir au menu du dîner des défenseurs de la légation de France. Il prend langue avec les deux gardes et leur propose de célébrer dignement la fête nationale des Français, remettant à chacun une bouteille de whisky. Il revient un peu plus tard, après avoir laissé le temps aux deux Tommies de se servir mutuellement de copieuses rasades. Il les trouve endormis. À côté du veau ! Il se saisit du jeune bovin, le ficelle, le charge dans sa charrette et l'emmène à son hôtel, où il le fait accommoder. C'est ainsi que Matignon, Darcy et leurs compagnons pourront savourer la « chair délicate et pantelante » du veau britannique.

Le véritable héros du siège

Le Dr Matignon, comme l'ensemble des chroniqueurs du siège de Pékin, ne trouvent pas de mots assez élogieux pour célébrer les mérites d'un simple hôtelier, Auguste Chamot, « l'illustre, le glorieux Chamot », dont la bravoure, l'initiative et l'esprit d'organisation ont quasiment sauvé d'une famine certaine les deux mille réfugiés, blancs et jaunes, européens et chrétiens chinois. Alors que les diplomates n'ont rien prévu, Chamot et son épouse américaine ont compris au premier coup de fusil que ce siège risque d'être long, de durer des semaines, et que le problème le plus sensible est celui de la nourriture.
Alors que rien ne l'y oblige, il organise des patrouilles de chrétiens qui, sous sa direction, raflent tout ce qu'ils trouvent comme chevaux, cochons, mules, bœufs et ânes, sous le feu des troupes régulières, et les font pénétrer dans le camp assiégé. Il saisit du riz et du blé dans les magasins impériaux, de quoi nourrir les assiégés pendant deux mois. Il installe des meules dans quatre chambres de son hôtel, qu'il transforme en moulins, lesquels vont tourner jour et nuit, activés par deux mules. Il prépare les rations de tout le monde, gratuitement, et livre les aliments dans les légations. Dix fois par jour, sa charrette, blindée de tôles ondulées, quitte son hôtel, chargée de victuailles, avec sa jeune et jolie femme chevauchant à ses côtés, tous deux armés d'une carabine.

Pour le lieutenant de vaisseau Darcy, il est certain que sans lui les chrétiens chinois seraient morts de faim avant l'arrivée des troupes. « Son activité prodigieuse, sa rare intelligence, son courage, son sang-froid et son énergie, lui ont fait surmonter toutes les difficultés. S'improvisant meunier, boulanger, cuisinier, constructeur de barricades, terrassier, chef des coolies, etc., Chamot a tout été et tout fait pendant ce siège, de sa propre initiative, sans en référer à personne. »
Le véritable héros du siège, selon Matignon, celui que tous les gouvernements auraient dû couvrir d'or et de décorations, c'est donc M. Chamot. Vauban disait que l'art de la guerre n'est rien sans celui d'approvisionner les armées. Ainsi, « Chamot est sûrement le plus génial intendant militaire que l'histoire ait jamais connu ». Mais qui se souvient du citoyen de Lausanne, Auguste Chamot ?
Dans le célèbre film de Nicholas Ray, *Les 55 Jours de Pékin*, avec Ava Gardner et David Niven, le héros imaginaire interprété par Charlton Heston s'inspire du personnage de l'hôtelier suisse.

17 juillet

Ce jour-là, la fusillade, qui avait repris, cesse comme par enchantement. Les assiégés voient les Chinois agiter de petits drapeaux blancs au-dessus d'une de leurs barricades, puis passer la tête, les invitant à avancer. Ils ont quelque chose d'important à leur dire. Prudents, les défenseurs leur demandent de faire les premiers pas, sans armes. Trois soldats chinois s'avancent et serrent cordialement les mains des trois Français venus à leur rencontre. Ils leur demandent s'ils sont au courant des dernières nouvelles. Les Français répondent évasivement, coupés qu'ils sont du monde extérieur depuis un mois. Les Chinois annoncent qu'ils ont reçu l'ordre de ne plus tirer, que la paix allait être faite, les alliés ayant déjà pris T'ien-tsin, et qu'une centaine de navires de guerre étrangers sont stationnés devant les forts de Dagu. Accueillies d'abord avec circonspection, ces bonnes nouvelles sont bientôt confirmées. Un courrier japonais apporte notamment des lettres des consuls en place à T'ien-tsin, annonçant que la ville est tombée le 14 juillet, après de sanglants combats. Et que plus de trente mille hommes (dont vingt-quatre mille Japonais, quatre mille Russes, deux mille Anglais et quinze cents Français) sont en train de se rassembler pour venir à leur secours. On les exhorte à tenir bon. Un encouragement bien inutile !

UN JEUNE SAVANT AVENTURIER

Profitant de la trêve, Darcy et Pelliot s'avancent dans le parc de la légation, où les Chinois ont transformé les ruines en barricades. Ceux-ci se montrent au-dessus de leurs retranchements et leur font des signes d'amitié. Pelliot engage la conversation avec les assaillants et prend les mains qui lui sont tendues. Puis il saute par-dessus la barricade et disparaît dans le camp chinois. Darcy, passablement inquiet, le rappelle. En vain. Il lui fait porter par un Chinois un papier lui intimant l'ordre de revenir immédiatement. Deux heures plus tard, un autre soldat arrive, porteur d'une lettre écrite en chinois, disant qu'il est en train de boire du thé et de converser agréablement avec Jung Lu, le très important général, proche de l'impératrice douairière Cixi, lequel passe pour n'être pas totalement hostile aux étrangers. Pelliot annonce qu'il fera tout son possible pour être de retour dans une heure. Finalement, quatre heures après sa disparition, Paul Pelliot revient par la rue des Légations, escorté par ses nouveaux amis.
Le commandant Darcy, qui se faisait un sang d'encre, est infiniment soulagé du retour de l'enfant prodigue, le plus jeune des volontaires, adoré de tous. Il est prêt à lui pardonner ses « emballements » en raison de sa jeunesse et de sa bravoure. Mais il ne cache pas qu'il l'aurait volontiers privé de dessert, si dessert il y avait eu au dîner.
Paul Pelliot (1878-1945) est un personnage d'exception. Ce sinologue et linguiste de génie (il parlait treize langues) est aussi un aventurier. Membre de l'École française d'Extrême-Orient, dont le siège est alors à Hanoi, il a été envoyé à Pékin pour récupérer des manuscrits et constituer une bibliothèque chinoise. Pendant l'été 1900, il participe donc, en volontaire, à la défense des légations. Sa conduite héroïque lui vaudra la Légion d'honneur.
Mais si le nom de ce grand savant est encore bien connu aujourd'hui, c'est qu'en 1908 il a mené la fameuse mission qui devait découvrir – au Turkestan chinois, près de Dunhuang – les grottes de Mogao et les six mille manuscrits

et peintures qu'elles contenaient. (Ceux-ci se trouvent aujourd'hui à la Bibliothèque nationale.)
De retour à Paris, Paul Pelliot deviendra titulaire, à trente-trois ans, de la chaire de Langues, Histoire et Archéologie de l'Asie centrale au Collège de France, créée à son intention. Lors de la Première Guerre mondiale, on le retrouvera à Pékin, comme attaché militaire. Il sera élu en 1921 membre de l'Académie des Inscriptions et Belles-Lettres, présidera la Société asiatique, etc.
Paul Pelliot a écrit de nombreux articles dans le *Bulletin de l'École française d'Extrême-Orient* (BEFEO). Il a laissé de nombreux manuscrits, dont certains restent encore inédits.

18 juillet

C'est la joie. La trêve durera jusqu'au 25 juillet. Les réguliers chinois se font tout gentils, allant jusqu'à apporter des melons, des pastèques et des œufs aux assiégés. Ils avouent avoir été très impressionnés par la précision du feu de leurs adversaires, disant avoir eu dix mille tués, c'est-à-dire beaucoup.

Le gouvernement chinois reprend contact avec le corps diplomatique, lequel reprend du poil de la bête. L'impératrice fait même envoyer un tombereau de pastèques, de concombres et d'aubergines aux assiégés, ainsi que six sacs de farine. Les dirigeants chinois poussent la délicatesse jusqu'à faire parvenir aux diplomates des télégrammes de leur gouvernement. Dont un de Théophile Delcassé (alors ministre des Affaires étrangères), adressé à Stephen Pichon, l'assurant de « la sympathie cordiale » du gouvernement et du Parlement, lui annonçant sa promotion au grade de commandeur de la Légion d'honneur et l'assurant que sa mère se porte bien. « Ce qui nous fit à tous grand plaisir », ajoute, sardonique, le Dr Matignon...

Cette accalmie est bienvenue. Elle permet à tous de se reposer. Seul le grincement métallique de milliers de cigales vient troubler le silence. Les militaires se laissent aller à médire des diplomates, critiquant en particulier l'attitude du ministre de Russie, dont le jeu trouble laisse perplexe. Ils disent également du mal de sir Claude Mac-Donald, le ministre anglais, lequel se prend pour un généralissime, alors qu'il n'entend rien à la chose militaire, n'ayant même jamais pris la peine de visiter les positions. Ils disent du bien en revanche du vieux marquis de Cologan, le ministre espagnol, qui n'est pas seulement un Grand d'Espagne, mais grand de toutes les manières, prenant le temps, au milieu de la canonnade, de composer la *Valse des Boxers*, dédiée à ses infortunés compagnons de siège.

Le Dr Matignon s'amuse à classer les assiégés en trois catégories :

Les amorphes. Soit la grande masse des réfugiés des deux sexes, « tourbe inconsciente, affolée et égoïste ».

Les obscurs. Une poignée de braves gens, matelots, officiers et volontaires qui ont généreusement accepté de donner leur sang pour protéger la communauté blanche et les milliers de chrétiens indigènes.

Les augures. Cette fine équipe de diplomates qui se sont laissé surprendre par une crise qu'ils ont en partie provoquée.

Stephen Pichon, le ministre de France, refait son apparition sur les lieux du combat, portant en bandoulière un méchant fusil de chasse dont on ne sait s'il est chargé. Ce qui lui vaut ce surnom, qui le fait bien rire, de « Stephen Mal Armé » !

24 juillet

La bibliothèque de la fameuse académie Hanlin, qui renferme le trésor des connaissances chinoises, est incendiée par les Boxers (c'est du moins la version des étrangers). Le fonds de littérature nationale, fruit unique de plusieurs siècles de culture, est réduit en cendres.

Début août

Les Chinois reprennent les hostilités. Ils veulent s'emparer des nombreux chrétiens chinois que protègent les Occidentaux. Ils poussent activement de nouveaux travaux de mines contre les légations de France et d'Angleterre. À une courte période de doux espoir succède maintenant une crise d'anxiété. Les assiégés sont presque à bout de vivres et de munitions. La moitié des défenseurs sont morts ou hors de combat.

9 août

Deux lettres venues de T'ien-tsin, l'une d'un général anglais, l'autre du commandant japonais, redonnent espoir aux assiégés et provoquent un délire d'enthousiasme. Les attaques se font cependant de plus en plus violentes, comme si, à l'approche des alliés, les Chinois voulaient en finir une fois pour toutes.

La belle âme d'un matelot

Le 12 au matin, le matelot X, relevé de faction, rentre au poste. En rangeant son fusil, un coup part accidentellement, atteignant le matelot Z en pleine poitrine. Z est aussitôt transporté à la légation d'Angleterre, où sont soignés les blessés graves. Se sentant partir, Z demande au Dr Matignon de voir X avant de mourir et lui fait promettre qu'il ne passera pas en conseil de guerre. X et Z sont originaires du même village de Bretagne. X ne cesse de pleurer, pris entre la peine d'avoir blessé son ami et la crainte d'être condamné par le conseil de guerre. Envoyé par le commandant Darcy, X n'ose entrer dans l'ambulance. On doit l'y forcer. Incapable d'articuler une parole, il tombe à genoux au pied du lit du mourant et fond en larmes. Z, rassemblant ses dernières forces, lui dit : « X, embrasse-moi. Je vais mourir, tu m'as tué, mais je ne t'en veux pas. Je sais que tu ne l'as pas fait exprès. Je ne te demande qu'une chose : si tu rentres au pays, n'oublie pas de faire dire une messe pour moi. » Et sur cette pieuse requête, le Breton rend le dernier soupir.
X ne passera pas en conseil de guerre. Il sera même parmi les premiers à être décoré de la médaille militaire pour sa conduite pendant le siège.

12 août

Le capitaine Labrousse est tué d'une balle en plein front. Il vient de commencer une phrase, « Si les Chinois... », quand soudain il s'affaisse. Le médecin militaire Matignon rapporte de manière clinique ces précisions éprouvantes : « Des morceaux de substance cérébrale giclèrent sur nous. Lorsque je pris sa tête entre mes mains, le crâne était réduit en pièces, les fragments grinçaient les uns sur les autres, donnant, sous mes doigts, la sensation d'un saladier brisé en cent morceaux et enveloppés dans une serviette. »

Le capitaine d'infanterie de marine Labrousse avait, paraît-il, souhaité cette mort. De passage à Pékin, revenant du Tonkin, il projetait de regagner la France à travers la Sibérie, lorsque la situation commença à se dégrader sérieusement. Le brave officier estime alors de son devoir de rester à la légation, puisque danger il y

a. Matignon écrit l'oraison funèbre de ce vaillant soldat : « Par son courage, son calme et son énergie, Labrousse avait forcé l'admiration de tous les étrangers. Très dur envers lui-même, il exigeait beaucoup des autres. Brave sans forfanterie, audacieux jusqu'à la témérité, il était le type accompli de l'entraîneur d'hommes. »

Les assiégés reçoivent une dépêche du prince Qing, censé représenter le parti de l'ordre, plus favorable aux étrangers, contrairement au prince Duan, qui soutenait les Boxers. Le prince leur demande une audience urgente pour faire cesser les hostilités. Mais les Chinois ne s'y rendent pas, invoquant un prétexte fallacieux. Les assiégés attendent fiévreusement les troupes de secours.

13 août

Le soir, les Chinois lancent une attaque générale, les obus et la mitraille pleuvent. Tout à coup, les défenseurs entendent des bruits étranges venus de l'Est. Des bruits qui se précisent et augmentent en intensité. Il est quatre heures du matin. Pas de doute, ce sont des crépitements de mitrailleuses. Il est clair que ce sont les alliés qui attaquent et que les Chinois ripostent avec leurs mitrailleuses. Les assaillants cessent pour leur part de tirer. Eux aussi ont entendu et comprennent ce qui se passe à l'Est. Le jour commence à poindre. Bientôt, c'est le canon qui se fait entendre. L'armée de secours est en train d'attaquer les portes de la ville.

14 août

D'heure en heure, de minute en minute, les assiégés sentent le moment de la délivrance approcher. Vers trois heures de l'après-midi, les assiégés apprennent que des sikhs sont dans le quartier. On vole aux nouvelles. Surprise ! Les soldats indiens débouchent du tunnel qui traverse la muraille. Les Chinois n'ont pas pensé à occulter cette ouverture qu'est la rivière de Jade, laquelle n'est qu'un dépôt d'immondices, un infâme cloaque.

Dans le parc de la légation britannique, les réfugiés voient arriver un beau cipaye, porteur d'un drapeau anglais. « Un enthousiasme indescriptible s'empara d'eux. On s'embrassait, on dansait, on pleurait, on se roulait par terre. C'était une foule en délire, secouée par des convulsions épileptiques », raconte le Dr Matignon.

Les assaillants chinois ont déserté leurs positions avec un rare empressement. Les Français reprennent possession de leur légation sans tirer un coup de fusil. Celle-ci n'est plus qu'un amas de ruines méconnaissables, où l'ennemi a abandonné en hâte, armes, casaques et théières encore remplies de thé bouillant.

Jean-Jacques Matignon se rend à la légation d'Angleterre. Au milieu d'une foule en délire, il est frappé par l'aspect d'un spectre qui se tient à l'écart et ne participe pas à la folie ambiante. Mince et longue en ses habits de deuil, c'est la jeune et jolie baronne von Ketteler, dont le mari a été assassiné deux mois auparavant.

15 août

Les défenseurs de la légation de France sont réveillés à l'aube par les sonneries des troupes françaises, emmenées par le général Frey. Les Français, épuisés par les marches forcées, ont dormi sous les murs de la ville. Des cris éclatent : « Vive la flotte ! Vivent les Marsouins ! Vive la France ! » Matignon retrouve son cher ami, le baron d'Anthouard, premier secrétaire de la légation, qui avait été bloqué à T'ien-tsin alors qu'il revenait du Japon. (Matignon ne dit pas que si les troupes françaises sont arrivées avec un jour de retard, c'est qu'elles se sont perdues en route...)

16 août

Le commandant du détachement français, Eugène Darcy, remet à Stephen Pichon ce qui avait été la légation de la République française. Sa défense, qualifiée d'« héroïque » par le correspondant du *Times*, a coûté cher : 65 % des effectifs blessés, 27 % de tués, dont trois officiers, plus deux soldats qui succomberont à leurs blessures. Les quatre officiers survivants resteront « unis par les liens d'une réciproque amitié et d'une profonde estime », assure le Dr Matignon.

Celui-ci rappelle que les Français, aidés de quelques volontaires étrangers, ont supporté presque tout le poids des attaques chinoises. Ils ont couvert la légation d'Angleterre, sauvant du massacre plus de huit cents personnes qui y avaient trouvé refuge. Ils sont conscients d'avoir sauvé l'honneur du drapeau tricolore et d'avoir « écrit, avec beaucoup de sang, hélas ! une page glorieuse de notre histoire militaire ».

Les 55 jours de Pékin ont donc leurs héros, avec en première place les simples matelots qui ont vaillamment défendu les légations, avec M. et Mme Chamot, avec M. et Mme de Rosthorn, avec Paul Pelliot, avec les officiers qui entourent le lieutenant de vaisseau Darcy. Avec Eugène Darcy lui-même, qui a raconté ces deux mois dramatiques dans des pages sobres, d'une admirable modestie.

Comme l'écrit Pierre Loti, dans *Les Derniers Jours de Pékin* : « Il faudrait graver quelque part, en lettres d'or, leur histoire d'un été, de peur qu'on oublie trop vite, et la faire certifier telle, parce que bientôt, on n'y croirait plus. »

En écrivant ces mots, Pierre Loti pense aussi aux défenseurs de la mission du Beitang, qui abrite la cathédrale du Saint-Sauveur. Car il n'y a pas eu, en cet été rouge de Pékin, que le siège des légations. Celui du Beitang est presque aussi important, avec pour héros principaux deux de ses défenseurs, Mgr Favier, l'évêque de Pékin, et l'enseigne de vaisseau Paul Henry, le seul qui soit entré dans la légende. On doit à René Bazin (membre de l'Académie française, auteur de multiples ouvrages), la biographie et le récit du comportement héroïque de ce jeune officier d'origine bretonne, né à Angers en 1876 dans une famille de neuf enfants.

L'enseigne de vaisseau Paul Henry faisait partie du petit contingent de soixante-quinze marins que le lieutenant de vaisseau Darcy était chargé de conduire à Pékin. Celui-ci place le jeune officier de vingt-trois ans au commandement d'une trentaine d'hommes qui seront chargés de la défense du Beitang. Accompagné de Mgr Favier et de Mgr Jarlin, son coadjuteur, Henry inspecte aussitôt la position militaire de l'établissement : elle est intenable, « effrayante », assure René Bazin.

Le Beitang est situé presque au cœur de Pékin, dans la ville impériale. Il forme un parallélogramme entouré de rues, avec une porte monumentale et un mur de clôture de trois, quatre mètres de haut. Cette enceinte abrite un grand nombre de constructions récentes, dont une cathédrale. Une foule de chrétiens chinois se sont réfugiés dans ces murs, mille huit cents femmes et enfants et neuf cents hommes. Au Beitang résident Mgr Favier et Mgr Jarlin, et plusieurs ecclésiastiques européens et

chinois. Sans oublier les vingt-deux sœurs de la Charité de Saint-Vincent-de-Paul, françaises et chinoises, et quatre cent cinquante jeunes filles des écoles et une cinquantaine d'enfants, qui se trouvent dans un bâtiment voisin. Au total, cela fait plus de trois mille quatre cents personnes, dont soixante Européens, y compris les trente marins français. Avec cet effectif dérisoire (que viendront bientôt rejoindre onze marins italiens), Paul Henry doit défendre des kilomètres de murs. Une mission quasi impossible ! Il commence par faire fortifier la cathédrale, où l'on pourra se réfugier en cas d'urgence. Il organise les tâches aux endroits les plus menacés de l'enceinte et aussi une milice chinoise, forte d'une centaine de lances, les « lanciers de Monseigneur ». Pendant les quinze premiers jours, Paul Henry va pouvoir correspondre avec Eugène Darcy. Ses lettres « témoignent de l'esprit d'organisation, de la décision calme, du coup d'œil militaire de ce jeune enseigne, que les circonstances viennent de porter inopinément au commandement d'un poste militaire », écrit René Bazin. Chaque jour, le jeune officier administre, compte les munitions, distribue les postes. C'est un chef dans l'âme, un meneur d'hommes. Il ne tire pas, il dirige. Son courage, sa témérité même, lui valent l'estime et l'admiration de tous. Il prévoit sa fin tragique, comme étant l'accomplissement de son destin. Le 18 juillet, il écrit une dernière et pieuse lettre à ses parents : « Si je suis tué, ces derniers mots vous porteront mes derniers adieux. Ne vous faites pas trop de chagrin. Je succombe pour la plus belle des causes, et j'ai fait, je l'espère, tout mon devoir. Je vous lègue le peu que je possède, et vous demande de prélever sur l'argent que je vous laisse une somme de cent francs pour les missions de Chine, si éprouvées en ce moment... Encore une fois adieu, mes chers bien-aimés, priez pour moi. Au nom du Père, du Fils et du Saint-Esprit. Ainsi soit-il. »
Le gradé au casque colonial blanc est une belle cible pour l'ennemi. Le 30 juillet, une balle de Mauser lui traverse la gorge. Paul Henry perd aussitôt l'usage de la parole, il meurt dans les bras de Mgr Favier. L'évêque français, ce moine-soldat à la longue barbe blanche, prendra alors le commandement des opérations. Quinze jours plus tard, il accueillera triomphalement le détachement japonais venu le délivrer. Se saisissant alors d'un clairon, il sonne à pleins poumons : *As-tu vu la casquette du père Bugeaud* ?

Le centenaire de la mort du héros du Beitang a été célébré en grande pompe, en l'an 2000, à Plougrescant, dans les Côtes-d'Armor. (La commune de Plougrescant, non loin de Tréguier, est célèbre pour la carte postale qui a fait le tour du monde et qui représente une petite maison de pierre construite et enchâssée entre deux énormes blocs de granit.) Des générations d'écoliers, mais aussi leurs parents, ont pleuré à la lecture du livre de René Bazin.

Chapitre 15

Le viol de la Cité interdite

Pierre Loti, dans *Les Derniers Jours de Pékin*, consacre de nombreuses pages au saccage et au pillage de la capitale impériale par les troupes alliées, en 1900. Leur lecture suscite l'indignation, elles font mal et nourrissent le remords :

« Pendant deux mois, les rages de destruction, les frénésies de meurtres se sont acharnées sur cette malheureuse " Ville de la Pureté céleste ", envahie par les troupes de huit ou dix nations diverses. Elle a subi les premiers chocs de toutes les haines héréditaires. Les Boxers d'abord y ont passé. Les Japonais y sont venus, héroïques petits soldats dont je ne voudrais pas médire, mais qui détruisent et tuent comme autrefois les armées barbares. Encore moins voudrais-je médire de nos amis les Russes ; mais ils ont envoyé ici des cosaques voisins de la Tartarie, des Sibériens à demi Mongols, tous gens admirables au feu, mais entendant encore les batailles à la façon asiatique. Il y est venu de cruels cavaliers de l'Inde, délégués par la Grande-Bretagne. L'Amérique y a lâché ses mercenaires. Et il n'y restait déjà plus rien d'intact quand sont arrivés, dans la première excitation de vengeance contre les atrocités chinoises, les Italiens, les Allemands, les Autrichiens, les Français. »

Loti découvre une ancienne église des lazaristes, convertie par l'impératrice en entrepôt. Une véritable caverne d'Ali Baba :

« Dans la nef, dans les bas-côtés, les morceaux de caisses et de boîtes s'élèvent jusqu'à mi-hauteur des colonnes. Malgré les bouleversements, malgré les pillages faits à la hâte par ceux qui nous ont précédés ici, Chinois, Japonais, soldats allemands ou russes, il reste encore des merveilles. Les plus énormes coffres, ceux d'en dessous, préservés par leur lourdeur même et par les amas des choses qui les recouvraient, n'ont même pas été ouverts. On s'est attaqué plutôt aux innombrables bibelots posés par-dessus, et enfermés pour la plupart dans des guérites de verre ou des écrins de soie jaune : bouquets artificiels en agate, en jade, en corail, en lapis ; pagodes et paysages tout bleus, en plumes de martin-pêcheur prodigieusement travaillées ; pagodes et paysages en ivoire, avec des milliers de petits bonshommes ; œuvres de patience chinoises, ayant coûté des années de travail, et aujourd'hui brisées, crevées à coups de baïonnettes, les débris de leurs grandes boîtes de verre jonchant le sol et craquant sous les pas.

« Les robes impériales, en lourde soie, brochées de dragons d'or, traînent par terre, parmi les cassons de toute espèce. On marche dessus ; on marche sur des ivoires ajourés, sur des vitres, des broderies, des perles.

« Il y a des bronzes millénaires, pour les collections d'antiquités de l'impératrice ; il y a des paravents que l'on dirait sculptés et brodés par les génies et les fées ; il y a des potiches anciennes, des cloisonnés, des craquelés, des laques... »

« L'été dernier, dans les grands incendies boxers, elles flambaient chaque jour par centaines, ces étonnantes façades, qui représentaient une somme incalculable de travail humain, et qui faisaient de Pékin une vieille chinoiserie tout en or, un si extraordinaire musée de bois sculpté, que les hommes d'aujourd'hui n'auront plus jamais le temps d'en reconstituer un pareil. »

Le retour à Pékin de l'empereur et de l'impératrice douairière, en novembre 1901, se fait en train pour la dernière étape, à partir de Zhengding (non loin de Shijiahuang, dans le Hebei, à deux cent cinquante kilomètres au sud-ouest de Pékin). Superstitieuse, l'impératrice a tenu à fixer le jour et l'heure de son arrivée, arrêtés par son astrologue comme étant favorables. Au départ, Li Lianying, qui a profité du séjour à Xi'an pour mettre la région en coupe réglée, s'affaire à vérifier que tous ses bagages – lesquels ne contiennent pas que des produits régionaux – sont bien en place. Cixi remercie le chef de gare belge (la voie ferrée a été construite par la Belgique) d'avoir mis le train à sa disposition. L'intérieur des voitures impériales est entièrement capitonné de satin jaune et le sol recouvert d'un tapis de même couleur, orné d'un dragon.

Le retour de l'impératrice douairière à Pékin est en quelque sorte triomphal ! Au terminus de la ligne, à quelques kilomètres des portes de la ville, l'impératrice est accueillie sur le quai de la gare par les courtisans restés dans la capitale pendant les événements et par les personnalités étrangères. Les Chinois se prosternent à l'arrivée du convoi, tandis que les étrangers restent assis, comme au spectacle, sur les banquettes installées pour l'occasion. L'impératrice est la première à descendre du train. Elle monte sur un grand trône doré placé au bout du quai. Le prince Qing vient s'agenouiller devant la Vénérable Aïeule. Elle le remercie pour son action en faveur de la paix. Puis elle se lève pour monter dans un palanquin à huit porteurs. C'est à ce moment que les étrangers se lèvent, non pour lui rendre hommage, mais pour la photographier ! Et ceci dans un désordre indescriptible, des bousculades et des cris, lesquels n'ont rien à voir avec les manifestations de foule rencontrées au cours du voyage. « Ici, plus de dévotion, ni de respect ; à l'évidence, ce n'étaient point le Vieux Bouddha et le Fils du Ciel qu'ils voulaient photographier, mais les derniers spécimens d'un empire déclinant, qu'ils allaient ensuite exhiber dans leurs salons de Paris et de Londres », raconte un témoin.

Le tronçon de route entre la gare et la Cité a été recouvert de terre fraîche et arrosé pour préserver le cortège de la poussière. Le palanquin de cérémonie, orné de plumes de paon où la souveraine a pris place, précède un énorme convoi, escorté par l'armée mandchoue en uniforme de parade et la garde impériale. En revenant en souveraine de son exil, Cixi opère un fabuleux rétablissement diplomatique. Elle réussit ainsi à faire un triomphe de sa débâcle, à transformer magistralement sa défaite en victoire. Les dames de cour viennent se prosterner devant le Vieux Bouddha, mais celle-ci ne songe qu'à une chose, vérifier par elle-même que le trésor en lingots d'argent qu'elle a fait enterrer dans une cour du palais, la veille de son départ précipité pour Xi'an, est toujours en place. Personne n'y a touché, la Cité interdite n'a pas été pillée par les barbares étrangers.

L'impératrice refuse cependant de se réinstaller dans les murs de la Cité interdite. Elle estime en effet que le palais impérial a été profané. C'est que les coalisés, après avoir délivré les assiégés et pillé la capitale, ont infligé aux Chinois une terrible humiliation : ils ont fait parader leurs troupes à travers la Cité interdite, depuis la porte du Méridien, au Sud, jusqu'à celle du Génie militaire et la colline du Charbon, au Nord. (On peut encore voir aujourd'hui, à côté de la salle du Trône, la trace des baïonnettes avec lesquelles les soudards venus d'Occident ont gratté les imposantes jarres en bronze doré remplies d'eau pour lutter contre les incendies, croyant qu'elles étaient en or.)

La Cité interdite a donc été violée par les troupes étrangères. Il s'agit d'un épisode peu connu, les vainqueurs de 1900 se gardant de se vanter d'avoir violé l'enceinte sacrée qu'est le palais impérial de Pékin.

Dès le 18 août 1900, soit deux jours après la fin des combats, les représentants des puissances étrangères (ministres et généraux) ont décidé que les troupes internationales défileraient à travers le palais impérial. Comme le dit le général Frey, commandant du corps expéditionnaire français en Chine : « Il fallait frapper l'esprit des Chinois d'une façon durable, prouver aux mandarins et aux populations que la demeure du Fils du Ciel, aussi bien que la Cité interdite, seraient désormais à la discrétion des puissances si la cour ne venait pas elle-même à composition. »

Il est prévu que les troupes défileront du Sud au Nord et qu'elles traverseront les différentes cours du palais. Le baron d'Anthouard, premier secrétaire de la légation de France, a laissé une relation colorée de cette singulière parade dans son livre *La Chine contre l'étranger, les Boxeurs*.

Le 26 août, à sept heures du matin, les états-majors et de gros détachements des forces alliées se retrouvent devant l'entrée Sud de la Cité interdite. Le corps diplomatique est également présent. Il s'agit de marquer solennellement la victoire des alliés en traversant la demeure du Fils du Ciel. Les puissances auraient pu occuper militairement le palais, mais elles ont décidé de « sauver la face » des Chinois. Ce que certains disent regretter, compte tenu de la destruction de tous les cimetières européens des environs de Pékin et de la violation des sépultures chrétiennes.

L'organisation du défilé n'est pas chose facile, les Russes et les Japonais se disputant la préséance. Vingt et un coups de canon donnent le signal du départ. Le baron d'Anthouard raconte :

« Les hautes portes rouges garnies d'énormes clous dorés tournent lentement sur leurs gonds, tirées par des eunuques revêtus de la livrée de cérémonie. Quelques membres du Tsongli Yamen (le ministère des Affaires étrangères), en grand costume, s'avancent pour servir de guides. Leur visage est impassible, mais chez quelques-uns on voit l'effort pour ne pas trahir l'émotion que cause un événement si extraordinaire.

« Dans ces enceintes mystérieuses où la présence de l'empereur tout-puissant fait régner depuis des siècles une crainte superstitieuse, où les Chinois ne pénètrent qu'en tremblant, le front bas, que jamais l'étranger n'a même effleurées de son regard, les armées victorieuses entrent drapeaux déployés. Et les échos des palais séculaires qui n'ont jamais retenti qu'au son des louanges adressées au Fils du Ciel répètent maintenant les chants qui proclament sa défaite. »

Tandis que les Japonais photographient le défilé, la colonne traverse les vastes cours dallées de la Ville interdite au son des *bagpipes* (cornemuses écossaises) de l'armée des Indes. Elle est composée de troupes britanniques, russes, américaines, japonaises, françaises, allemandes, italiennes et austro-hongroises.

Anthouard décrit les différents bâtiments entrevus et leur affectation :

« Tous les spectateurs de cette scène historique s'emplissent les yeux du spectacle imposant de cette ordonnance majestueuse dédiée à la gloire du maître absolu de quatre cent cinquante millions d'hommes. De même qu'à Versailles l'appartement du Roi-Soleil est le centre du palais et de la ville, de même ici toutes les salles de réception sont dans l'axe du palais et de la capitale ; salles immenses comme des nefs d'église ne contenant qu'un siège, le trône impérial, où l'on accède par une allée centrale qui ne peut être foulée que par l'empereur. »

Le baron d'Anthouard se dit frappé par l'aspect d'abandon et de décrépitude qu'offrent les bâtiments. Il y voit une image de la Chine : « La misère dans un cadre de grandeur, c'est l'empire chinois. » L'auteur se laisse aller à des considérations sur la solitude et la faiblesse de l'empereur. Il poursuit : « Au son des musiques militaires, le cortège traverse l'enfilade des cours et des salles d'apparat suivant l'axe du palais, c'est-à-dire le chemin de l'empereur. »

Le général russe et son état-major ouvrent la marche, avec le corps diplomatique :

« L'infanterie russe nous suit, formant une longue théorie de beaux hommes à la carrure puissante qui font résonner le pavé sous le talon de leurs bottes.

« Les Japonais leur succèdent, petits, trapus, sanglés dans des uniformes d'une propreté impeccable, d'allure souple comme des marcheurs entraînés.

« Au son criard de leurs cornemuses, les sikhs, graves sous leurs turbans gigantesques, défilent noblement. Les Américains viennent derrière, imberbes comme des clergymen, coiffés du feutre des coureurs des bois » [les soldats américains, souvent des mercenaires, portent des chapeaux de cow-boy comme s'ils étaient au Texas]

Le narrateur regrette que nos compatriotes fassent pâle figure dans ce défilé : « Le contraste entre cette raideur anglo-saxonne et nos " Marsouins " est frappant. Enlevés par leurs clairons, ceux-ci marchent au pas redoublé, alertes et crânes malgré l'uniforme en toile bleue, toujours sale, dont on les a affublés comme pour les enlaidir. » Il est vrai que le contingent français est revêtu de tenues tropicales « bleu mécanicien », particulièrement mal seyantes. Les soldats français sont suivis par un détachement d'Annamites. Puis viennent les marins allemands, italiens et autrichiens. Dans la cour qui précède la porte du Génie militaire, au Nord, des troupes russes et japonaises forment la haie. Le corps diplomatique s'arrête alors, laissant défiler le cortège et le saluant de leurs acclamations. À neuf heures et demie, la cérémonie militaire est terminée. Les portes du palais sont refermées.

Mais comme dans leur course rapide ils n'ont presque rien vu, officiers et diplomates reviennent sur leurs pas, histoire de visiter plus en détail. Les Chinois ont d'ailleurs préparé une collation, ce qui leur permettra de dire qu'ils avaient invité les soldats étrangers à visiter le palais et de sauver ainsi la face. Mais il est bientôt mis fin à cette visite, certains étant tentés de s'approprier des « souvenirs ». Sur un « Messieurs, on ferme ! » se termine cette cérémonie tristement historique.

Les généraux vainqueurs, dont le général Frey, commandant des troupes de marine françaises, s'installent dans les appartements abandonnés par l'impératrice douairière et sa cour.

Paul Morand a utilisé ces pages du baron d'Anthouard dans sa nouvelle *Fleur de Ciel*, qui comprend deux chapitres consacrés au siège de Pékin. Il faut lire ce court texte, écrit dans un style éblouissant, dont le chapitre consacré au défilé du 26 août dans la Ville interdite commence ainsi :

« Les eunuques en robes de soie ouvrirent les portes de la Cité impériale.

« L'Europe entra, avec ses nations alignées, ses armes, sa cavalerie, ses batteries de montagne, ses mercenaires de couleur, ses clairons et tambours, tandis que sous un ciel matinal d'août 1900 la Chine mandchoue tombait en poussière.

« Perforant la ville interdite du Sud au Nord... »

CHAPITRE 16

Histoire d'un portrait

Jusqu'en 1887, aucun étranger n'avait eu le privilège de rencontrer l'impératrice, et ce n'est qu'en 1889 que Cixi consentira à recevoir à la cour les épouses des diplomates étrangers, dans un louable souci de relations publiques. Ceci à l'occasion de son soixante-quatrième anniversaire. Après les événements de 1900, les alliés décideront de maintenir l'impératrice douairière sur le trône, estimant que celle-ci était la seule personne susceptible de se faire obéir et de faire respecter le trône du Dragon.

À Pékin et partout à l'étranger, les sentiments hostiles envers l'impératrice l'emportent alors amplement. On lui reproche sa connivence avec les Boxers. La presse internationale ne se prive pas de la brocarder, la comparant à Jézabel, à Messaline, à un monstre, à un dragon femelle. Elle voit en elle une vieille odalisque mandchoue, un Néron fait femme. N'en jetez plus ! L'impératrice douairière, cependant, compte encore quelques admirateurs parmi les étrangers, en particulier la femme de l'ambassadeur des États-Unis à Pékin, Susan Pike Conger. Mrs. Conger a une forte personnalité et un caractère indépendant. Elle se fait la championne des droits de la femme et est persuadée de l'importance du rôle des femmes dans la compréhension des affaires internationales. Elle est également dénuée de toute arrogance envers les personnes et les cultures asiatiques, une attitude qui tranche avec celle de la plupart des Occidentaux.

Peu après son arrivée en Chine, en 1898, elle écrit à un de ses neveux : « Comme je suis ici et que j'observe ce qui se passe, je ne m'étonne pas que les Chinois haïssent les étrangers. L'étranger se montre souvent sévère et exigeant dans cet empire qui n'est pas le sien. Il a tendance à traiter les Chinois comme des chiens, comme s'il en avait le droit, et l'on s'étonne qu'ils aboient et parfois mordent. »

Susan Conger a vécu au côté de son mari ambassadeur le siège des légations, en 1900. Son admiration envers l'impératrice n'a pas été affectée par ces événements. Au retour de la cour, en janvier 1902, elle prend sur elle d'établir de nouvelles relations de confiance et d'amitié avec la Chine. Elle fait visiter la légation américaine à des femmes mandchoues et chinoises de haut rang, et elle est reçue en retour. En tant que doyenne des épouses des membres du corps diplomatique, elle a pu rencontrer l'impératrice douairière lors d'audiences au palais. Cixi lui a fait une impression extraordinaire :

« Elle était gaie et heureuse, son visage rayonnait de bonne volonté. On n'y apercevait nulle trace de cruauté. Elle nous accueillit avec des mots simples et ses gestes étaient naturels et chaleureux. Sa Majesté s'est levée pour nous souhaiter la bienvenue. Elle tendit les deux mains vers chaque dame et dit avec beaucoup d'empressement et d'enthousiasme : " Une famille, tous de la même famille ". Elle était très cordiale, et lorsqu'on nous passa le thé, elle s'avança et trempa ses lèvres dans chaque tasse. » Mrs. Conger en profite pour entretenir la souveraine des choses de l'Occident.

Inutile de préciser que son attitude à l'égard de la Chine, des Chinois et de l'impératrice est loin d'être appréciée de ses semblables. L'une d'elles ne se prive d'ailleurs pas d'écrire :

« La femme du ministre américain parle de "son amie l'impératrice douairière" ou de "Sa Majesté". Mais à chaque nouvelle visite des étrangers au Vieux Bouddha, comme les Chinois l'appellent, les Chinoises chrétiennes pleurent et protestent amèrement, parlant de relations avec une meurtrière et s'estimant être elles-mêmes des martyrs. » D'un autre côté, le sac de Pékin et l'énorme indemnité imposée par les alliés, après la révolte des Boxers, n'ont fait qu'aggraver la détestation de la cour envers les étrangers. Malgré tout, Mrs. Conger persévère dans son entreprise de réconciliation, assurant l'impératrice de son plus total respect et de sa plus grande considération. Le Vieux Bouddha finit par considérer avec bienveillance la femme de l'ambassadeur américain, une attitude qui permet à celle-ci d'avoir, privilège unique, ses entrées au palais.

En juin 1903, Mrs. Conger écrit à sa fille qu'elle nourrit un nouveau projet :

« Pendant des mois, je me suis indignée de l'horrible et injuste caricature que l'on faisait de Sa Majesté impériale dans les journaux. Le désir que le monde puisse la voir comme elle est réellement a grandi en moi. L'idée m'est venue de demander à Sa Majesté de bien vouloir m'autoriser à lui faire faire son portrait. »

Susan Conger songe à une artiste américaine, sœur d'un ancien commissaire des douanes à Yantai (au nord du Shandong), Katherine Carl. Par sa mère, Miss Carl est une Bredon, une famille liée à lady Hart, la femme du puissant et inamovible surintendant des douanes maritimes chinoises, sir Robert Hart, un vieil ami de la Chine et lui aussi admirateur inconditionnel de l'impératrice Cixi, dont il est le contemporain et presque l'amoureux. Née à La Nouvelle-Orléans, Katherine Carl a étudié à Paris à l'académie Julian, où elle n'a pas laissé de souvenir. Elle est arrivée en Chine pendant l'hiver 1902, par le transsibérien.

Ce projet est rien moins qu'évident. En Chine, les portraits ne sont exécutés qu'après la mort de l'intéressé, selon une représentation hautement stylisée, et destinés à être exposés sur l'autel des ancêtres, *in memoriam*, comme objet de vénération et de respect. Cixi doute d'autre part des mérites artistiques de la peinture occidentale... Par chance, Katherine Carl a déjà exécuté un portrait de Der Ling, fille de l'ancien ambassadeur de Chine à Paris, Yu Keng, laquelle est alors une de ses dames de cour. Elle demande à voir la toile.

« Quel travail vulgaire ! »

Der Ling fait donc apporter son portrait, réalisé à Paris quelques mois plus tôt par l'artiste américaine. Elle le montre d'abord à ses compagnes. Les avis sont partagés, certaines se contentent de le trouver ressemblant, d'autres le considèrent comme très médiocre. Mais l'impératrice douairière demande à le voir immédiatement. Elle l'examine avec la plus extrême attention, allant même jusqu'à le toucher, avant de laisser tomber son verdict, en éclatant de rire : « Quel travail vulgaire, je n'ai rien vu de pareil dans ma vie. Le tableau en lui-même vous ressemble merveilleusement, et je ne crains pas de dire qu'aucun de nos peintres chinois ne serait capable de saisir l'expression qui apparaît dans cette peinture. »
Elle se dit surtout choquée par la nudité des épaules de la jeune personne :
« Mais quelle drôle de robe vous portez là ! Pourquoi vos bras et votre cou sont-ils dénudés ? J'ai entendu dire que

les étrangères portaient des vêtements sans manches et sans col, mais je ne m'imaginais pas que la robe que vous portez là puisse être aussi laide. Je ne comprends pas que vous osiez porter une telle horreur. Je pensais que vous auriez honte de vous exhiber de cette manière. Je vous en prie, ne mettez plus jamais ce genre de robe ! Cela me choque considérablement. Quelle drôle de civilisation, en vérité ! Et est-ce que cette robe se porte seulement en certaines occasions, ou couramment, et également en présence d'hommes ? »
Elle-même aquarelliste de talent, Cixi n'est pas plus favorablement impressionnée par la technique de la peinture à l'huile. Elle ne peut se faire d'autre part au jeu contrasté des ombres et des lumières. Reprenant son examen, elle s'exclame : « Pourquoi une partie de votre visage est-elle peinte en blanc et l'autre en noir ? La moitié de votre cou est peinte en noir également. Comment cela peut-il se faire ? Pensez-vous que l'artiste va me peindre en noir également ? Le tableau ira aux États-Unis et je ne veux pas que les gens là-bas puissent s'imaginer qu'une partie de mon visage est blanche et l'autre noire. »

San Gunia, fille de Yu Keng, qui écrira sous le nom de princesse Der Ling et dont Miss Carl a fait le portrait à Paris, a raconté dans un livre célèbre, *Two Years in the Forbidden City*, ses deux années passées au service de l'impératrice, en 1903 et 1904. Une partie de son ouvrage est consacrée au fameux portrait de Cixi. Der Ling rêvait de connaître le palais impérial, ayant passé la majeure partie de sa vie en dehors de Pékin. Elle et sa sœur, Rong Ling, ainsi que leur mère, sont bientôt conviées au palais d'Été pour y être présentées à l'impératrice, introduites par le chef eunuque Li Lianying.

Séduite par la grâce et la beauté des deux jeunes filles, et surtout curieuse de leur éducation occidentale, Cixi retient Mme Yu Keng et ses deux filles à la cour. Toutes trois résideront au palais. C'est ainsi que la future Der Ling, âgée de dix-sept ans seulement, entre au service de Sa Majesté, en tant que première dame d'honneur de l'impératrice douairière. Compte tenu de sa pratique de l'anglais, elle est toute désignée pour servir d'interprète entre l'impératrice et Miss Carl.

Der Ling raconte que lorsque Mrs. Conger a très respectueusement demandé à l'impératrice si elle accepterait que l'on fasse son portrait, celle-ci ne savait pas très bien à quoi s'en tenir, ignorant ce qu'était un portrait, n'ayant même jamais vu une photographie la représentant. Cixi se montre donc réticente. Ne serait-il pas de mauvais augure de se voir représentée de son vivant ? L'impératrice répugne d'autre part à admettre une inconnue étrangère dans les murs du palais d'Été pendant la réalisation de l'œuvre. Elle répond prudemment qu'elle donnera sa réponse plus tard, qu'elle doit au préalable consulter ses ministres, avant de prendre une décision aussi importante. Et qu'elle doit également veiller à ne pas donner à son peuple l'occasion de la critiquer, au cas où elle manquerait aux règles et aux coutumes de ses ancêtres.

Après bien des hésitations, la souveraine finit cependant par se laisser convaincre. Elle prie le prince Qing, le Premier ministre, de bien vouloir en aviser Mrs. Conger. C'est ainsi que commence une aventure épique – qui ne peut certes pas être considérée comme un événement de première importance –, mais qui révèle une part de la personnalité du Vieux Bouddha, alors âgée de soixante-dix ans, ainsi que certains aspects de la vie de cour tout à la fin de la dynastie des Qing.

Mrs Conger est ravie. Elle écrit à sa fille : « L'impératrice accepte que son impérial portrait soit peint par une artiste américaine pour l'exposition de Saint Louis [Missouri]. Le travail commencera en août. Imagine cela ! Que ce portrait puisse révéler au monde extérieur une partie de la véritable personnalité de cette femme tellement décriée est mon souhait le plus ardent. Je n'oublie pas, ma chère fille, les jours sombres du siège, les souffrances, le sang versé, les chagrins. Mais je ne veux pas que ces ténèbres fassent oublier les rayons du soleil. » Suzan Conger souhaite que le peuple américain puisse découvrir Sa Majesté telle qu'elle l'a vue souvent, avec ses qualités uniques !

Lorsque Der Ling en vient à expliquer à l'impératrice qu'elle devra poser, immobile, plusieurs heures par jour, elle répond qu'elle n'en aura jamais la patience, ajoutant qu'elle sera devenue vieille lorsque le portrait sera achevé... Elle dit également ne pas comprendre pourquoi il sera nécessaire qu'elle pose en personne, comme si quelqu'un d'autre ne pouvait pas le faire à sa place. L'impératrice demande également si elle devra toujours porter la même robe et les mêmes bijoux. Elle fait remarquer qu'en Chine, il suffit à un artiste de voir une fois son sujet pour être capable d'exécuter un portrait. Et ceci rapidement !

Cixi s'inquiète surtout de savoir si Miss Carl parle et comprend le chinois. La réponse étant négative, la voici rassurée. Car elle craint surtout de devoir introduire dans son palais une étrangère susceptible de s'entretenir avec quiconque, proches ou eunuques, qui pourrait lui raconter des choses... À court d'objections, l'impératrice finit donc par accepter. Reste le problème du logement de l'artiste. Il paraît difficile, compte tenu du relatif éloignement du palais d'Été, que l'artiste réside à Pékin. Elle suggère donc de l'installer dans une résidence proche du palais, mais située à l'extérieur, celle du prince Chun, dit le septième prince, car il était le septième frère de l'empereur Xianfeng. On prépare au mieux les appartements de l'artiste dans le palais du prince.

L'impératrice demande impérativement que personne ne puisse s'entretenir avec elle, de jour comme de nuit. Les eunuques sont priés de ne pas adresser la parole à l'artiste étrangère et de se contenter d'être poli avec elle. Les dames de la cour reçoivent la même instruction. Elle chapitre Mme Yu et ses deux filles, les enjoignant de la surveiller et de veiller à ce qu'« elle soit traitée comme une prisonnière, sans le savoir ». Elle recommande surtout qu'en aucun cas Miss Carl n'ait l'occasion de rencontrer l'empereur, Guangxu. C'est ainsi que Der Ling ne lâchera pas d'une semelle l'Américaine, empêchée même qu'elle sera de lui apprendre un traître mot de chinois.

Miss Carl étant arrivée à Pékin, reste à choisir le jour de sa présentation à l'impératrice. Celle-ci, après avoir longuement consulté son horoscope, interprété par les astrologues de la cour, décide que cela ne saurait se faire qu'un jour faste, soit pas avant dix jours, et à sept heures du soir. Comme on lui fait remarquer qu'à cette heure, il fera presque nuit et que l'artiste sera bien en peine de commencer son travail, elle répond qu'il y a l'électricité. Finalement Sa Majesté accepte de transiger, ce sera pour dix heures du matin.

Miss Carl sera ainsi la première personne étrangère – depuis Marco Polo, quelques pères jésuites et de rares ambassadeurs – à être admise au palais impérial et la première étrangère à être autorisée à pénétrer dans les quartiers des femmes. Elle y demeurera plus de neuf mois. Mrs. Conger présente Miss Carl à la souveraine, « une gentille petite femme avec un charmant sourire », dira l'artiste. Cixi est également conquise par son sourire. Elle s'étonne cependant de sa blondeur extrême (en Chine, les démons sont représentés avec des cheveux blonds). En fait, Miss Carl a depuis son plus jeune âge des cheveux blond platine. Elle approche alors de la cinquantaine, est de petite taille et ressemble, nous dit galamment Sterling Seagrave, à « une bouche d'incendie » ! Son visage est parsemé de taches de rousseur. Ce qui ne manque pas également d'intriguer l'impératrice.

Miss Carl a apporté avec elle un châssis et une toile qui mesurent près de deux mètres de hauteur, mais Sa Majesté paraît passablement déçue, ayant escompté un support encore plus grand. L'artiste choisit la meilleure disposition en fonction de la lumière, ce qui n'est pas chose facile. L'impératrice se retire dans ses appartements pour revêtir une superbe robe jaune, avec une broderie du caractère *Shou* (longue vie), une écharpe de soie bleue, une paire de bracelets de jade et des protège ongles en jade également. Der Ling et Miss Carl s'accordent à la trouver *beautiful* en cette occasion. L'impératrice s'assied alors sur le trône, à la recherche de la meilleure position, et l'artiste peut commencer à tracer ses esquisses dans un silence admiratif.

Le lendemain, nouvelle séance de pose. Mais au bout de dix minutes, Sa Majesté se sent lasse et fait demander à Miss Carl si cette séance peut être remise. L'artiste dit qu'elle peut continuer à peindre le fond du tableau et le trône. Du coup, l'impératrice se dit que Miss Carl peut également peindre ses habits et ses bijoux, sans que sa présence soit nécessaire. Et de suggérer que Der Ling la remplace, revêtue des effets et des bijoux impériaux, tandis que, le moment venu, elle consentira à poser pour son visage... Mais il n'est pas question que l'artiste puisse continuer à travailler alors qu'elle fait sa sieste, l'atelier jouxtant sa chambre à coucher. C'est ainsi que sera peint le portrait de l'impératrice douairière. Et que Der Ling prendra sa place, à raison de deux heures de pose le matin et de deux autres heures l'après-midi. Malgré cela, Cixi s'impatiente de voir le tableau terminé.

Mrs. Conger sollicite une audience privée afin de voir Sa Majesté et s'assurer de l'avancement du travail de Miss Carl. L'impératrice remarque que Mrs. Conger remet un paquet à l'artiste. Intriguée et inquiète à la fois, elle demande que l'on s'assure de son contenu. Der Ling et les eunuques reviennent bredouilles, n'ayant pas réussi à percer le mystère du paquet. Ce n'est qu'une fausse alerte, le colis suspect ne contient que des revues américaines ! L'impératrice, cependant, n'est pas vraiment satisfaite de son portrait. N'entendant rien à la peinture à l'huile, elle ne pense pas qu'il puisse faire un beau tableau. Elle trouve aussi que l'exercice s'éternise un peu trop. Der Ling s'efforce, de son côté, de rassurer l'artiste, invoquant la réticence de Sa Majesté l'impératrice à poser en personne.

L'hiver venu, la cour se déplace à Pékin, au palais de la Mer, situé au bord du lac du Milieu (un peu au nord-ouest de la Cité interdite), autre résidence favorite de l'impératrice. Miss Carl s'installe alors à la légation américaine. Il faut à nouveau trouver un nouvel endroit adéquat pour que Miss Carl puisse parachever son œuvre, ce qui n'est pas une mince affaire. L'artiste n'est pas satisfaite de son nouvel atelier, qu'elle trouve trop sombre. On remplace le papier des fenêtres par du verre, mais la lumière n'est toujours pas satisfaisante à ses yeux. Miss Carl demande qu'on installe des rideaux. Agacée, l'impératrice demande si la solution ne serait pas qu'on enlève le toit ! Pour pouvoir accompagner Miss Carl le matin au palais et la raccompagner le soir à la légation, Der Ling, sa mère et sa sœur s'installent à Pékin (leur ancienne résidence a entièrement brûlé lors des événements de 1900).

L'impératrice ne se dit toujours pas satisfaite. Elle regrette d'abord que le tableau soit aussi ridiculement petit (il ne mesure que 1 m 80 sur 1 m 20 !). Elle s'étonne que les perles qui ornent sa coiffe prennent différentes teintes, les unes étant blanches, les autres prenant des reflets verts ou roses. À Der Ling de tenter de lui expliquer que l'artiste peint ces perles comme elle les voit, en fonction de l'ombre et de la lumière. Mais l'impératrice n'en démord pas : une perle est blanche et ne peut qu'être blanche ! À noter qu'à l'occasion de ce portrait, Cixi porte un collier fameux, une jaquette brodée de trois mille cinq cents perles de culture, parfaitement rondes et assorties, chacune de la dimension d'un œuf de canari, un collier qui avait autrefois appartenu au favori de l'empereur Qianlong, Heshen.

Cixi convoque Miss Carl au palais et demande à voir une nouvelle fois son portrait. Après bien des considérations, elle consent à lui accorder cinq minutes de pose par jour, après l'audience du matin, pour que l'artiste puisse peindre son visage. Mais dès le troisième jour, elle se fait excuser de ne pouvoir poser. Avec toutes les précautions d'usage, Der Ling essaie de lui faire comprendre que, dans ces conditions, Miss Carl sera dans l'incapacité d'achever le tableau.

Très en colère, l'impératrice consent finalement à accorder quelques séances supplémentaires de pose, avant de déclarer qu'elle n'en a rien à faire de ce portrait. Mais quand elle apprend que le tableau sera bientôt terminé, elle est ravie.

Reste la délicate question des émoluments de l'artiste. L'impératrice se demande s'il convient de la rémunérer. On lui explique que c'est sa profession et qu'elle en vit, ce que Sa Majesté a du mal à comprendre. En lui offrant de l'argent, elle dit craindre d'offenser l'artiste, et par la même occasion Mrs. Conger, qui la lui a présentée. Il faut lui expliquer qu'en Europe et en Amérique, il est tout à fait naturel que des femmes gagnent leur vie en peignant, ou encore en enseignant ou en exerçant d'autres professions, et que cela n'a rien de déshonorant, bien au contraire. Elle s'en étonne et demande pourquoi son frère ne subvient pas à ses besoins. Décidément, se dit l'impératrice, ces Occidentaux ont une drôle de civilisation. Elle accepte néanmoins d'en parler avec ses ministres.

Miss Carl travaille d'arrache-pied pour terminer son œuvre, tandis que l'impératrice consulte à nouveau son horoscope pour choisir un jour favorable où il sera mis une touche finale à son portrait. La date du 19 avril est retenue comme étant un jour faste. Miss Carl se récrie, assurant qu'il lui sera impossible d'en finir à cette date. Mais l'impératrice maintient la date choisie, à quatre heures. Une semaine avant l'échéance, Sa Majesté se rend à l'atelier pour une dernière visite. Elle se dit satisfaite, à l'exception de son visage, clair d'un côté, sombre de l'autre. Elle exige que Miss Carl fasse en sorte que les deux faces soient identiques. L'artiste est bien obligée de se soumettre à la volonté de la souveraine.

Remarquant d'étranges caractères peints au bas du tableau, Cixi demande ce qu'ils signifient. On lui explique qu'il s'agit simplement de la signature de l'artiste. Elle s'étonne : « Je sais que les étrangers font des choses bizarres, mais voilà la chose la plus extraordinaire que j'aie jamais vue. C'est tout de même curieux qu'on mette son nom au bas de mon portrait ! On va croire qu'il s'agit du portrait de Miss Carl et non du mien ! » Et Der Ling de se lancer à nouveau dans de délicates explications, qui ne satisfont pas la souveraine.

Miss Carl parvient à terminer le tableau en temps voulu. L'impératrice fait alors venir au palais Mrs. Conger et les épouses des membres du corps diplomatique pour qu'elles découvrent l'œuvre, le premier tableau jamais peint de Sa Majesté. Elle ne va pas cependant jusqu'à les accompagner dans l'atelier. Cixi s'inquiète de la réaction des visiteuses, lesquelles assurent apprécier grandement l'œuvre. « Ce n'est pas étonnant, s'exclame l'impératrice, elle a été peinte par une artiste étrangère. » Avant que le portrait ne quitte le palais, l'empereur est convié à se prosterner devant lui. Puis c'est le tour des princes et des nobles mandchous de défiler devant le tableau peint par Miss Carl.

Le lendemain, des menuisiers viennent encadrer la toile, un encadrement majestueux, en bois de camphre finement ciselé. L'impératrice a l'idée de demander au frère de Der Ling – lequel a des talents de photographe et a fait tout récemment des clichés de la souveraine, de bien vouloir photographier son portrait. Une représentation qu'elle trouve plus satisfaisante que l'original... Le tableau est ensuite déposé au ministère des Affaires étrangères, afin que les hauts fonctionnaires de l'Empire puissent venir l'admirer, tout comme l'ensemble des diplomates en poste à Pékin.

L'œuvre reçoit enfin un luxueux emballage, garni de soie et recouvert d'un tissu de satin jaune, la couleur impériale. La caisse est close avec infiniment de soins et une grande solennité, avec des emboîtages multiples. La suite de l'opération ne manque pas de piquant. L'impératrice décrète que cette effigie de son auguste personne doit bénéficier du même respect et du même cérémonial que ceux qui lui sont dus en propre. Elle donne l'ordre de construire un chemin de fer miniature dans les rues de Pékin pour transporter l'icône ! L'« image sacrée » est donc posée verticalement dans une voiture, sous un dais de soie jaune, épargnant ainsi à Sa Majesté l'insoutenable idée de voir son image portée horizontalement sur les épaules de vulgaires coolies, un moyen de transport par trop indigne d'elle. Pendant le trajet à travers les rues de la capitale, le bon peuple est requis de s'agenouiller respectueusement, comme si c'était l'impératrice en personne qui passait devant ses yeux...

L'« image sacrée » est conduite solennellement à la gare et convoyée à T'ien-tsin par train spécial, où ont pris place le vice-roi de la province et sa suite. Puis elle est embarquée – toujours verticalement – sur un vapeur à destination de Shanghai, accompagnée d'officiels chargés de l'escorter. L'œuvre se retrouve enfin à bord d'un navire en partance pour San Francisco, en présence du gouverneur de la province. Huit personnes sont chargées de la mener à bon port et de veiller sur elle pendant tout le trajet.

En juin 1904, à Saint Louis (Missouri), ville qui accueille alors les jeux Olympiques et but du voyage, le prince Pu Lun, nommé commissaire impérial, est présent pour réceptionner, toujours avec la même solennité, le précieux objet. À la fin de l'exposition, où le commun des mortels a pu admirer le portrait de l'impératrice douairière de Chine, le tableau sera ensuite envoyé à Washington, en cadeau de la Chine aux États-Unis et à son président, Theodore Roosevelt. L'œuvre de Katherine Carl, devenue propriété du gouvernement américain, se trouve aujourd'hui exposée à la Freer Gallery, dans la capitale fédérale.

Son œuvre terminée, après dix mois ou presque passés à la cour de Chine, Miss Carl fait ses adieux. Elle est gratifiée d'une jolie somme en argent liquide accordée par Sa Majesté et accompagnée d'une décoration, ainsi que de nombreux présents destinés à la remercier de son travail et de son talent. Der Ling regrette beaucoup le départ de celle qui est devenue son amie, et avec laquelle elle a partagé beaucoup de choses.

Le préfacier du livre de Miss Carl, *With the Empress Dowager of China* (publié en 1906), où l'auteur raconte son séjour à la cour de l'impératrice, ne craint pas de dire que ce qu'elle a fait de mieux, c'est son livre ! Ce qui peut paraître désobligeant pour l'artiste.

Et de fait, l'auteur s'est plaint des contraintes imposées à sa liberté d'artiste par les entraves de la tradition et la rigidité des conventions picturales chinoises. Des canons vieux de plusieurs siècles, qui n'autorisent aucune transgression et interdisent toute fantaisie. Katherine Carl a en effet été forcée d'exécuter des figures obligées, jusque dans les moindres détails. Elle a dû oublier les lignes de la composition et les impératifs de la perspective, avec pour conséquence une impasse sur le pittoresque et une croix sur le relief. Elle avoue son malaise : « Quand j'ai compris que je devais représenter Sa Majesté d'une manière aussi traditionnelle, au point de peindre cette personnalité séduisante de façon banale, j'ai perdu mon ardeur initiale pour mon œuvre. Tout cela m'a donné souvent mal à la tête et suscité en moi une révolte, avant que je ne me résolve à l'inévitable. » Elle ajoute que l'impératrice n'a jamais deviné son découragement. Katherine Carl se plaît à imaginer quelle œuvre bien différente – et ô combien plus réussie – elle aurait pu produire, si liberté lui en avait été laissée.

Une fausse princesse

La princesse Der Ling (1886-1944), à qui l'on doit ce récit, s'est arrogé ce titre en se réclamant de la faveur de l'impératrice douairière, qui aurait, selon elle, dit un jour qu'elle le méritait bien ! En vérité, sa famille serait plutôt de modeste extraction. Sa mère est eurasienne, fille d'un commerçant américain établi à Shanghai et d'une chinoise. Yu Keng, le père de Der Ling, membre de la Bannière blanche mandchoue, aurait été préposé aux basses besognes du vice-roi Li Hongzhang. Celui-ci l'en aurait récompensé en le nommant ambassadeur à Londres, puis à Paris pendant quatre ans. Yu Keng, qui est mort à Shanghai en 1905, était connu pour ses opinions progressistes et réformistes.

Élevée dans une école religieuse en Chine, puis dans des couvents en Europe, Der Ling parle couramment l'anglais et le français. Elle est très jolie et a beaucoup de charme. Le fils aîné du prince Qing aurait été son amoureux... C'est d'ailleurs le prince Qing qui aurait convaincu l'impératrice douairière de la prendre à son service (ainsi que sa mère, sa sœur, Rong Ling et ses frères) pour lui servir de dame d'honneur et d'interprète auprès des dames étrangères à qui il lui arrivait d'accorder des audiences.

Après deux années passées auprès de Cixi dans ses palais, Der Ling quittera la cour en mars 1905 et épousera en 1907 un Américain, Thaddeus C. White. Dans son livre, publié en 1911, qu'elle n'hésite pas à signer indûment Princess Der Ling, elle décrit la vie quotidienne à la cour et son service auprès de l'impératrice. Cet important témoignage sera suivi de sept autres ouvrages, dont *Old Buddha* et *Imperial Encense*.

Un de ses frères, en charge des installations électriques du palais d'Été, s'est improvisé photographe. C'est à lui que l'on doit les fameuses photos de Sa Majesté, prises entre 1903 et 1905, la représentant parfois seule, parfois entourée de ses suivantes et de ses eunuques, ou encore en costume de théâtre et en déesse de la miséricorde (Guanyin). Ces photos font figure de document. On y découvre par exemple l'édifice fragile et compliqué de la coiffure des femmes mandchoues, qui enroulent leurs cheveux sur une haute armature. Cixi se passionnera pour

la technique de la photographie, voulant tout connaître et tout comprendre du phénomène, allant jusqu'à visiter la chambre noire du photographe, passant des heures à observer le processus du développement et du tirage. Avant de conclure : « Eh bien ! on n'est jamais trop vieux pour apprendre. »
Jusqu'à la fin du XIXe siècle et le début du XXe, on ne savait pas grand-chose des us et coutumes de la cour impériale de Chine et de la vie quotidienne à l'intérieur des palais impériaux. La vie de cour était soigneusement tenue secrète, à l'abri de la curiosité tant des Chinois que des étrangers. Les livres de Der Ling et de Katherine Carl restent donc de précieux documents, même s'ils sont parfois dédaignés par les historiens, qu'ils soient occidentaux ou chinois. Ces derniers ne pardonnant pas à en particulier à Der Ling l'usurpation de son titre. Comme si ce mensonge devait jeter la suspicion sur ses écrits.
Dans le livre qu'il a consacré à Cixi, George Soulié de Morant se fait par ailleurs l'écho d'une bien étrange affaire. Il raconte l'affection que l'impératrice portait aux filles d'un ancien ministre de Chine en France, qui lui servaient d'interprètes, et la manière dont elle les comblait de cadeaux. Puis, on apprit un jour que ces deux jeunes filles avaient été condamnées à se suicider et qu'elles s'étaient enfuies précipitamment à Shanghai pour se réfugier dans la concession anglaise !
M. de Morant explique que ces deux jeunes filles avaient obtenu de l'impératrice qu'elle autorise Mme Katherine Carl à faire son portrait. Mais une fois celui-ci terminé, elles avaient réussi à soutirer au Trésor impérial une somme fabuleuse, plus de quatre cent mille francs, soi-disant pour ledit portrait. Le premier eunuque (Li Liangying), qu'elles avaient négligé de mettre dans la combine, les avait alors dénoncées, signant ainsi leur arrêt de mort, ou plutôt leur condamnation au suicide...

CHAPITRE 17

« Et on lui coupa *le* et *les*... »

Le Dr Matignon, médecin de la légation de France à Pékin, a eu l'occasion de prodiguer ses soins à un jeune eunuque atteint d'un rétrécissement de l'urètre. Cette expérience médicale l'a incité à s'intéresser à l'anatomie des castrats. Ses recherches sur les eunuques du palais impérial de Pékin nous valent un intéressant chapitre de son livre, *La Chine hermétique*, où il ne craint pas de mettre en exergue cette citation de Froissart (un chroniqueur du XIVe siècle) : « Et on lui coupa *le* et *les,* à cause qu'il était hérite [hérétique] et sodomite », à propos d'une victime de la castration.

Le recours aux eunuques remonte à la plus haute Antiquité. Si l'on en croit Hérodote, les Grecs faisaient un grand commerce d'eunuques. La première mention des eunuques en Chine remonte à 1100 av. J.-C., à la dynastie des Zhou. La castration y figure parmi les cinq formes graves de châtiment, avec les stigmates sur le front, la section du nez, l'amputation des oreilles, des mains ou des pieds, et la peine capitale. Pour les rois et les princes orientaux – et pour les empereurs de Chine en particulier, qui pratiquaient la polygamie – les castrats offraient la garantie que le harem ou le gynécée étaient parfaitement gardés, sans risque aucun. Par définition, les eunuques n'étaient pas susceptibles de provoquer la suspicion ou la jalousie de leur maître. Alors qu'en Perse et en Turquie, les eunuques pouvaient être au service de quiconque avait la possibilité de s'en offrir, en Chine, ils sont l'apanage de l'empereur et de quelques membres éminents de sa famille. Durant la dynastie de Han occidentaux (206 av. J.-C.-8 apr. J.-C.), les castrés sont restés cantonnés au rôle de simples domestiques. Mais les Han orientaux (25-220 apr. J.-C.) ont commencé à en faire des fonctionnaires officiels. Au grand dépit des fonctionnaires lettrés qui avaient le monopole de l'administration impériale. La lutte pour le pouvoir entre eunuques et lettrés devait durer – avec des hauts et des bas pour les deux parties – jusqu'à la fin de la dernière dynastie, celle des Qing.

C'est l'empereur Guangwu (25-57 apr. J.-C.) qui a le premier introduit le péril en la demeure en plaçant les eunuques à la tête des bureaux du palais. En leur attribuant des fonctions jusqu'alors exclusivement réservées aux fonctionnaires lettrés, il déclenche la guerre entre les deux clans. D'un côté, les lettrés méprisent ces êtres sans éducation, ambitieux, arrogants et intrigants, qui sont devenus les intimes du souverain et exercent sur lui une influence qu'ils considèrent comme néfaste. De l'autre, les eunuques manœuvrent habilement pour écarter du pouvoir les lettrés qui ne leur sont pas tout dévoués, installant leurs créatures à leur place. Il est nécessaire de gagner leurs faveurs si l'on veut gagner celles de l'empereur. Et pour bénéficier des bonnes grâces de ces intermédiaires obligés, il faut leur faire de gros cadeaux. Avec le pouvoir, les eunuques deviendront riches.

C'est donc sous la dynastie des Han orientaux, et plus tard des Tang et des Ming, que leur influence devient prédominante, pour le plus grand malheur de ces deux dernières dynasties. Les avertissements et protestations auprès des souverains de quelques censeurs courageux, de vice-rois et de personnalités d'une haute intégrité morale, demeureront sans effet.

Certains eunuques ont laissé leur nom dans l'histoire, pour le pire le plus souvent.

Le grand eunuque Yu Chao'en, par exemple, qui, sous l'empereur Daizong (762-779) des Tang, se retrouve en charge des affaires militaires et fomente des rébellions antigouvernementales.

Le plus justement célèbre, en revanche, est un musulman du Yunnan, l'amiral Zheng He (1371-1435), le fabuleux explorateur qui, à la tête de sept expéditions maritimes, a sillonné les mers du globe, bien avant Christophe Colomb, Vasco de Gama et Magellan (voir le livre de Michael Yamashita).

Le plus sinistrement célèbre étant Wei Zhongxian, pendant le règne de Tianqi (voir chap. 5).

Sous les Ming, plus les souverains se montrent faibles, plus les eunuques se font puissants. Les grands castrats finissent par contrôler l'ensemble des instances gouvernementales. Ils dirigent les services secrets, ils nomment et révoquent à volonté les ministres. Ils assistent aux conseils et transmettent à l'empereur les rapports de leur choix. Ils formulent un avis sur les arrêts à prendre, lesquels ont valeur de décision. Ils émettent des lois et ne se privent pas de promulguer de fausses ordonnances impériales. Ils gèrent le système des impôts et les finances, en profitant pour détourner au passage des sommes colossales, contribuant ainsi à ruiner la dynastie. Ils se mêlent allégrement de la vie privée des personnages importants de la cour, choisissant les concubines, les futurs gendres et même les épouses des empereurs. À deux reprises, ils tenteront de remplacer le dauphin légitime par le fils d'un prince qui a leur faveur.

Shunzi, le premier empereur des Qing, fort de l'expérience de ses prédécesseurs Ming, cantonne les eunuques dans des tâches subalternes. Il leur interdit de se mêler de la chose publique et d'accéder aux postes de responsabilité. Kangxi (1662-1723) nomme bien quelques castrats à des charges de fonctionnaires, mais à un assez bas niveau. Yongzheng se montre un peu plus permissif. Qianlong (1736-1796) leur permet d'accéder de nouveau aux plus hauts grades. Investis de charges et nantis de titres de noblesse, les eunuques organisent la corruption. Les successeurs de ce grand empereur, surtout à partir du règne dissolu de Xianfeng (1851-1861), auront couramment recours à leurs services.

Un faux eunuque ?

L'impératrice douairière Cixi s'appuie largement sur les eunuques. Ces derniers jouent utilement le rôle d'espions à la cour et l'aident à maintenir sa loi dans le palais. Les eunuques joueront ainsi un rôle considérable à la fin de la dernière dynastie. Le chef du palais de l'empereur Xianfeng, Xiao Anzi, devient son favori. Xiao Anzi a quitté sa région natale du Hebei avec ses deux frères, chassés par la famine. Après des mois de vagabondage et de mendicité, ils arrivent sous les murs de Pékin. Anzi entre alors comme apprenti chez un cordonnier. Mais il ne fait pas l'affaire. Désespéré, il se tranche le sexe avec une lame à découper les semelles. Il dépose une demande au bureau de la Maison impériale chargée du recrutement des eunuques. Il finira par devenir l'un des plus puissants personnages de la cour, ne gardant de son passé que le sobriquet de « cordonnier ».

En vérité, l'absence de virilité de Xiao Anzi, du fait de sa castration, reste sujette à caution... C'est pendant le séjour forcé de la cour à Jehol (Chengde) en 1860-1861 – l'empereur Xianfeng ayant dû fuir Pékin à l'approche des troupes de l'expédition anglo-française – que la concubine Yehonala (la future Cixi) a appris à apprécier Xiao Anzi. Ce dernier devient son âme damnée, se mêlant de tout : intrigues, rendez-vous galants, représentations théâtrales, complots et assassinats. Il devient si puissant qu'en 1868 les censeurs s'alarment de l'immixtion des eunuques dans les affaires de l'État. Qu'importe, il reste le grand favori de l'impératrice douairière. Il se promène sur le lac des Lotus revêtu de la « robe à dragons », que seul le souverain peut porter. Il dispose d'un *juyi* de jade, un sceptre qui symbolise le pouvoir. Grisé par sa puissance, son orgueil ne connaît plus de bornes. Il joue au souverain et se montre arrogant envers les princes. Ce qui le perdra.
En 1869, l'impératrice envoie son favori inspecter les fabriques impériales à Nankin. Cette mission se fait en violation des règles qui interdisent formellement aux eunuques de quitter Pékin et de se rendre dans les provinces (de peur qu'ils n'y assoient leur autorité). Xiao Anzi et sa suite se rendent à T'ien-tsin, menant grand train, descendent le Grand Canal à bord de plusieurs embarcations arborant la bannière impériale. Encouragé par l'attitude déférente, voire obséquieuse, des gouvernants de la province du Zhili, tétanisés par l'importance du personnage, l'eunuque se permet toutes les extravagances. Il engage par exemple des femmes musiciennes pour jouer de la musique sur les bateaux. Il extorque au passage un maximum d'argent auprès des magistrats locaux. Alors qu'il traverse le Shandong, le gouverneur de la province, Ding Baoze, avertit Pékin des exactions commises par le grand eunuque et annonce qu'il a l'intention d'y mettre un terme. C'est ainsi qu'en septembre 1869, Xiao Anzi est arrêté à Tai'an (là où se trouve le mont Tai, le Taishan, cette montagne mythique). Dans le même temps, le gouverneur reçoit l'ordre de Pékin de mettre à mort l'eunuque pour son outrecuidance. Plusieurs de ses proches sont exécutés ou bannis. Ce serait le prince Gong en personne qui aurait formulé cet ordre. À moins que ce ne soit l'impératrice Ci'an (la veuve de Xianfeng) elle-même, ravie de jouer un mauvais tour à sa rivale, Cixi. Ce

dramatique épisode met un frein pour un temps à la toute-puissance des eunuques au sein du palais impérial et sert d'avertissement à l'impératrice douairière.
Il est vrai que la cour bruissait de rumeurs concernant les relations scandaleuses que Cixi entretiendrait avec son favori, tout eunuque qu'il soit. On disait que si l'impératrice lui était si attachée, c'était pour des raisons inavouables. Xiao se permettait d'assister à la toilette de l'impératrice, il lui tenait un grand miroir, lorsque celle-ci revêtait sa robe mandchoue de soie rouge. Jeune, belle et vive, Cixi supportait mal sa solitude de veuve. On racontait encore, à la cour et à la ville, que Xiao Anzi n'était pas un vrai eunuque, mais un solide mâle capable de satisfaire le tempérament excessif de Cixi, laquelle aurait même eu un enfant de lui... On raconte enfin qu'après son exécution, le corps de Xiao fut aussitôt emporté au lieu d'être exposé, comme c'est la règle, sur la place du supplice. On déchira son pantalon et l'on découvrit que *duos habet et bene pendentes*, bref qu'il avait, selon une autre expression propre à la Chine, « une théière entre les jambes » !
Dans la même veine, Li Lianying, le futur favori de l'impératrice Cixi, sera la cible de tous les commérages. On a souvent prêté aux grands castrats des relations amoureuses avec leur maîtresse. Mais en la matière, rien n'a jamais été prouvé... Dans ses Mémoires, He Rong Er, qui fut dame de cour auprès de Cixi, dit douter de ces allégations scandaleuses, tant le protocole imposait une surveillance quasi constante des moindres faits et gestes de l'impératrice.

Xiao Anzi est bientôt remplacé par Li Lianying, que l'on décrit comme très beau et fort distingué. He Rong Er, dans ses Mémoires, s'inscrit en faux contre cette appréciation. Elle estime en effet que Li Lianying était très laid, avec « un visage d'âne, un long menton, une grande bouche de poisson ». Toujours est-il que l'eunuque prend un ascendant considérable sur la souveraine, devenant son conseiller intime, y compris sur les affaires de l'État. Il a l'insigne privilège de pouvoir lui adresser la parole sans y être invité et de rester assis en sa présence, ce que même l'empereur ne peut se permettre. Sous le règne de Guangxu (1875-1908), Cixi fait de lui son chef du palais, un fonctionnaire de deuxième grade. Le grand eunuque devient si puissant qu'il se flatte de faire et défaire les mandarins les plus élevés et de pouvoir même défier l'empereur. Les ministres et les princes le courtisent tout autant que l'impératrice, afin d'obtenir ses faveurs.

La dévotion de l'eunuque à son impériale maîtresse est totale, indéfectible, et ce pendant quarante ans. À la mort de l'impératrice, il est brisé. Il ne lui survivra que quelques années, mourant en 1911, à soixante-neuf ans.

Li Lianying pratique allégrement le *squeeze*, c'est-à-dire l'art de percevoir des pourcentages et de recevoir des pots-de-vin. Il est riche à millions. Le Dr Matignon en fait ce portrait : « D'un dévouement absolu à l'impératrice, conteur spirituel, acteur accompli, metteur en scène remarquable, ce fut aussi un maître chanteur de premier ordre. Pas un mandarin, grand ou petit, qu'il n'ait rançonné. Il fut le mauvais génie de l'impératrice. » Li a par ailleurs sa part de responsabilité dans le coup d'État de 1898, qui a vu l'impératrice reprendre le pouvoir des mains mal assurées de Guangxu, auquel il n'avait pas pardonné une certaine bastonnade que l'empereur lui avait un jour fait administrer. Li est, bien entendu, hostile aux réformes voulues par Guangxu, dont celle concernant la suppression du corps des eunuques. À noter que le général Yuan Shikai, alors qu'il soutenait les réformes de l'empereur Guangxu en 1898, s'en est pris fermement à l'autorité et à l'ingérence des eunuques dans les affaires de l'État. Li Lianying sera par ailleurs un de ceux qui, avec le prince Duan, pousseront l'impératrice à croire aux pouvoirs surnaturels des Boxers.

Nadine Perront, traductrice et auteur de la préface du livre de Dan Shi, *Mémoires d'un eunuque dans la Cité interdite*, cite le témoignage de Ma Deqing, l'un des derniers eunuques vivant encore à Pékin, à la fin des années 1960. Ma Deqing a été victime de la rapacité de son père, un vendeur ambulant. Celui-ci avait un lointain cousin que son père avait fait castrer. Ce qui lui a permis d'entrer à la cour. Depuis que son fils était devenu eunuque, son père a vu sa vie s'améliorer d'année en année, au point de devenir propriétaire de deux hectares de terre et de plusieurs mulets. Un enrichissement qui donne des idées au père de Deqing.

Ma Deqing fait le récit de son calvaire. Âmes sensibles, s'abstenir :

« C'était en 1906, j'avais neuf ans. Un jour, mon père m'a appelé et, naturellement je suis venu. Mais là, il m'a empoigné, il m'a plaqué sur le lit et m'a ligoté. J'étais effrayé, d'autant que saisissant un couteau, il me dit qu'il allait me couper ce qui sert à faire des enfants. Je suis incapable d'exprimer les souffrances que j'ai pu endurer. Plusieurs fois, je me suis évanoui au cours de l'opération. Soixante ans plus tard, j'ai encore de la peine à en parler; c'est le souvenir le plus atroce de mon existence. J'ai connu des mauvais traitements, mais je donnerai tout pour effacer ce jour-là de ma mémoire, tellement cela me fait encore mal.

« Vous imaginez bien qu'à l'époque, il n'y avait ni anesthésiant, ni analgésique et encore moins d'hygiène. J'ai cru mourir d'un arrêt cardiaque. Après avoir coupé mes parties génitales, il a enfoncé dans le vif de ma chair un tube de bambou pour évacuer mes urines, car si la plaie s'était refermée sans qu'il ait posé une sonde, mon sang aurait été empoisonné.

« Je suis resté une centaine de jours allongé, avec entre les cuisses un cataplasme de cire, d'huile de sésame et de poivre qu'il fallait changer régulièrement. Chaque fois qu'il arrachait le cataplasme collé aux chairs, c'était une souffrance intolérable. Je devais rester sur le dos, sans bouger : je faisais pipi sous moi. Il avait mis une couche de terre sous mes fesses, qu'il changeait tous les jours. Je ne comprenais pas comment mon propre père avait pu commettre cette ignominie. Du haut de mes neuf ans, je ne voyais pas de quelle faute je m'étais rendu coupable pour mériter tant de cruauté. Ma mère en a beaucoup souffert, mais elle n'avait pas le droit à la parole.

« Au bout de cent jours, la plaie étant cicatrisée, mon père chercha un moyen de me faire entrer dans la Cité interdite, et j'attendis chez ma sœur aînée qu'il prît les contacts nécessaires. Il ne dut point en trouver, car nous ne le revîmes jamais. Il avait détruit ma vie pour rien. Je vécus quelques années avec ma sœur et, quand j'eus treize ans, mon lointain cousin finit par me faire rentrer au palais. Je n'y restai guère de temps, la République fut proclamée presque aussitôt. »

J.-J. Matignon raconte de son côté que l'opération est « simple et rapide » : « Le patient est couché sur une sorte de lit de camp. Des bandes compriment les cuisses et le ventre. Un assistant le fixe vigoureusement par la taille, tandis que deux autres tiennent les jambes écartées. L'opérateur est armé soit d'un couteau à lame droite comme les couteaux d'autopsie, soit d'une sorte de petite machette. De la main gauche, il saisit "le et les", les comprime, les tord, pour en chasser le plus de sang possible. Au moment de trancher, il pose une dernière fois au client, s'il est adulte, ou aux parents, si c'est un enfant, cette question : " Êtes-vous consentant ? " Si la réponse est affirmative, d'un coup rapide, il coupe, le plus ras possible, les bourses et la verge. Une petite cheville de bois ou d'étain, en forme de clou, est placée dans l'urètre. La plaie est lavée, trois fois, à l'eau poivrée, puis des feuilles de papier, imbibées d'eau fraîche, sont appliquées sur la région et le tout est soigneusement bandé. Le patient, soutenu par des aides, est ensuite promené, pendant deux ou trois heures dans la chambre, après quoi on lui permet de se coucher. »

Pendant trois jours, l'opéré est privé de boisson. On ne touche pas au pansement. Le patient souffre de sa plaie, mais surtout de la rétention d'urine par obstacle mécanique. On enlève enfin le pansement et « le malade peut pisser ou tout au moins essayer de pisser, car il n'y réussit pas toujours ». S'il peut uriner, on le considère comme guéri, sinon il est destiné à mourir dans d'atroces souffrances. L'amputation laisse une large plaie triangulaire. La cicatrisation se fait en moyenne au bout d'une centaine de jours. Malgré le procédé très primitif de l'opération, les accidents sont rares, précise encore le Dr Matignon, dans 3 à 4 % des cas, la complication la plus fréquente étant l'incontinence d'urine. Si cet inconvénient se prolonge, on donne des coups au patient, « un traitement considéré comme excellent ». Le Dr Matignon ajoute encore que « les opérés souillent leur couche et leurs habits, et les fermentations ammoniacales à odeur désagréable qui en résultent » ont donné naissance à l'expression : « Il pue comme un eunuque, on le sent à cinq cents pas. » Il faut dire qu'affligés d'une incontinence permanente, les eunuques devaient porter, été comme hiver, des pantalons ouatés et garnis de linges absorbants.

Comment et pourquoi devient-on eunuque ? En Chine, répond le Dr Matignon, « on devient eunuque par force, par goût, par pauvreté ou par paresse ». Beaucoup de parents vendent leurs enfants ou les font châtrer, avec l'espoir de les vendre comme domestiques au palais. Des jeunes gens âgés de vingt-cinq à trente ans, pères de famille pour certains, consentent parfois à se faire émasculer, attirés pas l'appât des revenus de la fonction. D'autres, insouciants ou paresseux, le font en étant persuadés qu'ils pourront mener désormais une existence aisée.

La plupart d'entre eux (comme on l'a vu) sont originaires du Hebei, autour de Pékin, et plus particulièrement de certains districts de cette province. Les familles miséreuses imaginent qu'en devenant eunuque, on devient riche aussitôt. Qu'en perdant quelque chose, on peut gagner beaucoup ! Les plus pauvres sont impressionnés par les exemples de quelques grands castrats devenus richissimes, lesquels se font construire des résidences somptueuses dans leur région natale et y achètent de nombreuses terres.

Le cas de l'infortuné Ma Deqing est rare, heureusement ! La plupart des futurs eunuques ont recours à des castrateurs officiels. Le professionnalisme de ces derniers garantit la réussite quasi totale de ces opérations (les risques d'accident étant minimes, comme le souligne le Dr Matignon). De plus, ces bourreaux, qui ont pignon sur rue, sont les seuls à pouvoir délivrer des certificats de castration, nécessaires pour pouvoir briguer une place au palais impérial. Pendant les quatre dernières décennies du XIXe siècle à Pékin, sous les empereurs Tongzi et Guangxu, deux castrateurs officiels se partagent le marché : Bi le Cinquième et Liu la Fine Lame. Ces deux fonctionnaires du septième grade sont tenus de fournir l'un et l'autre, chaque saison, une quarantaine de nouvelles recrues, soit trois cent vingt jeunes garçons par an. La fonction est héréditaire et reste la propriété d'une même famille. L'opération est pratiquée dans un bâtiment proche d'une des portes du palais.

Ce sont généralement les parents eux-mêmes qui, poussés par la faim, en viennent à vendre leur fils, âgé de sept, huit ou dix ans, pour quelques taels. Mais ce mode de recrutement reste insuffisant. Des trafiquants d'enfants s'emploient donc à pallier ce manque en enlevant de jeunes garçons pour les livrer aux castrateurs, en faisant miroiter à la future victime un emploi mirifique. Ce réseau de trafiquants est couvert par les eunuques du palais. Parfois, les criminels se voient offrir un choix : la mort ou la castration.

Bi et Liu sélectionnent ces recrues involontaires sur leur apparence physique et leur intelligence. L'opération se fait, comme on l'a vu, avec des moyens très rudimentaires (voir chapitre suivant). Elle reste douloureuse et coûteuse. Pour se présenter au palais, les jeunes eunuques doivent porter un uniforme, robe, gilet, bonnet, bottes. Les castrateurs avancent l'argent de leur habillement, paient leur droit d'inscription et les nourrissent pendant quelques mois après leur opération. Les parents qui présentent eux-mêmes leurs enfants signent une reconnaissance de dette, que le futur castrat devra rembourser. La plupart des eunuques mettent des années à s'acquitter de cette dette, dix ans en moyenne. Moins s'ils ont la chance de prendre rapidement du galon.

Les enfants enlevés par les trafiquants sont les moins chanceux. Bi et Liu en restent les propriétaires exclusifs et une partie de leurs salaire, primes, récompenses et cadeaux, leur est directement versée jusqu'à la retraite de leur victime. Ils préfèrent les très jeunes, car un bel enfant de neuf, dix ans, s'il est particulièrement charmant, a quelque chance de séduire l'impératrice ou une concubine, qui le récompensera amplement de ses services.

Les castrateurs conservent d'autre part – soigneusement étiquetées dans un bocal à alcool reposant sur une étagère – les parties intimes des castrés, « le et les », les « précieuses », un qualificatif doublement mérité, selon le Dr Matignon. Car les intéressés ne manqueront pas de les racheter un jour, à prix d'or s'ils ont acquis un rang élevé. Cette reprise de possession de leurs parties leur rappelle leur ancienne virilité. Mais surtout, tout eunuque promu à un rang supérieur doit montrer ses « précieuses », qu'un vieil eunuque passe en revue. Si par malheur, il a perdu le précieux bocal ou qu'on le lui a volé, il en emprunte un autre à un camarade ou s'en va louer des « précieuses » d'occasion, afin de les présenter à l'inspecteur...

Les eunuques tiennent surtout à arriver complets dans l'autre monde, afin de se présenter entier devant leurs ancêtres. C'est en effet une nécessité pour un Chinois. Confucius a dit : « Le devoir de tout homme est de garder intact le corps que ses parents lui ont donné. » L'empereur fait par exemple une grande faveur à un condamné en lui permettant d'être étranglé plutôt que décapité. Les « précieuses » sont mises dans le cercueil des eunuques, explique Matignon, lesquels espèrent, par ce semblant de restauration posthume, tromper le roi des Enfers, car le Pluton chinois transforme en mules ceux à qui on a coupé « le et les » !

Inutile de préciser que Bi le Cinquième et Liu la Fine Lame sont très riches. Mais après 1900, la révolte des Boxers et la guerre avec les puissances étrangères, ils devront se reconvertir, leur fonction ayant été officiellement supprimée.

Sous le règne de Guangxu, la Cité interdite abrite encore près de deux mille eunuques. Les princes du sang et les princesses impériales ont droit à une trentaine d'eunuques, les neveux et les jeunes enfants de l'empereur à une vingtaine, les cousins à dix. Les descendants des huit princes mandchous qui ont aidé Shunzi, en 1644, à fonder la dynastie des Qing jouissent également du privilège d'être servis par des eunuques. Les princes sont d'ailleurs tenus de fournir un certain nombre d'eunuques au palais, huit tous les cinq ans – des castrats ayant eu le temps d'être convenablement formés – moyennant dédommagement. Mais cette voie de recrutement reste largement insuffisante.

Très rares sont cependant ceux qui accèdent aux plus hautes fonctions, celles du deuxième grade et du troisième grade. Les autres, les obscurs, les sans-grade ne restent toute leur vie que de pauvres serviteurs. Les eunuques de la Cité interdite touchent trois sortes de revenus mensuels, en taels d'argent, en riz et en sapèques. Ils reçoivent en outre des primes d'ancienneté, des récompenses (des rouleaux de soie) pour les services supplémentaires et des primes spéciales à l'occasion des grandes fêtes, des anniversaires des souverains, des mariages et des naissances. Une somme mensuelle leur est par ailleurs allouée pour leur nourriture. Si l'on en croit un eunuque de la dynastie des Ming, le plat le plus prisé des castrats serait composé de testicules de bœuf, d'âne ou de cheval...

La vie privée des eunuques a fait couler beaucoup d'encre. Si l'on en croit Nadine Perront, les eunuques, même privés d'organes sexuels, n'étaient pas dénués de désirs... Comment expliquer ce mystère ? « La région de l'amputation brûle de sensations érotiques affolantes. Les vaisseaux sanguins donnent l'impression qu'ils vont éclater, et cependant le malheureux sait qu'il ne peut pas se soulager », si l'on en croit un récit ancien.

Les mémoires d'une dame de cour

Au musée Guimet, à Paris, on peut voir une remarquable statuette en terre cuite peinte en rouge brique et en blanc, de la dynastie des Han (206 av. J.-C.-220 apr. J.-C.). Elle porte une robe stylisée, aux larges manches symétriques qui s'évase vers le bas. On peut également y contempler de nombreuses figurines des dynasties Wei et Tang représentant des dames de cour et des servantes. Ces femmes du palais, au rôle obscur et ingrat, sont présentes dans la tradition littéraire chinoise. On les retrouve dans ces grands classiques que sont le *Hongloumeng* (*Le Rêve dans*

le pavillon rouge) et le *Jing Ping Mei* (*Fleur en fiole d'or*). Les ouvrages de Der Ling évoquent la vie quotidienne de ces servantes, ainsi que le roman de Pearl Buck, *Impératrice de Chine* (une biographie romancée de Cixi).
Les ouvrages historiques officiels chinois font peu de cas de ces dames de cour, lesquelles sont absentes de la littérature en tant qu'auteurs. Alors que les Japonais bénéficient des deux chefs-d'œuvre absolus que sont *Le Dit du Jenji*, de Murasaki Shikibu, dame de cour, et *Les Notes de chevet*, de Sei Shonagon, dame d'honneur du palais. Avec la parution chez Picquier des *Mémoires d'une dame de cour dans la Cité interdite*, de Jin Yi, ce vide est en partie comblé.
Ces Mémoires sont le fruit d'une rencontre à Pékin, vers 1940, sous l'occupation japonaise, d'un jeune Chinois érudit, Jin Yi, et d'une vieille Mandchoue illettrée, dont les seuls modes d'expression sont la parole et le geste. Jin Yi a réussi à faire parler He Rong Er (dont ce n'est sans doute pas le vrai nom). Avec le temps, il a réussi à gagner sa confiance. Il a écouté les confidences de l'ancienne servante du palais, à la fin de la dynastie des Qing, dans les dernières années du règne de l'impératrice douairière Cixi. Il s'agit d'un document exceptionnel, qui relève quasiment de l'ethnologie. He Rong Er est alors une vieille femme aux joues plissées, avec des cheveux blancs. Elle vit de ménages, après avoir été agressée par deux voyous qui lui ont dérobé tous ses biens. Elle n'aime pas parler d'elle, ni de son passé. Elle répète souvent : « Je suis tombée du ciel. Seulement, au lieu de poser le pied sur la terre, j'ai atterri directement dans les latrines. » D'origine mandchoue, entrée à la cour à l'âge de treize ans, He Rong Er a été mariée à dix-huit ans par Cixi à l'eunuque Liu, le coiffeur de l'empereur, fils adoptif de Li Lianying. Elle reçoit pour son mariage, en cadeaux de l'impératrice, huit boîtes contenant des bijoux, des vêtements et des objets divers. Liu s'avère être un mari exécrable, excessivement jaloux. Opiomane, il se ruine pour satisfaire son vice. Sa vie avec lui est un enfer, « un gouffre de souffrances ». Après un an de mariage, elle supplie la cour de la reprendre à son service. Par faveur spéciale de l'impératrice, He Rong Er est réintégrée dans les rangs des serviteurs du palais. Ce qui ne s'était jamais vu pour une dame de cour ayant quitté la Cité interdite. À vingt-cinq ans, elle doit de nouveau quitter le palais et n'a

d'autre choix que de retourner vivre avec son mari. Liu le coiffeur finit enfin par mourir, la « laissant seule et tranquille ».
En 1950, Jin Yi, qui s'est marié et a un enfant, doit cesser de faire appel à ses services. Car le fait d'employer une personne – après la proclamation de la République populaire de Chine, en 1949 – est désormais considéré comme relevant de l'exploitation capitaliste. He Rong Er vient dire un dernier adieu à ses amis, leur apportant des vêtements confectionnés de ses mains pour leur petite fille. Elle annonce que désormais elle ira vivre dans la banlieue Ouest de Pékin et qu'il lui sera difficile de revenir les voir. Des adieux infiniment émouvants entre la vieille femme Mandchoue et ses employeurs et amis.

Il arrive fréquemment que les eunuques se marient, histoire de ressembler au commun des mortels et de tenter de donner le change. Sous les Qing, les grands castrats ont plusieurs épouses qu'ils entretiennent dans leurs résidences personnelles, hors de la Cité interdite. Ce sont en général des jeunes filles pauvres ou d'anciennes prostituées, et parfois des demoiselles d'honneur du palais, offertes par l'empereur. Quant aux simples eunuques, ils choisissent leurs amantes parmi les servantes. Certains entretiennent des relations avec les dames du palais, *ungibus et rostro*, comme dit Matignon, qui connaît son latin... Étant autorisés à sortir du palais, ils en profitent souvent pour aller au bordel. Des lupanars de la capitale leur sont même réservés !

Tous les fonctionnaires du palais sont des eunuques. Après la fermeture des portes de la Cité interdite, au coucher du soleil, un seul homme est censé y demeurer, le Fils du Ciel.

NUE SOUS SON MANTEAU...

La première fonction des eunuques est de servir d'intermédiaires entre l'empereur et ses concubines.
Le rite ancestral de la désignation de l'heureuse élue admise par une insigne faveur à partager la couche de l'empereur est bien connu. Dans l'antichambre attenante aux appartements du Fils du Ciel sont posées sur une table

des tablettes de jade portant le nom des épouses et concubines. L'empereur fait son choix et en retourne une, désignant celle qui sera l'élue du jour. Selon les prescriptions de l'étiquette – pour des raisons de sécurité, les empereurs Qing, comme les Ming, ont une peur panique d'être assassiné – un robuste eunuque la porte sur son dos, nue sous son manteau ou une couverture écarlate, et la dépose au pied du lit du Fils du Dragon. Ses cheveux sont dénoués pour l'empêcher d'y dissimuler une arme ou du poison. Elle se relève alors lentement pour atteindre l'oreiller impérial. Deux eunuques veillent à la porte et réveillent au petit matin l'impériale concubine pour la ramener dans ses appartements. La date des rapports, telle nuit, telle lune, est consignée sur un registre particulier et certifiée par le sceau impérial. Une comptabilité destinée à préserver le droit des enfants susceptibles de voir le jour.

Mais les eunuques occupent bien d'autres fonctions, religieuses ou spirituelles, par exemple. Nombre d'entre eux sont des acteurs. Ils vont peu à pied, préférant une voiture attelée à un cheval blanc. On les reconnaît à leur coiffure, et dans la rue à leur costume sombre, à leurs chaussures à bout carré. Mais également à leur physique, un peu particulier, avec leur figure ronde. Ils ont un certain embonpoint, leurs chairs sont flasques. Leur voix possède un timbre plus aigu, un ton criard de fausset. Le castrat vieillit rapidement.

À quarante ans, ils ont parfois l'air d'en avoir soixante. Les vieux eunuques ne sont pas beaux. Matignon observe que leur figure a quelque chose de tristement drôle : « Quand ils sont vieux, on les prendrait pour des vieilles femmes qui, oubliant âge et sexe, se travestissent avec des costumes d'hommes. » On les dit apathiques, mais ils sont gais, ils aiment s'amuser et s'attachent facilement aux enfants ou, s'il ne se peut, aux animaux, aux chiens en particulier – ces fameux petits pékinois qu'ils gâtent et dorlotent. Ils aiment le jeu et fument de l'opium.

Ils se soucient beaucoup de leurs vieux jours. Les plus fortunés possèdent une maison de campagne du côté des Collines parfumées. Ils prennent en général leur retraite dans des temples de l'ouest de Pékin, qu'ils ont au préalable richement dotés. L'eunuque n'est souvent pas dénué de qualités. On le dit à tort sanguinaire et violent.

Il est plutôt doux et conciliant, conscient de son infériorité. Toujours est-il que les Chinois n'ont pas la moindre estime pour ceux qu'ils qualifient de « vieux coqs ». Leur infirmité fait qu'ils sont généralement méprisés et rejetés par la société. On leur attribue tous les défauts de la féminité. Ils seraient bizarres, capricieux, versatiles, jaloux, mesquins, sournois, méchants, cruels et intrigants. On ne veut voir dans leur mutilation consentie que l'appétit du pouvoir. En oubliant les raisons qui les ont poussés à devenir ce qu'ils sont.

CHAPITRE 18

Une castration forcée

Le roman de l'historien Dan Shi, spécialiste de la dynastie des Qing, intitulé *Mémoires d'un eunuque dans la Cité interdite,* fait figure de précieux document. Il s'agit en effet d'un témoignage unique de la vie d'un castrat, qui raconte la triste existence de Yu Chunhe, eunuque au service de l'impératrice Xiaoding (Longyu), l'épouse de feu l'empereur Guangxu.

En 1896, Yu Chunhe vient d'avoir quinze ans. Il habite un petit village d'une pauvre terre du Hebei, fréquemment ravagé par les inondations. La misère ambiante est telle, nous dit l'auteur, qu'il manque à ces pauvres paysans jusqu'au chanvre nécessaire à tresser la corde pour se pendre. Les débordements catastrophiques du fleuve ont forcé son père, un paysan pétri de la terre où il est né, à tenter de trouver du travail ailleurs. À son retour, les mains vides, il n'est plus qu'une loque, vieux et vaincu par l'adversité. La mère de Chunhe meurt de faiblesse. C'est alors que l'intendant du fermier général de l'endroit se présente. Il propose d'emmener le jeune garçon travailler dans une ferme. Mais après bien des mésaventures romanesques, il est contraint de quitter le pays. C'est alors que prend forme son terrible destin.

Après avoir beaucoup marché, Yu Chunhe échoue à la porte Chaoyang, à l'est de Pékin. Il entre dans la ville et se met en quête d'un travail. On lui explique que ce n'est pas si simple, car pour trouver un emploi, il faut être parrainé. Au bout de quelques jours, son petit pécule épuisé, il est bientôt réduit à la mendicité. Il traîne dans la ville, quand un attroupement devant l'échoppe d'un prêteur sur gage attire son attention.

« Il faut vraiment être tombé bien bas pour en arriver là », se désole un des témoins.

« Il suffit d'être tombé dans la misère. La misère, cela peut faire faire n'importe quoi », ajoute un autre.

Yu Chunhe joue des coudes et s'approche, cherchant à comprendre ce qui se passe. À l'intérieur de la boutique, un homme d'une trentaine d'années gît dans une flaque de sang, blessé au ventre apparemment. Le bas de sa veste et l'entrejambe de son pantalon sont tout ensanglantés. Un couteau traîne à côté. Deux agents sont penchés sur lui, ainsi qu'un troisième homme vêtu d'une robe gris-bleu et d'un gilet noir, avec sur le crâne une petite calotte ronde. Cette personne lui fait une impression bizarre et provoque en lui un sentiment de malaise. Une calèche arrive, la foule s'écarte. On y porte le blessé. « Chez Liu la Fine Lame, près de la briqueterie », ordonne au cocher l'homme à la robe. La foule se disperse.

Yu Chunhe, qui n'a rien compris à l'incident, entend un enfant demander des explications à son grand-père.

« Bah ! Un traîne-misère du quartier, venu engager une vieille chemise, explique le vieil homme. C'était une loque, et le prêteur n'a pas voulu lui donner l'argent qu'il demandait. Alors l'autre a hurlé que s'il refusait sa chemise, il n'avait plus qu'une chose à faire, et il a pris son couteau pour se trancher le robinet. Puis il l'a jeté tout sanguinolent sur le comptoir, et il s'est couché par terre, disant que c'était ce qu'il avait de plus précieux et qu'il en voulait une bonne somme. Avec tout le sang qu'il a perdu, le prêteur est bien embêté maintenant ; d'autant qu'il y avait justement des agents de la sécurité qui passaient par là. Tu les as vus, ce sont ceux qui l'ont emmené chez Liu la Fine Lame.

– C'est qui, Liu la Fine Lame ?

– Le meilleur castrateur de toute la ville, pour sûr. C'est lui qui a opéré la plupart des eunuques employés au palais de l'empereur. »

Et le grand-père d'ajouter que le jeune homme n'aura plus qu'à se faire eunuque. Expliquant qu'à son avis, cet incident avait été bien préparé par tout le monde, y compris Liu et la victime, pour faire chanter le prêteur sur gages en lui demandant de l'argent en dédommagement. Et le vieillard de se lamenter sur la décadence de l'époque...

Yu Chunhe découvre ainsi jusqu'où la misère peut mener. C'est alors qu'il entend prononcer son nom. C'est Qian le Quatrième, quelqu'un de son village, à la mauvaise réputation. Qian a l'air tout content de tomber sur Yu Chunhe, comme s'il était à sa recherche...

Il est accompagné d'« un petit avorton au visage long et pointu comme un museau de rat ». Qian lui présente Lang le Sixième et l'emmène dîner. Yu Chunhe se montre bien un peu méfiant et réticent, mais il ne peut faire autrement que d'accepter. Il demande à « oncle Qian » s'il n'aurait pas des amis susceptibles de l'employer. Qian fait semblant de réfléchir : il connaît quelqu'un qui travaille au palais d'un prince. Les deux compères s'inquiètent de savoir où le jeune garçon va dormir. Ils l'emmènent dans leur chambre. « Naïf comme j'étais, je ne vis que chaleur et gentillesse, là où seules la fausseté et la scélératesse se cachaient », raconte l'infortuné Yu Chunhe.

Qian et Lang prennent gentiment soin de Yu Chunhe, le nourrissant et lui faisant visiter la ville. Un jour, ils lui annoncent qu'ils lui ont trouvé du travail et qu'il sera nourri, logé, avec chaque mois une petite somme d'argent qu'il pourra envoyer à son père. L'intéressé est fou de joie. Mais on ne répond pas à ses questions. Qian le Quatrième le rassure en lui disant qu'il va le présenter à un ami qui travaille chez un prince et que celui-ci va lui apprendre à se conduire dans un palais.

Le lendemain à l'aube, Qian le Quatrième conduit Yu Chunhe chez son fameux ami, Han Zaokui, lequel est employé chez le prince Ding, mais qui, en vérité, est un des maquignons du palais. Ce dernier est vêtu exactement comme le personnage non identifié de la scène chez le prêteur sur gages et il lui fait le même effet déplaisant, comme s'il se trouvait en face d'une femme entre deux âges. Qian s'incline obséquieusement devant l'éminente personne et presse Yu Chunhe d'en faire autant. « Es-tu d'accord pour que ton corps soit purifié ? » lui demande-t-il, en le toisant de la tête aux pieds. Yu Chunhe ne comprend pas ce que cela veut dire. Un peu inquiet, il se tourne vers Qian, qui lui fait signe d'acquiescer et lui intime l'ordre de se prosterner : « Oui, je suis d'accord », finit-il par répondre, humblement. Han Zaokui lui dit alors qu'il l'accompagnera dans l'après-midi chez maître Bi, où il habitera quelque temps, en attendant que son corps soit purifié.

Le jeune homme ose demander ce que signifie cette curieuse expression, mais il se fait vertement rabrouer. Qian lui fait comprendre qu'il a une chance insigne de trouver un emploi à Pékin et qu'il peut remercier le ciel de l'avoir rencontré. Il lui demande de bien obéir à Bi le Cinquième. Yu Chunhe ignore, bien entendu, que Bi est un fonctionnaire subalterne, qui œuvre comme castrateur officiel

La Grande Muraille à Badaling.
© Buss Wojtek/Hoa-Qui/Eyedea

Place Tian'an men dans les années 1960.

LA CITÉ INTERDITE

© S. Zimmerman/Age Fotostock/Hoa-Qui/Eyedea

© Georg Gerster/Rapho/Eyedea

© Toño Labra/Age Fotostock/Hoa-Qui/Eyedea

© Imagestate/GHFP/Eyedea

© Toño Labra/Age Fotostock/Hoa-Qui/Eyedea

Le portique d'entrée du temple des Lamas.
© Roger-Viollet

Le palais d'Été
© Toño Labra/Age. Fotostock/Hoa-Qui/Eyedea

Les neuf dragons, parc Beihai.
© Imagestate/Leemage

Le théâtre Chang'an.
© Hervé Bruhat/Rapho/Eyedea

Le Grand Théâtre National
de l'architecte français Paul Andreu.
© Godmou/Gamma/Eyedea

pour le compte de bureau des Affaires intérieures de la Cité interdite. Il partage ce monopole des castrations avec Liu la Fine Lame, et comme les volontaires à l'émasculation ne se pressent pas au portillon, tous deux font appel à des trafiquants d'enfants, lesquels leur fournissent des victimes à bon prix. Ce qu'est précisément Qian le Quatrième. Il s'agit d'un réseau bien organisé, les trafiquants livrant aux tortionnaires des « candidats » à l'émasculation, des « moutons ligotés » selon l'expression, avec la complicité d'eunuques et de fonctionnaires du palais.

Un après-midi, Qian le Quatrième et Han Zaokui emmènent Yu Chunhe chez maître Bi, lequel commence par l'examiner sous toutes les coutures. Puis il lui plaque la main sur l'entrecuisse et se met à lui palper les parties, sans ménagement. Le jeune garçon a un mouvement de recul, choqué par ces manières. Han Zaokui le rappelle à l'ordre. Bi a l'air satisfait de son examen. Han lui dit qu'il va désormais habiter chez maître Bi et il l'enjoint de faire tout ce que celui-ci lui dira. Qian lui demande de penser à son père, à qui il pourra bientôt envoyer de l'argent. Bi se montre tout gentil envers son nouveau protégé. Il lui fait prendre un bain et lui donne des habits. Il lui offre un dîner plantureux et l'installe dans une chambre avec un lit moelleux. Le jeune homme a l'impression qu'enfin la chance lui sourit. Il passe plusieurs jours à se goinfrer et à dormir, tandis que maître Bi lui décrit longuement le luxe des palais et la vie fascinante des serviteurs qui y travaillent.

Yu Chunhe finit par s'inquiéter de cette existence de coq en pâte, impatient qu'il est de travailler et d'apprendre un métier. Maître Bi lui explique qu'il lui faut d'abord se requinquer, s'il veut pouvoir bien travailler. Au bout de huit jours de ce traitement, entre repas et repos, il a « la mine replète, le teint lisse et frais » et il se sent plein d'entrain. Bi, tout sourire, lui annonce qu'il va pouvoir l'opérer le lendemain. Le jeune garçon se récrie. De quoi s'agit-il ?

« Tu sais bien que pour pouvoir travailler dans un palais, tu dois d'abord purifier ton corps. Et c'est quoi, purifier ton corps, sinon te couper la bricole que tu as entre les jambes ? » précise enfin maître Bi. Lequel ajoute qu'il n'a pas le choix : pas de castration, pas de travail !

Il est pris d'un tremblement nerveux. Bouleversé par la révélation de son futur supplice, il est incapable de prononcer une parole. Maître Bi tente de le rassurer, il lui demande de se fier à son expérience. Il l'assure que l'opération n'est pas douloureuse et qu'elle est sans danger, pourvu qu'il ne résiste pas et fasse ce qu'il lui dira de faire. Affolé, sanglotant, Yu Chunhe se jette aux pieds de son futur tortionnaire, le suppliant de l'épargner. Calmement, Bi entreprend de sermonner sa future victime, lui décrivant tous les avantages qu'il tirera de son nouvel état, lui expliquant que par respect pour les femmes de l'empereur, son corps doit être pur. Il lui cite l'exemple de Li Lianying, aussi misérable que lui au départ, qui est devenu l'un des personnages les plus influents du palais.

Il tente de fuir, mais Bi parvient à le retenir, le giflant brutalement. Excédé, il lui dit qu'il ne veut pas le forcer, mais qu'il devra le rembourser de la centaine de taels qu'il a déboursés pour pouvoir faire de lui un eunuque. Sinon, il portera plainte pour escroquerie. N'a-t-il pas dit qu'il était consentant ?

Accablé, Yu Chunhe passe quarante-huit heures sans manger, sans boire, mais sans pleurer. Résigné, il dit à maître Bi qu'il pourra l'opérer quand il voudra. Bi, magnanime, lui accorde deux jours de sursis. Le surlendemain, il le fait entrer dans ce qu'il appelle son cabinet des purifications. La pièce est sommairement meublée, avec un lit en brique, une table couverte d'instruments chirurgicaux et un réchaud à alcool sur lequel est posée une casserole. Une armoire à médicaments déborde de plantes séchées, de racines, de poudres, de pilules et d'onguents. Un étrange meuble à multiples tiroirs d'un mètre de haut sur deux de large attire son attention. C'est le fameux placard où maître Bi conserve les petits coffrets qui contiennent les parties des opérés... Le castrateur explique qu'il y conserve précautionneusement les « précieuses » dans de petites boîtes numérotées, en attendant que ceux qu'il a émasculés soient assez riches pour les lui racheter. Afin de pouvoir se réincarner entiers et ne pas se présenter devant le roi des Enfers avec un trou entre les jambes.

L'ART DE LA CONSERVATION DES...

Maître Bi se lance alors dans un beau discours sur l'art de conserver les testicules :
« Un art délicat, mais pas très compliqué : une fois que je les ai coupées, je les lave très soigneusement, puis je les sèche et je les fais frire dans de l'huile de sésame. Ensuite, je les égoutte, et enfin je les saupoudre d'un mélange de

minerais, de chaux, de camphre, de musc, de bois d'aloès et de camphrier et même de poudre de perles. En fait, je les traite comme on fait des cadavres, je les embaume, mais au lieu de les remplir de mélange balsamique, je les trempe dedans, et lorsqu'elles se sont bien imprégnées de ma petite préparation et qu'elles sont desséchées, je n'ai plus qu'à les envelopper dans un carré de satin jaune que je place dans une petite bourse du même tissu.
« Je mets cette bourse-là dans une première boîte, et j'y inscris la date et le lieu de naissance du propriétaire, ainsi que la date de l'opération. Ensuite, je l'emballe dans une autre pièce de satin, je la ficelle avec un ruban de soie et je l'enferme dans un coffret en bois de saule. Je l'enveloppe encore dans un morceau de satin que j'attache cette fois avec un cordon de soie à fils de cinq couleurs, et je n'ai qu'à coller l'étiquette rouge sur laquelle j'écris *Cent ans de bonheur* et le numéro que j'attribue. » Un numéro que le propriétaire ne doit surtout pas oublier.

Tout en parlant, le bourreau allume son réchaud et fait cuire un œuf. Il demande à son patient de se déshabiller et de s'allonger. Ce que fait Yu Chunhe, plongé dans un état second : « J'avais les jambes molles et les doigts gourds, de la peine à ordonner mes mouvements, mal au ventre, mal au cœur. J'avais peur tout simplement. Peur de souffrir, peur de mourir... » Maître Bi prend l'œuf, l'écaille et le pose sur une soucoupe. Il s'assied et se concentre un moment, les yeux fermés. Après quelques minutes, il se lève et demande à sa future victime de regarder le plafond. Il en profite pour tirer des quatre coins du lit des sangles avec au bout des bracelets de fer qu'il lui passe autour des chevilles et des poignets. Le patient se retrouve écartelé, les cuisses grandes ouvertes et les bras en V au-dessus de la tête. Il saisit une cordelette qui pend à une poutre (toutes les pièces des maisons chinoises comprennent une poutre transversale) et il lui en ficelle la verge et les testicules, en serrant très fort. Puis il tend la corde au maximum et la fixe à un crochet scellé au mur.

« J'eus l'impression que mes chairs se déchiraient; je m'étranglais, j'avais du mal à respirer. Mes oreilles se mirent à bourdonner, mes yeux se voilèrent, comme si tout mon sang était monté d'un coup à la tête. J'avais la sensation de tomber dans un puits sans fond, de perdre pied... », témoigne le jeune garçon. Il pousse une lourde plainte. Maître Bi l'enjoint de se calmer. Il le conjure de ne pas avoir peur, que cela va aller très vite, qu'il ne sentira rien, et qu'il faut lui faire confiance. Il lui dit qu'il va lui donner quelque chose qui va l'empêcher de souffrir, il lui demande d'ouvrir la bouche et de fermer les yeux. Bi fourre alors l'œuf dur dans sa bouche, tout en lui demandant : « Dis-moi, tu regrettes ou pas ? Dépêche-toi de me le dire, tu regrettes ou pas ? » Il veut émettre un son, Bi en profite pour pousser l'œuf au plus profond de son gosier. Il ne peut plus respirer, il étouffe, il a quelques sursauts convulsifs, il finit par basculer dans un trou noir.

La suite, c'est maître Bi qui la lui raconte. Âmes sensibles, de nouveau s'abstenir...

« Sitôt que je fus évanoui, il empoigna un instrument à courte lame en croissant. De la main gauche, il attrapa mes parties génitales, et de la droite, il trancha net ; la corde tendue remonta d'un bond vers le plafond et mes parties sanguinolentes restèrent à ballotter en l'air, cependant qu'il rattrapait très vite les ligaments testiculaires. De la rapidité de leur récupération dépendait toute la réussite de l'opération, car leur rétractation dans le corps entraînait une mort certaine. Il les ligatura soigneusement avec un fil de soie, puis il m'enfonça un petit tube de bambou dans le méat urinaire pour permettre aux urines de s'écouler normalement. Enfin, il appliqua un cataplasme sur la plaie et il me mit un pansement. »

L'intervention n'a pas duré plus de dix minutes. Yu Chunhe reste deux heures sans connaissance, Bi demeurant à son chevet pour surveiller ses réactions. Lorsqu'il reprend conscience, il a du mal à réaliser ce qui lui est arrivé, mais les violents élancements qui lui déchirent l'entrecuisse, sa veste maculée de sang et le gros pansement qui lui enveloppe le bas-ventre lui font comprendre que l'irrévocable a été accompli. Il se met à hurler, à se débattre, à se cogner la tête contre le lit de brique. Une grande gifle le calme tout net. Ses mains sont libérées, il pleure en silence, il finit par s'endormir.

Les jours suivants, maître Bi se montre doux et prévenant. Il lui explique que l'œuf dur était destiné à lui obstruer la gorge, l'empêchant de respirer, un moyen radical de lui faire perdre connaissance. Une forme d'anesthésie... Il lui raconte des histoires de la Cité interdite et celles de grands castrats. Il ne doit manger que des aliments secs et ne pas boire, pour lui éviter d'uriner, douloureusement. Mais Yu Chunhe ne reconnaît plus sa voix, qui a mué vers l'aigu. Bi lui dit qu'il va falloir qu'il s'y habitue, et aussi qu'il s'attende à d'autres transformations physiques, un visage sans poils par exemple, car les testicules coupés, tout ce qui fait la masculinité disparaît.

Douze jours après la castration, maître Bi enlève les pansements et vérifie l'état de la cicatrisation. Tout va bien. La plaie est déjà bien refermée et la petite sonde qui lui sert à uriner est ôtée. Trois semaines après, tout est parfaitement cicatrisé. Maître Bi est satisfait. Pour fêter cela, il lui prépare des nouilles à la viande. Han Zaokui arrive sur ces entrefaites. Il prend des nouvelles de l'opéré et annonce qu'il passera bientôt pour l'emmener au bureau des Affaires intérieures du palais impérial, où il devra être examiné avant de commencer à travailler, si tout se passe bien. Han revient quinze jours plus tard et déballe un ballot contenant divers effets, une robe bleu-gris, une veste, un gilet, une paire de bottes et un bonnet à cordons rouges.

Une heure plus tard, fraîchement baigné, Yu Chunhe franchit la porte d'une annexe du palais, anxieux et fier à la fois de « fouler le sol des lieux sacrés où l'empereur vivait ». Han Zaokui présente au bureau un formulaire de candidature et un certificat médical attestant l'état de castré de son protégé. Ils sont plusieurs jeunes garçons à attendre ainsi, seize au total, vêtus de la même manière, les traits tendus. Un jeune eunuque fait l'appel d'une petite voix grêle. Les candidats sont conduits dans une petite cour pavée, en file, la tête baissée. Du haut d'un escalier ouvrant sur une grande salle, un castrat appelle un nom. Yu Chunhe est le septième. Il avance à pas lents, tête baissée, comme il a vu faire ses camarades, et entre dans le bâtiment.

Deux fonctionnaires en robe de cour, coiffés d'un bonnet orné de glands et de rubans sont assis derrière une immense table. Il s'agenouille devant eux, ce qui calme un peu ses tremblements. Ils lui demandent de relever la tête, ils l'examinent en silence, pour vérifier que son visage ne présente pas de défauts, puis ils lui ordonnent de se relever et de marcher d'un bout à l'autre de la salle, longuement, pour s'assurer qu'il n'est pas bancroche ou qu'il n'a pas les jambes torses. Les deux personnages lui posent des questions, nom, adresse, lieu de naissance, toutes choses déjà consignées dans son dossier, histoire de vérifier qu'il n'est pas bègue ou qu'il n'a pas un problème d'élocution. Un premier examen réussi. Il est alors conduit dans un petit cabinet attenant, où un vieil eunuque lui demande d'enlever son caleçon et le fait s'allonger sur un lit recouvert d'un drap jaune. Il observe minutieusement sa cicatrice, vérifie que sa verge et ses testicules ont été totalement enlevées. Il le raccompagne dans la grande salle, salue respectueusement les deux fonctionnaires, s'agenouille et déclare : « Le corps de Yu Chunhe a été parfaitement purifié. Votre humble serviteur se porte garant de son état physique irréprochable. » Puis il signe avec un pinceau le certificat de castration.

C'est fini pour Yu Chunhe. Le nouvel impétrant attend que tous ses compagnons en aient également terminé. Ils sortent en file, la tête toujours baissée. Il se précipite vers Han Zaokui pour lui annoncer qu'il a passé les épreuves avec succès. Ce dernier sourit et le ramène chez maître Bi, en attendant la réponse définitive du palais.

CHAPITRE 19

Les mémoires d'un eunuque

Yu Chunhe a tout juste dix-sept ans en cet automne 1898, où il fait ses débuts à la Cité interdite, avec ses quinze compagnons. Il commence par quinze jours d'apprentissage, où il apprend les règles et les usages de la cour. Sa première leçon porte sur la manière dont il convient de nommer les différents personnages du palais. L'empereur est le Seigneur éternel ou l'Illustre Seigneur ; l'impératrice douairière Cixi, sa tante, est la Vénérable Aïeule ou le Vieux Bouddha ; le nom des concubines doit être précédé de « maîtresse », le mot eunuque est à bannir du vocabulaire. On dit « maître » à ceux d'un rang supérieur et « confrère » à ceux d'un rang égal. On lui enseigne que certains mots sont tabous et ne doivent en aucun cas être prononcés, tels que mort, malheur, malchance et autres vocables à vibration négative. Mais il découvre rapidement que les tabous n'existent que pour être transgressés.

Les jours qui suivent sont consacrés aux salutations et prosternations. Il n'avait jamais imaginé que l'on puisse s'agenouiller de si nombreuses façons, et si souvent. À croire qu'un eunuque passe une bonne partie de sa vie à genoux... Il doit s'agenouiller quand une concubine lui adresse la parole, en posant le genou gauche avant le droit. Une fois agenouillé, le dos raide comme une tige de bambou, il doit ôter humblement son bonnet et le poser sur le sol, à main droite. Devant un chef eunuque ou un fonctionnaire de moindre importance, on plie un seul genou. Pour rendre hommage à l'empereur ou à ses épouses, il faut s'agenouiller à trois reprises et se frapper le front neuf fois sur le sol (le *kotow*). Et pas question de se contenter de l'effleurer, car le bruit du choc doit être proportionnel à la gratitude exprimée, un bruit qui doit être perçu par tous. C'est ainsi que pendant des heures, il se fait des bosses sur le front devant des concubines imaginaires, sous l'œil intraitable du vieux maître instructeur, qui se moque de ses bosses.

Restent les règles du service, essentielles pour la fonction d'eunuque. Notre apprenti apprend à verser le thé et l'alcool, à bourrer les pipes, à allumer les cigarettes, à servir les repas, à habiller celui ou celle au service duquel ou de laquelle il sera affecté.

TOUT UN CÉRÉMONIAL...

Chaque geste répond à des règles précises et immuables. Pour passer un simple objet, il y a tout un cérémonial à respecter. Ainsi, lorsqu'un maître réclame du thé, il faut soulever délicatement la tasse des deux mains et s'avancer vers lui, en la tenant respectueusement sur les paumes jointes à la hauteur de la poitrine, avant de s'agenouiller à ses pieds. Une fois à genoux, il faut lui tendre le breuvage, ni trop haut, ni trop bas, à hauteur des sourcils, et la tête baissée, en signe d'humilité.

Dans les murs du palais, les actes les plus simples de la vie quotidienne deviennent très compliqués. D'où la nécessité d'un sévère apprentissage. Autre exemple, celui de la pipe. Quoi de plus simple que d'allumer une pipe ? Combien de fois Chunhe ne l'a-t-il pas fait pour son père ! Au palais, c'est tout une affaire. Là encore, il convient de présenter la pipe à genoux et de rester dans cette position en tenant le fourneau à deux mains, tout le temps que le maître tire sur le tuyau. En fait, tout est affaire d'observation et de psychologie. Tout dépend également du maître à servir. Il s'agit de deviner les goûts, les habitudes, les manies et les humeurs de chacun, de prévenir ses désirs et surtout de ne pas se tromper. La moindre bévue peut susciter la colère du maître, provoquer une bordée d'injures dans le meilleur des cas et le plus souvent entraîner une punition, c'est-à-dire la bastonnade.

Dans le cas de l'allumage de pipe, il s'agit d'observer à quel rythme le maître tire sur le tuyau, combien de temps il s'arrête entre chaque bouffée et combien de pipes il désire fumer, afin de lui présenter l'embout au bon moment, d'en rallumer le fourneau, ni trop tôt, ni trop tard. Tout un art...

L'habillage en est un autre. Les vêtements des membres de la cour monopolisent un département entier, lequel

s'occupe de leur gestion, en fonction des saisons. Un maître normalement constitué ne sait pas s'habiller seul ; il faut que quelqu'un s'en charge, et pas seulement pour l'aider. Là encore, il faut repérer ses habitudes, savoir quel bras il tend en premier pour enfiler une robe ou quelle jambe pour un pantalon. Il n'est pas question de préparer la jambière droite en le priant de bien vouloir présenter la jambe adéquate. Au serviteur de respecter ses manies, sans rien imposer et de tout faire pour son confort et son bien-être.
On enseigne à l'apprenti eunuque qu'il ne doit jamais se faire répéter une question, même respectueusement et qu'un maître ne dit jamais deux fois un ordre. Au serviteur de saisir du premier coup, de ne jamais demander d'explication, même si l'ordre ou la demande lui paraissent bizarres ou incongrus. À une injonction, il doit toujours répondre « À vos ordres, Maître » et jamais « Très bien », « D'accord » ou simplement « Oui ».
On lui apprend à se tenir debout, autre position clé de son ministère. La posture doit être irréprochable. Il s'agit de rester des heures durant le corps parfaitement droit, les mains plaquées sur les cuisses, sans le moindre tressaillement, en arborant sur le visage une expression de soumission et de d'humilité.
Le jeune eunuque s'interroge sur les raisons profondes de toutes ces règles, de tous ces rites passablement dégradants, sinon humiliants. Il en arrive à la conclusion qu'il s'agit de faire de lui moins qu'un serviteur, un esclave ; que toutes ces pantomimes et mascarades n'ont qu'un but, son asservissement. Et qu'il en vienne à se comporter en esclave du palais.

Yu Chunhe imagine naïvement que sitôt entré dans la Cité interdite, il va se retrouver au service de l'empereur. En fait, les petits nouveaux se contentent de servir les serviteurs et n'approchent jamais les grands du palais. Le corps des eunuques est très hiérarchisé. Ils sont répartis en quarante-huit classes et affectés à soixante-trois bureaux, ayant chacun des attributions spécifiques. Les serviteurs gradés disposent ainsi de leur propre domesticité.

Au terme de son apprentissage, on lui demande de choisir une bannière. Il choisit la rouge, celle son maître instructeur, pour faire simple. Les recrues reçoivent de nouveaux vêtements. On leur annonce qu'ils seront présentés à la cour le lendemain. Yu Chunhe passe une nuit agitée à l'idée du grand moment qu'il va vivre. Après une sévère revue de détail, les seize impétrants, très impressionnés, sont conduits dans la cour d'un pavillon du palais, où une centaine d'eunuques et de servantes attendent, parfaitement alignés. Au bout d'une heure, un fonctionnaire annonce le palanquin de l'Aïeule sacrée.

Dan Shi décrit la scène :

« Tout le monde se figea d'un coup. Un silence de plomb s'abattit sur la cour. Nul n'osait plus respirer. Un groupe de gardes suivis d'une escorte d'eunuques et de demoiselles d'honneur, firent bientôt leur entrée, entourant un palanquin drapé de soie jaune sur lequel des dragons d'or enlaçaient des phénix bleus. Les porteurs traversèrent la cour en effleurant le sol, sans une secousse, dans un accord parfait. À gauche du palanquin se tenait un homme long et sec, au visage en lame de couteau, les pas feutrés par de hautes bottes de satin bleu. Le bas de sa robe était orné de grues et le dos de son gilet brodé d'un dragon doré ; il portait un chapeau rouge à plumets et autour du cou, un collier de perles d'ambre.

« C'était Li Lianying, le chef du palais de l'impératrice douairière Cixi, son favori. Lorsque le palanquin fut posé à terre, il écarta délicatement les rideaux et aida la Vénérable Aïeule impériale à sortir de sa voiture. Une déesse m'apparut alors, la reine mère de l'Occident en personne, étincelante, charriant dans son sillage des flots de soie et d'or, des cascades de perles et de jade, la tête ceinte d'une éblouissante parure ornée de bijoux et de fleurs. Tout en elle exprimait qu'elle n'était point de ce monde ordinaire, mais une divinité descendue de Ciel. Elle sortit avec des gestes lents, et toute l'assemblée se prosterna à sa vue, en criant : "Mille bonheurs, Vieux Bouddha." Soutenue par Li Lianying, elle gravit doucement les marches du palais et pénétra dans la salle d'audience. »

Un fonctionnaire à bonnet bleu présente à Li Lianying seize planchettes de bois, pour que la Vénérable Aïeule puisse faire son choix. On fait entrer les nouvelles recrues, qui sont appelées par leur nom. Le Vieux Bouddha dévisage attentivement les seize postulants, un à un, tout en consultant leurs noms sur la plaquette. Son examen terminé, l'impératrice en sélectionne cinq. Puis elle quitte le palais, remonte dans son palanquin et repart comme elle est venue.

Li Lianying appelle les cinq adolescents retenus par l'impératrice et rend les onze planches restantes au fonctionnaire. Yu Chunhe ne figure pas parmi les élus ! Il se retrouve affecté au service de maître Diba, l'un des chefs du palais de la Tranquillité terrestre, le Kunning gong, le palais de l'impératrice Xiaoding, l'épouse en titre de l'empereur Guangxu et la propre nièce de Cixi. Xiaoding est une épouse délaissée par l'empereur et son palais ne l'est pas moins. Autant le palais de la favorite Zhen, la chérie de l'empereur, est un lieu de gaieté, autant le palais de la Tranquillité est triste et calme. Pas de fêtes, pas de chants, pas de musique, pas de rires, presque pas de visiteurs ! Cela dit, il a plutôt de la chance. Il aurait pu plus mal tomber, car Diba sera un bon maître, ni tyrannique, ni cruel.

S'il avait eu l'insigne honneur d'être distingué par la vieille impératrice, il l'aurait sans doute regretté. Car celle-ci se montrait d'une rare cruauté, assure-t-il. Être affecté à son palais était la pire de choses qui puisse arriver à un jeune eunuque, tant ceux-ci y étaient maltraités. Chaque jour ou presque, elle en faisait bastonner une bonne centaine, en vertu du principe selon lequel la faute d'un seul rejaillit sur tout le groupe. Rusés, les eunuques avaient trouvé la parade. Ils se caparaçonnaient sous leurs vêtements avec des bandes de cuir ceintes autour des cuisses et du postérieur, une cuirasse appelée « Bouddha protecteur du corps ».

On raconte qu'un jour de colère, Cixi a obligé un vieil eunuque qui l'avait fidèlement servie pendant des décennies à manger ses propres excréments, et ceci devant tous les membres du palais. L'infortuné avait avalé sans broncher un plein bol de ses matières fécales, sous les quolibets de sa maîtresse. En rentrant chez lui, il s'était suicidé. Les suicides d'ailleurs n'étaient pas rares à la cour, qu'il s'agisse de jeunes eunuques ou de demoiselles d'honneur. Les candidats au suicide avaient intérêt à ne pas manquer leur coup, car ils étaient alors condamnés à mort par étouffement. Cette torture était particulièrement cruelle : on enveloppait la tête de la victime de sept épaisseurs de coton trempé dans de l'eau glacée après lui avoir obstrué la bouche et le nez, puis on la rouait de coups de bâton, jusqu'à ce que mort s'ensuive.

L'essentiel des activités de Yu Chunhe consiste à servir son maître. Une tâche dont il s'acquitte parfaitement, avec son naturel soumis, discret et discipliné. Modeste, sans grande ambition, il ne rechigne pas devant des tâches délaissées par les autres, l'entretien des sanctuaires du palais par exemple. Maître Diba se montre très satisfait de ses services, au point de le prendre en affection. De son côté, il en vient à vénérer son maître. Tandis que Yu Chunhe lui masse les jambes, ils bavardent gentiment. Dan Shi décrit plaisamment la vie quotidienne de ce jeune eunuque modèle.

Yu Chunhe parle de Li Lianying, le plus grand des eunuques, le tout-puissant chef du palais de l'impératrice douairière. Ce dernier emploie à son service plusieurs dizaines d'eunuques. Il mène un train quasi impérial et loge dans des appartements somptueux, luxueusement meublés et magnifiquement décorés.

Ces abominables castrats...

Dan Shi prête à son héros, Yu Chunhe, ce réquisitoire sans appel à l'encontre des grands castrats :
« Tous ces grands messieurs, qui n'avaient rien d'autre à faire de leurs journées que de flatter les souverains, de jouer aux cartes et aux dominos ou de s'amuser avec leurs chiens, tuaient l'ennui en formant des coteries, passant des heures à échafauder des plans destinés à nuire à leurs adversaires ou entrer dans les grâces des favorites ; ou bien, ils menaient des tractations douteuses avec des courtisans auxquels ils vendaient leurs services à prix d'or. Passerelles incontournables entre les hauts dignitaires et la famille impériale, les grands castrats étaient plus courtisés que l'empereur lui-même, car leur influence était telle qu'ils pouvaient à leur gré obtenir la promotion ou la dégradation de qui leur avait plu ou déplu. Leur plaire n'étant qu'une question de prix, tout comme les charges et les titres de noblesse qu'ils vendaient aux enchères. Leur fortune était considérable.
« Aussi considérables étaient leur arrogance et leur brutalité ; ils nous terrorisaient, car, lorsqu'ils se sentaient de méchante humeur ou que leurs maîtres se permettaient de leur faire une remontrance, c'était sur nous, les humbles, qu'ils passaient leur colère, sans autre motif que leur énervement. Aussi vivions-nous constamment dans la peur. Celle que nous inspirait la famille impériale qui avait droit de vie et de mort sur la Cité ; celle que nous inspiraient les chefs du palais sous les ordres desquels nous étions placés ; celle que nous inspiraient les grands castrats qui régnaient en despotes sur toute la domesticité. »

En 1900, moins de deux ans après son arrivée dans la Cité interdite, la vie de Yu Chunhe change brusquement. Il se retrouve affecté au service de l'impératrice Xiaoding. La révolte des Boxers gronde. Cixi finit par les soutenir et déclare la guerre aux étrangers. L'impératrice ne se sentant plus en sécurité à Pékin se résout à fuir à Xi'an, le 15 août. La veille, elle a fait enterrer un inestimable trésor dans une cour du palais, espérant que celui-ci échapperait à la rapacité des envahisseurs étrangers. Yu Chunhe décrit la scène qui voit l'empereur, atterré, assister à l'assassinat de la concubine Zhen (Perle). Le jeune eunuque (sous la plume de Dan Shi) se fait alors historien pour raconter ces moments tragiques de l'histoire de la Chine et faire le récit épique et mouvementé de la fuite de la cour dans la capitale du Shaanxi, à mille deux cents kilomètres de Pékin, au terme d'un exode de dix semaines.

Au retour de Xi'an, Yu Chunhe retrouve avec plaisir le palais de la Tranquillité terrestre. Mais il oublie de dire qu'il doit émigrer presque aussitôt, avec sa maîtresse, vers les palais situés autour des lacs Zhong et Nan (les lacs du Centre et du Sud), qui jouxtent les murs Ouest de la Cité, Cixi ayant décidé de ne plus habiter la Cité interdite, après sa violation par les troupes étrangères.

Comme il sert le thé à l'impératrice Xiaoding, celle-ci lui dit un jour qu'elle ne peut que se féliciter de ses services, qu'il est toujours le premier levé et le dernier couché et qu'elle lui est reconnaissante de mettre tout son cœur à bien la servir. Elle lui demande d'aller chercher maître Diba, pour que celui-ci lui remette six taels d'argent et veille à ce qu'il soit promu de deux échelons.

En 1908, après la disparition quasi simultanée de Cixi et de l'empereur Guangdong, Xiaoding, devenue l'impératrice douairière Longyu, nomme un nouveau chef de son palais, Zhang Lande. Celui-ci entreprend de remplacer tous les fidèles de son prédécesseur pour y placer ses créatures. Maître Diba se dépêche d'invoquer son grand âge pour pouvoir partir à la retraite. Bien lui en prend, cela lui évite de se retrouver du jour au lendemain à nettoyer les latrines, comme certains de ses collègues. Yu Chunhe a la chance de passer à travers cette révolution du palais, conservant l'estime de sa maîtresse, tout en n'ayant pas à subir les avanies du nouveau favori.

Zhang Lande, comme nombre d'eunuques, est natif du Hebei. Après la mort de son père, un pauvre paysan, il a tenté de survivre en ramassant du crottin sur les chemins. Réduit à la mendicité, à bout de ressources, il a préféré faire le sacrifice de sa virilité, plutôt que de continuer sa vie misérable.

Un eunuque très roué

Zhang Lande est fait de la même étoffe que Li Lianying. Lui aussi a débuté comme simple domestique au palais de l'impératrice Cixi. En parfait courtisan, il a tout fait pour se faire remarquer de sa maîtresse et gagner ses faveurs. Il n'a pas son pareil pour savoir lui plaire, tout attentif qu'il est à déceler ses habitudes, satisfaire ses goûts et ses caprices, devancer ses désirs. Fin psychologue, il a réussi à pénétrer tous les recoins de la personnalité de la vieille impératrice. On raconte qu'il est parvenu à l'impressionner grâce à des dons ou des astuces aussi simples que remarquables. Par exemple, sitôt levé, il observe le temps qu'il fait et s'efforce de prévoir comment il va évoluer. Fort de ses observations, il prépare pour sa maîtresse les vêtements appropriés, emmenant pour la promenade l'ombrelle, le parapluie ou l'éventail qui risquent de s'avérer nécessaires. Zhang Lande se montre si prévenant, en toute occasion, qu'il se rend indispensable. Cixi lui décerne bientôt le titre envié de « meilleur serviteur ». Elle en fait le « grand gardien des huit trésors », le conservateur attitré de ses huit objets précieux : papier, encre, encrier, pinceau, sceau de jade, tampon encreur, encens et chapelet. Elle lui confie la garde de ses vêtements et de ses bijoux. Cixi ayant la passion des cartes, il devient son partenaire favori. Cela ne l'empêche pas de réussir dans le même temps à séduire l'impératrice Xiaoding. Il devient également l'ami de Yuan Shikai, alors ministre des Armées, dont il sert les intérêts politiques.

Comme la plupart des castrats de haute volée, Zhang Lande a acquis rapidement une énorme fortune, grâce à ses intrigues et ses talents d'entremetteur. Sans compter la générosité calculée de Yuan Shikai, qui le récompensera largement de ses services. Riche à millions, il est propriétaire de dizaines d'hectares dans sa province natale du Hebei et dans les environs de Pékin. Il possède douze résidences dans la concession britannique de T'ien-tsin et un véritable palais dans la capitale, qu'il s'est fait construire. Il a ouvert deux centres de prêts sur gages et un grand magasin d'étoffes de luxe.

Après la proclamation de la République par Sun Yat-sen, à la fin de l'année 1911, et l'arrivée de Yuan Shikai au pouvoir, quelques semaines plus tard, la cour impériale et le jeune empereur Puyi sont autorisés à demeurer dans la Cité interdite. Mais rien ne sera plus comme avant, c'est la fin d'une époque, la fin d'un monde. Chacun sait à la cour – les princes comme les eunuques – que leurs jours sont comptés. Certains commencent à vendre à qui mieux mieux des objets de valeur dans la perspective d'un départ programmé. D'autres déménagent leurs trésors dans les provinces. Les grands castrats se mettent à piller allégrement les trésors de la Cité impériale, épargnés par les barbares d'Occident en 1860 et en 1900, imités en cela par la majorité des eunuques. De nombreux objets disparaissent, vases antiques, bronzes anciens, jades, tableaux, calligraphies, horloges en or, porcelaines, meubles. Les grands eunuques ont préparé leur sortie de longue date, prévoyant de finir leurs jours dans un monastère, qu'ils ont pris soin de richement doter au préalable.

Yu Chunhe ne participe pas à la curée. Il se fait d'autant plus de souci pour son avenir. Ses camarades, qui partagent le même sort, se préparent à la déchéance, c'est-à-dire à servir de domestiques aux moines dans l'un des vingt-six monastères proches de Pékin, qui acceptent d'accueillir des eunuques à la retraite. Il n'a que trente-cinq ans et son avenir s'annonce plus qu'incertain.

C'est alors que Zhang Lande le fait mander. Le grand castrat lui dit qu'il a pu apprécier son honnêteté, son courage et sa discipline. Et que l'impératrice Longyu, depuis peu disparue, l'appréciait pour ses qualités. Il lui dit qu'il a pour sa part décidé de quitter la Cité interdite et de s'installer dans une de ses résidences de T'ien-tsin. Zhang Lande lui propose de travailler à son service. Pour Yu Chunhe, c'est la divine surprise, après dix-huit années passées en reclus à la Cité interdite. Quelques jours plus tard, avec six autres de ses collègues, il emménage dans une grande et élégante bâtisse de deux étages au sein de la concession britannique de T'ien-tsin. Zhang Lande partage le premier étage avec sa mère, son fils adoptif, ses deux petits-fils et sa petite-fille, ainsi que ses trois femmes, car il est marié.

Zhang Lande règne en maître dans sa riche demeure, détenant les clés du portail d'entrée. Un jour, au petit matin, tous les serviteurs sont convoqués d'urgence par le seigneur des lieux. Celui-ci paraît affecté et furieux à la fois. Il accuse ses domestiques de n'avoir pas su empêcher la fuite de sa troisième épouse, une petite concubine d'une vingtaine d'années, « petite et fine comme un roseau », nous dit Yu Chunhe. Le rêve de liberté de la fugitive va virer au cauchemar. Retrouvée, elle est battue comme plâtre par son maître, lequel lui promet de s'occuper d'elle. La nuit suivante, Zhang Lande, armé d'un fouet, bat à mort l'infortunée concubine, avant de découper son corps en huit morceaux. En Chine, la fugue de l'épouse légitime « abandonnant son mari qui n'avait pas l'intention de se séparer d'elle » est très grave et sévèrement punie, de cent coups de bâton. L'eunuque n'y est pas allé de main morte...

Le chef des cuisines lui raconte que Zhang Lande est affligé d'une manie répugnante : il se sert de ses femmes comme d'un crachoir ! Chaque fois qu'il se racle la gorge, l'une d'elles doit se précipiter et s'agenouiller devant lui, la bouche ouverte, pour qu'il leur crache dedans, et qu'elles avalent sa morve ! La pauvre petite concubine n'a jamais pu se faire à ce traitement. Son maître a eu beau la battre, elle n'a jamais accepté de se plier à cet outrage. Et plutôt que de continuer à subir cette indicible humiliation, elle a tenté de se sauver.

Sur ce, le roman de Dan Shi reprend ses droits et l'on ne peut qu'y renvoyer le lecteur...

CHAPITRE 20

Un vilain garnement

Lorsque la cour regagne Pékin, au début de 1902, l'empereur Guangxu se retrouve de nouveau reclus dans un pavillon, au palais d'Été cette fois. Il est plus que jamais en butte aux mauvais traitements et aux vexations du grand eunuque Li Lianying et de ses homologues, « ces rats et renards du palais ». Li s'emploie à décourager les éventuels élans de compassion de l'impératrice douairière envers l'empereur, lui racontant que celui-ci fait constamment montre d'irrespect à son égard.

Au début de l'automne 1908, la santé de l'empereur devient préoccupante. Guangxu semble avoir perdu le goût de vivre et il est atteint d'une mystérieuse maladie. Le 10 novembre, un docteur est appelé au chevet de Sa Majesté. Il est stupéfait de découvrir l'installation misérable et la saleté de sa modeste résidence. Cette dernière n'est chauffée que par un méchant poêle de faïence d'un modèle ordinaire, qui dégage des fumées nocives. Le médecin constate également que la literie est simple et grossière, digne d'un commis de magasin. Aucun ornement ne vient agrémenter la demeure de l'empereur. Mais surtout, le médecin de la cour indique que les symptômes du malade lui font davantage penser à un empoisonnement qu'à la tuberculose ou à la maladie de Bright : « Il ne pouvait plus dormir, ni uriner, les battements de son cœur s'étaient accélérés, son visage était violacé, sa langue jaune. »

Le 11 novembre, l'empereur tente de se lever de son lit pour aller au chevet de Cixi, qui ne se porte pas mieux que lui. Cette sollicitude subite s'explique sans doute par le désir de s'enquérir personnellement de la santé de l'impératrice. Mais l'effort est trop grand pour lui, il tombe. On le porte sur un divan, d'où il ne se relèvera pas.

On a beaucoup écrit – ou glosé – sur la mort de Guangxu, le 14 novembre 1908 (à l'âge de trente-huit ans), deux jours avant que sa tante n'enfourche elle-même le Dragon. Cette disparition quasi simultanée de l'empereur et de l'impératrice douairière ne peut en effet que laisser perplexe et susciter bien des interrogations.

On raconte qu'en octobre 1908, Guangxu aurait consigné dans son journal intime : « Je suis sérieusement malade. Mais j'ai le sentiment que Cixi mourra avant moi. Si tel est le cas, je suis déterminé à ce que Yuan Shikai et Li Lianying soient exécutés. » La vengeance de l'empereur voulait ainsi s'exercer sur Yuan Shikai, coupable de l'avoir trahi en 1898, et sur le grand eunuque Li pour les mauvais traitements qu'il lui avait fait subir.

Li Lianying aurait réussi à se procurer ce journal et se serait empressé de le montrer à sa maîtresse, laquelle se serait juré de ne pas disparaître avant son neveu. Cixi aurait alors demandé à Li de « prendre soin » de la nourriture et de la santé de l'empereur... L'après-midi même, sa santé aurait commencé à se dégrader. Certains avancent que Cixi aurait ordonné de l'empoisonner, ne voulant pas qu'il lui survive, tandis que d'autres pensent que ce serait plutôt Yuan Shikai, le traître, qui aurait donné cet ordre. On ne connaîtra sans doute jamais la vérité.

Le lendemain, en tout cas, ce sera le tour de Cixi d'expirer, victime d'une dysenterie, après s'être gavée d'un énorme plat de pommes sauvages à la crème.

L'empereur Guangxu n'a pas d'enfant. Le trône en Chine ne pouvant échoir à un membre de la même génération (même si cette règle a été transgressée en ce qui le concerne), l'héritier doit donc être choisi parmi ses neveux. Guangxu a plusieurs frères, dont l'aîné est le prince Chun, que Cixi a marié avec la fille de son protégé de toujours, l'ex-amant de sa jeunesse, resté son fidèle ami et serviteur, Jung Lu. Avec l'idée que s'ils ont un fils, celui-ci deviendra l'héritier du trône. Une promesse qui devait se réaliser. En février 1906 en effet, le prince Chun a un fils, Puyi. En novembre 1908, Guangxu se mourant, et elle n'allant guère mieux, deux jours avant d'expirer, Cixi ordonne que l'enfant, âgé d'à peine trois ans, soit amené à la Cité interdite et qu'il s'y installe. Un édit (prétendument signé de l'empereur) désigne le jeune Puyi comme étant son successeur.

Après la disparition quasi simultanée de Guangxu et de Cixi, le père de l'empereur désigné, le prince Chun, est nommé régent. Cette disposition paraît naturelle, le père du petit monarque étant le frère de l'empereur défunt et le prince impérial du rang le plus élevé. À ceci près que le régent est un « homme parfaitement incapable et reconnu comme tel », reconnaîtra plus tard son fils. Le prince Chun (Zai Feng) est en effet incapable de s'exprimer clairement, il ne sait que bafouiller, bredouiller et bégayer. C'est un conservateur médiocre, brouillon et veule, un personnage manquant totalement d'énergie, de courage et de volonté, parfaitement inapte à la gouvernance de l'empire, et encore moins d'une monarchie menacée de toute part. En le désignant, au lieu d'un conseil de régence composé de personnalités indiscutables, Cixi commet sa dernière grande et fatale erreur. La conséquence, ce sera la révolution de 1911 et l'établissement d'une République.

Dans sa passionnante et étonnante autobiographie (rédigée en vérité par un journaliste talentueux, Li Wenda), Puyi, le dernier empereur de Chine (1906-1967), raconte les circonstances de son arrivée sur le trône du Dragon, à la veille de la disparition de Guangxu et de celle de Cixi, qui « enfourcha le Dragon, pour s'envoler dans les airs ». Lorsque les gens du palais s'en viennent le chercher en cette soirée du 13 novembre 1908, le bambin de trois ans est en train de jouer avec sa nounou, Mme Wang (Wang Momo). Effrayé par le remue-ménage et l'arrivée de tous ces inconnus dans leur étrange costume, le jeune bambin, en larmes, hurlant et se débattant, tente de leur échapper. Il se réfugie dans une cachette. Tout le monde est consterné. Que faire ? Le chambellan a l'idée d'appeler la nourrice. Elle seule peut le calmer et le raisonner. Les voilà tous deux dans un palanquin qui les emmène au palais. Le petit garçon se retrouve au chevet du Vieux Bouddha. « J'ai gardé un très vague souvenir de cette rencontre, écrira-t-il beaucoup plus tard, dont le choc s'est profondément gravé dans mon esprit. Je me rappelle m'être trouvé soudain tout seul au milieu d'inconnus, tandis que devant moi pendait un rideau terne à travers lequel j'apercevais un visage émacié, d'une hideur terrifiante. C'était Cixi. On dit que je me suis mis à hurler en la voyant et que j'ai été pris d'un tremblement incoercible. Cixi a demandé à quelqu'un de me donner des bonbons, mais je les ai jetés par terre et j'ai crié : "Je veux ma nounou ! Je veux ma nounou !", ce qui a eu le don de lui déplaire infiniment. "Quel vilain petit garçon, a-t-elle dit. Qu'on l'emmène jouer ailleurs."

Le 2 décembre 1908, Puyi, âgé de deux ans et dix mois, est donc hissé, bien malgré lui, sur le trône du Dragon. Il avoue que ses hurlements, qui n'avaient rien d'impérial, ont privé cette « grande cérémonie » d'une bonne partie de sa dignité ! Ceux qui ont vu le film de Bernardo Bertolucci *Le Dernier Empereur* se souviennent de la scène. L'empereur enfant trône au centre de la vaste salle de la Suprême Harmonie. Il découvre la multitude houleuse et colorée des deux mille dignitaires et courtisans qui emplissent l'immense esplanade. « Toute l'élite de l'empire achève de se prosterner solennellement aux pieds du nouveau maître de la Chine. Vertige du pouvoir. Naissance de l'omnipotence. Une image primitive qui traumatisera l'enfant au point que, pendant le plus clair de sa vie, ce dernier s'évertuera avec une obstination aveugle à recréer les conditions de ce fantasme anachronique, désormais condamné par l'histoire », écrit Fabien Gérard dans *Ombres jaunes*, le journal de tournage du film.

Puyi se souvient du froid glacial et de ses sanglots : « Je veux rentrer à la maison ! » Un funeste présage pour l'avenir... Il faut dire que le défilé des dignitaires, civils et militaires, qui l'honorent de leurs triples prosternations et des neuf *kotow* d'usage, destinés à lui prêter allégeance, a de quoi lasser un enfant qui ne comprend rien à ce rituel interminable, qui dure plusieurs heures. Il se démène comme un petit diable pour descendre du trône. Son père tente de le calmer : « Reste tranquille, voyons ! Il n'y en a plus pour longtemps, c'est bientôt fini. » Paroles sacrilèges, que l'on reprochera beaucoup au prince Chun !

Puyi se souvient aussi du jour où il a abdiqué, une abdication manigancée par Yuan Shikai, lequel a su circonvenir l'impératrice douairière Longyu par l'entremise de son chef du palais, le fameux eunuque Zhang Lande. Zhang, quasiment à la solde de Yuan Shikai, a entrepris de faire changer d'avis sa maîtresse, farouchement opposée à l'établissement d'une République. Il lui explique que Yuan est le seul homme capable d'éviter la guerre civile. Il ne cesse d'agiter devant elle le spectre de soulèvements provinciaux, qui risqueraient d'aboutir au saccage de la Cité interdite par les troupes rebelles, avec pour conséquence la perte de trésors inestimables. Et elle, l'impératrice, qu'adviendra-t-il de Sa Majesté dans tout ce chaos ?

L'eunuque la supplie de ne pas mettre sa vie en péril. Il réussit à la convaincre que la République est la solution la plus sage, toutes les garanties étant assurées aux nobles de l'empire et à la famille impériale, laquelle pourra continuer à demeurer dans le palais et conserver son train de vie. Mieux vaut donc négocier une passation de pouvoir en douceur, plutôt que d'y être contraint par les événements. C'est ainsi que Zhang Lande réussit à persuader sa maîtresse de renoncer au pouvoir. Zai Feng (Chun, le prince régent) est contraint de démissionner, et Longyu signe en son nom une abdication en faveur de la République. C'est ainsi que Zhang Lande recevra de Yuan Shikai, le futur président appelé à succéder à Sun Yat-sen, trois millions de taels d'argent – une somme colossale – pour prix de ses services.

Puyi décrit cette scène historique. L'impératrice douairière s'essuie les yeux avec un mouchoir, tandis qu'un « gros bonhomme », un « vieillard adipeux » – qui n'est autre que Yuan – est agenouillé sur un coussin rouge, le visage trempé de larmes. C'est ainsi que, la République proclamée, Puyi devient « empereur de la Petite Cour ». Le régime impérial, vieux de plusieurs millénaires, est aboli. Un contrat, dit « Contrat de Bienveillance », est signé. Il est étonnamment favorable au dixième empereur des Qing. Il stipule en effet que « l'empereur des grands Qing doit conserver son titre, lequel ne peut lui être supprimé », qu'il pourra dans un premier temps continuer à résider dans la Cité interdite et qu'une pension annuelle de quatre millions de taels lui sera allouée. Un contrat particulièrement avantageux, qui contient cependant une petite réserve : il sera interdit d'engager de nouveaux eunuques à la cour... Et de fait, le nombre des eunuques sera réduit de deux mille à deux cents en quelques années.

Du jour au lendemain, le petit garçon devient un dieu vivant, avec toutes les contraintes rituelles, et le *décorum* pesant de la vie quotidienne que cela entraîne. Il ne peut, par exemple, se déplacer qu'en palanquin, car un empereur ne saurait s'abaisser à marcher. Son seul lien avec son passé et la seule personne avec qui il peut entretenir des rapports affectifs, mis à part quelques eunuques triés sur le volet, reste sa nourrice, Mme Wang.

Puyi dira avoir passé l'enfance la plus « absurde » qu'on puisse imaginer. À une époque où la Chine est devenue une République, il continue « à mener l'existence d'un monarque absolu pour lequel seules faisaient autorité les traditions poussiéreuses de ses ancêtres ». « Chaque fois que je repense à mon enfance, confie-t-il, un voile de couleur jaune enveloppe mes souvenirs : les tuiles vernissées étaient jaunes ; jaunes aussi le palanquin, les coussins, la doublure de mes robes et de mes chapeaux, la large ceinture qui me ceignait les hanches, les coupes et les assiettes qui me servaient à manger ; jaunes encore les reliures des livres, les tentures de ma chambre, les brides de mon cheval – rien que du jaune dans tout ce qui m'entourait. Cette couleur, le fameux "jaune radieux", privilège exclusif de la famille impériale, me fit comprendre dès ma plus tendre enfance que j'étais d'une essence unique, et instilla en moi la conscience de ma nature "céleste" qui me distinguait de tous les autres êtres humains. » Le luxe inouï de la vie quotidienne à la cour, qui n'a rien à envier à celui du temps de Cixi, ne fait rien pour arranger les choses.

Libre d'assouvir ses moindres caprices, Puyi est un enfant capricieux, un vilain garnement en vérité, qui pique des colères homériques et s'amuse à abuser de son pouvoir et de son autorité en tant que « Seigneur des Dix Mille Années ». Il lui arrive souvent de faire fouetter les eunuques pour des peccadilles, à la moindre occasion. « Cruauté et emportement m'étaient devenus à cet âge tendre une seconde nature », confesse-t-il. Il avoue avoir eu un jour « une idée de génie », en demandant à un eunuque de manger une ordure qui traînait sur le sol. Obéissant à l'ordre du Fils du Ciel, l'eunuque s'exécuta, à sa grande satisfaction. Une autre fois, il décide de remercier un montreur de marionnettes en lui offrant un gâteau, mais en y insérant de la limaille de fer « pour voir sa tête quand il le mangera ». Il faut que sa nourrice le dissuade d'accomplir cette aimable plaisanterie, en lui suggérant de mettre à la place des haricots secs. Mme Wang ne réussira pas en revanche à l'empêcher de prendre pour cibles de malheureux eunuques avec sa carabine à air comprimé. (On pense irrésistiblement aux facéties du petit prince Abdallah, dans *Tintin au pays de l'Or noir* et *Coke en stock*, d'Hergé...)

À l'âge de dix ans, Puyi est autorisé à voir sa mère et sa grand-mère, qui viennent accompagnées de son frère cadet, Pu Chieh, et de sa sœur. Les trois enfants en profitent pour jouer à cache-cache. Épuisés par leur jeu, ils se reposent sur un *kang* (lit) et Pu Chieh d'avouer à son frère qu'il est très surpris que Sa Majesté, l'empereur, soit si différent de ce qu'il imaginait. Au théâtre, en effet, les empereurs portent toujours de longues barbes... Ce faisant, il met la main à son menton, et Puyi découvre, *horribile visu*, que la doublure de la manche du vêtement que porte son frère est de couleur jaune, la couleur réservée à l'empereur... Il fait une maladie de cet abominable crime de lèse-majesté.

« Bien que je fusse abondamment pourvu de mères, je n'ai pourtant jamais connu l'amour maternel », avoue encore Puyi. Il veut dire par là qu'il est tenu d'appeler « Mères » chacune des quatre épouses impériales (l'épouse et l'une des concubines survivantes du prédécesseur de Guangxu, Tongzi, le fils débauché de Cixi, ainsi que l'impératrice douairière Longyu et la concubine Jade, la sœur de Perle). Les vieilles dames ont pris en charge son éducation, mais de manière formelle et distante, sans tendresse aucune. Puyi déteste particulièrement Longyu, qui estime que pour maintenir en bonne santé les petits garçons, il faut les affamer... Celle qui s'occupe le plus de lui est Jade.

Un jour, des eunuques croient bon d'offrir au jeune prince une panoplie de général de la République chinoise, comportant casque, sabre et ceinturon. Ravi de ce déguisement, il parade dans le palais. Le voyant ainsi accoutré, scandalisée, Jade entre dans une colère épouvantable. Les eunuques coupables reçoivent deux cents coups de trique et sont rétrogradés au rang de simples esclaves frotteurs (c'est-à-dire affectés aux tâches les plus basses). Puyi, quant à lui, est furieux d'avoir dû remiser son uniforme. Il en gardera une sévère rancune envers l'ancienne concubine impériale.

Un autre incident va mettre le feu aux poudres. Jade licencie sans motif un médecin attaché à la cour impériale. L'affaire fait grand bruit au palais, et le garçonnet, même s'il n'est pas concerné, décide de s'en mêler. Il s'en va invectiver Jade. Celle-ci, outrée de l'outrecuidance du jeune prince, convoque au palais la mère et la grand-mère de l'empereur. Les deux femmes subissent la terrible colère de Jade. Elles tombent en larmes et promettent de faire en sorte que le jeune insolent présente ses excuses.

La mère de l'empereur, fille de l'éminent Jung Lu, le protégé de Cixi, n'a de sa vie jamais été traitée de la sorte. Incapable de surmonter la honte d'avoir été ainsi sermonnée par l'ex-concubine de Guangxu, elle se suicide à son retour du palais, en absorbant une boulette d'opium.

Une seule personne est donc capable de freiner les bêtises et les débordements de l'enfant, Wang Momo, sa nounou, qu'il adore. « J'ai grandi suspendu à la poitrine de Wang Momo, explique-t-il. Elle m'a nourri de son lait jusqu'à ma neuvième année, et j'étais attaché à elle comme un petit enfant incapable de vivre loin de sa mère un seul instant. » Mais les Mères réussissent à se débarrasser de la nourrice, qui doit faire précipitamment ses valises, sans être autorisée à dire adieu au jeune garçon qu'elle vénère. Puyi a beau pleurer et crier pour qu'on lui rende sa nounou, c'est en vain. Le sevrage est infiniment douloureux. Il lui rendra cet hommage : « De toute mon existence, je n'ai jamais eu à mes côtés un être aussi droit que Wang Momo. »

Momo était arrivée à Pékin en 1900, chassée de la province du Zhili par l'avancée des troupes des puissances étrangères, qui brûlaient tout sur leur passage. Après bien des malheurs, elle est vendue à un tuberculeux, du nom de Wang. Elle met au monde une petite fille. Son mari étant mort, elle vit dans la pire des misères. C'est alors que l'intendant du prince Chun la recrute, choisie parmi vingt candidates, pour sa bonne santé, sa bonne mine et parce que son lait est particulièrement épais. Il lui est interdit d'aller rendre visite à sa famille et même d'aller dire adieu à sa petite fille. Considérée comme « une vache à lait », avec un salaire de misère, elle doit s'engager à manger chaque jour un bol de graisse de porc dépourvu de sel.

Puyi consacre un chapitre à ses études au palais. Il parle de ses trois précepteurs. Il s'étonne que pendant onze années, il n'ait pas appris les quatre opérations de base, non plus que les sciences naturelles. Il admet avoir été tout le contraire d'un élève studieux et s'être fréquemment comporté de manière odieuse. Il s'intéresse en effet davantage aux cyprès qu'aux études, ces cyprès dont les troncs sont « couverts de fourmis diligentes qui passaient toute la journée à grimper et à redescendre ». Fasciné par les processions de fourmis, Puyi passe des heures à les observer et à les nourrir.

Compte tenu de ses mauvais résultats scolaires, il est décidé de lui adjoindre des camarades d'études, histoire de le motiver. Parmi ceux qui ont l'honneur de partager les cours de l'empereur, son frère et des cousins. L'empereur étant intouchable, il ne saurait être réprimandé pour s'être montré paresseux ou indiscipliné. C'est donc son cousin le plus éloigné qui se retrouve puni à sa place, servant de bouc émissaire ! Edward Behr, le meilleur des biographes du dernier empereur, voit dans cette éducation et cette existence totalement artificielles l'origine de tous les maux qui l'accableront par la suite : « On comprend bien que l'enfance tout entière du jeune souverain garantit, pour ainsi dire, qu'il va devenir un adulte accablé de problèmes psychologiques. Faut-il s'étonner si les premières années de cet enfant privé d'amour et d'affection, obligé de considérer les vieilles douairières impériales comme des mères, traité avec un respect démentiel, servi par un régiment d'eunuques à sa dévotion, qu'il peut faire bastonner pour la moindre peccadille, constituent un cocktail explosif et quasi fatal, une recette infaillible pour la névrose. »

CHAPITRE 21

L'empereur et le précepteur

Le 3 mars 1919, Reginald Fleming Johnston franchit pour la première fois les portes de la Cité interdite. Il vient d'être nommé professeur d'anglais de Puyi, sur la recommandation d'un de ses précepteurs chinois et du président de la République chinoise. Le ministère britannique des Colonies a accepté de le détacher pour qu'il devienne précepteur impérial. Sa candidature est fermement soutenue par l'ambassade, ce qui lui confère d'emblée prestige et autorité auprès de l'administration du palais, le Département de la Maison impériale (le neiwu fu), c'est-à-dire la chancellerie.

Cet Écossais, né à Édimbourg, a poursuivi ses études au prestigieux Magdalen College, à Oxford. En 1898, il est entré dans l'administration coloniale de Hong Kong, avant de servir dans le territoire britannique de Weihaiwei, au nord-est du Shandong. Reginald Johnston a voyagé à travers toutes les provinces de Chine, admirant ses montagnes célèbres, empruntant ses grands fleuves, visitant ses lieux historiques et ses monuments. Il connaît parfaitement l'histoire de la Chine, ainsi que les coutumes et les modes de vie de l'empire du Milieu, dont il a étudié les religions et les philosophies. C'est en outre un remarquable linguiste et un excellent poète et calligraphe en langue et écriture chinoises. Il adore la vieille poésie chinoise et est capable de réciter par cœur des poèmes Tang.

Il a quarante-cinq ans. Corpulent, de haute taille, avec des yeux bleus, ce célibataire endurci a un teint rougeaud et une tignasse grisonnante ; il nous faut oublier le personnage campé par l'Irlandais Peter O'Toole dans le célèbre film de Bertolucci, *Le Dernier Empereur*, lequel s'est inspiré de son livre *Twilight in the Forbidden City*, publié en 1934. Un ouvrage qui reste une véritable mine d'informations sur Puyi et les années 1919-1924. Précepteur britannique de l'empereur, il est rémunéré par le palais et habite un logement de fonction en dehors de la Cité interdite, qu'il meuble dans un style chinois traditionnel.

Le jeune élève de treize ans attend avec une certaine appréhension son précepteur étranger. Il a déjà eu une fois l'occasion de voir des étrangers, et il a trouvé hideux leurs étranges costumes, leurs cheveux et leurs yeux de différentes couleurs. Feuilletant les magazines, il a noté qu'ils portaient tous une moustache, que leur pantalon était affublé d'un pli vertical, qu'ils avaient une canne à la main. On lui a expliqué que les étrangers étaient incapables de plier les genoux !

Le courant passe instantanément entre le professeur et son élève. Johnston découvre un garçon à la silhouette mince, ayant de bonnes façons et simplement vêtu. En fait, il est très impressionné de devoir s'incliner devant l'héritier du « plus ancien des trônes du monde, le Fils du Ciel, le Seigneur des Dix Mille Années ». Le précepteur assure que leurs relations furent dès le début amicales et harmonieuses. Il qualifie la personnalité du jeune empereur d'« attrayante et aimable ».

Puyi est également séduit par cet étranger qui parle un excellent chinois, qui est dépourvu de moustache et de canne, et qui se montre capable de plier les genoux, même s'il se tient aussi droit qu'une tige de bambou. « Avec le temps, dira-t-il, j'en vins à considérer en tout cet Écossais comme le *nec plus ultra* du gentleman. » Il en vient même à penser que les Européens sont les gens les plus intelligents et les plus civilisés du monde... Quant à Johnston, il représente à ses yeux le summum de l'érudition. Après avoir vu le stylo de son maître et entendu la fanfare militaire de la garnison anglaise, il trouve que le pinceau et la musique chinoise sont parfaitement obsolètes. Johnston s'étant permis un jour de se moquer de la natte des Chinois, les qualifiant de « queues-de-cochon », il se fait couper la sienne le lendemain. La quasi-totalité des habitants de la Cité interdite se pressent de l'imiter, à l'exception de ses précepteurs chinois et de quelques rares ministres de la Maison impériale.

Un portrait avantageux

Sitôt après sa première rencontre avec Puyi, Reginald Johnston écrit aux autorités britanniques pour dire son sentiment sur son nouvel élève. Il en trace un portrait par trop louangeur :

« Le jeune empereur n'a pas la moindre connaissance de l'anglais, ni d'aucune autre langue européenne, mais il paraît désireux d'apprendre et semble fort actif sur le plan mental. Il a le droit de lire les journaux chinois et il s'intéresse manifestement, avec intelligence, aux nouvelles du jour, surtout dans le domaine de la politique, aussi bien intérieure qu'étrangère. Il a de solides connaissances géographiques et se passionne pour les voyages et les explorations. Il se fait une assez bonne idée de l'état actuel de l'Europe et des conséquences de la Grande Guerre et il ne semble pas nourrir de notions erronées ou exagérées concernant la politique et l'importance relative de la Chine.

« Il paraît physiquement robuste et bien formé pour son âge. C'est un jeune garçon très "humain", doué de vivacité, d'intelligence et d'un sens aigu de l'humour. Il possède en outre d'excellentes manières et semble totalement dépourvu d'arrogance... Il n'a aucune possibilité de fréquenter d'autres jeunes gens de son âge, en dehors des rares occasions où son frère cadet et deux ou trois autres jeunes membres du clan impérial sont autorisés à lui rendre de brèves visites... Il n'y a pas jusqu'à ses déplacements quotidiens qui ne donnent lieu à des sortes de cortèges officiels. On l'y transporte à bras d'homme dans un vaste fauteuil tendu de jaune impérial et il est accompagné par une suite innombrable. »

Johnston s'inquiète pour lui cependant :

« Quoiqu'il ne semble pas avoir été atteint, jusqu'à présent, par la sottise et la futilité de son entourage, il n'y a guère d'espoir pour qu'il en sorte indemne, à moins d'être rapidement soustrait aux hordes d'eunuques et d'autres fonctionnaires inutiles qui, à l'heure actuelle, sont quasiment ses seuls compagnons. » Le précepteur recommande que Puyi s'installe au palais d'Été, où il pourrait mener une vie moins artificielle et plus épanouissante, prendre de l'exercice physique, et ceci sans être en permanence entouré d'eunuques.

> Le précepteur est cependant bien placé pour déceler les qualités et les défauts de son élève. Il découvre que Puyi est doté, ou plutôt handicapé, par une double personnalité, un caractère schizophrénique en vérité, avec d'un côté ce qu'il appelle sa frivolité, son côté *fou* (en chinois), un terme que le dictionnaire traduit par : flotter, aller à la dérive ; et aussi, volatil, inconsistant, dissipé, inconstant, instable. Il est tenté d'imputer ces défauts, ces traits frivoles, *fou*, au compte des chromosomes paternels. Tandis que la plupart des qualités de l'empereur, ses capacités intellectuelles, ses talents de calligraphe, de caricaturiste et de poète, son sens de l'humour aussi, lui viendraient de l'héritage génétique de sa mère, la fille de Jung Lu.

L'empereur passe la matinée avec ses précepteurs chinois et le début de l'après-midi avec son professeur étranger, durant deux heures environ. Pendant les premières semaines de son préceptorat, Johnston n'est pas autorisé à rester seul avec son élève, un eunuque imposant sa présence silencieuse, comme si ce « diable étranger » était susceptible – comme le voulait une méchante rumeur – de manger les cœurs et les foies des enfants et de concocter des médicaments avec leurs yeux. Le précepteur, agacé par cette surveillance permanente, finit par se rebeller et l'eunuque de garde disparut.

Le précepteur avoue que l'intérêt de l'empereur pour les études purement linguistiques est limité. En fait, Johnston se comporte plus en pédagogue généraliste qu'en simple professeur d'anglais. Il s'écarte volontiers du programme prévu. Il ne se prive pas de parler de la famille royale d'Angleterre et de s'étendre complaisamment sur le grand Empire britannique, où le soleil ne se couche jamais. Il discute librement de choses et d'autres avec son élève, en chinois ; il commente l'actualité mondiale et nationale (la Grande Guerre en Europe vient de se terminer et la guerre civile en Chine fait rage). Il n'hésite pas à aborder différents sujets, la géographie, les voyages, la physique élémentaire (y compris l'astronomie), les sciences politiques, etc. Des conversations improvisées et à bâtons rompus, destinées à éclairer et enrichir l'esprit impérial.

Au bout de deux ans d'études, Puyi veut avoir un prénom anglais, pour raison de commodité. Il choisit le prénom royal d'Henry. Le précepteur s'en prendra aux journalistes qui appelleront l'empereur Henry Puyi, ce qui est à la fois stupide et désobligeant.

Après le renvoi de sa nourrice et l'arrivée de Reginald Johnston, un troisième événement vient modifier le cours de la jeunesse de l'empereur. Les épouses impériales, les Mères, entendent en effet marier Puyi. Pour les vieilles Dames du palais, il s'agit d'une affaire de la plus haute importance. Dès 1921, lorsqu'il atteint ses quinze ans, elles convoquent son père à cette fin. Une commission de dix princes impériaux et nobles mandchous reçoit pour mission de préparer ce mariage. Pour différentes raisons, le décès d'une des épouses impériales et le suicide de sa mère, ainsi que la situation politique instable, deux ans se passent avant que ce projet se concrétise. De plus, les deux épouses impériales survivantes se disputent sur le choix de l'élue, chacune voulant imposer sa candidate, pour des raisons d'influence. Et certes pas pour le bonheur de l'empereur, ce qui est le cadet de leurs soucis...

Puyi n'a que faire de se voir marié. Il ne se rend nullement compte de l'importance de cet engagement et n'a aucune idée concernant l'épouse idéale. Mais il y voit un avantage : par son mariage, il accédera à la majorité. Ce qui devrait lui permettre d'échapper à la pesante tutelle des uns et des autres. Le Conseil de la couronne renonce à faire défiler devant lui une brochette de jeunes filles mandchoues. Un drôle de procédé est retenu : on présentera à l'empereur les photos des postulantes, lequel fera son choix en cochant au crayon celle qui lui plaît le plus ! Quatre photographies lui sont soumises, sur catalogue en quelque sorte ! Mais les quatre jeunes filles se ressemblent toutes sur les clichés : des silhouettes longilignes, aussi informes que des tubes, avec des visages tellement petits qu'il est incapable de se faire une idée de leur beauté.

Passablement indifférent, ne réalisant nullement qu'il engage sa vie, il en vient à faire son choix en fonction du style et des motifs de leurs robes respectives. D'un geste assuré, il se saisit du crayon et dessine un cercle sur la photo qui lui paraît la moins rébarbative, celle de Wen Hsiu, une fillette de douze ans, pas encore formée, de trois ans sa cadette, avec un visage plat et une silhouette trapue, qui est issue d'une famille mandchoue, certes noble, mais désargentée ! Il est clair que Wen Hsiu a été ajoutée à la liste, histoire de l'étoffer. Le choix de Puyi sème la consternation à la cour ! On le presse de faire un nouveau choix. Celui de Wan Jung par exemple (« Visage rayonnant »), qui a le même âge que lui, seize ans, vient d'une riche et éminente famille et est d'une grande beauté. Furieux intérieurement qu'on ne lui ait pas dit tout de suite laquelle il devait choisir, Puyi trace un rond sur la photo de Wan Jung.

Afin de sauver la face de l'élue initiale, il est finalement décidé que Wen Hsiu aura rang d'épouse secondaire, c'est-à-dire de concubine. C'est ainsi que Puyi se retrouvera flanqué de deux épouses. Il refuse d'avoir d'autres concubines (un empereur, selon la tradition, a droit à quatre concubines officielles). Wan Jung vit à T'ien-tsin, où elle a été élevée dans une école religieuse américaine. Les photos que l'on a d'elle montrent, si l'on en croit Edward Behr, « une beauté opulente et sensuelle, une sorte de Claudia Cardinale orientale, plutôt grande, avec des lèvres charnues, d'immenses yeux et un air mélancolique ». Elle a reçu une éducation très poussée et a même eu un précepteur de langue anglaise. Wan Jung possède en outre une personnalité bien affirmée et la jeune personne a la réputation de n'en faire qu'à sa tête. Marc Chadourne voit en elle « la tempête » et au contraire « le calme plat » pour Wen Hsiu.

Les bans sont publiés, le 15 mars 1922, dans la *Gazette de la Cour*. Un accord a été trouvé avec le gouvernement républicain pour l'organisation de ces doubles cérémonies nuptiales, prévues pour durer cinq jours. Des festivités accompagnées de nombreuses représentations de théâtre et d'opéra. La coutume en Chine veut que l'époux ne découvre sa promise que le jour de ses noces. Cette règle s'applique également à l'empereur. À ceci près que pour les futurs époux impériaux, le rituel des processions et des cérémonies est passablement compliqué. Wan Jung débarque le 17 mars à Pékin, par train spécial. Elle est accueillie en grande pompe par les dignitaires de la cour et les officiels de la République, ainsi que par une garde d'honneur fournie par le gouvernement républicain. Elle s'installe dans un palais, situé hors de l'enceinte de la Ville interdite, où elle va passer les neuf mois qui lui restent avant la cérémonie, afin d'y être instruite de l'étiquette de la cour. Le 6 avril, Puyi, escorté de ses courtisans va s'incliner sur les tombes de ses ancêtres pour leur faire part de son prochain mariage.

Reginald Johnston consacre, avec délectation, treize pleines pages de son livre (qui s'intitule en français *Au cœur de la Cité interdite*) à cet événement. Parmi les cérémonies préliminaires, figurent la réception des cadeaux de fiançailles, des présents somptueux offerts par les plus hautes personnalités de la République et les généraux de la révolution, dont les deux seigneurs de la guerre Wu Peifu et Zhang Xueliang, qui envoient de l'argent et des tributs en nature. Les fidèles de la dynastie Qing affluent de partout et envahissent en masse la Cité interdite, porteurs de leurs cadeaux.

Les invités occidentaux, sortis du quartier des légations, participent à ces grandes noces. Pour la première fois depuis la révolution de 1911, les diplomates étrangers, ceux qui appartiennent aux huit puissances, sont conviés à la Cité interdite, à l'initiative de Johnston. L'empereur leur porte un toast : « C'est pour nous une grande joie de voir réunis ici tant de nobles hôtes de toutes les parties du monde. Nous vous remercions de votre visite et vous souhaitons à tous une bonne santé et beaucoup de succès. » Puis il s'incline en direction de l'assistance et porte un verre de champagne à ses lèvres.

Johnston est ravi : « Aux yeux des étrangers de Pékin, l'empereur de la Cité interdite était resté jusqu'ici une sorte de mystère dans le mystère. Et voici que, pour la première fois, ils rencontraient un garçon très humain se conduisant dans des circonstances assez intimidantes avec toute la gracieuse dignité des familles princières mandchoues, et montrant très nettement, par la simplicité de ses manières et le plaisir évident qu'il prenait à cette occasion inhabituelle, que pour lui les vieilles barrières entre l'Orient et l'Occident avaient disparu. »

L'empereur se pose cependant cette question cruciale : « Maintenant que j'ai une impératrice et une concubine, et que je suis majeur, qu'y a-t-il de changé par rapport à hier ? » Il se dit simplement que, n'eût été la révolution, le jour serait venu pour lui de gouverner ! Quant au mariage proprement dit, il y pense à peine. La curiosité le pousse cependant, en voyant s'approcher l'impératrice, le visage caché sous un voile rouge brodé de dragons (symbole de l'empereur) et de phénix (symbole de l'impératrice), de voir à quoi elle ressemble.

La tradition veut que l'empereur et l'impératrice passent leur nuit de noces au palais de la Tranquillité terrestre. Une chambre nuptiale de dix mètres carrés seulement leur est réservée. Celle-ci est toute tendue de rouge, sans aucun autre meuble qu'un immense lit-*kang* à baldaquin, la « couche du dragon et du phénix », qui occupe à lui seul une bonne partie de la pièce. Edward Behr ose avancer qu'à voir les photographies, ce lit n'est pas sans rappeler celui de la « chambre chinoise » du *One Two Two*, le célèbre bordel parisien (situé au 122 de la rue de Provence), fréquenté entre autres par le roi Édouard VII (le fils de la reine Victoria), au début du xxe siècle...

Le nouveau marié raconte sans fioriture sa nuit de noces, un bref et étonnant souvenir : « Après avoir, conformément aux usages, vidé la coupe nuptiale et mangé les "gâteaux des fils et petit-fils", Wan Jung et moi, nous nous retirâmes dans notre obscure chambre rouge. La jeune mariée s'assit sur le *kang* et garda la tête baissée. Et moi, debout à côté d'elle, irrité, je ne voyais que du rouge, des tentures rouges, des coussins rouges, une veste rouge, des draps rouges, une jupe rouge, des fleurs rouges, des joues rouges... J'avais l'impression d'avoir échoué dans un monde étouffant de cire rouge liquéfiée. Je me sentais de plus en plus mal à l'aise. Je ne savais pas si je devais m'asseoir ou rester tout simplement debout. Combien plus agréable était ma chambre au palais de la Croissance spirituelle ! À cette pensée, j'ouvris la porte et m'enfuis. »

Cette nuit de noces non consommée laisse apparemment l'empereur indifférent. Il se fiche comme d'une guigne de Wan Jung, restée seule dans la chambre, sans se soucier de ce qu'elle peut bien penser ! Sa seule préoccupation et sa seule ambition, avoue-t-il en guise d'excuse, sont de restaurer le pouvoir des Qing, de devenir un empereur digne de ce nom !

Edward Behr y va de sa version sur cet étonnant fiasco sexuel. Pour lui, il est plus vraisemblable qu'en ce petit matin, Puyi a été traumatisé par la « honteuse preuve de son insuffisance sexuelle ». Il ne peut ignorer que sa fuite hors de la chambre nuptiale sera criée sur tous les toits du palais par les eunuques et que cette déconfiture, en vertu des vieilles traditions chinoises, est à la fois risible et ridicule. Il faut dire que cet adolescent de dix-sept ans n'a jamais bénéficié de la moindre éducation sexuelle, entouré qu'il est d'eunuques. Des conseils en cette matière seraient parfaitement contraires au protocole impérial...

Behr s'étonne cependant que Puyi soit resté indifférent « à la beauté insolite et sensuelle de Wan Jung » (alias Elizabeth, comme il l'appellera bientôt). Il en conclut que l'empereur est soit impuissant, soit incroyablement en retard sur le plan sexuel, soit déjà conscient de ses tendances homosexuelles. Puyi serait-il homosexuel ? Le journaliste a enquêté, sans grand résultat. Seul son frère, Aisin-Gioro Pu Chieh, aurait un jour, bien plus tard, alors qu'il était âgé de quatre-vingts ans, répondu à une question faussement naïve sur le fait que Puyi n'avait jamais eu d'enfants. Pu Chieh aurait ainsi avancé que l'empereur était biologiquement incapable d'engendrer une descendance...

Pu Chieh a pour sa part gardé de bons souvenirs des moments passés à trois, avec son frère et sa belle-sœur Elizabeth, à faire du vélo à toute allure dans les rues et les passages de la Cité interdite, en riant follement comme des gosses.

Le fait d'être marié n'améliore pas pour autant le comportement de Puyi. Il reconnaît qu'il devient de plus en plus insupportable pour les princes et les fonctionnaires de la cour. Sa conduite extravagante désoriente tout le monde. Pour pouvoir rouler à bicyclette partout dans le palais, il fait scier tous les seuils de porte en place depuis des siècles. Il ne rêve alors que d'une chose, quitter la Cité interdite pour poursuivre ses études à l'étranger. En effet, il ne supporte plus son entourage, y compris et surtout son père. Cette perspective tétanise les membres de la chancellerie. Qu'adviendrait-il alors du « Contrat de Bienveillance », si avantageux pour tout le monde ? Depuis que Johnston l'a initié à la civilisation occidentale, rien de ce qui l'entoure ne le satisfait plus. Le précepteur lui a inoculé le virus de l'Occident : il se met à détester le conservatisme figé des princes et des hauts fonctionnaires de la cour, pour qui toute innovation est synonyme de sacrilège et de lèse-majesté.

Le précepteur a par exemple remarqué que son élève se comporte comme s'il était myope. Il propose de faire venir en consultation un ophtalmologiste étranger, et si nécessaire de lui faire faire des lunettes. Indignation à la cour ! Il est impensable qu'un étranger puisse examiner les pupilles impériales et que le souverain puisse porter des lunettes, comme un vieillard. Puyi finira cependant par porter des lunettes.

L'empereur découvre par ailleurs l'existence du téléphone. Son frère lui apprend qu'un tel « jouet » existe dans le palais de son père. Du coup, il en veut un. Panique à la cour ! Ses précepteurs chinois tentent de lui expliquer que si on installe un téléphone, n'importe quel quidam pourra appeler Sa Majesté. Ses ancêtres n'auraient jamais accepté de faire usage de ce diabolique engin occidental. Puyi a beau jeu de rétorquer que les pendules et les pianos qui se trouvent au palais sont également de diaboliques inventions de l'Occident, tout comme l'électricité. On lui fait remarquer que des étrangers ou des personnes malintentionnées pourraient s'en servir pour insulter le Fils du Ciel, ce qui entraînerait « une diminution de la dignité impériale ». Il répond qu'ils ne s'en privent déjà pas dans la presse et qu'il n'y a pas grande différence entre lire et entendre des insultes.

Si la chancellerie craint le téléphone, c'est à cause de son effet pervers. L'empereur subit déjà de mauvaises influences, celle d'abord de son précepteur britannique, qui ne cesse de critiquer le fonctionnement aberrant et terriblement coûteux de la cour ; et aussi celle de la presse, qu'il dévore, et qui lui apprend les exactions commises par les membres de la cour et de la Maison impériale. Si, en plus, l'empereur devait disposer d'un troisième pont vers le monde extérieur ! On demande à son père ce qu'il en pense. Toujours aussi vain, le prince Chun finit par bredouiller quelque chose que l'on interprète comme un assentiment. Puyi aura sa ligne téléphonique. Et même un annuaire, fourni par l'administration du téléphone.

Ravi, l'empereur s'amuse à faire des blagues téléphoniques de plus ou moins bon goût. Il appelle même le docteur Hu Shih, le grand intellectuel de l'époque, qui a entrepris de révolutionner le langage et la littérature en leur substituant une langue populaire accessible à tous. Hu Shih n'en revient pas, comme il se doit, d'avoir l'empereur au bout du fil. Il est convié au palais, où l'on n'apprécie pas que l'empereur se permette de recevoir, en catimini, une « personnalité aussi moderne ».

Chapitre 22

Le dernier Fils du Ciel

Une des grandes affaires du « règne » de Puyi, concerne l'expulsion des eunuques du palais impérial. Vue de l'extérieur, la Cité interdite apparaît comme un havre de tranquillité et de sereine harmonie. Mais derrière ses murailles, elle est le lieu de tous les dérèglements, de tous les scandales.

Aussi loin qu'il remonte dans ses souvenirs, Puyi a toujours entendu parler de pillages, d'incendies criminels, de fumeries d'opium et de jeux de hasard, voire de meurtres, au sein de la cité impériale. À son époque, c'est surtout le vol qui fait des ravages. Sentant leur fin prochaine, les habitants du palais, les eunuques et ceux qui y ont accès, c'est-à-dire les dignitaires, s'emploient à le piller consciencieusement. Peu de temps après son mariage, par exemple, les perles et les jades de la couronne de l'impératrice sont volés et remplacés par des imitations.

L'empereur n'ignore pas que les palais des Qing regorgent de trésors dont la renommée est universelle, des objets précieux et anciens, de vieilles calligraphies et des rouleaux de peinture uniques au monde, tant par la qualité que par la quantité. Les trésors impériaux ont déjà fait les frais à deux reprises de la cupidité des Occidentaux, en 1860, lors du sac du palais d'Été et en 1900, lors de l'intervention des huit grandes puissances. Mais la Cité interdite n'a jamais été pillée et elle continue à abriter la plus grande partie du trésor impérial, accumulé au cours des siècles par les deux dernières dynasties. Aucun catalogue, aucun registre ne contient l'inventaire de toutes ces richesses artistiques. Les voleurs ont la partie belle pour se les approprier sans vergogne, et en faire un commerce lucratif.

L'empereur sait que le vol a toujours existé, sous tous les règnes. Et que la plupart des ministres et de nombreux eunuques l'ont toujours plus ou moins pratiqué, sans trop se gêner. Les plus humbles, les eunuques, se contentaient de forcer les portes et les serrures ; les plus huppés, ministres et fonctionnaires de la cour, s'arrangeaient pour s'approprier légalement ou non, et le plus souvent illégalement, les objets de leur convoitise. Ils les « empruntaient », assuraient-ils, pour « mieux les contempler ». Puyi ne s'embarrasse pas de son côté pour refiler sous le manteau à son frère de précieux rouleaux de peinture, destinés à financer une fuite éventuelle à l'étranger.

La curiosité le pousse un jour à faire ouvrir les portes de la salle du Trésor d'un palais de la Cité interdite, visiblement restées scellées depuis des décennies. La salle est remplie d'immenses caisses qui montent jusqu'au plafond, cachetées avec des rubans qui datent du règne de Jiaqing (1796-1821). Tout excité, il les fait ouvrir : elles débordent de calligraphies, de rouleaux et de merveilleuses statuettes de jade antiques. Ces dernières sont le fruit de la passion d'un illustre collectionneur, l'empereur Qianlong (1736-1796), comme Puyi l'apprendra plus tard. Son successeur, Jiaqing, a voulu que tous les objets chers à son père soient mis en sûreté et ainsi entreposés. Cette découverte ne constitue qu'une petite partie de l'immense collection de son aïeul. D'autres salles sont pleines de bronzes antiques, de céladons, de porcelaines, de calligraphies et de rouleaux de peinture, d'objets d'or, d'ivoire et de jade. Elles renferment également des œuvres de Castiglione, le célèbre peintre italien qui officiait à la cour du grand monarque. L'empereur découvre en outre une cinquantaine de malles, dites « Malles aux Cent Trésors », car chacune d'elles contenait effectivement une centaine d'objets précieux.

Après ces découvertes extraordinaires, Puyi s'interroge sur l'étendue de sa fortune. Et surtout sur la manière de prévenir de nouveaux pillages. Johnston lui raconte que près de chez lui, de nombreux antiquaires viennent d'ouvrir un fonds de commerce, certaines boutiques étant tenues par des eunuques ou des parents de fonctionnaires impériaux. Puyi décide alors de faire inventorier l'ensemble des trésors du palais. Mais cette mesure ne fait qu'aggraver les choses. Sitôt le décret paru, en effet, le nombre des vols augmente fortement. Un gros diamant dont il vient de faire l'acquisition disparaît. On interroge les eunuques avec des méthodes musclées ou en leur faisant miroiter de belles récompenses, mais on n'en tire rien. L'empereur se rend compte d'autre part qu'on ne lui présente que les objets que l'on veut bien lui présenter, et que de nombreuses œuvres d'art sont soustraites à l'inventaire. Sa colère provoque la panique dans le palais.

C'est alors, dans la nuit du 26 au 27 juin 1923, que la catastrophe se produit. Un incendie se déclare au palais du Bonheur établi, où l'on vient de commencer l'inventaire. Tout est consumé. Un désastre irréparable, dont on se souvient encore aujourd'hui.

On appelle les pompiers, les Italiens arrivent les premiers avec leurs pompes à incendie. Ils luttent toute la nuit. En vain. Le palais lui-même et des bâtiments voisins sont la proie des flammes. Il n'en reste rien, que les fondations. Par chance, le feu a pu être maîtrisé avant qu'il ne se propage au palais de l'empereur et à celui de l'impératrice. La voiture de Reginald Johnston, appelé d'urgence par l'empereur sur les lieux de l'incendie, est retardée par une foule compacte de curieux qui envahit les abords de la Cité, malgré l'heure matinale. Il trouve l'empereur et l'impératrice enjambant des monceaux de bois calciné et contemplant ce triste spectacle. Il constate que plusieurs princes, avertis du sinistre, et des membres de la chancellerie « s'affairent à montrer à des pompiers italiens très expérimentés comment s'y prendre pour ne pas éteindre un incendie ».

Sans parler de la valeur historique et architecturale des bâtiments partis en fumée, les pertes sont considérables. On estimera le nombre des objets de valeur réduits à néant par le feu à 6 964, très exactement. Seuls 387 objets ont pu être sauvés. Les trésors perdus comprennent 2 685 bouddhas en or, 1 157 calligraphies et peintures, bouddhiques pour la plupart, des jades, des bronzes, dont des pièces Zhou (XIe siècle av. J.-C.), Tang (618-907), Song (960-1127) et Yuan (1271-1368), des milliers de livres et écrits anciens, ainsi que 31 coffres contenant des robes de zibeline et des vêtements impériaux.

L'incendie laisse une montagne de cendres et de décombres. Et parmi eux une quantité invraisemblable de métal fondu, or, argent, cuivre, étain. Les marchands d'or de Pékin sont invités à participer à la vente aux enchères de ces restes. L'un d'eux se voit adjuger pour cinq cent mille dollars la totalité des métaux récupérés, dont il tirera près de cinq cents kilos d'or.

À Pékin, les soupçons se portent immédiatement sur les eunuques. Presque tout le monde en est persuadé, le grand incendie de la Cité interdite aurait été provoqué par des eunuques, soucieux d'empêcher la découverte de leurs malversations. De nombreux objets d'art ayant déjà été vendus sous le manteau, les voleurs ont allumé l'incendie pour brouiller les pistes.

L'empereur en profite pour faire installer un court de tennis sur les terrains ainsi récupérés. Puyi et l'impératrice deviennent de farouches adeptes de ce sport. Le court est inauguré avec un double, qui oppose l'empereur et son épouse à Johnston et Rong Qi, le frère cadet d'Elizabeth (l'impératrice Wan Jung). Pour la toute petite histoire, c'est cette dernière paire qui l'emporte...

Puyi tombe par hasard sur une réflexion manuscrite de son ancêtre, l'empereur Kangxi : « Si on étudie l'histoire, on ne trouve que très peu d'eunuques véritablement loyaux. Pour le souverain, la prudence est le premier commandement. Le moindre danger doit être étouffé dans l'œuf. » C'est alors qu'il découvre fortuitement les médisances des eunuques à son égard, lesquels se plaignent de son mauvais caractère et de ses caprices. Il entend même dire que ce serait lui qui aurait mis le feu au palais du Bonheur établi ! Il finit par devenir paranoïaque. Il en vient à craindre qu'un eunuque ne se venge sur lui des mauvais traitements qu'il lui aurait fait subir. Il ne fait plus confiance à personne pour le protéger. Il demande même à l'impératrice Wan Jung (Elizabeth) de bien vouloir veiller toutes les nuits à ses côtés. Il dépose un gourdin au pied de son lit. Finalement, dix-huit jours après l'incendie, il décide de nettoyer les écuries d'Augias, c'est-à-dire de « chasser du palais le troupeau des eunuques tout entier ». Une pratique considérée par le monde occidental comme « une survivance barbare », lui a expliqué Reginald Johnston.

Cette décision radicale d'expulser les eunuques provoque un séisme à la Cité interdite et une émotion considérable parmi la population chinoise et mandchoue de Pékin. Un système vieux de plusieurs siècles, voire de plusieurs millénaires, se trouve supprimé d'un coup. Les protestations de la cour, de la chancellerie, de ses précepteurs chinois, de la famille impériale n'entament pas la détermination de l'empereur. Mais il lui faut l'autorisation de son père. Ce dernier bien sûr y est hostile. Mais le prince Chun ne peut, au prix d'un effort immense, comme d'habitude, que bredouiller quelques objections décousues. Puyi menace de ne pas retourner au palais. Son père finit par s'avouer vaincu. Le corps des eunuques, soit un millier de personnes, est rassemblé *manu militari* avec l'aide de l'armée républicaine, dans une cour du palais. Ceux-ci sont informés que, sur ordre de l'empereur, ils doivent vider les lieux sans délai. Les intéressés accueillent en silence l'annonce brutale de leur renvoi. Une heure plus tard, ils ont tous franchi la porte de la Valeur spirituelle, au nord de la Cité interdite. On les voit stationner, éplorés, au pied des murailles. Pendant trois jours, ils seront autorisés, par groupe de deux ou trois, à aller récupérer leurs effets personnels et pourront par la même occasion recevoir le solde de leur salaire.

Les Mères, les vieilles Dames survivantes, sont particulièrement affectées par la disparition de leurs domestiques attitrés et serviteurs préférés. Bon prince, l'empereur récupère une cinquantaine d'entre eux pour les remettre à leur service. La presse chinoise salue de manière unanime la courageuse décision de l'empereur. Les louanges pleuvent alors sur sa personne, vantant son caractère, son intelligence et son ouverture aux idées modernes. Johnston, qui est suspecté d'avoir encouragé cette mesure, reçoit en revanche des lettres injurieuses, voire menaçantes, l'avertissant que s'il ne faisait pas en sorte d'obtenir le retour des eunuques, il pourrait bien payer ce forfait de sa vie...

Puyi entreprend dans la foulée de réorganiser la chancellerie, l'organe administratif de la cour impériale. Cette dernière s'appuie sur une longue tradition de gestion corrompue. Ses membres ne sont nullement désignés en fonction de leur culture ou de leur compétence, et ils considèrent leur charge comme une juteuse prébende. Ils ne pensent qu'à se remplir les poches en utilisant le chantage et la concussion. L'empereur entend réduire drastiquement les dépenses annuelles de la cour, lesquelles sont colossales. Son beau-père, Jung Yuan, n'est pas le dernier à se servir de manière éhontée. Pour Johnston, la chancellerie est « l'incarnation du vampire avide de sang ». Il n'est que de voir la fortune amassée par ses fonctionnaires, et également les intendants des princes et des nobles, qui investissent dans des magasins d'antiquités, des boutiques de prêts sur gages, des banques, des entreprises de construction et autres affaires lucratives. Le précepteur explique au souverain que la chancellerie repose sur le principe implacable du « maintien de l'ordre établi à n'importe quel prix ». Tout ce qui contrarie ce principe se heurte à son veto.

Puyi découvre peu à peu les activités criminelles du bureau de la Maison impériale. Il s'étonne que malgré des mesures d'économie et le départ des eunuques, le budget de la Cité interdite progresse de manière vertigineuse. Il découvre que son père et son beau-père ne sont pas étrangers aux malversations, trafiquant l'un et l'autre à qui mieux mieux. Poussé par Johnston, il décide de réduire de manière draconienne les dépenses de la cour. Il confie à un non-Mandchou, un Chinois, connu pour son intégrité, la mission impossible de réformer le bureau. Le pauvre va s'y casser les dents. La chancellerie lui met tellement de bâtons dans les roues, refusant par exemple de lui communiquer les documents comptables, s'ils existent, qu'écœuré, le « réformateur » préfère démissionner au bout de trois mois. Puyi ne se considère pas comme battu pour autant. La chancellerie impériale finira par réduire le personnel du palais de sept cents à trois cents, tandis que le nombre de cuisiniers passera de trois cents à trente-sept.

De son propre aveu, l'empereur mène une vie ennuyeuse. Il s'occupe à distribuer des dons à des gens dont il découvre l'infortune dans les journaux. À la suite du tremblement de terre qui a détruit Tokyo, en 1923, il fait parvenir à la cour du Japon un lot d'antiquités, calligraphies, peintures et autres objets précieux. Un geste qui contribue grandement à créer des rapports d'amitié entre la cour de Chine et le Japon. Mais la vacuité de son existence prend fin subitement, le 5 novembre 1924, jour où il est chassé de la Cité interdite.

Après la disparition du général Yuan Shikai, en 1916, la Chine est entrée dans ce qu'on appelle l'ère des seigneurs de la guerre. Une des périodes les plus troublées et les plus sombres de son histoire, qui voit s'affronter des potentats locaux, souvent sortis de rien, qui ont réussi à se constituer par la force des féodalités. Le pays se voit ainsi morcelé en de multiples principautés, tandis que ce qui reste du pouvoir républicain, installé à Pékin, est complètement discrédité.

En septembre 1924, un énième conflit oppose un de ces seigneurs de la guerre, Wu Peifu, à Zhang Xuelin, le seigneur de Mandchourie. L'allié de Wu Peifu, Feng Yuxiang, dit le général chrétien (ce dernier est célèbre pour avoir fait baptiser ses troupes à coup de lance à incendie, afin de gagner la sympathie et les dollars des puissances occidentales), le trahit et entre dans Pékin à la tête de ses troupes. Wu Peifu doit se retirer à Luoyang, dans le Henan. Feng Yuxiang commence par faire décapiter le trésorier présidentiel, pour délit de corruption. Le président de la République, Tsao Kun, un politicien discrédité, est contraint de dissoudre le Parlement. Il s'enfuit à T'ien-tsin. Un opportuniste, Huang Fou, forme un cabinet provisoire, soutenu par l'armée nationaliste. Les gardes du palais sont désarmés et les troupes de Feng Yuxiang occupent la colline du Charbon, au nord de la cité impériale. Puyi peut les observer à la jumelle du haut d'un pavillon, dans le jardin impérial. Le coup d'État du général chrétien a réussi.

À la cour, c'est la panique. Les dignitaires mandchous se réfugient au Grand Hôtel des Wagons-lits, dans le quartier des légations. Puyi fait chercher Johnston en catastrophe. Il lui demande d'aller aux nouvelles et de lui préparer un asile dans le quartier des ambassades. Le 5 novembre, vers neuf heures du matin, alors qu'il est en train de manger des fruits en compagnie d'Elizabeth, les ministres de la chancellerie déboulent, hors d'haleine :

« Majesté ! Majesté ! Les soldats de Feng Yuxiang sont là. Leur chef fait dire que la République veut annuler le Contrat de Bienveillance ! Il faut... Il faut... signer ceci ! »

L'empereur se lève d'un bond, la pomme qu'il s'apprête à croquer roule par terre. Il se saisit fébrilement du papier et lit qu'il lui est demandé de renoncer définitivement à son titre impérial et de quitter sans délai la Cité interdite. En contrepartie, il recevra une pension annuelle de cinq cent mille dollars. Ses biens personnels resteront sa propriété. Rien de bien dramatique en vérité dans ces dispositions, Puyi en convient. Sauf qu'il lui est donné trois heures pour évacuer le palais... « Qu'on téléphone à Johnston ! » s'écrie-t-il. Mais le téléphone est coupé et personne n'est autorisé à entrer ou sortir de la Cité interdite. La situation est d'autant plus compliquée qu'une des épouses impériales vient de mourir. Son père finit par arriver, dans un état second, en pleine crise de nerfs. Puyi est à peu près le seul à conserver son calme, les princes et les fonctionnaires de la cour paniquent lamentablement. Il décide d'aller se réfugier, provisoirement, dans la résidence paternelle, la « Demeure du Nord ».

Cinq voitures l'attendent, lui et ses proches, mises à sa disposition par l'armée nationaliste. À sa descente de voiture, arrivé à la porte du palais de son père, l'officier qui lui a ordonné de quitter la Cité interdite lui serre la main et lui donne du « Monsieur Puyi » :

« Monsieur Puyi, voulez-vous continuer à jouer l'empereur à l'avenir, ou êtes-vous prêt à devenir un simple citoyen ?

– À partir d'aujourd'hui, je veux être un citoyen comme les autres.

– Bien, répond l'officier en souriant, alors je vous prends sous ma protection. Nous sommes maintenant en République, et il serait malvenu que quelqu'un se présente encore sur scène comme empereur. À partir d'aujourd'hui, vous devez, en tant que citoyen, engager toutes vos forces pour le bien de la Nation ! »

Et l'officier d'ajouter, d'un air énigmatique :

« Tous les citoyens possèdent le droit d'élire et celui d'être élu. Qui sait, peut-être serez-vous un jour élu président ! »

Ce mot de « président » met Puyi mal à l'aise. Il fait cet aveu à l'officier :

« En fait, il y a déjà longtemps que j'étais prêt à renoncer à ces articles du Contrat de Bienveillance. Les voilà maintenant abrogés, ce qui rejoint parfaitement mes desseins. Aussi, j'approuve ce que vous dites. En tant qu'empereur, je n'étais pas libre. Maintenant seulement, je vais avoir le droit, moi aussi, de goûter à la liberté. »

Les soldats qui l'entourent applaudissent son petit discours. Puyi affirme être sincère quand il assure qu'il se félicite d'être libre désormais, délivré des restrictions et des obstacles perpétuels imposés par les princes et les ministres de la cour. Mais il avoue dans le même temps que – plus que jamais – il entend récupérer son trône perdu. En vérité, quand l'ex-empereur dit se réjouir d'être libre, il a tort. Il comprend vite qu'en se réfugiant chez son père, il s'est jeté dans la gueule du loup. Il se trouve alors totalement isolé du monde extérieur. Il est de plus en plus agacé par le comportement du prince Chun, celui-ci ne cessant d'arpenter nerveusement la bibliothèque, en murmurant des paroles incohérentes. Puyi ne peut plus le supporter. Les grands dignitaires, qui ne sont pas dans un meilleur état que lui, ne donnent pas signe de vie, dans un premier temps.

Heureusement, Johnston finit par arriver. Il est porteur d'une bonne nouvelle. Grâce à sa réaction immédiate, les ambassadeurs des Pays-Bas, le doyen du corps diplomatique, de Grande-Bretagne et du Japon ont envoyé une note de protestation au nouveau ministre des Affaires étrangères. Ce dernier assure se porter garant de la sécurité de M. Puyi, ainsi que celle de ses biens. Deux membres de l'ambassade du Japon se présentent, un officier en civil et un médecin. Ils proposent au réfugié de l'emmener à l'ambassade du Japon, sous prétexte de le conduire à l'hôpital. Tous, princes, fonctionnaires de la cour, précepteurs, et surtout son père, qui craint pour sa sécurité, s'opposent à ce plan, jugé trop hasardeux. Des soldats armés montent en effet la garde devant le portail de la résidence princière.

Mais les événements se précipitent. Feng Yuxiang doit bientôt se soumettre à Zhang Xueliang et évacuer Pékin, que les troupes de Zhang viennent occuper à leur tour. Pour Puyi, il s'agit plutôt d'une bonne nouvelle et l'atmosphère se détend dans la Résidence du Nord. Zhang Xueliang va même jusqu'à convoquer Reginald Johnston, histoire de savoir ce que les ambassades pensent de tout cela, tandis que le précepteur profite de l'occasion pour sonder les intentions du maître de la Mandchourie. Puyi charge le Britannique de lui remettre une photo dédicacée de son auguste personne, ainsi qu'une bague de valeur, une topaze garnie de diamants, au nouvel homme fort de Pékin. Zhang Xueliang a la délicatesse d'accepter la photo et de refuser l'anneau.

Puyi se demande cependant ce qu'il doit faire. Et ce qu'il peut faire ! Les avis divergent autour de lui. Doit-il rester dans la Résidence du Nord, comme les princes, les ministres, ses précepteurs le lui conseillent ? Doit-il fuir, comme le suggère discrètement Johnston ? Il n'entend pas rester là où il est. Il n'a pas quitté la Cité interdite pour se « laisser enfermer dans une édition miniature », qui en plus ne garantit nullement sa sécurité. Le docteur Hu Shih est autorisé à lui rendre visite. Devenu son ami, il a pris fait et cause en faveur de l'ex-souverain et condamné la conduite de l'armée nationaliste envers la personne de l'empereur. Il l'encourage à partir pour l'étranger, à aller en Angleterre.

Mais la lecture des journaux affole Puyi et son entourage. On peut y lire que « le mouvement rouge exige le gouvernement autonome du peuple », ces « Rouges », avec lesquels Feng Yuxiang vient de faire alliance, ces « bêtes sauvages qui mettent tout en commun, et leurs femmes et la propriété ». Puyi se voit déjà assassiné par les « extrémistes »...

Il faut prendre une décision, et vite. Avec Johnston, il échafaude un plan minutieux. Pour donner le change, il commence par rendre visite aux épouses impériales, puis il rentre gentiment au bercail. Il projette ensuite d'aller visiter une maison à louer, puis de se glisser furtivement à l'hôpital allemand, dont il connaît le médecin chef, dans le quartier des légations. De là, il pourra se réfugier dans une ambassade, où il ferait venir Wan Jung et Wen Hsiu. Tel est le scénario de cette rocambolesque aventure.

Mais alors qu'il monte dans sa voiture en compagnie de Johnston, le prince Chun ordonne à son intendant de les accompagner. Au dernier moment, deux gardes montent sur le marchepied de la voiture. « *This is rather annoying* », murmure le précepteur, un *understatement* tout britannique ! Comment se débarrasser de l'intendant ? Ils font arrêter la voiture devant une bijouterie. Puyi prend tout son temps pour choisir une coûteuse montre française, espérant que l'intendant se lassera d'attendre. En vain. Sous prétexte que l'empereur ne se sent pas bien, Johnston demande au chauffeur de se rendre à l'hôpital allemand.

Le cerbère a disparu, sans doute pour aller prévenir le prince Chun. À l'hôpital allemand, Puyi s'attend à voir surgir son père d'une minute à l'autre. Il faut faire vite. Johnston part pour l'ambassade de Grande-Bretagne afin d'y demander l'asile politique en faveur du fugitif. Mais entre-temps, un de ses proches vient avertir Puyi que l'ambassade du Japon, située à six cents mètres de là, est prête à l'accueillir. En pleine tempête de sable, Puyi arrive en fiacre et sans trop de difficulté à l'ambassade nippone, où il est accueilli avec « une cordialité extraordinaire ». Mis devant le fait accompli et craignant d'être punis, les deux gardes supplient M. Puyi de bien vouloir les prendre à son service. Il fait ensuite venir ses deux épouses, Wan Jung et Wen Hsiu, accompagnées de leur suite.

Une quinzaine de jours plus tard, l'ambassadeur du Japon organise une cérémonie à l'occasion du vingtième anniversaire de l'ex-empereur (le dix-neuvième, selon le décompte occidental). Plus de cent fidèles de la dynastie des Qing viennent de partout pour y assister. Les membres du corps diplomatique, les princes, les ministres de la cour, les hauts dignitaires mandchous, au total cinq cents personnes, se pressent dans un salon garni de tentures jaunes. Cette résurrection du cérémonial impérial émeut profondément l'intéressé. Puyi prononce quelques mots à cette occasion.

L'ex-empereur passe trois mois à l'ambassade du Japon. Il a toujours l'idée de quitter la Chine et d'aller poursuivre ses études, au Japon cette fois. Mais pour pouvoir quitter la Chine plus facilement, mieux vaut d'abord s'éloigner de Pékin. Aller à T'ien-tsin, par exemple. Le 23 février 1925, Puyi, escorté par des policiers japonais, quitte à pied l'ambassade et se dirige vers la gare de Qianmen et monte à bord d'un train pour T'ien-Tsin. Installé dans une vaste villa, il demeurera sept ans à T'ien-tsin. Pendant plusieurs années, Puyi mènera la vie dissolue d'un play-boy enclin à jouir des plaisirs de la vie occidentale.

Reginald Fleming Johnston le quitte alors, rappelé comme commissaire britannique dans la concession britannique de Weihai par le Foreign Office. Il y restera jusqu'en 1930, date de la rétrocession de ce territoire à la Chine. L'ex-empereur reverra une dernière fois son ancien précepteur à T'ien-tsin. Johnston retournera en Angleterre, où il sera anobli et deviendra titulaire d'une chaire de sinologie à l'université de Londres, tout en restant conseiller du Foreign Office. Il prendra sa retraite en 1937, après avoir acheté une petite île en Écosse, où il créera de toutes pièces un jardin chinois. L'ancien précepteur de l'ex-empereur de Chine meurt à Édimbourg en 1938. Sa gouvernante détruira tous ses papiers.

La suite est bien connue. Puyi sera nommé empereur (fantoche) du (non moins fantoche) État du Mandchoukouo, en 1934, par les Japonais. Le roman de Pékin est terminé pour le dernier empereur, mais pas le roman de sa vie.

Une ville qui demeure impériale

Dans son livre *Chine* (publié en 1931), l'écrivain Marc Chadourne considère que le départ de l'empereur de la Cité interdite n'affecte pas le statut impérial de Pékin, non plus que la perte de son rang de capitale :
« De Puyi, dernier en nom des Fils du Ciel, la révolution a fait Henri Puyi ; de même que de Pékin, leur capitale, les nationalistes de Nankin, par jalousie régionaliste, ont voulu faire "Peiping" – à la française Pépin. Odieuse façon de "pékiniser" une ville qui demeure et demeurera impériale.
« Décrire Pékin est passé de mode. Les derniers qui s'y soient exercés avec art sont, comme Loti, des chantres de ville morte. Or Pékin vit – et garde, en dépit de Nankin –, son âme de capitale comme elle en conserve le visage.
« Beaucoup de balafres, certes, sur ce visage ; aux balustres de marbre du temple du Ciel s'enroule du barbelé rouillé ; plus néfastes que les herbes folles, les marchands de limonade et les militaires ont envahi le temple de l'Agriculture ; la "Ville interdite", la "Cité pourpre" s'ouvrent à l'inva-

sion salissante des touristes, les jardins impériaux Nanhai, Beihai aux étudiants et aux prostituées ; les affiches des politiciens couvrent les murailles hautaines et les tramways roulent entre les chameaux, les brouettes et les berlines pékinoises sous les grandes portes militaires. "Rois, princes, chefs, ambassadeurs, ici à bas de chevaux", l'inscription qui faisait mordre la poussière aux tributaires, n'arrête plus le flot qui passe. Cependant, le commandement demeure et l'esprit s'incline. De toute la hauteur de ces portes du Nord et du Sud, de l'Est et de l'Ouest, qui ont vu des invasions, des chutes de dynasties, des révolutions, Pékin impose le respect de son ordre et de sa souveraineté.

« Car cette ville, précisément, représente – et en cela elle est unique en cette Chine madréporique – un ordre, l'ordre même, l'équilibre d'une puissance dont le centre, le sommet, les axes et les bases sont donnés par ces monuments cardinaux : la Ville pourpre et sa Colline inspirée, les portes, le temple du Ciel. En cette géométrie géomantique s'épanouit une idée où la Chine – la Fleur centrale pour la nommer comme les Chinois eux-mêmes – peut trouver son expression la plus haute, la conscience de son unité morale en même temps qu'elle peut y voir la plus noble figure de sa civilisation. »

CHAPITRE 23

Le prince de l'opéra

Lors d'un séjour à Pékin, une soirée passée au théâtre Chang'an pour assister à un spectacle d'opéra est une expérience qu'il faut tenter. Les spectateurs chinois sont des fanatiques du genre, et des connaisseurs. Ils sont détendus, sans façon, et bavardent jusqu'au premier battement de gong, roulement de tambour ou coup de cymbales. Puis ils se concentrent, absorbés par le spectacle et paraissent savoir d'avance quel acteur va monter sur la scène et quand il convient d'applaudir. De temps en temps, ils laissent échapper un « *Ao* », un « Bravo ».

L'opéra en Chine est un art populaire. L'éminent sinologue que fut le père Wieger considère que « le théâtre est un des besoins de la vie chinoise, presque aussi impérieux que le boire et le manger ». Claude Roy cite un musicologue chinois pour qui les Chinois « prient en musique, travaillent en musique, vendent et achètent en musique, se marient en musique et s'enterrent en musique ».

UN DIVERTISSEMENT CULTUREL ET MONDAIN

Maurice Courant, qui fut interprète à la légation de France à Pékin tout à la fin du XIXe siècle, écrit dans un chapitre consacré au théâtre (voir son livre *En Chine,* paru en 1901) :
« À l'heure de la représentation, on aperçoit dans la salle et autour du théâtre un public d'habitués : les uns sont des lettrés, amateurs assidus connaissant le répertoire et cherchant principalement un plaisir littéraire, les autres sont des marchands riches et déjà de grade élevé, et aussi des fils de famille qui veulent s'amuser et fréquentent les

acteurs pour leur esprit, par désœuvrement ou par mode. Ce monde des théâtres, acteurs, lettrés, amateurs riches, se meut sur un terrain neutre, en dehors des liens de famille, étranger au rapport officiel entre mandarins, et aux relations d'affaires entre commerçants : la place de chacun n'est pas fixée par les rites, les gestes et les paroles ne sont pas réglés d'avance ; il y a moins de formalisme que partout ailleurs, mais non moins de bon goût et souvent plus d'élégance. Cette société, autant que toutes les autres fermées aux étrangers, est sans doute ce que la Chine possède de plus semblable à ce que nous appelons le "monde" ; on n'y entre que par goût personnel, pour le plaisir de se divertir avec des gens d'esprit ; encore faut-il y être admis par les initiés. »

Le spectateur occidental risque d'abord d'être surpris par ce spectacle. L'opéra de Pékin n'a pas grand-chose à voir avec notre opéra occidental. C'est un art total, qui comprend danses, dialogues, ballets guerriers et combats d'arts martiaux, et surtout, comme il se doit, musique, chant, danse et jeu scénique.

Sa découverte risque également de laisser un souvenir mitigé : une intrigue absconse, des monologues et des échanges incompréhensibles, un bruit assourdissant et des stridences qui mettent à mal les tympans occidentaux, tandis que des cliquettes de bois règlent l'interprétation des acteurs. Autant dire qu'une grande agitation règne sur scène, ponctuée de numéros d'acrobates ! Le néophyte est assuré d'être dépaysé... Mais va-t-il pour autant adhérer au spectacle et se laisser séduire ? Oui, s'il a le courage de persévérer, de décrypter les codes, de s'investir intellectuellement dans ce genre nouveau pour lui et de récidiver en assistant à plusieurs représentations. L'opéra de Pékin a ses fans, persuadés d'y retrouver la quintessence de la culture chinoise.

Le théâtre a toujours occupé une place privilégiée dans la vie culturelle en Chine. Cet art traditionnel est l'héritier d'une longue histoire. Les souverains Qing, en particulier l'empereur Qianlong, appréciaient ce spectacle et l'impératrice douairière Cixi, une connaisseuse, l'adorait.

On ne peut qu'être séduit par l'incroyable richesse des costumes, l'extraordinaire art du maquillage – lequel relève de la peinture ime le caractère du personnage – l'étrangeté colorée des masques ; et surtout, bien entendu, par le jeu des acteurs, si complexe, si raffiné, avec la symbolique complexe des jeux de mains.

onnaissent surtout l'opéra de Pékin à travers le film *Adieu ma concubine*, réalisé en 1992 par Chen Kaige, avec Gong Li en vedette. Dans le film, le rôle de Dieyi, interprété par Leslie Cheung, est largement inspiré de la vie de Mei Lanfang.

À Paris, en novembre 2005 et 2007, le festival d'opéra chinois organisé par le Centre culturel de Chine a attiré de nombreux spectateurs, dont certains n'ont pas manqué un seul des spectacles. En 2005, ils ont pu voir sur scène – mais en costume civil – Mei Baojiu, le fils de Mei Lanfang, la figure légendaire de l'opéra de Pékin, le roi du théâtre chinois.

Mei Lanfang (1894-1961) est très certainement l'acteur le plus célèbre du théâtre chinois. Sa renommée fut en son temps extraordinaire, débordant largement celle de son pays. Aujourd'hui, l'idole est devenue icône, il n'est pas un Chinois qui ignore son nom.

Mei Lanfang, né dans la province du Jiangsu, dans une famille d'acteurs d'opéra, a commencé son apprentissage à huit ans, comme le veut une tradition qui se perpétue encore aujourd'hui. Il joue ses premiers rôles sur les planches à l'âge de douze ans. Sa carrière durera plus de cinquante ans. Il a interprété une centaine de rôles très différents, celui d'héroïques jeunes femmes, des femmes nobles et vertueuses, en accord avec l'éthique confucianiste : guerrière redoutable, concubine de roi, paysanne, fée, prisonnière des Tartares, favorite d'un empereur, jeune veuve, héroïne commandant l'armée qui sauve la Chine...

Rappelons qu'à cette époque, l'opéra de Pékin met en vedette uniquement des hommes, dont les rôles se divisent en quatre genres : *sheng* (rôles masculins), *dan* (rôles féminins), *jing* (rôles au visage peint), et *chou* (bouffons). Mei Lanfang se spécialise donc dans l'interprétation de *dan*, de rôles féminins, campant un personnage gracieux, élégant et vertueux, qui nécessite une voix aussi douce que vibrante. Précisons-le tout de suite si besoin était, Mei était marié, avait des enfants et n'était nullement homosexuel, comme sa famille tiendra à le préciser après sa mort.

En 1913, une revue de Shanghai annonce la découverte d'un jeune talent âgé de dix-neuf ans : « Son visage a une beauté éclatante...

Son chant peut exprimer les mouvements intérieurs des personnages. » La carrière de Mei Lanfang est lancée. Magistralement, et pas seulement en Chine, qui l'adule. Les spectateurs et les critiques étrangers ne tarissent pas d'éloges sur le raffinement de son art. En 1919, Mei Lanfang effectue une tournée au Japon (Tokyo et Kobe) avec sa troupe, qui remporte un immense succès. C'est la première fois que l'opéra de Pékin se produit à l'étranger.

AFIN D'ASSAINIR LES MŒURS...

Lors d'une journée d'études organisée à l'ambassade de France à Pékin, en mars 2003, Dorota Halicka a fait cette communication (extrait) :
« Afin d'"assainir" les mœurs de leurs nouveaux sujets, les premiers empereurs Qing prirent des mesures visant à éliminer les "conduites relâchées héritées des Ming". Ainsi, pour combattre la prostitution féminine, ils interdirent le métier de comédien aux femmes. Les premières interdictions visant les actrices avaient déjà eu lieu sous Shunzhi (1644-1661), le premier empereur de la dynastie mandchoue. L'éviction des actrices dura presque deux siècles et demi, jusqu'au début du XXe siècle, contribuant à l'essor des acteurs travestis. Le simulacre de la féminité, élaboré par les biais de la gestuelle, de la mimique et du maniérisme vocal, constitue la particularité du théâtre de l'époque sino-mandchoue.
« Or, leur métier ne se résumait pas à l'art dramatique : l'actrice, en quittant la scène en faveur du petit mignon, lui laissa en dot une autre facette de son métier : la prostitution. Il se développa autour du théâtre tout un marché des jeunes garçons que l'on achetait, de préférence à Yangzhou ou Suzhou, pour les revendre à des maîtres d'opéra de la capitale qui allaient s'occuper de leur apprentissage. Le garçon, pendant le nombre d'années prescrit dans le "contrat", devenait disciple-esclave de son maître et lui devait tous ses revenus. Le contrat arrivé à son terme, le jeune acteur pouvait travailler à son compte. La fréquentation des acteurs devint un must de la vie sociale, aucune agape ne pouvait se dispenser de leur présence. Les acteurs travestis servaient de l'alcool et participaient aux jeux à boire, telles des courtisanes entretenant les

convives. Un tel style de vie entraînait souvent chez les acteurs et leurs clients un sérieux degré d'alcoolisme et ou d'opiomanie, deux emblèmes démons de la vie des plaisirs sous la dernière dynastie. »
(Voir le roman de George Soulié de Morant, *Bijou de ceinture ou le jeune homme qui porte robe, se poudre et se farde*, Flammarion, 1926.)

En 1930, Mei Lanfang entreprend une tournée de six mois aux États-Unis. Il se produit d'abord à New York (à Broadway), puis à Chicago, San Francisco, Los Angeles et Honolulu. Encore un voyage triomphal ! Charlie Chaplin est séduit et devient un de ses amis. À Hollywood, trois de ses plus ardents admirateurs sont Douglas Fairbanks, Mary Pickford et Marlene Dietrich. De nombreux artistes et écrivains étrangers viennent le visiter à Shanghai, Maxime Gorki, George Bernard Shaw, et aussi le poète indien Rabindranath Tagore.

En 1935, il présente ses spectacles à Moscou. L'URSS a la révélation de la Chine et de son théâtre. Sont présents dans la salle tout ce que la Russie soviétique compte comme hommes de théâtre, ainsi que le cinéaste Eisenstein. Mei Lanfang suscite l'admiration du metteur en scène russe, animateur du théâtre d'art de Moscou, Stanislavski, et aussi de Meyerhold et de l'auteur dramatique allemand Bertolt Brecht.

Les hommages pleuvent :

Meyerhold est admiratif : « Nous avons beaucoup d'actrices, mais je n'en ai jamais vu sur scène une seule qui sache transmettre la féminité comme le fait Mei Lanfang. »

Brecht remarque que « le comédien ne considère pas que sa performance majeure est de savoir marcher et pleurer comme une femme, mais comme une femme bien précise ».

Un critique de théâtre américain dit pareillement : « Mei Lanfang ne joue que des rôles féminins, mais les femmes qu'il incarne ne sont pas des femmes réelles, mais des incarnations de l'éternel féminin chinois. »

Paul Claudel écrit merveilleusement : « Mei Lanfang ne joue que des rôles de femme ou de jeune fille, mais il les joue avec une grâce si aérienne qu'il les débarrasse, à la manière d'un miroir transcendant, non seulement des suggestions sexuelles, mais, si je peux dire, de leur temporalité. Ce n'est pas un homme et ce n'est pas une femme, c'est un sylphe. Tous les sentiments et toutes les émotions sont non pas exprimés mais transposés par lui, grâce au flux délicieux des attitudes, dans le domaine de la musique. »

L'écrivain Claude Roy a eu l'occasion d'assister à une représentation de Mei Lanfang à Pékin, au début des années 1950. Il décrit l'acteur qui joue le rôle de la fidèle concubine Yu Chi dans la pièce classique *Adieu à la favorite* (*Adieu ma concubine*) : « Faut-il dire *Il* ? Faut-il dire *Elle* ? Elle est toute minceur, fragilité, grâce soyeuse et flexible... Elle ne marche pas ; elle danse, elle patine précautionneusement sur la glace invisible. Son petit visage blanc est nuancé de carmins divers, les sourcils laqués s'auréolent d'un peu de rose pâle. Tout en elle est retenu, dérobé, suggéré. Elle joue avec une souplesse pudique des longs tuyaux de soie blanche qui prolongent sa manche, les laisse glisser, voltiger, les ramène, dévoile un instant les deux mains de neige, spirituelles et effarouchées, les cache de nouveau. Elle-il retrouve l'arabesque tendre des statuettes Tang. Voici la féminité faite homme. »

En 1936, Mei Lanfang se produit à Pékin, pour la dernière fois avant longtemps. Patriote dans l'âme, il ne supporte pas l'occupation japonaise. Il quitte Shanghai avec sa famille et se replie à Hong Kong. Les Japonais, qui occupent la colonie britannique en décembre 1941, le supplient de reprendre sa carrière, lui offrant un pont d'or. Il refuse et pour bien marquer sa détermination – lui qui est abonné aux rôles de *dan* – il se laisse pousser la moustache ! De retour à Shanghai, au 89 de la rue Massenet, dans la concession française, il se consacre à l'enseignement et pratique la peinture et la calligraphie. Les Chinois lui seront à jamais reconnaissants de cette attitude patriotique.

Après la fin de la guerre avec le Japon, en proie à des difficultés financières et dans l'incapacité de refonder une troupe en ces temps troublés de guerre civile, il abandonne ses activités théâtrales pendant huit ans et se lance dans le cinéma. Il adapte une pièce de théâtre, *Le Chant des adieux*, et il joue dans ce premier film chinois en couleurs. L'âge n'est pas un handicap pour lui.

Après 1949, Mei Lanfang devient un fervent partisan du Parti communiste chinois. Le nouveau gouvernement entend développer les arts traditionnels. Mao Zedong le fait nommer directeur du théâtre de l'Opéra de Pékin et de l'Institut de recherche sur l'opéra chinois. Mei Lanfang est autorisé à cultiver son style théâtral personnel. Mais désormais les rôles féminins seront confiés à de jeunes personnes. À plus de soixante ans, quelques années avant sa mort (d'une crise cardiaque, le 8 août 1961), il interprète encore avec la vitalité d'un jeune homme le rôle d'une jeune guerrière.

Bientôt, la révolution culturelle (1966-1976) va anéantir la grande tradition de l'opéra de Pékin. De nombreux artistes sont persécutés, certains d'entre eux sont même acculés à la mort. Les nouveaux gardiens de la doctrine politique réduisent le répertoire à huit « pièces de théâtre modèles » (celui de Mei Lanfang était riche d'une centaine d'opéras). Seuls les thèmes contemporains révolutionnaires, à la gloire du prolétariat, échappent à la censure. Les opéras les plus célèbres, *À la croisée des chemins, La Rivière d'automne, Le Retour au palais, La Courtisane Yu Tang Chun, L'Ivresse de la belle, Adieu ma concubine, Mu Guying au poste de commandement, La Légende du serpent blanc*, etc., sont interdits de représentation ! L'abominable Jiang Qing, l'épouse de Mao, est responsable de cette censure.

Cette révolution culturelle, comme l'écrit Edward Behr, « est un désastre d'une ampleur presque incommensurable, voulu par Mao lui-même, qui va entraîner la mort de deux millions de personnes, la déportation d'une vingtaine de millions d'intellectuels et infliger à la Chine dix années de paralysie économique, politique et intellectuelle ».

Toujours à propos de ce drame immense, citons encore le témoignage du cinéaste Chen Kaige (voir *Le Figaro* du 16 janvier 2001) :

« À cette époque, la Chine était tellement fermée au monde ! Nous ne savions quasiment rien de l'extérieur. Personne ne savait. Nous étions comme une grenouille sur un nénuphar. On ne voyait qu'une partie du ciel, et nous pensions que c'était le monde entier. J'ai des souvenirs très tristes de cette période. Je crois que la révolution culturelle n'a pas seulement détruit les temples, les antiquités, elle a aussi, et plus violemment, détruit les sentiments profonds de tout être humain : émotions, croyances, confiance, dignité. C'est ce qu'il y a eu de pire. Maintenant les gens ne croient plus en rien parce que nous avons perdu les bases de notre culture, à cause de la révolution culturelle. »

Mei Lanfang ne s'est pas contenté d'être un acteur inoubliable, au talent naturel prodigieux. Non content de préserver l'essentiel de l'héritage de l'art dramatique chinois dans une difficile période de transition, il a complètement transformé l'héritage du passé avec ses propres créations. Il a également introduit ses propres techniques et créé un style qui lui est propre, fondant une école qui porte son nom. Il a ainsi apporté des changements créatifs au chant, à la gestuelle, au dialogue, à la musique, aux costumes et au maquillage des rôles *dan*. Il a écrit de nombreuses pièces, dont il a lui-même composé la chorégraphie, aujourd'hui intégrées au répertoire de l'opéra de Pékin.

Chez Mei Lanfang

Un musicologue français, Louis Laloy (1874-1944), passionné de Chine ancienne et qui avait appris le chinois, auteur également d'un ouvrage sur la musique chinoise et traducteur de drames chinois, a eu la chance de rencontrer Mei Lanfang à Pékin. Le jour de son arrivée, Mei Lanfang offre une collation, suivie d'un concert dans sa « somptueuse demeure », où sont invités le maire de Pékin, des poètes, des hommes politiques, des savants, des généraux et des diplomates.

« Son sourire a jailli comme une fleur soudaine, merveilleuse d'éclat, de grâce et de douceur, écrit Louis Laloy. Bien pris dans son veston serré à la taille, alerte, léger et décidé ; le regard d'une lumineuse franchise suffirait à signaler une nature privilégiée, où les forces du corps et de l'esprit sont d'accord pour produire le plus riche concert, même si j'ignorais que je me trouve devant un des plus grands artistes du monde entier. Mei Lanfang est illustre en Chine ; l'Amérique vient de l'acclamer ; son nom depuis plusieurs années est parvenu jusqu'à l'Europe, envieuse de lui faire fête à son tour. »

Louis Laloy est également désireux de « regarder dans l'intimité ses admirables collections de costumes et sa bibliothèque, où l'on trouve les plus rares ouvrages de poésie, de théâtre et de musique ». « Une aimable surprise m'était préparée, raconte-t-il, un petit livre sur la musique chinoise, que j'ai publié il y a longtemps déjà, se trouvait ouvert sur une table, attendant la dédicace que j'ai tracée d'un pinceau fort maladroit, mais entièrement sincère. »

En 1986, la résidence de Mei Lanfang, où il a vécu de 1950 à sa mort, a été ouverte au public (Huguo si daije, non loin du palais du prince Gong). Ce charmant *siheyuan* (maison à cour carrée typique de Pékin) abrite un musée dont les pièces ont gardé leur apparence d'antan, avec les marbres et les vieux meubles en bois de l'acteur. Des photos rappellent les moments forts de son existence.

Une vie de travail, celle d'un homme d'une parfaite intégrité et d'une grande force de caractère. Autant de qualités qui, ajoutées à son génie artistique, font de Mei Lanfang l'acteur le plus fameux que la Chine ait jamais connu.

CHAPITRE 24

L'homme de Pékin

La Chine a toujours attiré les personnalités d'exception. C'est le cas du père jésuite Teilhard de Chardin, le plus illustre jésuite du XXe siècle. Pierre Teilhard de Chardin (1881-1955) est un philosophe, un savant et un mystique célèbre pour s'être engagé dans une aventure spirituelle d'une rare audace et d'une grande qualité. Son ouvrage posthume et œuvre maîtresse, *Le Phénomène humain*, lui a valu une renommée universelle. Mais c'est surtout son aventure chinoise qui nous intéresse ici.

Né en Auvergne – le pays de Vercingétorix et de Pascal, aimait-il à rappeler – au château de Sarcenat, près de Clermont-Ferrand, il est le quatrième d'une famille nombreuse, chrétienne et conservatrice. Il est l'arrière-petit-neveu de Voltaire par sa mère et « quelque peu cousin de Pascal par les pierres », selon l'heureuse expression de Jean Lacouture (sa famille habita une maison où vécut Pascal). Son père, qui collectionne les pierres, les insectes et les plantes, éveille en lui le sens et le goût de l'observation de la nature. À onze ans, il est élève au collège jésuite de Villefranche-sur-Saône, où il passe ses baccalauréats. En 1899, il entre au noviciat jésuite d'Aix-en-Provence. Il entame alors sa formation philosophique, théologique et spirituelle. On le retrouve enseignant la physique et la chimie dans un collège jésuite du Caire. Peu avant la Première Guerre mondiale, il travaille au laboratoire de paléontologie du Muséum national d'Histoire naturelle de Paris, où il se lie d'amitié avec le célèbre préhistorien qu'est l'abbé Breuil. De 1914 à 1919, il est mobilisé comme brancardier au front (il refuse d'être promu capitaine aumônier), servant dans un régiment de tirailleurs marocains et de zouaves, des troupes particulièrement exposées au feu, dans le pire des cloaques. Il y fait montre d'une intrépidité extrême, en même temps que d'une parfaite égalité d'âme. Sa conduite lui vaut la croix de guerre, la médaille militaire et la Légion d'honneur. Il écrit dans les tranchées ses premiers essais. En 1920, il devient professeur de géologie à l'Institut catholique de Paris, après avoir obtenu son doctorat ès sciences.

Pierre Teilhard de Chardin découvre la Chine en 1923, où il participe à une première expédition paléontologique. Il fait de fréquents séjours à Pékin, assistant à des congrès scientifiques. Dans une lettre datée du 14 janvier 1924, il dit ce qu'il aime et aussi ce qui l'intéresse moins dans ce qui est encore la capitale de la Chine :

« Pour en revenir à Pékin, je n'ai pas eu le temps de la visiter en touriste, pas plus cette fois-ci que les précédentes. Je prévois que je rentrerai en France sans avoir pénétré dans le palais impérial, ni dans le temple du Ciel. Je ne le regrette qu'à demi. Être dans "l'atmosphère" de ces vénérables choses me plaît autant que de les approcher de tout près et de les approcher dans le détail. Ce que j'aime à Pékin, c'est le sentiment d'être au cœur de la vieille Chine. Mes meilleurs souvenirs de là-bas seront peut-être ceux de tels retours nocturnes en pousse-pousse, dans ces ruelles tortueuses et sombres, sous un ciel magnifiquement étoilé où se détachaient, en ombres chinoises, les petits toits courbes et les vieux arbres tordus, couverts de nids de corbeaux. »

De retour en France, il reprend ses cours à l'Institut catholique. Mais certains de ses écrits, qui entreprennent de réconcilier le spirituel et le temporel, le christianisme et la science, et tentent de marier l'Église avec son siècle en intégrant l'évolutionnisme au catholicisme, effraient les supérieurs de son Ordre. Ces derniers craignent les foudres vaticanes à une époque très raidie vis-à-vis de la science. L'historien des jésuites Jean Lacouture se fait caustique : « Ainsi, à la fin du premier quart du XXe siècle, au temps d'Einstein et de Branly, parce qu'il mettait en doute la véracité de la fable de la Genèse qui situe l'origine du monde et de la tragédie de l'humanité dans un enclos fleuri, dont un pommier dissimule un serpent d'espèce indéterminée, mais doté d'une main assez adroite pour tendre un fruit à la dame peu vêtue naguère extraite du corps endormi d'Adam, qui lui fera deux fils, dont l'un au moins enfantera avec elle la descendance humaine, un des grands penseurs chrétiens des temps modernes fut réduit au silence par son Église... » Pour l'Église, Teilhard a le tort de considérer comme probable la création du premier homme à partir d'« une matière préexistante et vivante ». En d'autres temps, Teilhard eût été condamné au bûcher...

On lui demande d'abandonner son enseignement et ses étudiants parisiens, qu'il risque de convertir à sa vision pas assez orthodoxe du christianisme. On lui suggère gentiment de poursuivre ses recherches archéologiques en Chine. C'est sans doute lui rendre un grand service. Il qualifiera plus tard cet éloignement de « bienheureux exil ». Mais sur le moment, il vit mal cette éviction : il est devenu un suspect, un pestiféré. Mais la devise (non officielle) des jésuites n'est-elle pas *Perinde ac cadaver*, c'est-à-dire la discipline et l'obéissance dues aux supérieurs, « comme un cadavre » ? Il se résout à obéir.

De retour en Chine en 1926, à bord de l'*Angkor*, un paquebot des Messageries maritimes, il y passera une vingtaine d'années, lors d'une dizaine de séjours de durée et d'importance inégales, entrecoupés de nombreux voyages à travers le monde. Géologue et paléontologue, il se fixe alors un vaste programme : établir une première carte géologique générale de la Chine. Au cours de cinq expéditions archéologiques, il entreprend une coupe géologique Ouest-Est, allant de la province du Shandong au Pamir (en Asie centrale), et une autre section Nord-Sud, de la Mandchourie à l'Indochine. Il s'attache également à reconstituer l'histoire des mammifères en Chine du Nord, du Pliocène au Pléistocène.

En 1929, Pierre Teilhard de Chardin devient conseiller du Service géologique national chinois. Aidé d'un autre jésuite qu'il estime, le père Émile Licent – fondateur à T'ien-tsin du musée d'Histoire naturelle (le musée Hoang-Ho-Pai-Ho, avec ses collections de géologie, de botanique, de minéralogie et de paléontologie), qui est en relation avec le Muséum de Paris –, il se consacre à la recherche. Il participe en 1931 à la découverte du sinanthrope, appelé homme de Pékin. C'est ainsi qu'il établit l'existence d'un homme paléolithique en Chine du Nord. Pendant dix ans, il participe aux fouilles des grottes de Zhoukoudian, à quarante-deux kilomètres de Pékin, dont il dirige l'étude stratigraphique, paléontologique et archéologique. Il date ce gisement d'environ cinq cent mille ans avant J.-C. La découverte de l'*homo pekinensis* atteste de la très haute antiquité de Pékin en tant qu'habitat humain.

À partir de l'homme fossile de Zhoukoudian, un pithécanthropen, il poursuit ses recherches et découvre l'existence d'un outillage lithique. Une découverte fondamentale : l'*homo erectus pekinensis* est un *homo faber*, c'est-à-dire un humain capable de maîtriser la taille des pierres et le feu.

C'est ainsi qu'à partir des ossements d'une quarantaine d'individus des deux sexes et d'âges différents, plus de cent mille pièces de pierres façonnées par l'homme et des fossiles d'une centaine d'espèces d'animaux, Pierre Teilhard de Chardin a découvert qu'il y a quatre cent mille ou cinq cent mille ans, l'homme de Pékin employait des outils fabriqués en bois, en os, et surtout en pierre. Et qu'il connaissait les techniques du feu, ce qui lui permettait de cuire les produits de sa chasse et de sa cueillette.

La Croisière jaune

Teilhard est aussi célèbre pour avoir participé, en 1931, à la fameuse Croisière jaune, l'expédition Citroën en autochenilles à travers l'Asie centrale, que dirige Georges-Marie Haardt. Sur les traces d'Alexandre le Grand, il s'agit d'emprunter la mythique Route de la Soie, piste jadis utilisée par les caravaniers et par Marco Polo, et démontrer que la liaison Europe-Extrême-Orient est possible par automobile. L'expédition compte une quarantaine de personnes. Six cent vingt-deux chameaux seront nécessaires par ailleurs pour transporter une cinquantaine de tonnes de marchandises diverses.

Elle est scindée en deux groupes. Une colonne, dite groupe Pamir, dirigée par Georges-Marie Haardt, directeur des usines Citroën, assisté de Louis Audouin-Dubreuil, part de Beyrouth le 4 avril 1931 à destination de la Chine. Une autre, celle du groupe Chine, confiée au lieutenant de vaisseau Victor Point, file droit vers l'Ouest à partir de Pékin, vers le Turkestan. Le révérend père Teilhard de Chardin, familier de la région, accompagne ce dernier groupe. Teilhard et ses compagnons en autochenilles sont faits prisonniers lors de la traversée de la province du Xinjiang, alors en proie à la guerre civile. Les deux colonnes finissent par faire leur jonction et gagnent Pékin en mai, après avoir traversé le désert de Gobi par – 33°. L'historiographe de l'expédition, Georges Le Fèvre, raconte que l'aventurier géologue voyait partout sur le sol des outils préhistoriques : « Ses yeux avertis découvraient la moindre pierre taillée qui se détachait, en rouge, sur la nudité grise du sol balayé par le vent. Il faisait arrêter sa voiture, descendait prestement, ramassait un caillou, puis un autre. »

Deux de ses compagnons d'aventure nous ont laissé des portraits mémorables du grand homme.

André Raymond (auteur d'une thèse sur l'expédition) : « Teilhard, il faut l'avoir vu en ces jours : je voudrais que vous l'ayez vu, que vous le voyiez se dresser devant vous, comme il se dresse vivant dans ma mémoire, vibrant comme un drapeau sur le ciel de l'Asie, énergique, vivant, généreux et infatigable – un élan d'enthousiasme joyeux et quotidien – ici courant comme un jeune homme en me laissant sur place pour aller au marteau vérifier un contact, là m'envoyant parfois lui ramasser un bloc sur un piton de quartz qui lui semblait douteux, ne s'épargnant jamais, épargnant peu les autres qui n'avaient cure de s'épargner. »

André Sauvage (le cinéaste de l'expédition) : « C'était un homme très beau... ; un homme d'un style inégalable, d'une distinction effacée et irrésistible. Sa voix, sa diction de clavecin, son sourire qui jamais ne s'abaissait jusqu'au rire se gravaient en celui qui lui avait été quelque peu attentif. Absence totale de jeu ecclésiastique. Aussi simple dans ses gestes que dans ses comportements, mais simple comme une stèle. Volontiers accueillant, mais comme un banc de marbre. On sentait que, pour être au niveau de son corps, on n'en était pas moins à une distance infinie de ses "engrangements", de cette pensée qui jamais ne se gonflait. Le plus souvent on restait en arrêt devant ce visage préfiguré par le Greco, coupé à la serpe, et l'on se réfugiait dans les banalités de l'expédition : vaste en était le champ... Il excellait à couper court : dans la manière de son ordre... De cet être courtois, plaisant, charmant, charmeur même, il émanait une solitude désarmante. Il semblait ne s'intéresser à ses camarades qu'à la mesure de la camaraderie. »

Ce voyage sur les traces de Marco Polo et d'Alexandre le Grand est, bien entendu, destiné à promouvoir la marque Citroën et lui ouvrir de nouveaux marchés. G.-M. Haardt succombera peu après à une grippe infectieuse à Hong Kong.

La vie aventureuse du savant jésuite ne s'arrête pas là. Voyageur impénitent, il entreprend plusieurs explorations dans le sud de la Chine, tout en poursuivant sa carrière scientifique internationale. Il ira même en Éthiopie en compagnie de son grand ami Henry de Monfreid (rencontré à bord de l'*Angkor*), au Harrar et en Somalie, avant d'embarquer à Djibouti pour rejoindre T'ien-tsin. Il participera également à l'expédition Yale-Cambridge en Inde, et à l'expédition Harvard-Carnegie en Birmanie.

En 1937, Pékin est occupé par les Japonais. La ville subit les vexations de l'occupant, mais elle reste à l'écart du tumulte mondial. Pékin, qui n'est plus la capitale de la Chine depuis que Chiang Kai-shek s'est installé à Nankin en 1927 – est une cité entrée en léthargie et devenue passablement triste, désertée qu'elle est peu à peu par la colonie étrangère. Restent cependant d'éminents diplomates, avec lesquels il sympathise. Teilhard se sent chez lui à Pékin, dans cette ville claquemurée dans ses enceintes, par crainte des mauvais génies.

Il en aime en outre « la froide beauté et la limpidité » des hivers. Et aussi les printemps : « Les abricotiers et pêchers roses, puis les pommiers blancs, ont passé comme un rêve, sous des déchaînements de vents de poussière. » Sensible au rythme des saisons, il décrit la fin de l'automne à Pékin : « La ville en cette saison, est beaucoup moins jolie qu'en juin. Les innombrables arbres qui font ressembler les mille petites maisons basses et arquées à des rangées de tentes dressées dans une forêt ont perdu leurs feuilles. Le rouge et le jaune de la Cité impériale ne flamboient plus dans les fossés fleuris de nénuphars. Les Chinois ont laissé leurs robes bleues pour s'emmitoufler dans d'épaisses tuniques noires. Tout de même, la vieille capitale reste aussi pittoresque sous la lumière froide d'automne, et, ce qui est plus important, elle demeure, hiver comme été, la cité intelligente et pensante de la Chine. Il y a là bien de quoi compenser l'austérité de la saison. » Les petites ruelles de Pékin, les *hutong*, resteront pour lui le meilleur souvenir qu'il gardera de son séjour. Teilhard aime y croiser des chameaux, avec leur étrange lippe et leur double bosse, qui lui rappellent le désert de Gobi.

Les ruelles de Pékin

Citons encore la description colorée de la ville chinoise que fait son amie Claude Rivière, directrice de la radio française à Shanghai, dans son passionnant ouvrage, *En Chine avec Teilhard* :
« C'est là que les Pékinois mangent, roulent, trafiquent, clabaudent, au milieu du pullulement des enfants et des cochons noirs, de l'encombrement des pousse-pousse, des brouettes, des cuisines ambulantes, des palanquins. Mendiants en haillons, couverts de plaies, vraies ou simulées, mandarins, mariages, enterrements, marchandages, loques et brocarts, odeur de friture, de mangeailles et d'opium, tout se mêle dans ce monde bizarre, plein de couleur. Son bariolage s'accompagne d'une cacophonie de bruits inimaginables en Occident. La rue est un vaste marché. On y vend de tout. Chaque métier, chaque commerce y a son appel distinctif, destiné à faire sortir le client éventuel de sa tanière. »

Bientôt la famine s'installe, aggravée par la crise monétaire, avec son corollaire, la misère. Teilhard restera bloqué dans les murailles de Pékin pendant toute la durée de la Seconde Guerre mondiale, durant presque sept ans, de 1939 à 1946. La campagne de fouilles, soutenue par la fondation Rockefeller, est arrêtée et le site de fouilles se transforme en no man's land. Teilhard vit mal *les Senso-senso* et les *Banzai* (cris de guerre des Japonais : Guerre-guerre et Victoire). Une de ses rares distractions pendant ces années sera d'aller « picniquer » le dimanche dans les Western Hills (les monts de l'Ouest, les Collines parfumées) dans l'automobile de quelque ami. Il apprécie ces excursions *on the field* où il entretient ce qui « lui reste de jeunesse en grimpant des côtes », son marteau à la main. Ce fameux marteau de géologue qui l'accompagne partout et lui sert à briser les roches. Teilhard regrette de pas se trouver en France, où il aurait pu se rendre utile d'une manière ou d'une autre, même s'il est libéré de ses obligations militaires. Mais il en profite pour écrire.

C'est à cette époque qu'une jeune poétesse, de père chinois et de mère belge, née en Ukraine, et épouse d'un ingénieur eurasien né à

Bruxelles, Dominique Wang, fait la connaissance à Pékin du père Teilhard de Chardin. Elle s'attend à rencontrer un homme incompris, un travailleur solitaire, retranché dans sa tour d'ivoire, compte tenu des désagréments que lui ont valus « les constructions hardies de son esprit ».

Elle lui rend visite au 3, rue Labrousse, dans le quartier des légations où il demeure, au fond d'une petite cour intérieure carrée, pleine d'arbres et où courent des poules blanches. Elle découvre que Teilhard est un « homme plein de confiance et d'enthousiasme », et surtout doté d'un optimisme à toute épreuve. « Demain, tout ira bien », aime-t-il à répéter. Pour lui, une force pousse le monde vers son accomplissement, l'Amour (voir son petit opuscule *Sur l'Amour*, Seuil, 1967).

Dominique Wang fait ce portrait du « célèbre jésuite » : « Vêtu en clergyman, très grand, très droit, très maigre, il nous accueille, bras ouverts, mains tendues, dans son geste habituel de bienvenue, sur le seuil d'une véranda encombrée de pierres et de cailloux fossiles. Le visage aigu, sculpté dans la pierre de son Auvergne natale, rayonne de bonté. Un sourire le prend tout entier, courant du regard aux lèvres, le long de rides finement tracées qui cisèlent les traits. »

Le père Teilhard confie à Mme Wang tout son amour de Pékin, dont il a fait peu à peu sa seconde patrie : « Vous serez fascinée par Pékin. C'est l'un des sommets du monde. Je connais des gens déçus de Naples ou de Grenade. J'en sais qui n'ont pas aimé New York ou Paris, mais je n'ai jamais rencontré personne qui ne fût séduit par Pékin et qui ne désirât y revenir. Pékin *is the most fascinating town* ! » (Il faut dire ici que Teilhard s'amuse par coquetterie à truffer sa conversation de mots anglais.) « Je me sens parfaitement *at home* dans ce bon vieux Pékin... Vivez à Pékin : vous deviendrez pékinoise », ajoute-t-il.

C'est le début d'une longue amitié entre le prêtre et le couple Willy et Dominique Wang. Celle-ci complète son portrait du « célèbre jésuite », un des découvreurs de l'homme de Pékin :

« On a beaucoup écrit sur le caractère du père Teilhard. On a dit la suavité de son humeur, son don de sympathie, sa générosité, sa gentillesse véritablement inépuisable, son optimisme, son courage, son indulgente bonté. Ce que l'on sait moins, c'est le charme et l'enjouement de sa parole. Sa conversation n'était pas austère. Elle était un feu roulant d'anecdotes, d'aperçus originaux exprimés avec vivacité. Toujours aimable, plein de tendresse envers les êtres et les choses, Pierre Teilhard de Chardin n'en maniait pas moins le trait malicieux et l'humour. Tandis qu'il parlait, son visage émacié que portait un cou trop mince, surgi d'un col trop dur, devenait plus translucide encore. Sa spontanéité s'accompagnait d'une forme de communion qui le mettait d'emblée en conformité avec le monde. Jamais je n'ai entendu le père Teilhard proférer le moindre blâme. La violence lui faisait horreur. Il s'attristait au spectacle de la haine. Les êtres se font mal à ne pas s'aimer, disait-il. Pourquoi se déchirer les uns les autres, alors qu'il serait naturel d'avancer d'un même pas vers une réussite commune. »

Un portrait parmi d'autres

Beaucoup de personnes qui ont approché le père Teilhard ont tenu à faire son portrait, tant le personnage est attachant et fascinant.

Jean Lacouture célèbre également la « perpétuelle alacrité » de l'auteur du *Phénomène humain*, sa vitalité, son « optimisme jubilant ». Il dit le charme qui émanait de sa personne, de « ce grand oiseau-prophète aux ailes déployées », de cette « personnalité lumineuse », de cet homme « à proprement parler, irrésistible ». Il en fait ce portrait haut en couleur :

« Cet aristocrate auvergnat amoureux de la terre traversa la vie à grandes enjambées, d'un continent à l'autre, d'un millénaire à l'autre, du désert de Gobi aux forêts birmanes et au Harrar avec Monfreid, un béret sur le crâne, ou un casque colonial, ou un turban, une cape sur les épaules, en short ou en blouson, botté ou chaussé d'espadrilles – un peu Marco Polo, un peu Ricci, un peu Claudel, un peu Rimbaud – hardi, rieur, courtois, une pioche ou un marteau à la main, une parabole à la bouche, vingt histoires en tête, humain, trop humain, à la fois rivé à sa chaîne consentie et toujours en rupture de ban, prophète foudroyé et sans cesse renaissant. »

On peut s'étonner par ailleurs qu'après seize années de séjour en Chine, Teilhard n'ait aucune pratique de la langue chinoise. Ce grand savant, préhistorien et paléontologue, n'est pas un sociologue, non plus qu'un sinologue. Son regard sur la Chine et sur les Chinois n'a pas l'acuité de celui de ses grands prédécesseurs jésuites, Matteo Ricci et Louis Lecomte (un jésuite envoyé en Chine par Louis XIV, auteur d'un ouvrage fameux, *Nouveaux Mémoires sur l'état présent de la Chine*). Il ne s'est jamais vraiment intéressé à la culture ancienne de la Chine, et même un peu moins que les diplomates poètes que sont Paul Claudel et Alexis Léger (Saint-John Perse), pourtant peu portés sur la culture chinoise.

Des Chinois, il se contente d'écrire ces lignes qui peuvent surprendre dans ses *Lettres de voyage* : « Plongée dans la masse chinoise, masse énorme, inerte, terre à terre, instinctivement hostile aux étrangers qui viennent lui proposer des changements dont elle n'a pas besoin. Océan d'êtres primitifs, bons et affectueux sans doute, mais curieux, collants, indiscrets comme des sauvages... Pauvres êtres sans défense, dont la vie est dure... Entre le Chinois et les Européens, c'est toujours le conventionnel et l'à-peu-près qui dominent. » En Chine, Teilhard a rencontré des populations d'origines très diverses, mongoles, tibétaines, arabes musulmanes. Il ne faut pas voir dans ses propos une forme de racisme. Il s'est toujours opposé à la suprématie imposée et maintenue d'un groupe humain – d'une race – sur un autre. Il ne fait que constater les différences susceptibles d'exister parmi les peuples qu'il rencontre.

On a dit que Teilhard de Chardin n'avait pas cherché à connaître et à pénétrer les milieux intellectuels chinois. C'est évidemment faux. Il a noué des relations professionnelles et amicales avec de nombreux savants chinois.

À la sortie de la messe anniversaire de la mort d'Arsène-Henry (décédé en 1943), le 8 mai 1945, toutes les cloches de Pékin se mettent à sonner pour annoncer l'armistice en Europe. Rentré en France à la fin de la guerre, Pierre Teilhard de Chardin ne retournera plus en Chine. En 1948, il se rend à Rome pour y rencontrer le supérieur général de la Compagnie de Jésus. Le général des jésuites le prie de ne pas accepter la chaire de paléontologie au Collège de France, laissée vacante par le retrait de l'abbé Breuil, atteint par la limite d'âge. Celui que la République salue comme « une gloire de la science française » n'est toujours pas en odeur de sainteté auprès de ses supérieurs. On lui refuse même l'autorisation d'imprimer

Le Phénomène humain et *Le Milieu divin*. Qu'il parle du sinanthrope tant qu'il veut, mais pas du Christ !

En 1950, il est élu à l'Académie des sciences. Il entreprend un premier voyage en Afrique du Sud, avant de s'installer définitivement, à soixante-dix ans, à New York. C'est là qu'il meurt d'une crise cardiaque chez des amis, le jour de Pâques, le 10 avril 1955. Un an auparavant, Pierre Teilhard de Chardin avait confié, lors d'un dîner au consulat de France : « J'aimerais mourir le jour de la Résurrection. »

Aujourd'hui, des voix s'élèvent en faveur de l'exilé au sein de l'Église et de son ordre, tous deux coupables, par conservatisme et aveuglement, d'avoir tenté de le réduire au silence. Certains n'hésitent pas à comparer son sort à celui de Galilée, déclaré hérétique par Rome au début du XVIIe siècle. Dans un article nécrologique paru dans *Le Monde*, le philosophe catholique Étienne Borne écrit : « Il est maintenant permis de dire avec tranquillité et certitude qu'il a été un génie religieux et l'un des grands penseurs de ce siècle ». À l'occasion du centième anniversaire de sa naissance, Mgr Casaroli, secrétaire d'État du Vatican, lui accordera au nom de l'Église une quasi-absolution. On peut dire que Teilhard est en partie à l'origine du renouveau théologique et même du concile Vatican II. Sa popularité parmi les milieux catholiques dans les années 1960, juste après sa mort, a été grande. L'influence de sa pensée a ensuite connu un déclin. Mais ses écrits suscitent depuis quelques années un regain d'intérêt. Sa popularité est toujours restée forte chez les intellectuels catholiques américains.

Vieux de plus de quatre cent mille ans (Pléistocène moyen), la découverte de l'homme de Pékin a laissé croire un temps que l'Homme était apparu pour la première fois en Asie. Ce n'est que plus tard, après les nombreuses découvertes en Afrique, que le continent africain sera considéré comme le lieu d'origine de l'humanité. Durant la Seconde Guerre mondiale, tous les ossements trouvés (quatorze crânes, onze mandibules, cent quarante-sept dents) ont été envoyés aux États-Unis. Mais la collection s'est perdue en cours de combats, elle n'est jamais arrivée à destination. En 1987, le site de l'homme de Pékin a été inscrit au Patrimoine mondial de l'humanité par l'Unesco. Le site a également livré des restes humains plus récents, des *Homo sapiens*, remontant à dix-huit mille-onze mille ans. En juillet 2005, les résultats des dernières recherches géologiques et géophysiques effectuées à Zhoukoudian ont été présentés à Paris, à l'espace EDF-Electra, lors d'une conférence scientifique conjointe (Unesco-EDF Académie des sciences de Chine), avec la participation d'Yves Coppens (professeur au Collège de France). Un site exploré par le père Teilhard, qui a apporté un témoignage exceptionnel sur les sociétés humaines du continent asiatique à une époque très reculée et qui illustre le processus de l'évolution.

Alain Peyrefitte, dans *Quand la Chine s'éveillera... le monde tremblera*, qui cite abondamment la correspondance de Pierre Teilhard de Chardin, termine son livre par cette citation du célèbre jésuite :

« J'ai pour la Chine une grande reconnaissance. Par son immensité, par l'énormité de ses dimensions, elle a contribué à élargir ma pensée, à l'élever jusqu'à l'échelle planétaire. »

CHAPITRE 25

Le roman de Pékin

Pierre Ryckmans, alias Simon Leys, raconte qu'en 1971, au moment de publier son premier livre sur la Chine, *Les Habits neufs du président Mao*, il lui fallait trouver un pseudonyme. Il décida alors d'emprunter son patronyme fictif au chef-d'œuvre de Segalen. Il explique tout simplement qu'à cette époque *René Leys* était épuisé, introuvable depuis plus de vingt ans, et que cet ouvrage « n'éveillait plus d'échos que dans la mémoire d'une poignée d'admirateurs fidèles, amoureux de littérature, un peu frottés de Chine, et c'était à ces happy few, mes semblables, mes frères, que j'adressais ainsi un innocent clin d'œil ».

Pierre Ryckmans ajoute : « Eussé-je pu soupçonner alors que l'œuvre de Segalen allait justement connaître un prodigieux intérêt, je me serais modestement choisi quelque autre banal patronyme flamand – mais maintenant il est évidemment un peu tard pour changer. » (*Le Figaro littéraire*, 3 février 2005.)

Les choses ont bien changé en effet depuis une vingtaine d'années, avec la formidable résurrection des œuvres de Segalen. Victor Segalen (1878-1919) est devenu un auteur culte, quasi mythique, un phare, une icône. Ses écrits ont été édités ou réédités dans des collections populaires. Des colloques et des expositions lui ont été consacrés, ainsi qu'un nombre étonnant d'écrits. Segalen s'est même retrouvé au programme de l'agrégation de lettres... Mais tout a commencé – ou recommencé pour lui – avec la publication, en 1961, de l'imposante étude que lui a consacrée Henry Bouillier. Cet éminent universitaire ne craint pas de qualifier son sujet de « poète de génie », d'artiste promis à occuper « la place la plus haute », à côté de Vermeer et de Nerval ! Les fervents et vieux admirateurs de Victor Segalen ont parfois du mal à s'y faire... Car, disons-le tout de suite, les œuvres de Victor Segalen ne sont pas toujours d'un accès facile, à l'exception de *René Leys*, un roman qui demeure singulier cependant.

À tout seigneur tout honneur, laissons Simon Leys parler de Segalen, l'auteur de *René Leys* : « ... un être frêle, myope, nerveux, doué d'une sensibilité vive et d'une infatigable curiosité intellectuelle ; rêveur et homme d'action, esthète et aventurier, il était animé d'une volonté de fer ; malgré sa santé fragile, il réussit à remplir sa brève existence d'une activité remarquablement variée : il fut tour à tour – ou simultanément – marin, poète, anthropologue, voyageur, sinologue, médecin, archéologue... » Précisons tout de suite que ce médecin de marine n'aimait ni l'océan (il était sujet au mal de mer), ni la médecine !

Victor Segalen est né à Brest, « dans un milieu petit-bourgeois d'une piété étouffante ». Dès son plus jeune âge, il est tenaillé par un besoin violent de liberté, une volonté farouche de bonheur. Et surtout, par le désir de découvrir des horizons nouveaux et inconnus, c'est-à-dire les voyages. Bref, il aspire à ce qu'il appelle « l'exotisme » (voir son fameux *Essai sur l'exotisme*). Il demeurera cependant très attaché à sa Bretagne natale.

Segalen est passionné de musique, d'art et de littérature. Doté du don de l'amitié, il se liera avec d'illustres contemporains : J. K. Huysmans, Saint-Pol Roux, Remy de Gourmont, Daniel de Monfreid, Pierre Louÿs, Jules de Gaultier, Debussy, Claudel, etc. Sa première affectation le mène en Polynésie. Il y arrive peu après la mort de Paul Gauguin, et lors d'une escale aux îles Marquises, il achète les derniers croquis de l'artiste. À Tahiti, il découvre le bonheur, comme il l'écrira à un ami : « Je t'ai dit avoir été heureux sous les tropiques. C'est violemment vrai. Pendant deux ans, en Polynésie, j'ai mal dormi de joie. J'ai eu des réveils à pleurer d'ivresse du jour qui montait... J'ai senti l'allégresse couler dans mes muscles. J'ai pensé avec jouissance ; j'ai découvert Nietzsche ; je tenais mon œuvre, j'étais libre, convalescent, frais et sensuellement assez bien entraîné... Toute l'île venait à moi comme une femme... » Il en ramènera son premier livre, *Les Immémoriaux*.

En 1902, Segalen a une première impression de la Chine avec la visite du quartier chinois de San Francisco. Il songe à aller vivre en Asie. « Je suis né pour vagabonder, voir et sentir tout ce qu'il y a à voir au monde, écrit-il en 1906. Je poursuivrai ma collection.

À commencer sans doute par l'Extrême-Orient. » Un autre marin, Claude Farrère (l'auteur de *Fumée d'opium*, des *Civilisés* et de *La Bataille*), rencontré à Toulon, lui parle avec enthousiasme de l'Asie. Un autre officier de marine, un de ses anciens condisciples du collège des jésuites de Brest, Henry Manceron, qui était à Pékin avec Pierre Loti en 1900, lui décrit la capitale chinoise, avec ses murailles et ses rues au plan géométrique. Manceron a pu visiter la Cité interdite et même le pavillon mystérieux du lac du Sud, où l'empereur Guangxu était condamné par sa tante, Cixi, à vivre en reclus. Il évoque le charme du palais impérial, avec ses pavillons et ses lacs et aussi ses promenades autour de la ville impériale. Henry Manceron fait naître en Segalen la tentation de la Chine.

Justement, la Marine offre aux sous-officiers le statut d'élève officier-interprète en Chine, pour ceux qui réussiront l'examen de première année de chinois à l'École des Langues orientales. Avec à la clé un détachement de deux ans en Extrême-Orient. Segalen décide de laver ses yeux « des brouillards casaniers et des spectacles quotidiens ». Il confie à Jules de Gaulthier : « Je me suis mis à l'étude du chinois. Tout compte fait, j'attends beaucoup de cette étude, en apparence ingrate... En Chine, aux prises avec la plus antipodique des matières, j'attends beaucoup de cet exotisme exaspéré. »

Segalen suit à Paris les cours de chinois prodigués par Arnold Vissière et ceux au Collège de France d'un autre sinologue, Édouard Chavannes. Segalen rêve de partir sur les traces de Chavannes, lequel a déjà effectué une importante expédition archéologique en Chine septentrionale. À Paris, il retrouve Auguste Gilbert de Voisins, que Claude Farrère (Charles Bargone, de son vrai nom) lui a présenté à Brest. Voisins fréquente Pierre Louÿs (qui est un peu son parrain en littérature, avec Claude Farrère), Henry de Régnier, Claude Debussy. Et aussi le cercle de José Maria de Heredia, autour duquel gravite tout ce petit monde littéraire.

Victor et Auguste deviennent vite de grands amis. Un même désir d'aventures et de solitude les rapproche. Au cours de l'hiver 1908-1909, Gilbert de Voisins propose à Segalen de l'accompagner dans un grand voyage d'exploration en Chine centrale. Un périple particulièrement audacieux pour l'époque.

Auguste Gilbert de Voisins a hérité de son père du titre de comte et d'une importante fortune. De santé fragile (il est sujet à des crises d'épilepsie), ce riche dilettante joint à des qualités de cœur des talents divers pour les lettres et les arts. Poète et romancier, c'est en outre un grand voyageur, qui a visité l'Amérique et l'Afrique. Segalen accepte avec enthousiasme la proposition de son ami. Il est prévu que Segalen parte le premier, par mer, de Marseille, et que Voisins le rejoigne à T'ien-tsin, après avoir pris l'Orient Express et le transsibérien. Et que Mme Segalen retrouve son mari au retour de l'expédition, après qu'ils auront visité la vieille Chine des « cinq royaumes ».

Bien entendu, c'est Voisins qui finance l'expédition, trente mille francs de l'époque. Ce qu'il fait avec une grande délicatesse d'âme. Segalen écrit à sa femme : « Nous avons eu hier soir, Augusto [son diminutif familier] et moi, une conversation provoquée par lui, et dans laquelle il a tenu à préciser toutes les conditions pécuniaires du voyage. Je passe sur la délicatesse acrobatique et exquise avec laquelle il a gambadé sur de tels sujets. Voici, tout crus, les résultats de notre accord commun. Tu y trouveras la marque d'un très noble et très généreux ami. Il est entendu que, de même que je ne pouvais pas faire ce voyage sans lui, de même lui ne pouvait le faire sans moi et qu'ainsi toutes les dépenses nécessaires sont communes. "Nous" avons à la banque trente mille francs... »

Après avoir visité Hong Kong et Shanghai, Suzhou et Nankin, Hankou et les monts Lu, Segalen arrive à Pékin en juin 1909. « Enfin, Pékin, ma ville », s'écrie-t-il dans sa première lettre écrite de la capitale chinoise. Il y découvre « la multicolorité des figures, des passants, des temples et des toits ». Il est frappé par le plan géométrique de « sa » ville, qui s'organise, au Nord, avec la ville mandchoue ou tartare, autour d'un centre secret, le palais impérial, la ville pourpre interdite ; et au Sud, avec la ville extérieure, la ville chinoise, grouillante et commerçante. Ces trois « villes » étant ceintes d'épais remparts de briques grises, avec à leur sommet des chemins de ronde, des tours d'angles et de gigantesques portes fortifiées.

Il écrit à sa femme : « La ville rouge est le palais de l'empereur. Les autres sont accessibles, vastes, encombrées de charrettes à roues ferrées comme des sabots de mules, de petits chevaux solides et fort séduisants, et d'admirables devantures de boutiques, sculptées, fouillées, on dirait, à même en or qui était vieux déjà quand on le travaillait. »

Curieusement, Segalen ne sera jamais un « amoureux de la Chine ». Et non plus des Chinois ! Il ne cherchera pas à pénétrer les milieux intellectuels résidant dans la capitale. Il rencontrera en revanche Paul Claudel, alors consul de France à T'ien-tsin. « Au fond, ce n'est ni l'Europe, ni la Chine que je suis venu chercher ici, mais une vision de la Chine. Celle-là, je la tiens et j'y mords à pleines dents », écrit-il à Claude Debussy.

En attendant l'arrivée d'Augusto, il prépare activement ce grand voyage d'exploration en Chine centrale. Tous deux raconteront dans leur correspondance l'étonnant périple de leur équipée archéologique, qui les mènera à Lanzhou, Chongqing, Hangzhou, Nankin et Shanghai. L'expédition terminée, Auguste Gilbert de Voisins rentre en France, tandis que Victor Segalen, que sa femme et son fils ont rejoint, s'installe à Pékin dans le quartier Nord de la ville. Ils habitent une maison purement chinoise, sans étage, au toit relevé, aux boiseries peintes en rouge, avec des cloisons ajourées et de grandes baies à croisillons de bois.

En juin 1910, peu après son retour de cette expédition de plusieurs mois en Chine centrale (voir ses précieuses *Lettres de Chine*), Segalen fait la connaissance d'un jeune Français de dix-neuf ans, qui possède les différents dialectes de la langue chinoise et parle parfaitement le mandarin, Maurice Roy. Il est séduit par l'élégance du jeune homme, qu'il trouve « jeune et de jolie figure » et qu'il décrit ainsi : « Grand, mince, beaux yeux de velours sombre, cernés... Soigné de sa personne » ; avec une « poignée de main franche ». Il l'engage comme professeur de chinois. Maurice Roy est le fils du directeur des Postes à Pékin, une connaissance de Segalen. Il fait preuve d'une étonnante et précoce maturité. Les relations d'études entre le jeune maître et l'élève se transforment bientôt en une vive amitié.

Maurice Roy lui fait d'étonnantes révélations : il a été le confident de l'empereur Guangxu, dont il a partagé les jeux érotiques. Segalen se demande s'il n'a pas servi de mignon à l'empereur, et s'il ne continue pas avec le régent... Roy dit afficher son mépris pour le commerce des femmes, même s'il exerce sur elles un attrait certain. La sexualité complexe de Maurice Roy fera couler beaucoup d'encre !

Maurice Roy se targue en outre d'occuper un poste important au sein de la police secrète de la capitale. À ce titre, il serait le seul Européen à pouvoir entrer librement dans la « Cité violette interdite ». Il pénètre également tous les quinze jours dans le palais impérial avec une troupe d'acteurs chargés de distraire l'impératrice et sa cour. Il a ainsi accès à ce mystérieux « Dedans », le centre ésotérique de l'Empire, qui fascine tant Segalen et hante l'imagination du poète. Mieux encore, Roy, qui se dit honoré de la confiance du régent (frère de l'empereur défunt Guangxu et père du jeune Puyi), prétend être devenu – chose non moins extraordinaire – l'amant de l'impératrice douairière, Longyu, la veuve de Guangxu, âgée de trente-cinq ans. Il en aurait même eu une fille... et contracté par la même occasion une maladie vénérienne !

Fasciné par le personnage et son extraordinaire récit, Segalen consigne ces révélations stupéfiantes dans une sorte de journal, de juin 1910 à octobre 1911, intitulé *Les Annales secrètes d'après M. R.* Victor Segalen tient le roman qu'il projette (et qui restera inachevé), *Le Fils du Ciel*. Mais cette matière servira également à un autre roman, *René Leys*.

Il semble que Segalen ait longtemps cru à la véracité des révélations de Maurice Roy, même si sa méfiance augmente de jour en jour. Mais il n'a jamais réussi à le prendre en flagrant délit de mensonge, sinon sur des points de détail. Cette extravagante histoire est-elle le fait d'un mythomane ? Plusieurs indices font croire à Segalen qu'il dit vrai. « Tout se passe comme si, pour une fois, écrit Jean-Louis Bédouin, l'histoire était trop belle pour ne pas être véridique. »

L'auteur de *René Leys* n'a pas besoin d'adapter beaucoup d'éléments pour tirer un roman des récits de Maurice Roy. Il se contente de transposer une aventure vécue et s'inspire très directement de ces faits et du personnage. Dans le roman, par exemple, le héros est « mince et brun, d'une étrange peau mate... des yeux qu'il a fort beaux... ». *René Leys* se présente donc sous la forme d'un journal écrit par un narrateur, fasciné par le palais impérial et désireux d'écrire un roman sur la vie et la mort de Guangxu. Il compte sur son professeur de chinois pour l'introduire dans le « Dedans » de la ville impériale, afin d'y recueillir les documents et les renseignements nécessaires à son roman. Le personnage de René Leys en est le guide idéal.

Mais *René Leys* n'est pas un vrai roman. C'est même un faux roman, explique Jean-Louis Bédouin, dans la mesure où il jette sur la réalité même de l'anecdote un doute radical. Nul ne saura jamais si les faits évoqués sont réels ou si le héros a simplement imaginé ce qui aurait pu être. En d'autres termes, René Leys-Maurice Roy est-il un mythomane qui raconte des bobards ? Est-il plausible qu'un jeune Européen devienne l'amant de l'impératrice douairière de Chine ? Est-il possible qu'un enfant naisse d'une telle union ? Est-il concevable que ce jeune Européen se voie confier de hautes responsabilités au sein de la police secrète et qu'il joue un rôle de premier plan dans les derniers soubresauts de la dynastie mandchoue ? Aucune explication simple ne convient à cette extravagante histoire.

Henry Bouillier livre finalement la clé de ce roman sans intrigue, qui ne ressemble à aucun autre : « Le Pékin exotérique, visible, tangible, se double du Pékin ésotérique, impossible à décrire, et pour cause, puisqu'il s'agit de la Cité violette interdite, du palais impérial situé au centre imaginaire du gigantesque échiquier de la ville. Cette zone est le centre spirituel du narrateur qui s'évertue, en vain, à y pénétrer. » L'une des grandes réussites du livre vient de ce que finalement le lecteur, jusqu'à la mort de René Leys, est aussi indécis que le narrateur prétend l'être. En ce sens, il s'agit d'un « roman romanesque ». L'habileté du narrateur est de faire comprendre qu'il n'en sait pas plus que le lecteur ! M. Bouillier cadre ainsi l'histoire : « *René Leys* est en grande partie une fantaisie charmante et tendre sur la chute d'un Empire prestigieux, une fantaisie écrite en marge d'une histoire mystérieuse marquée par la mort d'un homme et la disparition d'une dynastie. »

Segalen ne voulait surtout pas imiter un Pierre Loti ou un Claude Farrère, auteurs de faciles romans coloniaux, même s'il s'était résolu à écrire un roman populaire, un roman à succès. Les commentateurs ont malgré tout beaucoup glosé sur ce texte (parfois de manière absconse). Un texte que l'on peut considérer comme le chef-d'œuvre de Victor Segalen, ou du moins son œuvre la plus accessible.

Par-delà le personnage de René Leys, le cadre dans lequel se déroule cette histoire ne manque pas de fasciner. Il s'agit donc de Pékin, la capitale de l'empire du Milieu, qui se trouve au centre du monde. « *René Leys* constitue une incessante enquête sur la capitale de l'empire chancelant, un mémorial du séjour de Segalen à Pékin. Il essaie de faire revivre la figure innombrable d'une ville qu'il a beaucoup aimée, pour en dégager la valeur mythique », explique encore M. Bouillier.

Ce dernier célèbre « la richesse de ce livre composé comme un défi à l'adresse du genre romanesque traditionnel. Parodie du roman policier, journal d'un séjour à Pékin, méditation sur l'imaginaire,

René Leys est aussi et surtout, comme *Le Château* de Kafka, le roman allégorique de l'être, cet éternel absent ».

Segalen évoque avec un étonnement ravi les rues et les quartiers de Pékin, et ses longues promenades à cheval le long des remparts. Il est frappé par les formes géométriques de la ville. Pékin est en effet unique en ce sens que la ville ne doit rien au hasard du terrain et qu'elle ne suit pas les caprices de la nature. Il s'agit d'une capitale totalement artificielle (comme Washington, Canberra ou Brasilia). C'est en quelque sorte une création cérébrale, une construction de l'esprit, dans le sens le plus élevé du terme.

Cette particularité fascine Segalen. « On ne peut disconvenir que Peking ne soit un chef-d'œuvre de réalisation mystérieuse. Et d'abord le plan triple de ses villes n'obéit pas aux lois des foules cadastrées, ni aux besoins locataires des gens qui mangent et qui peuplent. La capitale du plus grand empire sous le ciel a donc été voulue pour elle-même ; dessinée comme un échiquier tout au nord de la plaine jaune ; entourée d'enceintes géométriques ; tramée d'avenues, quadrillée de ruelles à angles droits et puis levée d'un seul jet monumental... habitée ensuite, et enfin débordée dans ses faubourgs interlopes par ses parasites, les sujets chinois. Mais le “carré principal”, la ville tartare-mandchoue, fait toujours un bon abri aux conquérants... » Nul mieux que Victor Segalen – et ceci dans la première page de *René Leys* – n'a compris l'essence architecturale et l'originalité conceptuelle de Pékin. Mais encore une fois, c'est la Cité violette interdite, placée au centre imaginaire de l'échiquier, qui importe à Segalen.

En 1917, Victor Segalen, de retour à Pékin, retrouve un Maurice Roy transformé : « Vu Maurice Roy, engraissé, changé... Les joues débordent les yeux qui n'ont plus d'éclat... Roy et moi avons dinner [*sic*] à la chinoise... dinner en tête à tête assez morne, mais bon ! Il est très gêné dès que l'on parle de ses amis mandchous et du régent. Il a cessé complètement de les voir... En somme, insipide, gentil, fini... » Maurice Roy poursuivra une carrière banale dans la banque et il épousera une Anglaise. Rompant totalement avec son passé, il n'aura pas un mot de remerciement envers Mme Segalen pour l'envoi de *René Leys*, lors de sa parution, en 1922 (après la disparition de son auteur). Maurice Roy est mort en 1941, à Shanghai, dans un accident d'ascenseur.

En 1911, Mme Segalen, accompagnée de leur fils Yvon, né en 1906, a donc rejoint son mari en Chine, à T'ien-tsin, puis à Pékin. C'est à cette époque que Yuan Shikai, l'homme fort de la Chine, demande au Dr Segalen de bien vouloir soigner son fils. À T'ien-tsin, en 1912, naîtra son second enfant, Annie. De retour en France avec sa famille, en 1913, il prépare une nouvelle expédition, puis repart en octobre pour la Chine. Il s'agit cette fois d'une expédition officielle, à but géographique autant qu'archéologique. En compagnie de Jean Lartigue (un autre officier de marine) et d'Auguste Gilbert de Voisins, il part à la recherche des monuments funéraires de la dynastie des Han (206 av. J.-C.-220 apr. J.-C.) et se propose de parcourir la Chine suivant une diagonale Nord-Est / Sud-Ouest. Segalen, qui est le chef et l'âme de l'équipe, découvrira alors la statue la plus ancienne de la culture chinoise (un cheval dominant un barbare).

En août 1914, un missionnaire hollandais rencontré par hasard leur demande s'ils savent que l'Europe est à feu et à sang. C'est ainsi qu'ils apprennent la nouvelle de la déclaration de guerre. Segalen, Voisins et Lartigue renoncent à gagner le Tibet et décident de rentrer à marche forcée, en passant par Dali, Yunnan-fou (Kunming au Yunnan) et Haiphong (au Vietnam), d'où ils regagnent précipitamment la France. (À Yunnan-fou, les trois amis auront l'occasion de rencontrer le consul de France, Albert Bodard, le père de Lucien Bodard.) En 1915, Segalen, qui a pourtant demandé à aller au front, est affecté à l'hôpital maritime de Brest. En juin 1917, il est de retour en Chine et à Pékin pour un bref séjour, chargé de recruter des Chinois pour travailler dans les usines d'armement.

En 1919, Victor Segalen tombe très malade : « Je n'ai aucune maladie connue, reçue, décelable, explique-t-il. Et cependant, tout se passe comme si j'étais gravement atteint. Je ne pèse plus. Je ne m'occupe plus de remèdes. Je constate simplement que la vie s'éloigne de moi. » Il est hospitalisé au service de psychiatrie du Val-de-Grâce, dans un état dépressif avancé. Il doit prendre un congé de convalescence.

Le 21 mai, alors qu'il est seul au Huelgoat (Finistère), il part pour une promenade en forêt. On le retrouve mort deux jours plus tard, son corps gisant au pied d'un arbre, un exemplaire d'Hamlet à ses côtés. Il a à la jambe une blessure profonde, probablement causée par une tige de bois coupée à ras du sol, et un garrot de fortune. Victor Segalen n'avait que quarante et un ans.

Mort naturelle, mort accidentelle ou suicide ? Son ami Henry Manceron restera persuadé que Victor Segalen a mis fin à ses jours. Mais c'était un homme épuisé de tout son être par une vie trépidante, à bout de course, dont la santé était minée par la consommation d'opium.

Une mort mystérieuse en tout cas, à l'image de son œuvre. De son vivant, Segalen n'aura publié dans son « cycle chinois » que ses recueils de poésie, *Stèles* et *Peintures*. *René Leys* paraîtra dans *La Revue de Paris* en 1921. Il sera publié pour la première fois en 1922, trois ans après la mort de Victor Segalen.

Paul Claudel rendra ce simple hommage à l'auteur de *René Leys* : « Il y a le beau livre de Segalen sur la fin de Pékin. »

CHAPITRE 26

Le romancier de Pékin

En lisant les premières pages d'un roman, il arrive parfois que l'on ait la révélation d'un réel écrivain, que l'on soit frappé par son style et que l'on adhère d'emblée à son propos. C'est le cas avec *Le pousse-pousse*, de Lao She (traduit du chinois par François et Anne Cheng) et aussi *Quatre générations sous un même toit*.

Les personnages du romancier et dramaturge Shu Qingchun, dont le nom de plume est Lao She (1899-1966), sont tirés du petit peuple de Pékin et en ont conservé son langage. Ses romans évoquent le cadre urbain des *hutong*, où se mélangent les cultures mandchoue, han et musulmane. Ils décrivent les cellules familiales pendant les dernières heures de la dynastie mandchoue et sous l'occupation japonaise. En ce sens, on peut dire que Lao She est le romancier de Pékin.

Né le jour du Nouvel An chinois, en 1899, Lao She est issu d'une famille mandchoue de rang modeste et illettrée. Sa mère est blanchisseuse et son père, garde du palais, est mort en soldat, le 15 août 1900, en défendant la Cité interdite contre les troupes alliées venues délivrer les légations assiégées par les Boxers. Il raconte qu'étant petit, sa mère ne lui « racontait pas de légendes sur les ogres qui mangent les enfants. Pour elle, les monstres étaient les étrangers, plus cruels et plus barbares que les ogres, avec d'énormes mâchoires et des crocs redoutables. Et les contes pour enfants ne sont que des contes, tandis que les histoires de ma mère reposaient sur des faits qui avaient atteint directement toute notre famille ».

Après des études dans un collège privé, Lao She est admis à l'école normale de Pékin, où les études sont gratuites. Il enseigne dès l'âge de dix-neuf ans et occupe divers emplois administratifs dans des écoles élémentaires. En 1925, il s'embarque pour l'Angleterre, où il devient assistant à la London School of Oriental Studies. Il écrit alors ses premiers romans. Il regagne la Chine en 1930 et se marie. Tout en continuant son métier d'enseignant, à l'université du Shandong, à Qingdao, il continue à publier, en particulier un roman satirique, *La Cité des chats*. En 1936, Lao She publie son chef-d'œuvre, *Le pousse-pousse*, et décide de se consacrer à l'écriture.

L'invasion japonaise le contraint à se replier à Wuhan, puis à Chongqing. Il continue à écrire et devient le principal responsable de la Fédération des écrivains et artistes résistants. En 1939, il passe par Yan'an (au nord de la province du Shaanxi, là où les communistes se sont réfugiés, au terme de la Longue Marche) et trinque avec Mao. En 1946, il quitte Shanghai pour les États-Unis, invité par le Département d'État. Il prolonge de deux ans son séjour. Les deux premières parties de son grand roman *Quatre générations sous un même toit* paraissent en Chine. Il y est de retour à l'époque de la fondation de la République populaire, en décembre 1949.

Le pousse-pousse est donc le plus célèbre des romans de Lao She. Son héros, le tireur de pédicab, est le symbole du labeur et de la misère du peuple chinois. Tentons de résumer ce roman linéaire, à l'intrigue relativement simple. Le héros, Xiangzi, est un jeune paysan qui a tout perdu : ses parents et le lopin de terre qui leur appartenait. À dix-huit ans, il arrive à Pékin pour gagner sa vie. Il est jeune, beau et robuste, et surtout il est foncièrement honnête. Il se fait tireur de pousse. Mais il ne rêve que de posséder son propre engin. Il épargne pendant trois ans et peut enfin s'acheter son pousse. Mais des soldats perdus le lui volent et le font prisonnier. Il réussit à s'échapper et s'empare alors de trois chameaux, qu'il s'empresse de vendre. Ce qui lui vaudra désormais son surnom (Luotuo : « Le Chameau »).

Revenu à Pékin, il ne pense qu'à une chose, acquérir un nouveau pousse. En attendant, il en loue un à l'intraitable propriétaire d'un garage, où il lui arrive de passer la nuit. Un soir, alors qu'il range son pousse, il est assailli sexuellement par la fille du patron, Huniu. Celle-ci, une « jeune tigresse », est pourtant bien laide. Regrettant de s'être laissé séduire, il cherche à l'éviter. Il se fait engager par un employeur bienveillant, M. Cao. Mais Huniu réussit à le retrouver, et lui annonce qu'elle est enceinte. Elle le contraint au mariage. Dans le même temps, un mouchard lui dérobe toutes ses économies, tout en essayant de le faire chanter sur les accointances politiques de son employeur.

Piégé, Xiangzi n'a d'autre solution que de vivre avec sa femme – qui d'ailleurs ne se trouvait nullement enceinte – dans la promiscuité et la misère d'une habitation collective. Huniu a tôt fait de dépenser l'argent qu'elle a emporté après avoir rompu avec son père, qui s'opposait à son mariage. Xiangzi veut reprendre son métier de tireur de pousse. Elle lui en achète un. Mais, peu soucieux de ménager sa santé, il tombe malade. Bientôt, c'est Huniu qui meurt en couches, avec l'enfant qu'elle attendait. Il vend alors son pousse. Il se prend de sentiment pour une malheureuse voisine, Xiao Fuzi, que son ivrogne de père a forcé à se prostituer.

Mais il ne veut pas sacrifier pour elle son indépendance. Il entend vivre désormais comme les autres tireurs de pousse, sans se préoccuper du lendemain. Il se met à boire et à fumer. Il séduit même la concubine de l'un de ses maîtres et contracte la syphilis. Un jour, sa rencontre avec le père de Huniu lui permet de se venger de ce dernier pour toutes les humiliations qu'il lui a fait subir. Reprenant confiance en lui-même, il va voir son précédent employeur, M. Cao, qui le reprend à son service. Il retrouve la trace de Xiao Fuzi, mais apprend qu'elle s'est pendue dans un bordel. Désespéré, il renonce définitivement à son métier de tireur de pousse. Il vit alors d'expédients et finit lamentablement dans un cortège mortuaire, employé comme figurant.

On sort meurtri de ce roman poignant. On est accablé par la succession de malheurs qui s'abattent sur le pauvre héros, si brave et si méritant, au cœur si pur. On se révolte contre la perpétuelle injustice dont il est victime au cours de sa chienne de vie. On se dit qu'il ne sert à rien d'être courageux et honnête, et que mieux vaut être un voyou et un lâche, si l'on veut s'en sortir. Mais est-ce seulement la morale de cette histoire ? *Le pousse-pousse* n'est pas une œuvre à thèse. Le livre se contente de décrire les enchaînements qui conduisent tragiquement le héros à la déchéance. Comme le souligne Anne Cheng, ce roman nous raconte « une sorte de chemin de croix sur lequel notre tireur va de désillusion en désillusion, de coup dur en coup dur qui, chaque fois, le font tomber toujours plus bas ». On a du mal à admettre comment cet homme « normal », costaud et courageux, motivé par l'unique volonté de s'en sortir par lui-même, peut finir écrasé et broyé par une société sans pitié, jusqu'à devenir une loque. Un destin tragique !

Mais *Le pousse-pousse*, c'est aussi le roman de Pékin. Ce Pékin des années 1930, qui a perdu son rang de capitale et son prestige d'antan. Le narrateur aime sa ville natale – « comme un enfant aime sa mère », a-t-il coutume de dire – qu'il décrit avec précision. L'amour de Lao She pour Pékin transparaît dans la tendresse qu'il témoigne à ses personnages. On entend avec lui les bruits de la vie quotidienne, les échanges de dialogue, les rumeurs de la ville qui se propagent de maison en maison, la chaleur des relations humaines dans les *hutong*, l'entraide qui soude les habitants, la comédie qui anime tout l'ouvrage, y compris dans ses pages les plus noires.

Le temps et les saisons qui rythment la vie de Pékin sont d'autres acteurs de l'histoire. Lao She est sensible aux changements de saison, comme peut l'être un tireur de rickshaw, soumis à la volonté ou au caprice des éléments atmosphériques, le gel, la sécheresse de l'hiver avec ses tourbillons de sable, la neige, le printemps si court, la chaleur humide de l'été avec ses gros orages, l'automne enfin, la meilleure époque de l'année, pour un tireur de pousse comme pour les Pékinois, avec la pureté de son ciel étoilé.

Lao She évoque également les petits riens de la vie quotidienne à Pékin, l'animation de la rue avec ses fêtes, auxquelles correspondent autant de pâtisseries, ses troupes de comédiens et de jongleurs, les cris des camelots et des vendeurs de lanternes à l'approche du Nouvel An. Le romancier nous dit tout sur les conditions de vie et de travail du tireur de pousse et de ses semblables. En ce sens *Le pousse-pousse* reste un précieux document sociologique. On regrette cependant que l'éditeur de ce roman n'ait pas inséré un plan de Pékin, avec ses portes et ses artères, surtout de sa partie Nord-Ouest, où se déroule l'essentiel de l'histoire.

Lao She aime le petit peuple dont il est issu et qu'il décrit si bien dans sa misère. « Je suis moi-même d'une famille qui a souffert de la misère, aussi ai-je une sympathie profonde pour les gens pauvres, explique-t-il. J'ai beau être toujours pris, du fait de mon métier, par les cercles d'intellectuels, tous mes amis ne sont pas pour autant des professeurs et des savants. Des boxeurs, des chanteurs de rue et des tireurs de pousse sont aussi mes amis. Et mes relations avec eux ne consistent pas seulement à aller m'asseoir un instant dans un débit de thé en leur compagnie et à noter à leur insu sur un petit carnet ce qu'ils font et ce qu'ils disent. C'est là quelque chose que personnellement je n'ai jamais fait. Au contraire, quand je les rencontre, je ne le fais pas du tout dans l'idée exclusive de me livrer à un examen, mais simplement pour me faire des amis. Ils me donnent un coup de main, et je le leur rends ; ils viennent célébrer mon anniversaire, et je vais à mon tour les féliciter quand ils ont un bébé ou lorsqu'ils se marient. C'est de cette façon que j'ai compris leur état d'esprit et que la connaissance que j'ai d'eux ne se borne pas à savoir quelles sont leurs conditions de vie. »

Lao She a consacré plus des trois quarts de son œuvre à décrire la vieille capitale et ses habitants : « Comme je suis né à Peiping [Nankin est alors la capitale et Pékin est devenu Peiping], il n'est rien de la ville dont je ne sois pleinement familier : de ses activités, de ses paysages, de ses odeurs ou saveurs, des cris de ses marchands ambulants, vendeurs de jus de prunelle ou de thé aux amandes d'abricot. Il me suffit de fermer les yeux pour qu'aussitôt mon Peiping m'apparaisse dans sa plénitude et que je n'aie plus qu'à reproduire la peinture aux vives couleurs qui toujours surnage au fond de mon cœur : c'est comme une onde pure, où je n'ai qu'à tendre la main pour y saisir le plus frétillant des poissons. »

Lao She était à son époque un des maîtres du roman chinois moderne. Et même le plus grand romancier chinois vivant et le plus universellement respecté. Écrivain consacré, auteur de onze romans, de six recueils de nouvelles et de vingt pièces de théâtre (dont *La Maison de thé*), sans compter les essais critiques et les innombrables articles de revues, l'« Écrivain du peuple » est couvert d'honneurs. Patriote, vice-président de l'Union des écrivains chinois, il sera élu député à l'Assemblée nationale populaire. Auparavant, il a été à la tête de la résistance intellectuelle contre le Japon et a orienté volontairement ses écrits vers les campagnes militaires contre les Japonais et les faits d'armes de l'armée de Libération.

Après 1949, partisan de Mao Zedong et du régime communiste qu'il incarnait, il a encensé le traité d'amitié sino-soviétique et Staline, il a approuvé la purge de 1957 et le Grand Bond en avant, soutenu les communes populaires et même écrit un article à la gloire de la révolution culturelle. Lao She est allé jusqu'à encourager la révolution de l'opéra (c'est-à-dire la disparition de l'opéra traditionnel, qu'il aimait tant) entreprise par l'abominable Mme Mao.

Et pourtant, ce dignitaire bon teint du régime – qui n'a jamais cependant été communiste – sera l'une des premières victimes de la révolution culturelle. Des gardes rouges viennent l'arrêter et l'emmènent à leur quartier général. Ils l'interrogent, l'insultent et le rouent de coups sur les marches du temple de Confucius. L'homme de soixante-sept ans est contraint par des gamins de quinze ans de rester debout et de tenir au-dessus de sa tête une pancarte d'infamie. Souffrant des jambes depuis plusieurs années, il s'écroule. « Rentre chez toi, tu reviendras demain », lui crie le chef de la bande.

Il rentre chez lui, sous l'œil de ses voisins atterrés. C'est pour trouver sa maison pillée. Ses vieux livres et ses précieux documents gisent à terre, pêle-mêle dans la cour, au milieu de porcelaines brisées. Les parterres de fleurs de son jardin, objets de tous ses soins, sont dévastés.

Trois jours après son arrestation, le 24 août 1966, Mme Lao She, Hu Jieqing, est avisée que l'on a retrouvé le corps noyé de son mari, au bord du petit lac Tai Ping (lac de la Grande Paix), au sud de la ville. Et que la police a conclu au suicide. Telle est donc la version officielle. Son corps ne sera jamais rendu à sa famille. Il ne sera pas autopsié et sera immédiatement incinéré. Ceux qui l'ont découvert témoigneront que seul son visage était immergé dans l'eau et que ses vêtements étaient secs.

Meurtre ou suicide ? La polémique a agité les intellectuels français à la fin de la révolution culturelle. De retour de Chine en 1973, la sinologue lyonnaise Michelle Loi, une maoïste pure et dure, croit bon d'affirmer : « Je ne pense pas que ce soit une question tellement intéressante pour tout le monde de savoir si Lao She s'est ou non suicidé. » Simon Leys, René Étiemble et Claude Roy s'en étrangleront d'indignation ! Claude Roy cite la veuve de l'écrivain qui, à la question : « Votre mari s'est-il suicidé ? », répond sans détour : « Non, sûrement pas ! » C'est ainsi que Lao She aurait été « suicidé ».

L'écrivain ne terminera pas son grand roman autobiographique, *L'Enfant du Nouvel An*. En 1978, Lao She a été officiellement réhabilité. Reste le souvenir d'un homme plein d'humour (voir *La Cité des chats*), doué d'un réel talent d'imitateur, comme le raconte Claude Roy, qui a assisté à une scène unique : Lao She s'amusant à imiter Mei Lanfang devant Mei Lanfang en personne, « secoué d'un joyeux rire à se voir si intelligemment parodié ».

Chapitre 27

La Grande Muraille vue de la lune ?

« La Grande Muraille de Chine !... Quel nom prestigieux, évocateur de choses inouïes, merveilleuses...

« Ce travail dura plusieurs siècles ; il est unique au monde et dépasse de beaucoup les fabuleuses pyramides d'Égypte !

« Devant mes yeux éblouis, ravis, se déroulait à perte de vue la Grande Muraille aux mille contours, s'élevant tout au faîte des monts dénudés...

« Peu à peu elle diminuait d'ampleur, épousait les formes mêmes du terrain et, en certains endroits escarpés, n'était plus qu'un simple mur crénelé, barrant les points les plus élevés de la montagne aride, autour de laquelle il s'enroulait, semblable à un fantastique serpent grisâtre aux multiples têtes, les bastions, se perdant dans l'immensité des nues éthérées...

« J'étais anéanti et enthousiasmé.

« Longtemps je méditais devant ce spectacle grandiose, unique...

« – Ah ! Grande Muraille, dis-moi donc tes secrets... Qu'ont vu tes yeux depuis tant d'années accumulées ?

« ...Tes pierres parlent... Elles ont vu tant de choses ! Je sens se dégager d'elles l'infinie tristesse des siècles écoulés, sur lesquels la mort étend le linceul de l'humanité tandis que, toujours immuable, grimpant à l'assaut des pics les plus inaccessibles, tu parais t'avancer calme et sereine comme ton peuple vers l'avenir incertain, menaçant...

« Ô Grande Muraille, toi l'unique, toi qui seule sur cette planète représentes l'entier effort terrestre, le genre humain a les yeux tournés vers toi... »

On doit cette page vibrant de lyrisme, cet hymne à la Grande Muraille, à Louis Carpeaux, auteur de *Pékin qui s'en va.*

Pékin, c'est avant tout la Cité interdite, le temple du Ciel et le palais d'Été, pour le touriste pressé. Mais aussi la Grande Muraille, visite obligée pour le voyageur, à soixante-dix kilomètres au nord de la capitale chinoise. Le passager d'un avion en phase d'atterrissage à l'aéroport de Pékin a parfois la chance de l'apercevoir du ciel. Pourtant, s'il est un site qui risque de décevoir le visiteur, c'est bien la Grande Muraille de Chine, s'il ne prend pas la précaution d'aller la voir à un endroit autre que Badaling, défiguré par le tourisme de masse. Avec les visiteurs qui achètent à tour de bras des T-shirts arborant ce slogan triomphant, comme s'il s'agissait d'un exploit sportif : « J'ai escaladé la Grande Muraille. » On se souvient, pour en sourire, de l'exclamation du président Richard Nixon, qui l'a visitée en 1972 : « C'est assurément un grand mur ! » (*This is a great wall*).

La Grande Muraille est certes une construction mythique, un mythe un peu trop envahissant peut-être. Sun Yat-sen et Mao Zedong ont voulu en faire le symbole de la nation chinoise. Ne dit-on pas d'autre part qu'elle est la seule construction visible depuis la lune !

Elle symbolise cependant l'Empire du Milieu. Elle est le « long Mur des 10 000 li », un chiffre qui pour les Chinois traduit l'incommensurable. Voici plus de deux millénaires qu'elle défie les hommes et le temps. Elle s'étire d'Est en Ouest sur six mille quatre cents kilomètres (en comptant les deux mille huit cents kilomètres de ramifications), et traverse quatre provinces, depuis la passe de Shanhai (Shanhai guan, la « passe de la mer et de la montagne »), dans le golfe de Bohai, jusqu'à la passe de Jiayu, dans le Gansu, aux confins du désert de Gobi. Elle est haute de sept à seize mètres et large de sept mètres à sa base. Ce système de fortifications est très ancien, certains tronçons remontant au IVe siècle av. J.-C.

Après avoir unifié la Chine, le premier empereur Qin (221-207 av. J.-C.) – le fameux Shi Huangdi – en a unifié les différentes sections, qui n'étaient le plus souvent que des levées de terre. Des textes historiques racontent la souffrance endurée par ses bâtisseurs, des travailleurs enrôlés de force par conscription, peinant et le plus souvent mourant dans ces froides montagnes particulièrement inhospitalières. Les Han ont poursuivi l'entreprise, et jusqu'au VIe siècle de notre ère la Grande Muraille s'est voulue un important système de défense contre les intrusions des tribus barbares nomades venues du Nord, des envahisseurs toujours menaçants.

Pendant les dynasties suivantes, ces défenses furent plus ou moins oubliées. À noter que Marco Polo ne mentionne pas la Grande Muraille. Il n'y a pas de quoi s'en étonner ; sans doute n'a-t-il pas remarqué la levée de terre qu'il a dû traverser. La dynastie mongole des Yuan, qui régnait en Chine à cette époque, n'avait plus à se préoccuper d'un danger qui aurait pu venir de Mongolie.

Ce sont les empereurs Ming (1368-1644) qui entreprennent au XVIe siècle sa restauration pour symboliser l'unité du territoire chinois et conjurer le péril mongol. Pendant cent soixante-dix ans, plusieurs centaines de milliers, voire un million de prisonniers et de soldats-ouvriers, ont œuvré sur cet incroyable édifice, taillant pierre après pierre, brassant quelque soixante millions de tonnes de matériaux. Un chantier colossal dont le coût humain – un dicton chinois veut que ce mur soit le plus long cimetière du monde ! – et en matériaux est incalculable, sans compter le désastre écologique entraîné par la destruction des forêts alentour.

De l'utilité de la Grande Muraille ?

La Grande Muraille figure parmi les merveilles du monde et, comme il se doit, sur la liste du Patrimoine mondial de l'Unesco. Ce travail gigantesque n'a jamais cessé d'impressionner le voyageur, tel le comte de Beauvoir (dans son *Voyage autour du monde*, paru en 1872) :
« Ce spectacle est souverainement grand ! Quand on songe que des hommes ont construit tant de murs, sur des points paraissant inaccessibles, comme pour opposer à la Voie lactée, au ciel, une voie murée sur les cimes, on croit à un rêve. Et pourtant nous l'avons escaladée, nous y avons marché en long, en large, plongeant nos regards en avant vers la Tartarie, à droite vers le Tche-li (golfe de Beizhili), à gauche vers le Tibet, an arrière vers les plaines fertiles de la Chine méridionale. Oui, assurément ce serpent de pierre fantastique, ces créneaux sans canons, ces meurtrières sans fusils, ces remparts sans un seul défenseur, ces fortifications qui ne protègent rien et que personne n'attaque, resteront dans nos souvenirs comme une vision, magique. Mais si, après avoir admiré une vue si pittoresque, on vient à réfléchir comme on voit bien là l'œuvre d'un peuple de grands enfants menés par des

despotes ! Quelle folie que d'élever une enceinte continue là où deux forts seulement, aux passes de Nanku (non loin des tombeaux Ming, au Nord-Est de Pékin) et de Gubeiku, auraient fermé la Chine à toutes les invasions du Nord ! Que des milliers d'hommes ont dû succomber à ce travail surhumain, vainement inventé pour la défense d'un empire dont il n'a pu d'un jour arrêter l'envahissement. »
Et de fait, une question se pose : cette merveille défensive a-t-elle servi à quelque chose ? Les avis sont partagés. Les plus optimistes mettent en avant que ces remparts ont joué le rôle au cours des siècles de force de dissuasion, susceptible de décourager des envahisseurs potentiels. On explique aussi que la Grande Muraille s'est révélée utile pour permettre d'accéder à des zones montagneuses reculées et isolées et à acheminer sur ses chemins de ronde des denrées et des équipements. Ces chemins pavés et bordés de chaque côté de murets à créneaux, larges de cinq mètres et demi, permettaient en effet la circulation d'un char attelé. À ceci près que l'on ne voit guère des chars grimper des escaliers, si nombreux. Le système des tours de guet à section carrée, espacées de cent vingt mètres, si typique (les petits fortins rectangulaires étaient destinés à héberger les garnisons), permettait d'autre part d'émettre des signaux à partir de balises et de signaler les mouvements des troupes ennemies. Soit !
Le Guide Bleu ne manque pas de s'interroger :
« La présence d'un objet insolite dans un paysage excite toujours l'imagination. Nombre de fantaisistes ont tenté de comprendre "à quoi elle servait". Route suspendue, transsibérien archaïque, télégraphe élémentaire et audiovisuel de tour en tour (drapeaux, tambours, gongs...), barrière douanière, base militaire de colonisation agraire, ont été les interprétations les plus couramment avancées. Faut-il choisir entre elles ? »
À contempler ce serpent de pierre, on s'interroge en effet sur son utilité. Il escalade les montagnes jusqu'à leur sommet, monte et descend à l'infini, épouse une ligne de crête passablement tortueuse. Quel envahisseur aurait pu nourrir l'idée saugrenue de franchir cette ligne défendue en de tels endroits ? Cette folle construction n'est qu'une pure folie qui ne peut relever que du fantasme le plus délirant !

Victor Segalen, qui a vu la Grande Muraille à la passe de Nanku, n'est pas de prime abord autrement impressionné. Il y voit simplement un « haut rempart de pierres et de briques ». Une vision qui va évoluer : « C'est assez inutile et fort beau. Cela se déroule avec la même puissance à travers monts et plaines. Au nord, c'est encore la Chine politique, mais en réalité c'est déjà toute la Mongolie qui se découvre. Le col est franchi. Le regard est à cheval sur deux mondes et deux races. Et il est curieux de penser, non sans un admiratif effroi étonné, que cette muraille, qui disparaît dans un repli de monts, court ainsi sur toute la lisière Nord de la Chine, et qu'après un mois et demi de voyage incessant, arrivant à Lanzhou [dans le Gansu], nous la retrouverons encore. »

Il se trouve que les autorités chinoises, depuis la fondation de la République populaire, ont voulu faire de la Grande Muraille « une icône de la grandeur nationale ». Elles veulent par exemple qu'elle soit visible de la lune. Les astronautes auraient lancé la rumeur lors de la conquête de l'espace. Les livres de classe chinois se plaisent à entretenir cette idée reçue. Avec un certain succès, même en Occident !

On a pu lire par exemple dans *Le Journal du Dimanche* (daté du 7 janvier 2007), que « cette bâtisse [*sic*] de deux mille ans » est la « seule œuvre humaine visible depuis la lune ». En octobre 2007, les autorités chinoises ont autorisé l'organisation d'un défilé de mode sur la Grande Muraille. Jamais « cette destination touristique majeure n'avait connu dans son histoire plus insolite envahisseur », écrit *Le Figaro*, qui cite Bernard Arnault, président de LVMH : « C'est le premier défilé au monde visible depuis la lune ! On ne voit ça qu'une fois dans sa vie. » Une déclaration osée à mettre sur le compte de l'émotion... Voici donc une erreur volontaire, soigneusement entretenue en Chine.

À l'automne 2003, le cosmonaute Yang Li Wei, redescendu sur terre à l'issue de la première mission spatiale chinoise, a semé la consternation dans son pays en énonçant cette frustrante affirmation au regard de l'orgueil national : « Vue de l'espace, la terre est belle, mais je n'ai pas vu notre Grande Muraille. » Effectivement ! Aucun monument construit de la main de l'homme, pas plus la Grande Muraille que les Pyramides ou la Tour Eiffel, n'est visible de l'espace, et encore moins de la lune...

L'explication est simple, évidente, mathématique. Elle relève tout simplement du bon sens. Avec ses dix mètres de large – peu importe sa longueur, compte tenu de la distance de la terre à la lune, soit trois cent quatre-vingt-cinq mille kilomètres – c'est comme si on était capable de distinguer un cheveu de 0,00025974 millimètres de diamètre à dix mètres de distance ! Peut-on voir, de la même manière, un objet d'un millimètre à trente-huit kilomètres ? Un objet d'un centimètre à trois cent quatre-vingts kilomètres ? Un objet d'un mètre à trente-huit mille kilomètres ?

Il est donc impensable de croire que la Muraille de Chine puisse être visible à l'œil nu depuis la lune, sauf à aller vérifier par soi-même et être doté surtout d'une très très bonne vue ! Et tant pis pour la légende, même si elle est intéressée.

Laissons le coup de grâce assené à cette idée fausse qui a la vie dure, cette assertion érigée en mythe, à l'astronaute Alan Bean :

« La seule chose que vous pouvez voir depuis la lune, c'est une magnifique sphère, blanche la plupart du temps (des nuages), un peu de bleu (des océans), quelques taches jaunes (des déserts), et de temps à autre du vert provenant de la végétation. À cette échelle, aucun objet créé par l'homme n'est visible. En réalité, dès que l'on quitte l'orbite terrestre et à une distance de quelques milliers de miles, aucun objet humain n'est visible. »

Gardons-nous de l'ivresse de l'espace ! Et puis la Grande Muraille de Chine n'a pas besoin de cette affabulation pour exister dans toute sa grandeur.

Chapitre 28

Les derniers jours de Pékin

Pierre Loti, l'auteur des *Derniers Jours de Pékin* (dont l'action se situe en 1900), écrit que « Pékin est le dernier refuge de l'inconnu et du merveilleux sur terre ». Est-ce encore vrai aujourd'hui ?

La question est grave. Les plus belles villes du monde sont celles qui n'ont pas eu à subir les outrages dus aux guerres ou aux révolutions, ou qui se sont reconstruites de manière harmonieuse. Paris est sans conteste la plus belle ville du monde. Rome est également une capitale extraordinaire. Et Vienne une ville monumentale. Venise est une cité incomparable. Prague est pleine de charme dans sa modestie. New York n'est pas à proprement parler une belle ville, mais elle est unique en son genre. Berlin était, paraît-il, une belle capitale avant les bombardements de 1945. Kyoto, avec ses temples et ses jardins, est une cité où l'on aime séjourner et retourner.

Et Pékin ? La capitale de la Chine est-elle encore une des plus belles villes du monde ? Il faut dire qu'aucune autre capitale historique, avec un tel passé, n'a jamais été remodelée si vite et si profondément depuis une soixantaine d'années, et surtout depuis une dizaine d'années.

Pour Simon Leys, la réponse est sans ambiguïté, elle est négative. Dans *Ombres chinoises* (ouvrage paru en 1976), il écrit : « Il est difficile de prévoir comment les siècles futurs jugeront le règne maoïste. Une chose est dès à présent certaine : en dépit de tous ses accomplissements, le nom du présent régime restera à jamais associé à un mémorable outrage infligé au patrimoine culturel de l'humanité entière : la destruction de la ville de Pékin. »

Simon Leys est très remonté contre un monument qui, à ses yeux, « symbolise dramatiquement le viol maoïste de l'antique capitale », c'est-à-dire le monument aux Héros du peuple, qui trône au centre de la place Tian'an men, au milieu de la perspective qui relie Tian'an men (la porte de la Paix céleste) à la porte Qianmen. Il s'agit d'un obélisque de granit de trente-huit mètres de haut, dont la base est ornée de bas-reliefs de carton-pâte représentant les étapes de la révolution chinoise. Simon Leys dénonce la présence de cette « insignifiante bitte de granit » qui dénature cet axe sublime. Il explique que l'idée de l'urbaniste du Parti communiste était évidemment de détourner l'antique aménagement impérial de cet espace, « de capter à son profit le courant mystique qui, suivant le relais rythmé des portes successives, s'achemine du monde extérieur vers la Cité interdite, centre idéal de l'univers ». Impitoyable, Simon Leys ajoute que l'urbaniste a simplement oublié « qu'en déposant son étron révolutionnaire-prolétarien au milieu de cette avenue sacrée, il détruisait très précisément la perspective dont il voulait le faire bénéficier » !

C'est ainsi que la géométrie de la capitale s'est trouvée bouleversée. L'axe traditionnel Nord-Sud, qui structurait l'organisation symbolique de l'espace, est aujourd'hui remplacé par un axe Est-Ouest, qui a permis l'organisation des grand-messes maoïstes le long d'un nouveau, long et vaste boulevard, la fameuse avenue Chang'an (la Longue Paix, longue de près de quarante kilomètres). Supprimé l'axe impérial qui protégeait le Fils du Ciel des souffles néfastes venus du Nord ! C'est face au Sud, tout de même, que Mao Zedong a proclamé la République populaire de Chine, le 1er octobre 1949, du haut de la porte Tian'an men. Son mausolée, élevé en 1977, s'ouvre cependant au Nord... Mieux vaut éviter de regarder les imposants bâtiments voisins, chefs-d'œuvre d'architecture stalinienne, érigés à la gloire de la Chine socialiste, le musée d'Histoire et de la Révolution (à l'Est), et le palais de l'Assemblée du peuple (à l'Ouest).

Et de fait, Pékin, cette ville sainte en quelque sorte, aurait perdu son caractère sacré. La faute en reviendrait au régime maoïste, lequel s'est servi sans vergogne de l'ancienne capitale pour donner un socle plus prestigieux à son pouvoir, et qui « en se l'annexant, l'a détruite ». Des quartiers entiers ont été rasés « pour satisfaire à la grande passion de l'urbanisme socialiste », avec l'aménagement d'immenses boulevards et esplanades, destinés à faciliter le déploiement des défilés de masse.

La première des destructions subies par Pékin dans les années 1950 est celle de ses *pailou*, ces portiques en forme d'arcs de triomphe en bois, surmontés d'un ou plusieurs toits, décorés et peints, qui enjambaient les artères de la ville. Les *pailou*, élevés à la mémoire de mandarins intègres et de veuves méritantes, avaient le tort de représenter un passé honni et aussi de gêner la circulation. Il ne reste qu'un seul de ces gracieux édifices, près du temple des Lamas. Pour les imaginer, il faut recourir aux albums photographiques du Pékin ancien.

Il en va de même pour les murailles et des portes de Pékin (voir Osvald Siren, *The Walls and Gates of Peking*) devant lesquelles des générations de visiteurs se sont extasiées. Juliet Bredon recommande par exemple aux touristes de ne pas quitter Pékin sans avoir fait le tour des remparts, et de parcourir au moins la section qui va de Qianmen à Hatamen (voir son ouvrage *Peking*, paru en 1922).

Le forfait le plus impardonnable aux yeux des nostalgiques de l'ancienne capitale impériale est la destruction quasi totale (de 1950 à 1962 et également pendant la révolution culturelle) des murs d'enceinte de la ville, de ces prodigieuses murailles célébrées par les voyageurs occidentaux depuis un siècle au moins. « Il faut savoir, écrit Simon Leys, que Pékin n'était pas une cité ordinaire, née d'une simple rencontre de divers facteurs démographiques, économiques, géographiques, etc., mais qu'elle constituait une projection dans la pierre d'une certaine vision de l'esprit : aussi ses remparts ne représentaient-ils pas tant un appareil médiéval de défense, qu'ils ne traduisaient une géométrie cosmique, un graphique de l'ordre universel. » En revenant à Pékin en mai 1972, Simon Leys dit espérer que les portes monumentales au moins, et certaines parties des murailles, auront été épargnées par la pioche et les pelles mécaniques des démolisseurs. Quel n'est pas son désarroi en découvrant qu'à l'emplacement de toutes les portes s'étend « la platitude anormalement vaste et vide d'un boulevard tout neuf » (lequel correspond au tracé de l'actuel deuxième périphérique). Un cauchemar !

« Pour ceux qui l'ont connu autrefois, Pékin apparaît aujourd'hui comme une ville assassinée : le corps est toujours là, l'âme a disparu », se lamente l'amoureux de Pékin. Heureusement, la Cité interdite existe toujours « avec la noble justesse de ces cours et de ces toits que renouvelle à l'infini l'éclairage changeant des jours et des saisons ». Ainsi que le temple du Ciel et le palais d'Été, le temple des Lamas et celui de Confucius. Il faut consulter le Guide

Nagel, lequel reste l'ouvrage de référence pour les nostalgiques du Pékin disparu, à lire comme les récits des missionnaires des XVIIe et XVIIIe siècles, et aussi les descriptions du Guide Madrolle (*Chine du Nord*, Hachette, 1911) et de Segalen, pour visiter en imagination les monuments, les temples et les monastères qui ne sont plus. Une liste poignante... À laquelle s'ajoute donc la place Tian'an men, édifiée il y a soixante ans par le régime maoïste, en lieu et place du vieux Pékin, pour aménager devant le palais impérial « un immense désert de bitume, stérile et vide ».

On parle moins du sort – leur disparition est tout aussi importante et dramatique – des nombreux et vastes palais et jardins habités par les princes et les nobles mandchous dans la ville tartare, à l'ouest et au nord de la Cité interdite, près des lacs Beihai, Qianhai, Houhai et Xihai. Ces palais ont été transformés en usines ou réquisitionnés pour abriter la troupe, des ministères, des organismes officiels ou des écoles. Ces témoins de charme d'un Pékin féodal ont été sacrifiés sans remords. Juliet Bredon, dans son *Peking* (un livre très attachant et plein de sensibilité, écrit par une amoureuse de Pékin), considère que, sur le plan de la beauté artistique, comme sur celui de l'intérêt historique, les palais, avec leurs cours et leurs jardins, sont de loin ce que l'on peut voir de mieux à Pékin. C'était dans la première moitié du XXe siècle...

Mais ce qui inquiète le plus aujourd'hui, c'est la disparition brutale et programmée des *hutong*, ce réseau de ruelles étroites et sinueuses, bordées de longs murs gris, souvent en impasse, à l'écheveau inextricable. Les *hutong* enserrent les *siheyuan*, ces maisons basses construites autour d'une ou de plusieurs cours intérieures carrées. *Hutong* et *siheyuan* sont typiques de l'habitat pékinois. Pendant sept siècles, les *hutong* furent le « chef-d'œuvre de l'urbanisme horizontal et convivial » (Cyrille Javary). Bien sûr que l'on regrette la destruction de ces habitations, vestiges d'un autre temps, et de les voir remplacées par des constructions modernes à étages. Mais, comme Roger Darrobers, il faut avoir l'honnêteté d'admettre que les *siheyuan*, jadis construites pour abriter une famille, se trouvaient dans un état de délabrement avancé. Inconfortables et insalubres, sans commodités aucunes, s'y entassaient plusieurs familles privées de toute intimité. Les *siheyuan* étaient surtout, disons-le, impossibles à rénover.

Cela n'empêche pas le romancier J.M.G. Le Clézio de se lamenter : « Aujourd'hui, le *hutong*, le principal personnage du roman de Lao She (*Quatre générations sous un même toit*) disparaît inexorablement sous les coups de boutoir des pelles mécaniques au service, non plus de la révolution, mais de la modernisation commerciale et planifiée qui est en train de transformer l'une des villes les plus admirables du monde en un désert de béton et de verre, à l'image de Shanghai et de Hong Kong. »

Le chapitre que consacre Tiziano Terzani à la destruction du vieux Pékin fait frémir dans son éloquence. Pour le journaliste florentin : « La destruction du vieux Pékin qui, avec ses murailles, ses temples, ses palais et jardins, était un des plus hauts symboles de la civilisation chinoise est une tragédie que les Chinois se sont infligée à eux-mêmes, sans aucune aide étrangère. » Si encore ces destructions massives du vieux Pékin faisaient place à des immeubles d'une belle et harmonieuse architecture. Mais non ! C'est le n'importe quoi qui domine dans cette uniformité hétérogène. La faute en incombe au je-m'en-foutisme des promoteurs, au manque d'imagination et de talent des architectes, et surtout à l'incurie de la municipalité qui a laissé faire les choses. Tout le monde en convient. Mais avant de jeter la pierre, pensons à l'affreux front de Seine du XVe arrondissement de Paris et autres verrues récentes qui défigurent la capitale française. Songeons à la destruction des halles de Baltard, qui ont laissé place à quoi ?

Comment comprendre cette attitude iconoclaste des Chinois à l'égard du passé ? Simon Leys avance cette explication en forme de paradoxe : la longévité culturelle de la Chine, la plus ancienne civilisation au monde, fondée sur le respect des valeurs spirituelles et morales des Anciens, a souvent entraîné, en parallèle, une certaine indifférence et négligence envers l'héritage tangible du passé. Continuité spirituelle d'un côté, destruction partielle des réalisations matérielles de sa civilisation de l'autre. C'est ainsi que la Chine manque singulièrement de monuments anciens, phénomène qui désoriente le visiteur occidental cultivé à la recherche de vestiges historiques sur ces terres millénaires. Cette « monumentale absence du passé » ne laisse pas de surprendre. À croire que le passé qui continue à animer la vie chinoise semble habiter les personnes plutôt que les pierres. Pour Simon Leys, « ce passé est à la fois spirituellement actif et physiquement invisible ». En ce qui concerne le passé récent, est-ce la faute de la folie des gardes rouges et des aberrations de la révolution culturelle ? Il faut se rappeler les dévastations encore bien plus radicales des Taiping au milieu du XIXe siècle, à Hangzhou et Nankin par exemple.

AUX DIX MILLE ANNÉES

Le poète Victor Segalen, également sinologue et archéologue, qui a vécu en Chine à la fin de l'empire, a composé en 1912 un poème en prose, *Aux dix mille années*, publié dans *Stèles*, où il exprime le paradoxe de l'attitude des Chinois vis-à-vis du passé, attitude qui contraste avec celle des « barbares » occidentaux :

« Ces barbares écartant le bois, et la brique et la terre, bâtissent dans le roc afin de bâtir éternel.

« Ils vénèrent des tombeaux dont la gloire est d'exister encore : des ponts renommés d'être vieux et des temples de pierre trop dure dont pas une assise ne joue.

« Ils vantent que leur ciment durcit avec les soleils ; les lunes meurent en polissant leurs dalles ; rien ne disjoint la durée dont ils s'affublent, ces ignorants, ces barbares !

« Vous ! fils de Han, dont la sagesse atteint dix mille années et dix mille milliers d'années, gardez-vous de cette méprise.

« Rien d'immobile n'échappe aux dents affamées des âges. La durée n'est point le sort du solide. L'immuable n'habite pas vos murs, mais en vous, hommes lents, hommes continuels.

« Si le temps ne s'attaque à l'œuvre, c'est l'ouvrier qu'il mord. Qu'on le rassasie : ces troncs pleins de sève, ces couleurs vivantes, ces ors que la pluie lave et le soleil éteint.

« Fondez sur le sable. Mouillez copieusement votre argile. Montez les bois pour le sacrifice ; bientôt le sable cédera, l'argile gonflera, le double toit criblera le sol de ses écailles.

« Toute l'offrande est agréée !

« Or, si vous devez subir la pierre insolente et le bronze orgueilleux, que la pierre et le bronze subissent les contours du bois périssable et simulent son effort caduc :

« Point de révolte : honorons les âges dans leurs chutes successives et le temps dans sa voracité. »

Commentaire éclairé de Simon Leys dans *L'Humeur, L'Honneur, L'Horreur,* concernant l'attitude des Chinois à l'égard du passé :
« Le poème de Segalen est une méditation sur la manière dont la Chine a entrepris de vaincre le temps. Segalen oppose l'exemple de l'architecture chinoise à celui des autres grandes architectures du passé. Les monuments du monde non chinois – de l'Égypte ancienne à l'Occident moderne – s'efforcent de défier les siècles d'une manière active et agressive, il s'agit de bâtir pour l'éternité, en adoptant les matériaux et les procédés qui permettront de résister le mieux à l'érosion du temps. Mais, ce faisant, les constructeurs ne peuvent que différer leur inéluctable défaite. Les Chinois, en revanche, ont compris que « rien d'immobile n'échappe aux dents affamées des âges ». Aussi choisissent-ils de céder à l'impact du temps pour mieux l'infléchir et le neutraliser. La réflexion de Segalen part d'une observation concrète : l'architecture chinoise est effectivement faite de matériaux périssables. Elle se dégrade rapidement et requiert de fréquentes reconstructions. »

« La vraie magie de Pékin, la cité en tant que monument du passé, est perdue pour nous à jamais », se lamente Geremie Barmé en 1987, dans son introduction à la réédition du livre d'Arlington et Lewisohn.

La période maoïste ne doit pas cependant se retrouver chargée de tous les péchés. La destruction des merveilles de la capitale chinoise ne date pas de la révolution culturelle. Elle a commencé bien avant, avec le sac du palais d'Été en 1860 et surtout avec les ravages qu'ont infligés à la ville à la fois les Boxers et les troupes d'occupation alliées des huit puissances, en particulier les sikhs (forces britanniques), les Japonais et les Allemands, en 1900.

Dans leur livre *In Search of Old Peking*, en 1935, Arlington et Lewisohn précisent bien que le recensement qu'ils font des monuments de Pékin comprend également ceux qui ont complètement disparu. Les auteurs mettent pareillement en cause l'indifférence des Chinois eux-mêmes, et spécialement celle des responsables politiques du moment, qui sont les premiers à ordonner la destruction des monuments historiques dont la capitale chinoise est si riche. Ils assurent même que les destructions dues au vandalisme et aux autres graves négligences se multiplient à une cadence telle que de multiples bâtiments et monuments historiques auront certainement disparu dans le temps même où ils écrivaient leur ouvrage. On le voit, il n'y a rien de nouveau sous le soleil de Pékin !

Arlington et Lewisohn disent leur désolation : « Pour tous ceux qui ont longuement vécu à Pékin et l'aimaient, cette négligence s'apparente presque à une tragédie. Rien ne peut être plus douloureux que d'être le témoin impuissant de la mort lente, mais programmée, d'un endroit qu'on a appris à aimer pour sa beauté tranquille et pour les merveilleuses traditions dont il était le conservatoire. »

En 2008, ce constat reste toujours d'actualité.

Épilogue

La démolition des murs de Pékin sous Mao a pu paraître comme une absurdité, une bêtise, une erreur, un crime, voire une tragédie. Mais n'était-elle pas inéluctable pour une capitale désireuse d'entrer dans la modernité ? Le maintien en l'état des murailles et des portes de Pékin était-il possible ? Pékin se veut aujourd'hui une ville vivante, une ville d'avenir. On voit mal la capitale chinoise encore ceinte de ses murailles. Si tel était le cas, elle en serait réduite au sort d'une ville musée, d'un sanctuaire touristique. Le bénéfice s'arrêterait là ! Autant regretter l'enceinte de Philippe Auguste qui ceinturait Paris au XIIIe siècle ! Mais c'est vrai que le régime communiste, au lieu de faire portes rases, aurait pu conserver quelques-unes de ces entrées monumentales, autres que celle de Qianmen, et quelques vestiges de ses murailles. Le Pékin historique y aurait beaucoup gagné.

Reste heureusement un chef-d'œuvre unique d'architecture.

Dans *Ombres chinoises*, ouvrage paru en 1974, Simon Leys s'étonne presque que la Cité interdite ait été « miraculeusement préservée » sous Mao Zedong, lequel, ironise l'auteur, aime jouer de temps en temps à l'empereur du haut du balcon de Tian'an men (allusion à la proclamation de la République populaire de Chine, le 1er octobre 1949, par Mao Zedong). L'auteur est subjugué par la beauté du lieu – alors que rien n'y a été conçu pour des motifs esthétiques – du plus grand édifice au plus infime détail. Seul importait pour son concepteur de mettre en scène la grandeur impériale :

« ... Ce vaste ensemble de palais et de cours demeure sans doute l'une des plus sublimes créations architecturales qui soient au monde. Dans l'histoire de l'architecture, la plupart de monuments qui visent à exprimer la majesté impériale s'écartent de l'échelle humaine, et ne peuvent atteindre leur objectif sans du même coup transformer leurs occupants en fourmis. Ici au contraire, la grandeur ne se départ jamais d'une mesure aisée et naturelle ; elle s'impose, non par une disproportion entre le monument et le spectateur, mais par la création d'un espace infailliblement harmonieux. La noble justesse de ces cours et de ces toits que renouvelle à l'infini l'éclairage changeant des jours et des saisons, donne au promeneur ce sentiment *physique* de bonheur que seule la musique réussit parfois à communiquer. Comme un corps immergé est débarrassé de sa pesanteur, ainsi à nager dans cette perfection, le visiteur éprouve parfois un allégement de tout son être – en curieuse contradiction d'ailleurs avec les notices explicatives que les autorités ont affichées au seuil de chaque cour et de chaque bâtiment ; ce commentaire officiel décrit en effet le régime impérial chinois dans des termes qui conviendraient mieux pour évoquer la sombre et cruelle horreur de je ne sais quel despotisme assyrien – ce qui rend difficilement compte de cette qualité d'équilibre qui semble avoir inspiré tout l'ensemble. »

Par ailleurs, Simon Leys se moque cruellement de Bernard-Henri Lévy, lequel dans son livre *Impressions d'Asie* (paru en 1985, chez Grasset) avoue que par une « coquetterie d'esthète », il a préféré faire l'impasse à Pékin sur les visites à la Grande Muraille, aux tombeaux Ming et même à la Cité interdite ! « J'ai préféré ce que je croyais deviner, moi, du grain, de la voix, de la couleur, de l'odeur de la ville », se justifie l'infortuné visiteur, qui se refuse à être assimilé à un vulgaire touriste.

Pékin a donc survécu, redisons-le, même si la ville n'est pas demeurée indemne jusqu'à nos jours. En l'abandonnant après sa défaite à la bataille de Shanhai guan contre Wu Sangui, en 1644, l'insurgé Li Zicheng avait souhaité que la capitale soit livrée aux flammes. Les rebelles ont préféré la mettre à sac et emporter ses richesses. Elle n'a pas été prise par les Taiping au milieu du XIXe siècle, comme le fut Nankin, qu'ils ont ravagé. Elle a été épargnée en 1860 par les troupes anglo-françaises, qui se sont contentées, si l'on peut dire, de piller et d'incendier le palais d'Été, le Yuanming yuan. Elle a subi, en revanche, de gros dommages en 1900, par la faute conjuguée des Boxers et des alliés.

En 1900, Pierre Loti a l'occasion de rencontrer le célèbre homme d'État Li Hongzhang, peu avant sa mort. Le grand chancelier s'apitoie avec lui sur les ruines de Pékin :

« Ayant visité toute l'Europe, se désole le grand homme d'État, j'ai vu les musées de toutes vos capitales. Pékin avait le sien aussi, car la "Ville jaune" tout entière était un musée, commencé depuis des siècles, que l'on pouvait comparer aux plus beaux d'entre les vôtres... Et maintenant, il est détruit... »

Pékin a également connu quelques destructions au temps des seigneurs de la guerre, entre 1916 et 1926. La ville – qui perdra son rang de capitale, au profit de Nankin – a été épargnée par la République après 1927. Les Japonais ont quasiment respecté son intégrité pendant les années qu'a duré leur occupation, de 1937 à 1945. Elle a perdu, il est vrai, l'essentiel de ses trésors artistiques, emmenés à Taipeh par Chiang Kai-shek en 1949. Mao Zedong, hélas, et ses successeurs ont entrepris un coupable travail de démolition.

Mais Pékin, par-delà le peuple pékinois, c'est avant tout la Cité interdite. On imagine mal la capitale chinoise sans son palais impérial. Or cette merveille du monde est toujours là. Avec ce paradoxe : la Cité interdite, qui désormais ne mérite plus son appellation, est aujourd'hui ouverte au tourisme de masse. « Invertie dans ses flux, pervertie dans son but, la Cité pourpre interdite n'a pourtant rien perdu de son âme. On la sent vivre sourdement... », se réjouit Cyrille Javary.

Pékin reste et restera Pékin. Pékin sera toujours Pékin. Pékin se veut aujourd'hui une ville vivante, une ville moderne, une ville d'avenir. L'année 2008 marquera le six centième anniversaire du début de sa construction. En 2020, c'est-à-dire presque demain, Pékin fêtera ses six cents ans.

CHRONOLOGIE

221 av. J.-C. :	Fondation de l'Empire, règne de Qin Shi Huangdi (mort en 210 avant notre ère)
206 av. J.-C.-24 :	Dynastie des Han occidentaux
25-220 :	Dynastie des Han orientaux
618-907 :	Dynastie des Tang
907-960 :	Époque dite des Cinq Dynasties
960-1127 :	Dynastie des Song (Song Septentrionaux)
1115-1234 :	Dynastie des Jin, au nord de la Chine
1127-1279 :	Song Méridionaux
1260-1294 :	Règne de Qubilai
1271-1368 :	Dynastie mongole des Yuan
1275-1291 :	Marco Polo au service de Qubilai
1281 :	Construction de Dadu ou Cambaluc = Pékin, capitale des Yuan en Chine
1368-1644 :	Dynastie chinoise des Ming
1368-1399 :	Règne de Hongwu
1403-1425 :	Règne de Yongle
1407-1420 :	Construction de Pékin et de la Cité interdite
1573-1620 :	Règne de Wanli
1583 :	Matteo Ricci arrive à Macao
1601 :	Ricci s'installe à Pékin
1621-1627 :	Règne de Tianqi Toute-puissance de l'eunuque Wei Zhongxian
1628-1644 :	Règne de Chongzhen
1644-1911 :	Dynastie mandchoue des Qing
1644-1661 :	Règne de Shunzi
1662-1723 :	Règne de Kangxi
1715 :	Rome condamne les rites chinois
1717 :	Kangxi interdit la prédication du christianisme
1723-1736 :	Règne de Yongzheng
1736-1796 :	Règne de Qianlong
1793 :	Ambassade de lord Mcartney en Chine
1796-1821 :	Règne de Jiaqing

1816 :	Échec de l'ambassade de lord Amherst à Pékin
1821-1851 :	Règne de Daoguang
1840 :	Première guerre de l'Opium
1842 :	Traité de Nankin Les Anglais s'installent à Hong Kong
1850-1863 :	Révolte des Taiping
1851-1861 :	Règne de Xianfeng
1860 :	Sac du palais d'Été
1862-1875 :	Règne de Tongzhi
1875-1908 :	Règne de Guangxu
1899-1900 :	Révolte des Boxers. Siège des légations. Fuite de la cour à Xi'an
1908 :	Mort de Guangxu et de Cixi
1909-1912 :	Règne de Xuantong (Puyi)
1911 :	Proclamation de la République
1912 :	Fondation de la République à Nankin
1927 :	Pékin perd son rôle de capitale au profit de Nankin et prend le nom de Peiping
1937-1945 :	Occupation de Pékin par les Japonais
1949 :	Victoire des communistes. Fondation de la République populaire

BIBLIOGRAPHIE

Bibliographie générale

BONAVIA, David, *Pékin*, Amsterdam, Éditions Time-Life, 1978.
BOOTHROYD, Ninette et DÉTRIE, Muriel, *Le Voyage en Chine*, Paris, Robert Laffont, Bouquins, 1992 (cet ouvrage contient de nombreuses pages sur Pékin, vu par les voyageurs).
CAIL, Odile, *Guide de Pékin*, Paris, Denoël, 1973.
CHAUDERLOT, Charles, *Pékin (les derniers jours 1996-2006)*, Rodez, Éditions du Rouergue, 2006.
CHAUDERLOT, Charles et JAVARY, Cyrille, *La Cité interdite, Le dedans dévoilé*, Rodez, Éditions du Rouergue, 2004.
Encyclopaedia Universalis, *Dictionnaire de la Civilisation chinoise*, Paris, Albin Michel, 1998.
FAVIER, Mgr Alphonse, *Péking, Histoire et description*, Paris, Desclée de Brouwer, 1902.
GERNET, Jacques, *Le Monde chinois*, Paris, Armand Colin, 1972 (nombreuses rééditions).
Guide Bleu, *Chine de Pékin à Hong Kong*, Hachette, 2005.
Le Grand Guide de Pékin, Bibliothèque des Voyageurs, Gallimard, Paris, 1997.
HUBRECHT, C. M., *Grandeur et suprématie de Péking*, Pékin, Imprimerie des Lazaristes du Pé-t'ang, 1928. (Ouvrage réédité par les Éditions You-Feng, Paris, 2005.
JAVARY, Cyrille, *Dans la Cité pourpre interdite*, Arles, Picquier, 2001.
LARRE, Claude, *Les Chinois*, Paris, Éditions Lidis, 1981.
LIN, Yutang, *Pékin, Cité impériale*, Paris, Albin Michel, 1961.
Les Grands Dossiers de L'Illustration, La Chine, Histoire d'un Siècle, 1843-1944, Paris, L'Illustration, 1987.

Chapitre 1

CHAUDERLOT, Charles et JAVARY, Cyrille, *La Cité interdite, Le dedans dévoilé*, *op. cit.*
CHENG, François, *Le Dit de Tianyi*, Paris, Albin Michel, 1998.

JAVARY, Cyrille, *Dans la Cité pourpre interdite, op. cit.*
LARRE, Claude, *Les Chinois, op. cit.*
LOTI, Pierre, *Les Derniers Jours de Pékin*, Paris, Calmann-Lévy, 1902.

Chapitre 2

T'SERSTEVENS, A., *Le Livre de Marco Polo*, Paris, Albin Michel, 1955.
CAMERON, Nigel, *Barbarians & Mandarins, Thirteen Centuries of Western Travelers in China*, New York et Tokyo, Weatherhill, 1970.
DESROCHES, Jean-Paul, *Marco Polo et le Livre des Merveilles*, Catalogue de l'exposition du musée d'Art et d'Histoire de Saint-Denis, 2007.
DRÈGE, Jean-Pierre, *Marco Polo et la Route de la Soie*, Paris, Découvertes Gallimard, 1989.
HEERS, Jacques, *Marco Polo*, Paris, Fayard, 1983.
MARCO POLO, *Le Devisement du monde, Le Livre des merveilles*, 2 vol., Paris, FM / La Découverte, 1980.
MÉNARD, Philippe, *Marco Polo, À la découverte du monde*, Paris, Glénat, 2007.
PELLIOT, Paul, *Carnets de Pékin 1899-1901*, Documents inédits du Collège de France, Paris, Imprimerie nationale, 1976.
WOOD, Frances, *Did Marco Polo go to China?* Londres, Secker & Warburg, 1995.

Chapitre 3

BÉSINEAU, Jacques, *Matteo Ricci*, Paris, Desclée de Brouwer, 2003.
CARTIER, Michel, *Castiglione, jésuite italien et peintre chinois*, Favre, collection Grandes Écuries de Versailles, 2004.
(Voir le chapitre de Benoît VERMANDER, *Les Jésuites en Chine, missionnaires et savants*.)
DREYFUS, Paul, *Matteo Ricci*, Paris, Éditions du Jubilé, 2004.
DUNNE H. George, *Chinois avec les Chinois*, Paris, Éditions du Centurion, 1964.
ÉTIEMBLE, René, *Les Jésuites en Chine*, Paris, coll. « Julliard », 1966. *L'Europe chinoise*, Paris, Gallimard, 1988.
LACOUTURE, Jean, *Jésuites, 1. Les conquérants*, Paris, Seuil, 1991.
LEBRUN, François et ANTÉBI, Elizabeth, *Les Jésuites*, Paris, Stock-Antébi, 1990.
RICCI, Mathieu, TRIGAULT, Nicolas, *Histoire de l'expédition chrétienne au royaume de la Chine (1582-1610)*, Paris, Desclée de Brouwer, 1978. (Nicolas Trigault (1577-1628), un jésuite belge, fit un bref séjour à Pékin, de 1610 à 1613, où il conçut pour Ricci et son œuvre une grande admiration.)

ROWBOTHAM, Arnold H., *Missionary and Mandarins, The Jesuits at the Court of China*, Berkeley and Los Angeles, University of California Press, 1942.
SOULIÉ DE MORANT, George, *L'Épopée des jésuites français en Chine (1534-1928)*, Paris, Bernard Grasset, 1928.
WOODROW, Alain, *Les Jésuites*, Paris, Lattès, 1984.

Chapitre 4

FU Tongqin, *Inside stories of the Forbidden City*, Beijing, New World Press, 1986.
GARNIER, Jacques, *Splendeurs et Merveilles dans la Cité interdite*, Paris, Éditions You-Feng, 2003.
WANG, Chia-yu, *Love and Lives of Chinese Emperors*, Taipei, Mei Ya Publications, 1972.

Chapitre 5

BÉGUIN, Gilles et MOREL, Dominique, *La Cité interdite des Fils du Ciel*, Paris, Découvertes Gallimard, 1996.
COLLIS, Maurice, *La Cité interdite*, Paris, Calmann-Lévy, 1946.
VAN GULIK, Robert, *La Vie sexuelle dans la Chine ancienne*, Paris, NRF Gallimard, 1971.

Chapitre 6

Lettres édifiantes et curieuses de Chine par des missionnaires jésuites, 1702-1776, Isabelle et Jean-Louis Vissière (éd), Paris, Garnier-Flammarion, 1979.
Actes du Colloque international de sinologie de Chantilly, La Mission française de Pékin aux XVIIe et XVIIIe siècles (septembre 1974), Paris, Les Belles Lettres, 1976.
BEURDELEY, Cécile et Michel, *Castiglione, peintre jésuite à la cour de Chine*, Fribourg, Bibliothèque des arts, 1971.
BEURDELEY, Michel, *Peintres jésuites en Chine au XVIIIe siècle*, Arcueil, Anthèse, 1997.
CHE BING CHIU ET BAUD BERTHIER, Gilles, *Yuanming yuan, Le jardin de la Clarté parfaite*, Besançon [d'après le site de la BnF], Les Éditions de l'Imprimeur, 2000.
HUBRECHT, Alphonse, *Grandeur et suprématie de Péking, op. cit.*
RÉTIF, André, SJ, Article non publié écrit vers 1950, communiqué par le père Bertrand Desjobert.

Chapitre 7

ARLINGTON et LEWISOHN, *In Search of Old Peking*, Henri Vetch, Pékin, 1935 (rééd. Oxford University Press, 1987).
BACKHOUSE, E. et BLAND, J. O. P., *Les Empereurs mandchous, Mémoires de la Cour de Pékin*, Paris, Payot, 1934.
BEURDELEY, Michel, *L'Amateur chinois, des Han au XXe siècle*, Paris, Bibliothèque des arts, 1966.
BREDON, Juliet, *Peking, A Historical and Intimate Description of its chief Places of Interest*, Shanghai-Hong Kong, Kelly & Walsh, 1922.
COMMEAUX, Charles, *La Vie quotidienne en Chine sous les Mandchous*, Paris, Hachette, 1970.
MILLWARD, James A., « A Uyghur muslim in Qianlong's Court : The Meanings of the fragrant concubine », in *The Journal of Asian Studies*, vol. 53, nº 2, mai 1994, University of Wisconsin-Milwaukee.
WOOD, Frances, *Forbidden City*, Londres, The British Museum Press, 2005.

Chapitre 8

BACKHOUSE, E. et BLAND, J. O. P., *Les Empereurs mandchous, op. cit.*
HUMMEL, Arthur W., *Eminent chinese of the Ch'ing Period (1644-1912)*, Taipei, Ch'eng Wen Publishing Company, 1970.

Chapitre 9

BACKHOUSE, E. ET BLAND, J. O. P., *Les Empereurs mandchous, op. cit.*
COLLIS, Maurice, *La Cité interdite, op. cit.*
ELLIS, Henry, *Voyage en Chine ou Journal de la dernière ambassade anglaise à la cour de Pékin*, Paris, Delaunay, 1818.
HAN, René, *Le Chinois de Sainte-Hélène*, Paris, Plon, 1997.
O'MEARA, E., *Journal de Napoléon dans l'exil*, 2 tomes, Paris, Fondation Napoléon, 1993.
PEYREFITTE, Alain, *L'Empire immobile*, Paris, Fayard, 1989.

Chapitres 10 et 11

BRIZAY, Bernard, *Le Sac du palais d'Été*, Éditions du Rocher, Paris, 2003.
BOISSIEU, Gustave, *Souvenirs d'un officier de chasseurs à pied*, Tours, Alfred Mame, 1878.

Chapitre 12

NORA WANG, YE XIN, WANG LOU, *Victor Hugo et le sac du palais d'Été*, Paris, Les Indes savantes / You feng, 2003.

SHEN DALI, « Victor Hugo lu par les Chinois », *in Victor Hugo en Extrême-Orient*, Paris, Maisonneuve et Larose, 2001.

Chapitre 13

JIN YI, *Mémoires d'une dame de cour dans la Cité interdite*, Arles, Éditions Philippe Picquier, 1993.

Chapitre 14

DARCY, Eugène, *La Défense de la légation de France*, Paris, Augustin Challamel, 1903.

LOTI, Pierre, *Les Derniers Jours de Pékin*, Paris, Julliard, coll. « Les Passants de l'Histoire », 1991.
Cet ouvrage, préfacé par Francis Lacassin, est précédé d'extraits des livres de Stephen Pichon et d'Eugène Darcy.

MABIRE, Jean, *L'Été rouge de Pékin, La révolte des Boxeurs*, Fayard, Paris, 1978 (rééd. Éditions du Rocher, 2006).

MATIGNON, Dr J.-J., *Dix Ans au pays du Dragon*, Paris, A. Maloine, 1910.

PELLIOT, Paul, *Carnets de Pékin 1899-1901*, *op. cit.*

PICHON, Stephen, *Dans la bataille*, Paris, Méricant, 1908.

Chapitre 15

ANTHOUARD, baron d', *La Chine contre l'étranger*, *Les Boxeurs*, Paris, Plon, 1902.

MORAND, Paul, *Fleur de Ciel*, in *Nouvelles d'une vie*, t. II, Gallimard, 1956, et in *Nouvelles complètes*, Gallimard, La Pléiade, t. II, 1992.

Chapitre 16

CARL, Katherine A., *With the Empress Dowager of China*, Londres et New York, KPI, 1906.

DER LING, The Princess, *Two Years in the Forbidden City*, Londres, Moffat & Yard, 1911 (il est regrettable que cet ouvrage n'ait pas été traduit en français).

HEADLAND, Isaac Taylor, *Court Life in China : The Capital, Its Officials and People*, Booksurge Classics, 2003 (réimp.).

SOULIÉ DE MORANT, George, *T'seu-Hsi, impératrice des Boxers*, Paris, Éditions You-Feng, 1997 (rééd.).

Chapitres 17-19

DAN SHI, *Mémoires d'un eunuque dans la Cité interdite*, traduit du chinois par Nadine Perront, Arles, Éditions Philippe Picquier, 1991.

Outre les deux ouvrages de Backhouse et Bland, déjà cités :

GARNIER, Jacques, *Splendeurs et Merveilles dans la Cité interdite, op. cit.*

Tales of the Forbidden City, Cheng Qinhua (éd.), Pékin, Foreign Languages Press, 1997.

MATIGNON, Dr J.-J., *La Chine hermétique, Superstitions, crime et misère*, Paris, Librairie orientaliste Paul Geuthner, 1936.

Chapitres 20-22

ANTIN DE VAILLAC, Arnaud d', *Pou Yi, Le dernier empereur de Chine*, Paris, Éditions France-Empire, 1980.

BEHR, Edward, *Pu Yi, Le Dernier Empereur*, Paris, Éditions Robert Laffont, 1987.

CHADOURNE, Marc, *Chine*, Paris, Plon, 1931.

GÉRARD, Fabien S., *Ombres jaunes, Journal de tournage Le Dernier Empereur*, Paris, Cahiers du Cinéma, 1987.

JOHNSTON, Reginald Fleming, *Twilight in the Forbidden City*, s.l., Gollancz, 1934 (trad. fr. *Au cœur de la Cité interdite*, Paris, Mercure de France, 1995).

POWER, Brian, *Le Dernier Fils du Ciel*, Paris, Balland, 1986.

PU-YI, *J'étais empereur de Chine*, Paris, Flammarion, 1975.
(Également disponible en poche, Paris, Éditions J'ai lu, 1994).

Chapitre 23

BOORMAN, HOWARD L., *Biographical Dictionnary of republican China* (vol. 3), New York et Londres, Columbia University Press, 1970.

BRUHAT, Hervé, *L'École de l'Opéra de Pékin*, Sommières, Romain Pages Éditions, 2004.

CLAUDEL, Paul, *Œuvres en prose (Le Drame et la musique)*, Paris, La Pléiade, Gallimard, 1965.
COURANT, Maurice, *En Chine, mœurs et institutions, hommes et faits*, Paris, Félix Alcan, 1901.
DARROBERS, Roger, *Opéra de Pékin*, Paris, Bleu de Chine, 1998.
FU Qiumin, *L'Art théâtral de Mei Lanfang*, Paris, Édition You-Feng, 1998.
LALOY, Louis, *Miroir de la Chine*, Paris, Desclée de Brouwer, 1933.
MAYER, Fred et BURGER, Helga, *L'Opéra chinois*, Paris, Denoël, 1982.
ROY, Claude, *L'Opéra de Pékin*, Paris, Éditions Cercle d'art, 1955.
Clefs pour la Chine, Paris, Gallimard, 1953.
XU CHENGHEI, *Opéra de Pékin*, Pékin, China International Press, 2003.

Chapitre 24

ARNOULD, Jacques, *Teilhard de Chardin*, Paris, Perrin, 2005.
CUÉNOT, Claude, *Pierre Teilhard de Chardin*, Monaco, Le Rocher, 1986.
LACOUTURE, Jean, *Jésuites, 2 : Les revenants*, Paris, Seuil, 1991.
LE FÈVRE, Georges, *La Croisière jaune, Expédition Citroën Centre-Asie*, Paris, Plon, 1933.
RIVIÈRE, Claude, *En Chine avec Teilhard 1938-1944*, Paris, Seuil, 1968.
TEILHARD DE CHARDIN, Pierre, *Lettres de voyage 1923-1955*, Paris, Grasset, 1956.
Nouvelles Lettres de voyage, 1939-1955, Paris, Grasset, 1957.
WANG, Dominique, *À Pékin avec Teilhard de Chardin, 1939-1946*, Paris, Robert Laffont, 1981.

Chapitre 25

ANGREMY, Jean-Pierre, « Le Pékin de Victor Segalen ou le Signe de la clef » ; in *Victor Segalen, voyageur et visionnaire*, Paris, Bibliothèque nationale de France, 1999.
BÉDOUIN, Jean-Louis, *Victor Segalen*, Paris, Pierre Seghers, coll. « Poètes d'aujourd'hui », 1963.
BOUILLIER, Henry, *Victor Segalen*, Paris, Mercure de France, 1961 (nouv. éd., 1986).
GILBERT DE VOISINS, Auguste, *Écrit en Chine*, Paris, Crès, 1923.
MANCERON, Gilles, *Segalen*, Paris, JC Lattès, 1991.
LEYS, Simon, « L'Humeur, L'Honneur, L'Horreur », in *Essais sur la Chine*, coll. « Bouquins », Paris, Robert Laffont, 1998.
Revue *Europe*, *Victor Segalen*, n° 696, avril 1987 (voir en particulier les articles de Gilles Manceron).

SEGALEN, Victor, *Œuvres complètes*, Cycle chinois, Cycle archéologique et sinologique, édition établie et présentée par Henry Bouillier, Paris, Robert Laffont, coll. « Bouquins », 1995.
– *René Leys*, Paris, Gallimard, coll. « L'Imaginaire », 1971.
– (Rééd. en Livre de Poche, 1999.)
– *Lettres de Chine*, Paris, 10 /18, Plon, 1967.
– avec MANCERON, Henry, *Trahison fidèle, Correspondance 1907-1918*, Paris, Seuil, 1985.
TAYLOR, Michael, *Vent des royaumes ou les voyages de Victor Segalen*, Paris, Segher~ 1983.

Chapitre 26

LAO SHE, *Le pousse-pousse* (traduit du chinois par François Cheng et Anne Cheng), Arles, Éditions Philippe Picquier, 1990.
LAO SHE, *Cœur-Joyeux coolie de Pékin (Rickshaw Boy*, traduit de l'anglais), Grenoble et Paris, Arthaud, 1947.
LAO SHE, *Gens de Pékin* (traduit par Li Tche-houa), Paris, Gallimard, coll. « Folio », 1982.
– *L'Enfant du Nouvel An* et *La Cage entrebâillée*, Paris, Gallimard, coll. « Folio », 1986.
LAO SHE, *Quatre générations sous un même toit* (préface de J.M.G. Le Clézio), Paris, Mercure de France, 1996.
YI-TSANG, JUNG-SUN, *L'Humour de Lao She*, Paris, Éditions You-Feng, 1998.

Chapitre 27

ARLINGTON, L. C. et LEWISOHN, William, *In Search of Old Pekin, op. cit.*
BEAUVOIR, comte de, *Voyage autour du monde*, Paris, Plon, 1872.
BOBIN, Frédéric – WANG ZHE, *Pékin en Mouvement*, Paris, Éditions Autrement, 2005.
BREDON, Juliet, *Péking..., op. cit.*
CARPEAUX, Louis, *Pékin qui s'en va*, Paris, A. Maloine, 1913.
CHAUDERLOT, Charles et JAVARY, Cyrille J.-D., *La Cité interdite..., op. cit.*
DARROBERS, Roger, *Pékin au détour des rues et des ruelles*, Paris, Bleu de Chine, 2000.
Pékin scènes vues, Paris, Bleu de Chine, 2001.
DELAHE, Hubert, DREGE, Jean-Pierre, *La Grande Muraille*, Paris, Armand Colin, 1982.
Guide Madrolle, *Chine du Nord*, Paris, Librairie Hachette, 1911.

Guide Nagel, 1974.
Guide Bleu, *Chine de Pékin à Hong Kong, op. cit.*
LEYS, Simon, *Ombres chinoises, Images brisées, La Forêt en feu, L'Humeur, L'Honneur, L'Horreur*, Paris, Robert Laffont, 1998.
SIREN, Osvald, *The Walls and Gates of Peking*, Londres, John Lane The Bodley Head Limited, 1924.
TERZANI, Tiziano, *Behind the Forbidden Door*, Londres, Allen & Unwin, 1986.
The Old City Gates of Beijing, Beijing Arts and Photography Publishing House, 2001.

REMERCIEMENTS

Roger DARROBERS : Enseigne la langue et la civilisation chinoises à l'université Paris-X Nanterre. Ancien conseiller culturel à l'ambassade de France à Pékin. Auteur de *Pékin au détour des rues et des ruelles* et de *Pékin. Scènes vues* (livre de photos).

Jean-Paul DESROCHES : Conservateur général au musée des Arts asiatiques-Guimet (Paris).

Jean-Thomas NORDMANN : Ancien parlementaire européen, ancien élève de l'École normale supérieure, agrégé de lettres et docteur ès lettres, a bien voulu relire ce manuscrit avec la plus extrême et la plus amicale attention. Ses remarques et suggestions, érudites et pertinentes, m'ont été fort précieuses. J'ai largement tenu compte de ses observations, pleines de finesse.

Benoît VERMANDER : Jésuite, docteur en science politique, professeur et chercheur, réside à Taiwan et au Sichuan, en Chine, où il dirige l'Institut Ricci de Taipeh et anime le mensuel électronique erentai.com. Il est l'auteur de plusieurs livres dont, *Chine brune ou Chine verte*, *La Chine en quête de ses frontières*, *Les Mandariniers de la rivière Huaï*. Et aussi *Les Jésuites en Chine, missionnaires et savants*.

TABLE DES ENCADRÉS

TABLE DES MATIÈRES

Collection « Le roman des lieux et destins magiques »
dirigée par Vladimir Fédorovski

Déjà parus

Le Roman de la Russie insolite, Vladimir Fédorovski.
Le Roman de Saint-Pétersbourg, Vladimir Fédorovski, prix de l'Europe.
Le Roman du Kremlin, Vladimir Fédorovski, prix du Meilleur Document de l'année, prix Louis-Pauwels.
Le Roman d'Athènes, Marie-Thérèse Vernet-Straggiotti.
Le Roman de Constantinople, Gilles Martin-Chauffier, prix Renaudot essai.
Le Roman de Shanghai, Bernard Debré, prix de l'Académie des sciences morales et politiques.
Le Roman de Berlin, Daniel Vernet.
Le Roman d'Odessa, Michel Gurfinkiel.
Le Roman de Séville, Michèle Kahn, prix Benveniste.
Le Roman de Vienne, Jean des Cars.
La Fabuleuse Histoire de l'icône, Tania Velmans.
Dieu est-il gascon ?, Christian Millau.
Le Roman de la Saxe, Patricia Bouchenot-Déchin.
La Fabuleuse Histoire de Malte, Didier Destremau.
Le Roman de Hollywood, Jacqueline Monsigny et Edward Meeks.
Le Roman de Chambord, Xavier Patier, prix du Patrimoine.
Le Roman de l'Orient-Express, Vladimir Fédorovski, prix André-Castelot.
Le Roman de Budapest, Christian Combaz.
Je serai la princesse du château, Janine Boissard.
Mes chemins secrets, Jacques Pradel.
Le Roman de Prague, Hervé Bentégeat.
Le Roman de l'Élysée, François d'Orcival.
Le Roman de Tolède, Bernard Brigouleix et Michèle Gayral.
Le Roman de l'Italie insolite, Jacques de Saint-Victor.
Le Roman du Festival de Cannes, Jacqueline Monsigny et Edward Meeks.
Le Roman des amours d'Elvis, Patrick Mahé.
Le Roman de la Bourgogne, François Cérésa.
Le Roman de Rio, Axel Gyldén.
Le Roman de la Pologne, Beata de Robien.
Les Fabuleuses Histoires des trains mythiques, Jean-Paul Caracalla.
Les Romans de Venise, Gonzague Saint Bris.
Le Mystère des Tuileries, Bernard Spindler.
Le Roman de l'Élysée, François d'Orcival.
Le Roman de la Victoire, Bertrand de Saint-Vincent.
Le Roman du Québec, Daniel Vernet.
Le Roman de Mai 68, Jean-Luc Hees.
Le Roman d'Israël, Michel Gurfinkiel.
Le Roman de Bruxelles, José-Alain Fralon.

Impression réalisée sur CAMERON
par BRODARD ET TAUPIN
La Flèche

pour le compte des Éditions du Rocher
en avril 2008

Imprimé en France
Dépôt légal : avril 2008
N° d'impression : 46715